陈武帝传

CHEN WU DI ZHUAN

龙耳东 著

中国文史出版社

图书在版编目（CIP）数据

陈武帝传 / 龙耳东著. -- 北京：中国文史出版社，2020.12

ISBN 978-7-5205-2568-8

Ⅰ.①陈… Ⅱ.①龙… Ⅲ.①陈霸先（503-559）-传记 Ⅳ.①K827=392

中国版本图书馆 CIP 数据核字（2020）第 228277 号

责任编辑：程　凤

出版发行：中国文史出版社
社　　址：北京市海淀区西八里庄路 69 号　　邮编：100142
电　　话：010-81136606　81136602　81136603（发行部）
传　　真：010-81136655
印　　装：廊坊市海涛印刷有限公司
经　　销：全国新华书店
开　　本：1/16
印　　张：24.5
字　　数：364 千字
版　　次：2021 年 5 月北京第 1 版
印　　次：2021 年 5 月第 1 次印刷
定　　价：75.00 元

目录

第 一 章　兵祸突起惊朝野　/001

第 二 章　梁武“吉”梦原是祸　/012

第 三 章　霸先南方传捷报　/023

第 四 章　侯景溃败占寿阳　/037

第 五 章　围建康侯景叛逆　/047

第 六 章　霸先广州讨逆贼　/059

第 七 章　诸王异心陷建康　/072

第 八 章　梁武帝饿死台城　/085

第 九 章　始兴举义聚群英　/098

第 十 章　夺关北上伐侯景　/110

第十一章　湘东王剪除对手　/121

第十二章　陈王盟军破侯贼　/133

第十三章　乘胜追击克建康　/145

第十四章　歼逆贼侯景枭首　/156

第十五章　陈霸先镇守京口　/166

第十六章　争天下萧氏杀戮　/179

第十七章　陷江陵萧绎殒命　/192

第十八章　乱世江南多危局　/211

目录

第十九章　僧辩屈齐迎傀儡　/218

第二十章　霸先仗义挽日月　/229

第二十一章　东征义兴振梁庭　/243

第二十二章　北抗强齐护华汉　/252

第二十三章　驱外蛮建康大捷　/262

第二十四章　平定萧勃稳南疆　/277

第二十五章　孚众望受禅称帝　/290

第二十六章　迎佛牙提振民心　/308

第二十七章　定江南讨伐王琳　/323

第二十八章　守华夏彪炳千秋　/335

第二十九章　挽危局君臣协力　/347

第三十章　承先启后延华夏　/357

附录　陈武帝大事纪年　/370

参考文献　/388

第一章　兵祸突起惊朝野

八月的皇宫，寂静而闷热。

突然，一阵杂乱的跑步声由远而近——伴着惊慌的哭喊声："大事不好了！——侯景反叛……带兵杀向京城了——"

梁太清二年（548）八月十日，西魏降梁叛将侯景率八千羯胡兵从寿阳杀奔梁朝的都城。侯景打出的旗号是"清君侧"，以诛杀朝中佞臣中领军朱异、少府卿徐驎、太子右卫率陆验、制局监周石珍为由头起兵。这是古今中外一切叛乱者所惯用的伎俩。

也正因为朱异等人奸诈、贪婪，阿谀奉承，欺上瞒下，对别人苛刻，他们自己却骄奢淫逸，花天酒地，被时人所痛恨。侯景以诛杀奸臣为由起兵，居然也得到了一些官民的积极响应。沿途也有很多民众参加叛乱队伍，甚至一些城镇郡守，或开门迎接，或不战而降。

侯景率兵杀奔建康的消息，顿时打破了梁庭皇宫的寂静，震惊了满朝文武。寂静的皇宫陷入惊慌失措之中。宫人、侍从、大臣们惊呼、奔走、四下寻找躲避之处……而梁武帝萧衍在干啥呢？他正在书房津津有味地读着佛教经书。

"皇上！——大事不好了！侯景举兵反叛，杀向京城了！"当军情急报呈送给梁武帝时，他却手捧经书，对这个令人震惊的消息，不屑一顾地拈须笑道："景何能为！吾折棰笞之。"

梁武帝太轻敌了！侯景率领那群金发碧眼、满面卷须的羯胡人杀向京城。所到之处，血流成河，南梁军民恐慌而逃。连路边的树木都在瑟瑟发抖，搅动着空气中的阵阵血腥味。梁武帝完全没有想到此事的严重性！没想到此次侯景兵乱，不仅他皇帝老儿的身家性命不保，还连带他的江山也一同毁灭！

在中国历史上享有大名的梁武帝，姓萧名衍，字叔达，兰陵都里人，萧何二十四代孙，萧衍和南朝齐国还是同宗，依辈分，萧衍之父萧顺之是齐高帝萧道成的族弟，封临湘县侯，官至丹阳尹知事。萧衍幼而好学，允文允武，多才多艺，六艺皆精；至于阴阳星相各种学问，无不精通。南齐中兴二年（502），齐和帝被迫“禅位”于萧衍，建立梁朝。

史书把他写得很神奇：说他的母亲张氏曾梦见自己怀抱太阳，随后就有了身孕，于是生了萧衍。他生下来就有一种异常的光，相貌特殊，额骨中央隆起，形状如日，面部如龙，回头有如虎望重山，舌纹为八字形，颈部有浮光，身体映着太阳却没有影子，两髋骨都是双骨并生，脖颈上部隆起，右手有文为“武”字。萧衍小时候，能蹈空行走。长大后，博学多通，喜爱谋略，有文武才干。他所住的房子中，常常像是有云气，别人有时遇着，身上会觉得十分清净。

萧衍之父叫萧顺之，是齐高帝的宗亲皇族。齐高帝称他的父亲为族弟，这关系够亲密的吧！可是，齐朝的萧宝卷即帝位后（南朝齐第六位皇帝），他为了自己集权和专制，废杀六位辅政大臣。将萧衍的兄长、齐朝的尚书令萧懿给冤杀了。萧衍要为兄长报仇，就召集部将商议把萧宝卷这个皇帝赶下台。萧宝卷的滥杀，引起了大臣和将领们的惊惧。齐太尉陈显达从九江起兵，联合徐、兖二州刺史江夏王萧宝玄的兵马，一起围攻建康。平西将军崔景慧叛乱，裴叔业投魏，齐的南豫州领土丢失。雍州刺史萧衍看准时机，率领万人起兵于襄阳。联合齐皇宗室、荆州府的萧颖胄共同讨伐萧宝卷。拥立萧宝融即帝位于江陵，史称齐和帝。废萧宝卷为东昏侯。

萧衍有拥戴之功，齐和帝萧宝融授萧衍为大司马，掌管中外军国大事，还享有剑履上殿，入朝不趋，赞拜不名的殊荣。再后来，齐和帝封萧衍为梁王。萧衍的权力欲大，也想当皇帝了。萧衍按捺自己的野心，先以齐和帝之名，剪除了湘东王萧宝晊兄弟，杀掉齐明帝其他儿子，断绝了齐王朝群臣的其他念头。然后，就想废齐和帝萧宝融。萧衍自己想做皇帝，就先让他的弟弟在民间传播民谣“行中水，为天子”，臣民听了，都以为萧衍有天命。

范云和沈约听了民谣，知道萧衍的心思，便联合中领军夏侯祥，逼齐和帝萧宝融禅位给萧衍。萧衍接到齐和帝禅让的诏书，还假惺惺地谦让了三次。群臣又劝进了三次，齐和帝再下诏禅让。这样，很会演戏的萧衍才“很无奈”地登上了帝位。史称梁武帝。改国号“梁”。齐朝至此宣告灭亡。梁武帝封“禅位”了的萧宝融为巴陵王。

沈约拥戴有功，梁武帝也不亏待他。他又给梁武帝建议“不可慕虚名而受实祸”，萧衍就派亲信郑伯禽送给年仅十五岁的萧宝融一大块生金，逼他吞金自杀。已经“禅位”的萧宝融（齐和帝）虽然年少，但风采不减帝王贵种，朗言说：“我死不需金，醇酒足矣。”

郑伯禽一看废帝如此“配合”，也很高兴，便弄来一大坛美酒。萧宝融年少明达，神情怡然，大碗狂饮，沉醉不省人事。郑伯禽见状，快步上前，掐死了这位十五岁的龙种美少年。

没有人知道，齐和帝大碗狂饮时的心情如何？但史家对他的评价却很高：“和帝晚隆，扫难清宫。达机睹运，高颂永终。”（和帝在齐朝末期能够兴隆一时，扫除了艰难，清理了宫廷。他能够明达征兆察知运数，这样的结局也很值得后人传颂）。

萧衍当了皇帝，但爱读书的好习惯一直保持着。但是，萧衍喜欢读书，却没学到优秀的品德，第一就是纵容皇族宗室违法乱纪；第二就是荒废政务律法；第三就是贪慕虚荣，好大喜功，重用吹牛拍马之徒。以致他落得一个败国破家、被活活饿死的下场。

他还是一位佛教徒。他以举国之力弘扬佛法，广建佛寺，大造佛像。每次布施耗费千万银两。他还脱下龙袍，穿上法衣，舍身寺院。众臣用数以亿计的巨金来赎回萧衍的真身，萧衍才“迫于无奈”地起驾回宫。

萧衍是先习儒家，再奉道家，后入佛教。当时有原天竺国王子达摩祖师泛海来华，传扬佛法。痴迷于佛法的梁武帝萧衍热情接待了达摩祖师，并自以为得意地问：“朕即位以来，造寺、写经、度僧不可胜数，有何功德？”达摩如实回答：“并无功德。”

梁武帝惊问道：“何以并无功德？”达摩答：“你这只是人天小果有漏

之因，如影随形，虽有非实。”武帝又问：“如何是真实功德?”达摩说道：“净智妙圆，体自空寂，如是功德，不于世求。”达摩祖师实是批评梁武帝寻佛法不如说是寻功德，欲心不灭，佛法难求。梁武帝领悟不了达摩话里的玄机，便觉得寡淡无味。达摩也觉得与梁武帝话不投机，决定离开南京（建康）北上。

萧衍就是这样的一个皇帝，面对侯景举兵反叛这个震惊朝野、改变华夏历史的重大事件，他却过高地估计了自己的力量。他只是下令悬赏：能杀侯景者，封三千户公，并授予州刺史之职。直到过了六天之后（甲辰，十六日），侯景军一路斩将夺关，逼近建康京城了，他才在大臣们的紧急劝谏下，诏令合州刺史鄱阳王萧范为南道都督，北徐州刺史封山侯萧正表为北道都督，司州刺史柳仲礼为西道都督，通直散骑常侍裴之高为东道都督，由侍中开府仪同三司、邵陵王萧纶持节监督各路军队，讨伐侯景。

侯景何许人也？侯景，字万景。北魏怀朔镇（今内蒙古固阳南）鲜卑化羯族胡人。对于羯人的起源，至今史学界无定论。只是笼统地说是匈奴族的一个分支（别部），即匈奴别部，又不属于匈奴人。来自中亚，以骑马放牧为生。羯人是否是独立民族，或只是一个族群名称，现在学者仍有争议。羯人，从某种意义上说还不能称为一个真正的民族，因为它只是当时匈奴族的一个分支（或部落），是晋代入塞匈奴十九种之一的羌渠（晋代入塞匈奴十九种：屠各、鲜支、寇头、乌谭、赤勒、捍蛭、黑狼、赤沙、郁鞞、萎莎、秃董、勃蔑、羌渠、贺赖、钟跋、大楼、雍屈、真树、力羯，各有部落，不相杂错）。羯人入塞之前，隶属于匈奴，即“匈奴别落”。其种族的根源，学者有数种猜测：有源自中亚大月氏、康居部落联盟、呼揭等假说，但因文献资料太少，这些假说都无法获得证实。

在汉语中，羯的字面意思是阉割后的公山羊或公绵羊。也有性情强悍之意。晋朝时，羯被用来称呼杂胡与胡人。杂胡即小胡、部落胡，因为他们是附属在南匈奴之下的小部落，因此被称为杂胡。匈奴刘渊、刘曜等人也曾被称为羯胡，所以羯不一定是单指石勒部落。此外，在史书中，又称他们为戎羯、胡羯、羯贼、羯胡、羯虏、匈羯等。

五胡乱华，是中华民族一段悲惨的历史。匈奴、鲜卑、羯、羌、氐五个胡人大部落入侵中国腹地，肆意屠杀。在羯胡人残暴压迫和血腥屠杀下，中原汉人仅余下四百万。造成赤地千里，田地大量荒芜，伴之虎狼野兽成群出现。

残留的汉人为了免于被屠杀，纷纷筑堡自卫和胡人对抗。特别是陈午领导的“乞活军”英勇而悲壮地与羯胡人不断拼杀、抗争。

陈午，乞活军的主帅。振武将军、陈留内史。据史载：“晋永嘉末陈留的乞活帅，石勒曾与陈午相攻于蓬关。晋元帝大兴二年（319）四月戊寅，振武将军陈留内史陈午卒。午临卒戒其众勿事胡。午者乞活帅也。永嘉大乱，中夏残荒。保壁大帅数不盈四十。多者不过四五千家，少者千家五百家。午时据浚仪，众可五千余人，率劲悍善战。”

乞活军初期的主要矛盾是生存与饥饿之间的矛盾。在这一阶段，他们的目标只有一个，就是为了吃上饭。随着五胡乱华的深入，乞活军的主要矛盾变成了民族矛盾。在这一阶段，乞活军表现出了惊人的战斗力以及令人敬佩的爱国情怀。

乞活军的主帅陈午本是石勒部下，后叛之至陈留，死前还留下了“莫要降胡”的命令。当时的广宗、陈留是乞活军两大根据地。乞活军就像狗皮膏药一样缠着羯胡军队，死缠硬打，不屈不挠，给羯胡造成巨大的困扰。

在陈午的乞活军中，冉瞻的儿子冉闵，字永曾，小字棘奴，勇力绝人。十二岁时降石勒，被石虎收养为义子，改名石瞻。在羯赵政权中，冉闵是个异类，既是名义上的石氏，又是汉人，更是乞活军拥护者。在乞活军的帮助下，冉闵败石冲、杀石遵、诛石鉴，躲过无数次暗杀。公元350年，冉闵即位称帝，恢复冉姓，建立冉魏，改元永兴。尽杀石虎后人，颁布“杀胡令”。杀胡令共分为三道条令：

第一，“内外六夷，敢称兵器者斩之。”这句话的大概意思是：无论是统治境内还是境外，只要看见有胡人拿着兵器，一律斩杀。这条法令颁发后，汉人就可以理直气壮地拿起武器斩杀胡人。最终，面对汉人强势的反击，胡人无力抵抗，只好北逃。

第二，“与官同心者留，不同心者听任各自离开。”这句话的意思是：

跟官府有着相同心思的人留下，不同心思的人任由其离开。那么，官府的心思到底是什么呢？怎样才算跟官府有着相同心思呢？对此，法令中并没有明确说明。

第三，“若有汉人斩杀胡人，可以凭此胡人的项上人头获得奖赏。”这条法令出台后，汉人更是肆无忌惮地屠杀胡人，为死去的同胞报仇。根据史书的记载，该法令仅仅出台了一天，上万名胡人就被斩杀于城中。最终，面对汉人几近疯狂的报复，胡人无力抵抗。在这种情况下，胡人只好撤回草原，向北逃亡。

“杀胡令”拯救了上百万名汉人的性命，使他们免于一难。一时之间，胡人被杀逾二十万，尸横遍野，血流成河，汉人迎来一段短暂的辉煌期。自此以后，乞活军跟随冉闵南征北战，皆以少胜多，表现出极强的战斗力。

公元352年，冉闵败死于慕容恪之手，乞活军大部分为冉闵殉葬，遭受重创。从此乞活军不再有能力成规模地向胡人发起进攻，转而进行骚扰和袭击。直到东晋末年，都还有乞活军的余部在奋力抗击羌胡前秦，前后持续113年。堪称战争史上的奇迹！

侯景少年时横行不羁，乡里人都怕他。长大后，性格勇猛又有强健的体力，善于骑马射箭，因此被选做北镇戍兵，逐渐立有战功。北魏孝昌元年（525），有怀朔镇兵鲜于修礼在定州作乱，攻陷郡县；又有柔玄镇兵吐斤洛周，率领他的同党，进犯幽州、冀州，和鲜于修礼的队伍会合，人马共有十多万。后来鲜于修礼被杀，部队溃散，怀朔镇将葛荣趁机把这些散兵收集起来，进攻并杀掉吐斤洛周，全部领有他们的兵众，人们称他作“葛贼”。孝昌四年（528），北魏孝明帝死去，他的皇后胡氏临朝执政，天柱将军尔朱荣从晋阳起兵攻进京城杀掉胡氏，同时诛灭胡氏的亲属。侯景这时才带领他自己的兵众去拜见尔朱荣，尔朱荣认为侯景人才出众，便把军事交付给侯景。这时正值葛荣大军南下逼近京城，尔朱荣亲自率兵征讨，命令侯景做前锋，进入河内大败葛军，活捉葛荣，侯景以功被提拔做定州刺史、大行台，封濮阳郡公。侯景从此威名大震。

不久，高欢任北魏丞相，又进兵洛阳杀掉尔朱氏，侯景又带上队伍投降高欢，照样受到高欢的重用。侯景性格残忍暴虐，统率军队严肃整齐，但是破敌后掠取到的财宝，全都按级别赏赐给将士，因此将士全都为他效命尽力，凡有攻战多获胜利。

侯景右腿短，骑马射箭都不内行。但他的智谋却很高深。当时，东魏权臣高欢手下有几员猛将，侯景都看不起他们。说他们像野猪一样横冲直撞，没什么了不起的。他对高欢说："给我三万兵马，我就可以横扫天下！定能过江把萧衍老头绑过来，让他来做我们太平寺的住持。"高欢很赏识侯景的豪言壮语，让他带兵十万，督管河南军政事务。

侯景主政河南后，对高欢说："如今我握兵在远方，恐怕奸人会玩弄什么诡计，大王要是给我写信，请做些特殊的标志。"因此，高欢每次给侯景写信，总在信末点上细微的记号。无人知道这个小秘密。

梁武帝太清元年（丁卯，547）正月朔（初一），发生日偏食，未被遮尽的太阳像钩一样。当时就有许多人认为，这一年不太吉祥。

正月初八，东魏勃海献武王高欢去世。高欢性格深沉谨细，神情庄严，无人能猜测他的心思。他处理政务灵活机动，料事如神。他统率军队法令严格，处变果断，明察秋毫，谁也不敢冒犯、欺骗他。他任人唯贤，只重才能，不看门第和虚名。高欢平时节俭朴素，他所用的刀、剑、马鞍以及缰绳都没用金银玉器装饰。他年轻时很能饮酒，自从担当大任之后，饮酒便不超过三杯。他了解下属，喜欢人才，对有功勋者和老部下都极力保护、成全；每次俘获到敌国的那些为本国尽忠尽节的大臣，大多不处罚他们。因此，文武百官都乐意被他使用。

高欢死后，他的长子高澄秘不发丧，只有行台左丞陈元康知道。

高澄假借高欢的名义写信，召侯景回来。侯景见信末没有点上细微的记号，即知此信为假。侯景顿起疑心，思之感到恐怖。他想到与高澄的隔阂，心里惴惴不安，不敢回京，怕遭祸灾。

于是，侯景以河南全境之地，投归西魏，颍州刺史司马世云带领全城百姓响应侯景的行动。西魏任命侯景为太傅、河南道行台、上谷公。

这里，有必要介绍一下东魏、西魏的变迁。

东魏、西魏都是北魏国号的延续，北魏是鲜卑拓跋部所建，又称元魏。鲜卑族是继匈奴之后在蒙古高原崛起的古代游牧民族，属阿尔泰语系蒙古语族，兴起于大兴安岭。为魏晋南北朝对中国影响最大的游牧民族，起源于东胡族。拓跋部落原居于今东北兴安岭一带，后渐南迁至蒙古草原，以“射猎为业”，靠游牧为生。

东晋咸康四年（338），其首领什翼犍称代王，建代国，建立的都城在盛乐（今内蒙古和林格尔一带）。五胡乱华后，前秦苻氏灭掉了代国，拓跋氏子孙拓跋珪流离到贺兰山一带。

后来，前秦国君苻坚以投鞭断流之势挥军南渡，妄图一举歼灭东晋政权，但是东晋大将桓玄却彻底粉碎了他的美梦，使得志存高远的苻坚不但一败涂地，而且还留下“风声鹤唳”的千古笑柄。

此后，前秦国力大衰，而苻坚的得力助手慕容垂也趁机拥兵自立建立了后燕，前秦国势更微，不久后亡国。此时拓跋珪也借这个良机召集各部族，宣布承袭代王之制，重建代国。同年，拓跋珪回到了代国的故都盛乐，此地在今天的内蒙古中部，在那里，拓跋珪改称魏王，建立北魏。

后燕的国君慕容垂就是他的亲舅舅，而后燕军事实力很是强大。于是拓跋珪与他舅舅结盟，先后灭掉了贺兰山各部族，统一了自己的大后方。

在解除了后顾之忧后，狼子野心的拓跋珪将矛头对向了自己的舅舅，同时也是自己的大恩人——慕容垂的后燕。但是，新建国的北魏还是落后的奴隶制国家，在实力上无法与后燕相比。于是，拓跋珪先攻取河北、山西等肥沃之地，同时迁都到山西晋城，促进鲜卑的汉化。然后，奖励耕织，并仿汉制设立官职和宫廷制度。经过一段时间的休养，北魏国力大盛。与此同时，后燕经历了一场危机，慕容垂去世后，其子孙争权夺势，闹得不可开交。拓跋珪抓住机会，一举灭掉了后燕。这时的北魏已经占据了除山东半岛和东北、甘肃一带外的大部分北方地区。

拓跋珪死后，其子拓跋焘即位，此人在军事上承袭父志，继续有所建树，先后灭掉了夏、北燕、北凉，至此，五胡乱华时严重分裂的北方地区几乎全部统一了。

北魏末年，各族人民大起义，前后延续了八年之久，席卷了今河北、山东、内蒙古、宁夏和甘肃的广大地区。起义军在战斗中杀死了北魏许多王公贵族和州郡牧守，诛戮地主，摧毁坞堡，有力地打击了北魏的统治。

北魏普泰二年（532）闰三月，高欢于韩陵山（今河南安阳东北）大破尔朱氏军后（参见高欢击尔朱氏之战），即以晋阳（今山西太原西南）为根基，遥控朝政。魏孝武帝元修不满，遂于永熙三年（534）四月，诏宇文泰为侍中、骠骑大将军、关西大都督。随后，下诏戒严，准备讨伐高欢。

高欢不会坐以待毙，于六月起兵，以清君侧诛杀斛斯椿为名，调集大军南下，以其弟、定州刺史高琛镇守晋阳，以高敖曹领兵为前锋，向魏都洛阳（今河南洛阳东北）进攻。

元修亲率军十余万于七月驻防河桥（今河南孟县南），命斛斯椿为前锋，于邙山（今洛阳北）北麓构筑营垒，抵御高欢军。宇文泰得知高欢急行军围攻洛阳的消息，即与部将商议对策，遂宣布高欢罪行，同时，命部将赵贵领兵由蒲阪（今山西永济西）渡过黄河，径直向高欢大本营并州（治晋阳，今山西太原）进攻；另派部将李贤率骑兵一千继续增援洛阳，接应魏帝元修；行台长孙子彦镇守陕城（今河南三门峡西）；自率军进驻弘农（今河南灵宝南）。元修命斛斯椿与行台长孙稚，大都督、颍川王元斌之镇守虎牢（今河南荥阳西北汜水镇）；贾显智、斛斯元寿镇守滑台（今河南滑县），以迎击高欢军的进军。高欢命相州刺史窦泰领兵攻滑台；建州刺史韩贤领兵攻石济（今河南延津东北）。贾显智与窦泰在长寿津（今河南滑台东）相遇，私通消息，商议投降事宜，被其军司元玄发觉，即报告魏元修。元修派大都督侯几绍率部前往，贾显智于阵中叛变，投降窦泰，侯几绍战死。北中郎将田怙亦为高欢做内应，被魏帝发觉后处死。高欢军继续南下，于是月底渡过黄河，向洛阳进逼。面对高欢军的紧逼局面，魏帝元修召群臣商议对策。有人主张南奔投梁；有人主张南下投靠贺拔胜；有人主张西入关中；有人主张坚守洛口死战。未决之际，颍川王元斌之因与斛斯椿在前线争权，未能占上风而弃军奔回，欺骗孝武帝说高欢的兵马已到。魏帝元修遂诏斛斯椿还军，随即率南阳王元宝炬等，在五千名骑兵保护下，出洛阳城，西奔关中，向长安进发。元修等在崤山（今河南洛宁西北）道与宇文泰派来增援的李贤部相遇。

高欢率大军进入洛阳，并派部将娄昭等追赶魏帝元修，请他东返。元修所派镇守陕城的长孙子彦弃城逃走。高欢推举司徒、清河王为大司马，承制决事。关西大都督宇文泰派骑兵两千人迎接魏帝元修，自己于东阳驿（今陕西西安西）谒见元修，迎其入长安。高欢追赶魏帝元修，攻克潼关（今陕西潼关东北），进驻华阴（今陕西华阴东南），尔后退驻河东。不久，高欢派部将侯景领兵击败贺拔胜军。北魏帝元修逃入长安。

十月，高欢在洛阳立清河王世子元善见为帝，是为孝静帝，改年号天平。并迁都邺城（今河北临漳西南），史称东魏。

宇文泰领军攻潼关，斩东魏守将薛瑜，俘其士卒七千人，还长安，晋为大丞相。逃入长安的魏帝元修于十二月因饮毒酒身亡。次年正月，宇文泰等拥立元宝炬为帝，是为文帝。改年号大统，史称西魏。

自此，北魏分裂为东魏和西魏。

自从商周以来，华夏民族尊王攘夷，驱逐了许多的少数民族，建立起了一代又一代的正统王朝。依照秦始皇时期所建立起的最高掌权者称帝，建天子行宫、用天子仪卫，置后宫，立太子为皇储，建父死子承相传制度，并设立文武百官。正统就是权威，就是合法的存在，有着无比巨大的凝聚力和号召力。

而五胡十六国时代，有着诸多的少数民族建立起来的政权，他们无一不在争着正统的地位。他们或缘于赐爵封地，或是缘于联姻，或曰灵异之兆，以此来牵强附会地和汉王朝搭上关系来做国名，以示自己的正统。

比如匈奴人刘渊本来不姓刘，却因有昭君出塞的故事，乃自称是汉朝外甥，所以改姓刘，建立的国号名为汉国。其他的还有秦字号、燕字号、凉字号、赵字号等，也都是向中原的华夏民族靠拢，可他们没多久都以失败告终。

到拓跋珪建国时，称国号为“魏”，就是为了与周代的魏国和三国时代的曹魏政权扯上一点关系，以使自己一步步地向汉族的正统王朝靠拢。

且说侯景反叛了东魏，就设计引诱、捉住了东魏的豫州刺史高元成、襄州刺史李密、怀朔人暴显等人。侯景又派遣了二百人的军队，用战车载着刀、戟等兵器，于黄昏进入西兖州，想偷袭并夺取此州。东魏的西兖州刺史邢子才发觉了，不动声色，先发制人，把侯景派出的二百人马全部擒获。邢子才向各个州都散发了檄文，警示这些州各自都做好准备。因此，侯景的阴谋暴露了，他再也不能夺取其他地方。

东魏将领韩轨等人率军把侯景包围在颍川。侯景害怕了，便把东荆、北兖州、鲁阳、长社四座城割让给了西魏，来取得西魏的援救。西魏尚书左仆射于谨说："侯景少年时就习武练兵，为人奸诈，难以揣测，所以不如封以他高官厚禄，看看他的变化再说，先不要派兵去援救他。"荆州刺史王思政却认为："如果不抓住时机进取，后悔就来不及了。"于是便派荆州的一万多名步兵和骑兵，经鲁阳关向阳翟进发。西魏丞相宇文泰知道情况之后，便封侯景为大将军兼尚书令，并派遣太尉李弼、仪同三司赵贵率领一万人马，赶赴颍川，为侯景解围。

东魏的韩轨等人包围了颍川，得知西魏的李弼、赵贵等人将要领兵到来，便带领军队撤回了邺城。侯景又想趁机抓获西魏的李弼和赵贵二人，夺取他们的军队；赵贵对侯景产生了怀疑，不去颍川与侯景相会。赵贵却想把侯景诱入军营而趁机拘捕他，李弼制止了赵贵这一做法。

这时，羊鸦仁派长史邓鸿率领军队到了汝水，李弼便率领军队回到了长安。王思政带兵占据了颍川。侯景假称要攻取州郡，带领军队出颍川城，驻扎于悬瓠。

侯景降梁后，又因多种原因，竟然起兵反梁。侯景率领八千羯胡人一路杀奔金陵。

侯景之乱，是中国历史上长江流域遭受的第一次毁灭性破坏！江东八郡的人口，遭到了巨大减员。侯景八千羯兵屠杀江南五百八十多万人；使得华夏上千年的经济建设和华夏文明的成果遭到历史断代的重创！

第二章　梁武“吉”梦原是祸

谁能想到？——引发这场震惊华夏历史的巨大灾难，竟然起因于梁武帝的一个“吉”梦！……

——那是南朝太清元年正月十七日（乙卯）深夜，年届八十的梁武帝伏案批阅文武臣僚们的奏章，渐渐地，满头银发的梁武帝感到困倦，哈欠连连。内侍宫人见状，即扶皇上到暖床躺下。轻缦渐合，已听得他鼾声雷动……忽见金殿威严，群臣肃立。梁武帝坐在龙椅上，俯视群臣。听得有臣奏报：“有蛮夷举地来降”，云云。

梁武帝高兴啊！连忙传旨上殿。不时，见几个蛮夷首领，奉上降表。武帝阅览，龙颜大悦。令人宣读，群臣无不欢欣。梁武帝正要封赏，两眼一睁，他还在床上躺着。原来是一场美梦。

梁武帝细思梦境，莫不是预示着他将一统天下？梁武帝兴奋得睡不着，索性披衣坐起。此时天刚放亮，梁武帝干脆梳洗准备早朝去了。恰巧碰到中书舍人朱异，梁武帝以美梦相告，并说：“我平生很少做梦。如果做梦，就必定能应验。”

朱异本来就是一个奉迎之徒，善于察言观色。当他听了梁武帝讲述的梦，就已猜测到梁武帝的心事，马上祝贺道：“这确实是一个好梦！是江山一统的好兆头！”

朱异，字彦和，吴郡钱塘人，他的父亲叫朱选之，曾在齐朝乱世，当过吴平县的小县令。朱异少时家境破败。他整天游手好闲，无所事事。经常与人聚众赌博，成为乡里的一个祸害。

可朱异成年后，这个无赖子忽然“好学”了，发愤读书。他生活贫困，靠给别人抄书维持生活，抄写完了自己就诵读起来。他通读了《五经》，尤其对《礼》《易》钻研得透彻。还涉猎文学史学，兼通各种技艺，六博、围棋、书画、算术，都是他的专长。二十岁时离开家乡，到京都拜见尚书令沈约，沈约对他进行面试后，跟他开玩笑说："你这么年轻，怎么这样不廉洁呢？"朱异疑惑不明其意，沈约于是说："天下只有诗文、弈棋、书法这些本事，你一下全都拿走了，可以说是不廉洁啊。"不久沈约上书说建康城应该设一个司法部门，等同中央的廷尉，皇帝下令交尚书省仔细研究，最后批准了这个建议。

按照旧制，年龄二十五岁才能做官，当时朱异刚二十一岁，朝廷特别下诏提拔他为扬州议曹从事史。不久有诏令要寻求有特殊才能的人士，《五经》博士明山宾上表荐举朱异，说他"年纪尚轻，却已品德优良而老成持重，在人背后一人独处时也没有胡思乱想，还是行为端正如对宾客，器宇不凡，神采超拔。好比万丈金山，还未攀援到顶；就像千寻玉海，已能窥见幽深；又好比玉器才加雕琢，锦带刚刚编织，是钟磬只要触动便会铿锵作响，是鲜花只管采摘就会开放。观察他的诚信行为，不只是十家也难出一个，如果委他以重任，一定能是栋梁之材。"武帝召见朱异，让他讲说《孝经》《周易》的意义，听后很满意，对左右的人说："朱异的确是奇异。"后来见到明山宾又说："你所荐举的人很合适。"于是召他到中书省值班，不久又兼太学博士。那一年，武帝亲自讲解《孝经》，让朱异诵读。又改任尚书仪曹郎，入宫兼中书通事舍人。后来又被任为中书郎，当时是秋天，委任仪式刚开始，有蝉飞落到朱异帽子上，当时人们都说这是要加蝉珥装饰升官的兆头。后升任太子右卫率。

普通五年（524），梁朝大举北侵，魏徐州刺史元法僧派使者来请求以全境归降，武帝让有关官员们讨论他投降的真伪。朱异说："自从王师北伐，连战连胜，徐州的地盘已经缩小，魏国人都愿意归顺。法僧也怕大祸临头，他的投降一定不是假的。"武帝就派朱异去告知元法僧，并命令各路军队接应，受朱异指挥。到徐州后，法僧听从梁朝的意旨，如朱异所说的一样。朱异后升任散骑常侍。

朱异容貌魁梧，举止有风度，虽然是读书人出身，却熟悉政治军事方面的旧事。朱异代替中书舍人，掌管机要，国家的军事计划，地方官员任免，朝廷仪式与国家庆典，皇帝的诏书文告敕令，都归他主持掌管。经常是各地的报告，本部的文书，咨询情况的，请求裁决的，满满地堆在面前，朱异一面考虑一面落笔，一面阅文一面批示，敏捷周严，笔一刻不停，顷刻之间，所有公务便处理完毕。改任右卫将军，上书请求在仪贤堂讲解武帝的《老子义》，武帝批准了。等到讲授时，朝廷官员和社会上道俗听众有千余人，成为一时盛况。当时城西又开设士林馆招揽学士，朱异与尚书左丞贺琛轮番去讲述武帝的《礼记中庸义》。皇太子又召朱异到玄圃讲《易》。

大同八年（542），改加封侍中。朱异博通多种技艺，围棋水平上乘，但贪财受贿，欺下瞒上，看皇上眼色行事，不肯推荐贤士贬黜坏人。各地的赠送，从不拒绝，因此招致到处痛恨。在东陂营造房舍，极其奢华，太阳西斜，就到那里吃喝玩乐。每到黄昏时，怕台门关了回不去，就带上他的卤簿从东陂的宅第到台城，让卤簿把城门钥匙掌握。后来权势益盛，炙手可热，家产和羊侃相当。喜欢吃喝，极尽滋味声色的享受，嘴里不断嫩鹅烤泥鳅，即使去上朝，跟随的车里也一定要带上好吃的东西。然而对于朝中的士族贵戚态度轻蔑傲慢。

有人劝他不要这样，朱异说："我出身寒门，碰上机会才得到今天的地步。这班贵人都仗恃他们死去的祖宗炫耀门第而轻视我，我要是对他们恭谦，他们就更瞧不起我，因此我就要先瞧不起他们。"

当时梁朝实权人物，外朝有何敬容，宫内有朱异。敬容质朴谨慎不善文辞，以国家政务为己任；朱异富于文采聪敏博学，想方设法沽名钓誉。他"善窥人主意曲，能阿谀以承上旨，故特被宠任"，一路升迁，当权三十多年。朱异办事，一切事情都以梁武帝的心情和脸色为原则。甚至明知不对，也不谏言。凡事都推给皇帝来决定。只要是皇帝决定了的事，错误的他也百分之百地执行。执行完了如果发现错了，也由皇帝担着，群臣们也不敢有意见。

有些正直的大臣批评朱异，说："今圣上委政于君，你怎么每件事都要听从旨意？倾者外闻殊有异论。"而朱异却说："政言我不能谏争耳。当今天子圣明，吾岂可以其所闻干忤天听。"

司农卿傅岐为人耿直，他也曾对朱异说：“你掌握朝政大权，得到的荣誉和受到的宠幸如此多。近来传闻都是些污秽、狼藉之事。如果让圣明的君主发现以后明白过来，你能免于罪责吗？”

朱异回答说：“外面对我的诽谤和玷污，我很久以前就知道了，如果我心里没有惭愧，又何必忧虑别人讲些什么呢！”

朱异出身寒族，更知道贫穷的滋味。于是疯狂敛财，广收财贿。与他几个儿子购田置房，家产盛大。连第接宅，从建康的潮沟一直绵延至青溪。此人本性吝啬，虽天天和梁武帝谈佛论道，却毫无施舍之心，他家的厨房所扔弃的珍肴美味，每天都有十几车，任其腐烂，却从不接济和施舍给饥饿的穷人。

梁武帝信任像朱异这样的小人，只会吹拍奉迎，替主子把“吉”梦添盐加醋地“圆”得更加美好。

真是无巧不成书！没过几天，梁朝廷忽接奏报：“东魏河南牧守侯景遣行台郎中丁和奉表来降。”天底下有这样的巧事，也真叫梁武帝心花怒放！他想到自己此前做的美梦，就迫不及待地令“宣丁和上殿来奏”。

丁和跪拜之后，献上降表。梁武帝亲览表章，几乎印证了他梦中的情景。他兴奋地令侍臣宣读给君臣听闻。原来，侯景与东魏新主不和，畏惧谗言被杀，他愿以自己所辖全境（举函谷以东，瑕邱以西，豫州、广州、郢州、荆州、襄州、兖州、南兖州、济州、东豫州、洛州、阳州、北荆州、北扬州等十三个州来归附，而青州、徐州等几个州，侯景表示只要随便写封信过去就能来归降。况且黄河以南，都是他侯景管辖的范围，倘若青州、徐州归附之后，就可以攻取燕、赵之地了。

这是多么诱人的大蛋糕啊！梁武心中已允，却仍装模作样地询问君臣意见：“众爱卿以为如何？”可他万万没想到诸多大臣反对。都说侯景是胡人，吃人肉，喝人血，凶残无比。他先叛北魏，再叛尔朱荣，现在又背叛东魏。是毫无信义、反复无常的小人，怎能相信？更何况近来我梁庭与东魏已交好，如果接纳了东魏的叛臣，贪了东魏的土地，恐怕会因此挑起战端，江南军民又无宁日啊！

尚书仆射谢举等人比较婉转，说：“近年来，我们与魏友好往来，边境地区一直平安无事，现在若要收留其叛逆之臣，我们私下都认为不太合适。”

梁武帝本以为是一件好事，没想到众臣反对，他也犹豫不定了。自言自语地说：“我的国家像金瓯一样，无一伤缺之处，现在忽然要接受侯景送来的土地，这难道是合乎事理的吗？倘若因此而引起混乱，后悔怎么来得及呢？”

朱异非常善于揣摩梁武帝的心思。虽然皇上现在犹豫不定，但帝王心中的野心和贪心，朱异是了然于心的。于是，朱异对梁武帝说：“陛下圣明，天下归心。现在，侯景把东魏的一半土地分割出来归附您，这是上天的旨意！如果拒绝侯景，恐怕阻断了以后准备归降者的希望。盼陛下不要犹豫。”朱异支持梁武帝，嘲讽众臣：“胆小怕事。这么天大的好事情，竟然不敢接纳。胡人举地来降，正应验了皇上吉梦。我认为正是皇上一统天下的好预兆。”

梁武帝听了朱异的话，格外顺耳。自古以来，大事都坏在拍马溜须之人的身上！朱异揣知皇上心意，一旁添油加醋，极力赞成梁武帝萧衍纳降侯景。梁武帝听了朱异的奉承之言，便下定决心。当即颁旨：授侯景为大将军，封河南王，使持节，都督河南、河北诸军事及大行台之职，给鼓吹一部。并特意授权他可以如后汉的邓禹那样秉承皇帝的旨意发号施令。令丁和赍敕还报。同时，遣司州刺史羊鸦仁督率兖州刺史桓和、仁州刺史湛海珍等人，提兵三万向悬瓠（今河南汝南县）方向靠近，运送无数粮草兵仗，以接应侯景。后又派萧渊明领兵五万进攻东魏。

当时，任平西谘议参军的周弘正，善于观察天象而预测吉凶。他曾经在侯景隆梁之前，就对人说过：“国内将有兵戈之乱。”在得知梁武帝受降侯景之后，周弘正叹息道：“祸乱之因，正在此也！”

梁武帝太清元年（丁卯，547）八月乙丑（初一），梁武帝诏令派大量军队去讨伐东魏。他派遣南豫州刺史贞阳侯萧渊明、南兖州刺史南康王萧会理分别督率各位将领进攻东魏。梁武帝先是想让鄱阳王萧范担任元帅。朱异正在外面休假，听说梁武帝要让萧范担任元帅，急忙进朝对梁武帝说：“鄱阳王虽然是英雄豪杰，盖世无双，许多人为他竭尽全力地效劳。

但他所到之处非常残忍凶暴，不是个能爱惜百姓的人。况且陛下您往日登上北顾亭眺望远方时曾说长江西边的地区有反叛之气，骨肉之亲常常是战争的祸首，所以由谁挂帅尤其应该仔细选择。”梁武帝点头称是，又问：“萧会理如何呢？”朱异回答说：“陛下选对人了。”

萧会理怯懦而又少谋，他所乘坐的抬轿，用木板屋子的形状，外面蒙着牛皮，梁武帝知道之后，很不高兴。贞阳侯萧渊明此时正镇守寿阳，他多次向梁武帝请求去带兵打仗，梁武帝允许了。而萧会理自恃是皇帝的孙子，又担任了都督，便不把众人放在眼里，自萧渊明以下的人，一概不予理睬。萧渊明便和诸位将领一起把这件事秘密通报给了朱异，朱异派人把萧会理追了回来，就让萧渊明担任了都督。

萧渊明，字靖通。从小便受梁武帝的喜爱，被封为贞阳侯。太清元年（547），他任豫州刺史，百姓们到朝廷上表，陈述了他的德政，将碑树立在州门内。当石匠从肥陵采来做碑的石头时，萧渊明请厨夫设帐，召集了很多人，亲自领人将石碑运到州里。知道的人取笑他，说：“这是大人自己立碑，并不是州人啊。”由此可见，此人贪图虚名。

梁庭出兵攻东魏，就等于告诉了东魏侯景举地来降。这一下惹怒了东魏大丞相高澄，当即派东魏武卫将军元柱等人率领几万大军日夜兼程去袭击侯景，在颍川北面与侯景相遇，结果元柱等人遭到惨败。侯景因为羊鸦仁等人的军队还没有赶到，于是，便退守颍川。

有人告诉东魏大将军高澄：“侯景有北归之意。”这时，正好侯景的将领蔡道遵回到了东魏，讲道：“侯景有所悔过。”侯景的母亲和妻子儿女都住在邺城，高澄便写信告诉侯景，说他的全家人都安然无恙，如果他肯回到东魏，便许诺让他终身担任豫州刺史，并还他宠妻爱子，对于他手下的文武官员，更是既往不咎。

侯景收信后，指使手下人王伟给高澄回信说：“现在，我已经带领梁和西魏的军队，举旗北伐，兵卒们士气高涨；恢复中原地区，我希望能自己攻取，怎么能有劳您来恩赐给我呢！从前王陵归附了刘邦，母亲被项羽抓去他仍不肯回去；刘邦的父亲被项羽囚禁了，项羽威胁要杀掉其父，刘邦却坦然地向项羽讨要煮他父亲的肉汤喝，父母尚且如此，何况是妻子儿女，那就更不介意了！如果说杀掉我的妻子和孩子对您有利的话，我想阻止您也是阻止不了的，如果杀掉他们对我毫无损害，那么您杀戮了他们也是徒然，反正我的家室全在您手中，如何处置，与我有什么相干啊！”

高澄放弃了对侯景的幻想。令东魏将军韩轨等人率军把侯景包围在颍川。侯景急得直骂娘！此时梁朝的兵马未到，东魏的兵多将悍，侯景忙派人带信和图表连夜去西魏，答应割东荆、鲁阳、长社、北荆州四城给西魏。请西魏赶紧援手，先挡住东魏的进攻再说。

西魏也不是傻子。先前，西魏与东魏大战了五次，虽然胜多败少，但消耗极大，再也禁不起大的折腾。于是，西魏尚书左仆射于谨主张，对侯景来降，应当这样对待：“侯景在少年时就习武练兵，为人奸诈，难以揣测，所以不如封他高官厚禄，看看他的变化再说，先不要派兵去援救他。”

但是，荆州刺史王思政却认为：“如果不抓住时机进取，后悔就来不及了。”于是，便派荆州的一万多名步兵和骑兵经鲁阳关向阳翟进发。西魏丞相宇文泰知道这个情况后，便封侯景为大将军兼尚书令，派太尉李弼、仪同三司赵贵率领一万人马赶赴颍川，救援侯景。

西魏公然救援侯景，这件事，本身就是对梁武帝莫大的讽刺！侯景做贼心虚，担心梁武帝责怪他向西魏求援，于是，派中兵参军柳昕向梁武帝送信解释：“陛下您派出的军队还没有来到，而我这里生死攸关，情况十分危急，便向关中求援，以便挽救自己所面临的危机。我既不能安处于高澄手下，又怎么会被宇文泰所容纳？但是手遭毒蛇咬而连手腕去掉，这是万不得已之事，本来想着为国，希望您不要怪罪我！我得到了关中的帮助，所以不能马上就背弃他们，现在我把四个州的地方当作引敌人上钩的诱饵，已经让宇文泰派了军队进入颍川，帮助我守卫这里。从豫州以东到齐海以西的地区，都在我的控制范围之内；我的这些现在实有的土地，都归于梁朝所有，悬瓠、项城、徐州、南兖这些地方，只需要派人去加以接管就可以了。希望陛下您迅速向边境下发命令，让他们各置重兵，与我呼应，相互之间不要发生差脱误会！”

梁武帝居然如此纵容侯景首鼠两端的行为，说：“大夫离开国境，还有自做主张的权限呢，何况你始创奇谋，将建大业，理应根据事情的发展而行事，随机应变。你一片诚意，心系朝廷，何须多加解释呢？”

侯景得到梁武帝的纵容，更加靠近西魏了。他再次向西魏乞求援兵。丞相宇文泰令韦法保以及都督贺兰愿德等人率军前去援助侯景。西魏大行台左丞蓝田人王悦提醒宇文泰，说：“侯景同高欢之间，开始是亲密的乡党关系，最终变成了君臣关系，侯景位居上将，权倾朝野；而今高欢刚刚死去，侯景便很快外叛，这是因为他的图谋很大，终不甘居人下的缘故。况且他能对高氏背信弃义，又怎么会为本朝尽忠尽节呢？现在您扩大他的势力，派兵去援助他，我私下担心这样会让后人耻笑的。”

宇文泰一想，有道理。便停止对侯景的援助，召侯景入朝长安。侯景生于乱世，混迹于官场，他马上意识到西魏要收拾自己了！于是，他就铁下心来与西魏撕破脸皮。他表面上与四周布营的西魏将领把关系搞得火热，又送金宝又送粮食，还常去对方营盘饮酒观宴，暗地里却加紧准备偷袭西魏军。打算诱捕西魏将帅李弼、赵贵，讨好南梁朝廷。

西魏的同轨防长史裴宽对韦法保说：“侯景为人奸诈狡猾，一定不肯应宇文丞相之召而入长安，他肯定要通过您向朝廷讲情，恐怕不可以相信他。如果埋伏兵士斩了他，这也是一件大功啊。否则，我们应该小心提防他，不能轻信他的欺骗和引诱，给自己留下悔恨。”韦法保非常赞同裴宽的话，但，又不敢杀掉侯景，只加强了防卫罢了。

王思政也觉得侯景在欺骗他，就秘密把贺兰愿德等人召回来，分别部署了各路军队。不等侯景有所行动，西魏诸将经过周密的计划，抢先行动，一夜之间，奇兵突出，分别占据了侯景所据的七州、十二镇。

侯景这个玩火者，却被火烧。他真是又气又急，惊惧交加！他愤怒地在给宇文泰的信中说：“我耻于同高澄并行，又怎么能同大弟您比肩呢！”侯景除了对宇文泰叫骂几句外，自知无济无事，连夜带着几百人马仓皇逃命。西魏将领任约带领所属的一千多名将士投降了侯景。

南梁萧渊明鼓动诸位将领，排挤走了萧会理，独揽了军权。梁武帝令萧渊明在寒山一带筑堰挡泗水，以淹灌彭城。如果攻下彭城，就可以与侯景形成掎角之势，夹击东魏军众。萧渊明把军队驻扎在寒山，却在离彭城十八里远的地方修堰截流。这么远的地方截流，水的冲力肯定会大大减弱。但，萧渊明就是不敢推进到离敌人近的地方动工。

截流工程在侍中羊侃的监督下，大约二十天就修成了。当时，守卫彭城的是东魏徐州刺史王则，他分派兵众，四面环城固守。羊侃建议萧渊明趁着水势，攻打彭城。但这个草包将领萧渊明根本不敢攻击彭城。羊侃和将领们与萧渊明商议军机大事，萧渊明都无法作出判断。每次都是含糊地说："到时再说。你们相机行事。"这令将领们无所适从，更加无法组织联合的军事布置和行动。军力无法得到有效的发挥。

东魏高澄听说梁庭来攻，连忙派慕容绍宗为主帅前去攻击侯景和梁军。东魏大将军高澄派遣大都督高岳去援救彭城，并想让金门郡公潘乐担任高岳的副手。陈元康对高澄说："潘乐反应比较迟缓，不能随机应变，不如慕容绍宗；何况让慕容绍宗去对付侯景也是先王高欢的命令。您只要赤诚对待慕容绍宗，侯景是不足为虑的。"

当时慕容绍宗正在外地，高澄想召见他，但又怕他受惊起疑心而反叛。陈元康对高澄说："慕容绍宗知道我陈元康特别受您的照顾和优待，最近他又派人来馈赠我黄金；我为了让他放心，便接受了这些黄金，并在给他的回信中厚谢了他，所以可以保证他不会有别的想法。"

东魏让慕容绍宗担任了东南道行台，使他与高岳、潘乐一起去援救彭城。慕容绍宗，字绍宗。他气度恢宏刚毅，寡于言词，深沉稳重，颇有胆略。尔朱荣是他从舅的儿子，当初，尔朱荣率兵进向洛阳，私下里告诉他："洛阳一带人马众多，骄傲奢侈已成为时俗，不除掉他们，恐怕难于将他们制服。我想趁朝廷的官员们出来迎接时，将他们全部杀死，怎么样?"他答道："太后荒淫暴虐，天下人都很厌恶她，您既然主持正义，又想诛杀那么多人，实在不是好的计谋。"尔朱荣不听。后来，他因建立军功被封为索卢侯，迁任尔朱兆的长史。尔朱兆失败后，他在乌突城拜见神武帝高欢，便带着尔朱荣的妻子和尔朱兆的余部归顺高欢。高欢对他很是礼遇，他原有的官职爵位全部保留，军中的计谋韬略，不断请他参与。

后来，高欢迁都邺都，建立东魏，朝廷命绍宗与高隆之共同管理府库、图书典籍等事。又迁绍宗任青州刺史。这时，丞相记室孙搴请托绍宗，想任命他的哥哥为青州主簿，绍宗没有答应。孙搴向神武帝诋毁绍宗说："绍宗曾经登上广固城长长地叹息，对他亲近的人说'大丈夫有恢复祖先基业的道理吗？'"因此，朝廷将他调回京城。元象初年，他因建立军功被晋封爵位为公。多次升迁，官至御史中尉。南梁人刘乌黑进犯徐州一带，朝廷任他为徐州刺史。他打败梁朝人，活捉刘乌黑并将他杀死。归来，被任命为尚书左仆射。

东魏高澄先是派韩轨去讨伐反叛者侯景，侯景却不屑一顾地说："这个吃猪肠子的小子能干些什么！"后来，侯景听说高岳要来讨伐，侯景又说："兵士倒是很精锐，但领兵的人很一般。"东魏的各位将领没有不被侯景轻视的。但是，当侯景听说慕容绍宗要来时，便敲打着马鞍，脸上露出恐惧的神色，说："谁使高澄这个鲜卑小子懂得派遣慕容绍宗来呢！如果这样，高王就一定没有死去！"

慕容绍宗拥十万东魏兵，屯据橐驼岘。梁将羊侃劝萧渊明乘其远道而来，人困马乏之时，迎袭东魏兵。可是，萧渊明又没听从，白白浪费了有利的战机。第二天，羊侃又劝萧渊明率众出战，萧渊明又不听。

羊侃知大事不妙，便率自己统领的梁军兵众，离开大营，驻军在堰上。以防备梁军兵败之时，他所率领的兵众还能生还。

东魏大将慕容绍宗的军队来到城下，他带领一万多名步兵和骑兵从容布阵。安排妥当后，便率步骑万余人，进攻梁朝潼州刺史郭凤的军营。一时间万箭齐发，东魏军呐喊阵阵，先从郭凤的军营撕开一个缺口。东魏兵呼啸而来。

此时，梁军统帅萧渊明刚饮宴大醉。他满嘴喷着酒气，令诸将去营救郭凤。众将见敌兵势众，哪个敢去？北兖州刺史胡贵孙对谯州刺史赵伯超说："我们这些人带兵来这里，是来做什么的，现在遇到了敌人，难道不去应战吗？"赵伯超无以对答。

胡贵孙便独自率领自己的军队与东魏的军队作战，斩了二百名东魏人。赵伯超拥有几千人马却不敢前去救援，对自己的部下说："敌军如此强盛，与他们交战一定会失败，倒不如保全军队早日回去。"他的手下人都说："好！"于是，赵伯超便逃回去了。

北兖州刺史胡贵孙率所部兵众英勇出击，东魏统帅慕容绍宗见梁军有十四五万之多，人数和气势上完全压过东魏军。当时，郭凤军营拼死抵抗，又加上胡贵孙所部的奋勇攻击，慕容绍宗担心梁军全线冲击，那十万兵马冲来，自己难以招架。慕容绍宗将要出战，他认为梁朝士兵轻巧灵活，且又很勇敢，害怕自己的军队打不过他们，便召见手下的将士们，对他们说：“我假装败退，引诱吴儿向前追，你们从背后攻打他们。”

交战中，东魏的军队果真败退逃跑，可是，并不见梁军发动全线攻击。仅仅只有郭凤兵营的抵抗和胡贵孙等少数将领的拼杀。慕容绍宗放心了，指挥东魏兵众掩杀过来。东魏的将士争相从背后对梁朝军队发起突然攻击，梁朝军队大败，主帅贞阳侯萧渊明以及冲锋在前的胡贵孙、逃跑的将领赵伯超等人都被东魏俘虏，伤亡失散的士兵有几万之多。只有羊侃所部兵众，因早移屯堰上，才“结阵徐还”。

梁军大败的消息传来，正在睡午觉的梁武帝听闻亲侄儿萧渊明被俘，顿时大惊失色！

第三章　霸先南方传捷报

梁武帝正在睡午觉，宦官张僧胤禀告说朱异要启奏事情，梁武帝感觉不妙，他马上拖着八十多岁的身体起床，老态龙钟般地坐上轿子，轿夫们抬着梁武帝来到了文德殿的殿堂上。

朱异急忙上前启奏："皇上，韩山战事失利，贞阳侯被掳于北齐……"

梁武帝听后，惊恐万分。吓得神情恍惚，身子坐不稳，几乎要从龙椅上摔倒下去。近臣急忙上前扶住。梁武帝悲伤地感叹道："我难道也要落得像晋朝那样的下场，江山被夷狄所夺取吗?"

就在这满朝震惊，人心惶恐之时，却接到南方频传的捷报——交州司马陈霸先连续平定越帝李贲、剿灭李天宝叛乱，将越帝李贲的首级传送京城。

李贲何许人也？李贲（503—548），龙兴太平（今属越南）人，出身南方俚族（黎族）有势力家庭。七世祖来自中国，因西汉末年的战乱，李贲来到交州避难，曾任职于梁朝德州监。

当时，交州刺史萧咨，仗着自己是皇族，为政苛刻残暴，很失民心。德州监官李贲不堪忍受，便联合并韶、赵光复等人于梁武帝大同七年（541）十二月起兵，赶跑了萧咨。并韶是交趾人，很有文才。他奉旨进京，选求官职。但梁朝的吏部尚书蔡撙却以并韶的这个姓氏"并姓无前贤"，所以只给了并韶一个广阳门郎的职务。并韶认为这是耻辱，就返回乡里，密谋作乱。梁朝任用人才，都以士族、门第的高低来选择。整个六朝时期，除陈霸先建立的陈朝以外，都是"士族"垄断官吏及上层社会，寒门无望。只有极少的人以军功跻身上层的。这是当时的社会弊端。

赵光复是朱鸢县人，其父赵肃是李贲麾下的左将军。李贲死后，赵光复自立为夜泽王，定都龙编，后迁武宁。梁朝以陈霸先为威明将军领交州刺史，前去征讨赵光复。但因突发侯景之乱，陈霸先被召回，率军北上平定侯景之乱。梁朝改派杨孱前往征讨。赵光复杀死了杨孱，击退了梁军。

后来，交州另一名起义军首领李佛子率军东下，与赵光复在太平县交战。交战了五次，未分胜负。于是赵光复与李佛子签订和约，以君臣州为界。李佛子令儿子李雅郎与赵光复的女儿赵杲娘成婚，入赘赵氏。571年，李佛子与李雅郎合谋，进攻赵光复。赵光复兵败出奔，在大鸦海口为李佛子追兵追及，遂投海而死。于是李佛子兼并了赵光复的势力。后世追称他为明道开基圣烈神武皇帝。

萧谘逃亡到广州后，广州刺史萧映念其同为萧氏皇族宗亲，就暂时收留了萧谘。萧谘，字世恭。南朝梁南兰陵（今江苏常州）人，萧范之弟。位卫尉卿，封武林侯。梁武帝大同七年，为交州刺史，以严刻失和，导致李贲等人反叛。

李贲占领交州龙编（今越南河内东天德江北岸），542 年春季，李贲势力控制当时位于越南北部，梁朝管辖下的交州和德州的地区。544 年正月，李贲自称越帝，改元天德，建立国号“万春”，定都龙编。根据越南史籍《大越史记全书》的说法，“万春”意为“春望社稷至万世”的意思。这是越南历史上第一个真正的政权，李南帝的名称因此而起。

梁武帝萧衍大怒，岂容李贲称帝？诏令新州刺史卢子雄、高州刺史孙冏，在广州刺史萧映和交州刺史萧谘的指挥下，火速去征讨。卢、孙两将向萧映、萧谘请求道：“根据历次交战的经验，现在正是春草萌芽，瘴疠肆虐的季节，将士染病，不战自溃。等到秋天出战为利！”

这本来就是一个非常符合当时战情的建议，但萧谘急于回到交州府，以“皇命难违”为由，逼卢、孙两人率兵马即刻出征。没有办法，卢、孙两将明知不可为，而只得硬着头皮，率兵众出征平乱。果然，不出意料。部队到达合浦时，瘟疫爆发，兵众相继、连片地死亡。

部队减员大半，兵将情绪低落，不敢再往前走。许多兵将害怕传染瘟疫而溃逃。

卢、孙两将无法约束部属，只得带所剩兵众退回广州。萧谘原以为能顺利回到交州府的，却见卢、孙两将败退而回，大怒。卢、孙二将无论怎么解释，萧咨都不听。萧咨诬告卢子雄、孙冏与反贼勾通，故意拖延时间，不肯进讨。梁武帝当然相信皇族宗亲所奏，即令在广州赐死新州刺史卢子雄、高州刺史孙冏两将。

卢子雄、孙冏的冤死，激怒了卢子雄的弟弟卢子略、卢子烈，主帅杜天合以及他的弟弟杜僧明，还有周文育等人。杜天合愤愤不平地对部众们说："卢公几代人都十分厚待我们，如今见他们受冤枉而死却不能替他们报仇，不是大丈夫。我的弟弟僧明，能抵御万人，如果围住州城，号召百姓，谁敢不听从？破城以后斩了这两位王侯，然后等朝廷使者到达时，束手到廷尉那里辩理，就是死了也胜于活在世上。即使不能取胜，也没有可抱恨的了。"众人都慷慨地说："这正是我们大家的心愿啊！请您下令吧！"于是，杜天合便和周文育等率领众人一起结盟，拥戴卢子雄的弟弟卢子略当主帅，进攻广州府。想杀死萧映、萧咨，为卢子雄报仇。

杜天合、杜僧明两兄弟是广陵临泽人。他们身材不高，却胆气过人。特别是骑术超群，射箭百发百中。梁朝大同年间（535—546），卢安兴任新州刺史、南江督护，他奏请朝廷同意，带杜僧明、杜天合以及周文育一起赴任。在征讨俚、獠人的战斗中立功，朝廷任命杜僧明、杜天合为新州助防。周文育为南海令。卢安兴死后，杜僧明、杜天合、周文育继续辅助他的儿子卢子雄。

卢子雄的弟弟卢子略、卢子烈也是豪侠之士。杜天合、杜僧明、周文育等率领众人一起为兄报仇，卢子略哪能推辞？当即布置行军路线和攻打阵法。然后，高举义旗，率众围攻广州城，要捉拿萧咨、萧映，为卢、孙两将洗除冤屈。卢子略攻打城南，杜天合堵住城北，杜僧明、周文育分别据守城东和城西。吏卒百姓们群起响应，竟然达数万人之多。

由此可见，当时底层民众对萧氏皇族的反感程度有多强烈?！萧映、萧咨没想到南蛮之地，民众"轻王法"，敢于反抗。这事闹大了，急令关闭城门。

广州刺史萧映急派几名勇士，连夜冲出包围圈，奔求高要太守陈霸先火速率兵来解围。陈霸先接到急报，当即率领三千精兵，日夜兼程，奔救广州。陈霸先是一位知恩图报、豪侠仗义之人。他铭记着萧映对他的提携之恩，尽心报答。这里要介绍两位人物——萧映和陈霸先。由于萧映慧眼识英才，从寒门里提携了陈霸先，才有了挽民族于危亡、坚守汉文明的陈朝皇帝。

萧映，字文明。是南兰陵中都里人（今江苏常州市武进区西北）。他的伯父是梁武帝萧衍，父亲是始兴忠武王萧憺。其父萧憺在荆州为官七年，做了很多的好事。“萧憺励精图治，大开屯田，减省劳役，慰问阵亡兵士的家庭，赈济穷困人家，使得民心大为安定。”有一次长江发洪水，很多老百姓爬上树枝、屋顶，以避洪流。“萧憺募人援救，规定：每救一人，赏钱一万。有数十名商人应募，救回了许多百姓的性命。”又赐农人以粮食和种子。当年江陵县竟然出现了“一茎九穗”的奇观。

萧映出生后，天资聪明。十二岁就为国子生。梁武帝问对众国子生，唯萧映论对聪颖。梁武帝高兴地称赞萧映，说：“吾家千里驹也。”

其父萧憺病死后，萧映“隆冬席地，哭不绝声，不尝谷粒，唯饮冷水，因患症结。”梁武帝多次封赏萧映，他都让给弟弟。帝改封萧映为新渝县侯。后又任命萧映为吴兴太守。萧映在吴兴任太守期间，打破贵族门第观念，大胆提拔了寒门有志之士陈霸先。

陈霸先，字兴国，小字法生，出身寒门，家住吴兴郡长城县（今浙江长兴）下若里人，先祖陈达，曾任西晋王朝的太子洗马，为避匈奴、羯胡等“五胡”战乱，随西晋的王公大臣们渡过长江，向南迁移。史称“衣冠南渡”。

“衣冠南渡”出自唐代史学家刘知几《史通》“邑里”篇。该文原仅指西晋末天下乱，中原士族相随南逃、中原文明或中原政权南迁。后“衣冠南渡”逐渐演化为熟典，代指缙绅、士大夫等避乱南方并落地生根的事件。中原政权和汉文明首次南迁，是由西晋的都城洛阳南渡到建康（今南京）。西晋后期，中原地区大规模战争不断。加之，周边部族也相继建立君主制政权，强大起来，并威胁西晋政权，并最终酿成“永嘉之祸”，西晋中央朝廷受到威胁。晋建武年间，晋元帝率中原汉族臣民从京师洛阳南渡，史称“永嘉之乱，衣冠南渡”，这是中原汉人第一次大规模南迁。西晋政权渡江后，在建康（今南京）定都，史称东晋。中原汉族士族等臣民相随南逃，西晋朝廷的权臣王导，依赖南渡的北方士族，团结江东豪强，协助司马睿建立了东晋政权。

陈霸先的先祖陈达，随晋王朝南迁后，曾担任长城县令。他见此地风景奇秀，便安家于此。有一次酒后，与亲友醉言："此地山川秀丽，当有王者兴焉，二百年后，我子孙必钟斯运。"后果应验在陈霸先的身上。

据传说，梁天监二年，陈文赞的夫人董氏临产之时，霞光万道，井泉沸腾。霸先降临人世，号哭不止。因家贫，未有热水洗浴。家人便用沸腾的井水，热乎乎的给霸先洗浴，他才止住哭声。而这时，听到街上鞭声大作，原来是有人中举了。鞭声未止，忽又锣鼓喧天，喜气洋洋。原来是迎亲队伍经过家门。刚巧有算命卜卦者上门讨喜钱。陈文赞请为新生儿卜卦。

卦者大惊，道："此儿将来贵不可言！整个家族都会因他而发达。"

陈文赞闻言大喜，厚赏卜卦者。用心培养霸先，求学于长城、义兴等地名师。使之文武双全。义兴许老先生家多图书、典籍，文史、兵书、武学等类。许老擅长太乙、精通六壬、奇门遁甲之术，霸先虚心拜学。许先生见霸先日角龙颜，垂手过膝，仪表堂堂，很是称奇，掐指一算，知道此人以后必将是经天纬地，挥戈挽日，名彪青史之人物。于是，许老先生把平生之绝学，全部传授给霸先。

霸先年幼，白天学文，晚上练武。很是辛苦。这天夜晚，霸先疲惫之极，倒在许氏学馆简陋的床板上，呼呼入睡。忽见天开数丈，强光刺眼。云霞中隐现四位朱衣飘飘的仙人，合手捧着一轮红日，飞向霸先，仙人道："奉上帝敕命，送红日与汝，救国安民，莫负天心！"令霸先张口，仙人手一松，一轮鲜艳火热的红日，便滑入腹中。霸先顿觉腹中灼热难受，不禁大叫一声，醒来，仍觉腹中久久灼热。

霸先梦醒，披衣而起。细思梦境，认为是上天要他救国救民。从此，他更加勤奋好学，闻鸡起舞，练武习文。长年风雨无阻，冬夏不辍。锻炼成体魄强健、毅力顽强、意志坚定、胸怀宏伟的领袖品质。

因父母早亡，家庭贫寒，霸先要去做工赚钱，养家糊口。他虽然满腹经纶，武功超群，也只能在乡村下若里做“里司”，就是专管催粮派款、兼管打架斗殴的小事。在家人的操持下，霸先与钱氏小姐喜结连理，婚配成家。小夫妻恩爱互敬，次年生子，小家庭充满喜气。霸先宽厚豪爽，很得人缘。沈氏望族的沈恪、沈巡等人爱惜霸先文武全才，推荐霸先到京城建康，找了一个油库吏的工作。真是“贫穷之家百事哀”，这个时期，霸先的长子因病夭折，发妻钱氏伤痛不已，不幸病逝。双重打击，令霸先难以承受。他为转移悲痛，全力扑在工作上。把油库的木桶、油池、库房等打扫得干净整洁，很受油库主管的喜欢。

这座油库，属于朝廷管理的国库之一。各种油品，一应俱全。供应着朝廷造船、驿站、军队和衙门等用油。霸先由于常年练武，体力好，干活快。晚上还看书，练武。主管爱惜其才，极力向上司举荐。

也是机缘巧合。这天，梁皇宗亲萧映路过油库，顺便来加油。却见一人与众不同，别人双手提一桶油，还小心翼翼，生怕油因晃荡而泼洒了。而此人身高七尺有余，额头隆起，手长过膝。竟然双臂平举，各提一桶油，油不晃荡，如履平地。

萧映惊奇，便问油库主管：“此是何人？”油库主管如实相告：“此人名霸先，长城人也。常练武艺，颇有文采。”

萧映即唤霸先近前，叫侍卫与之比试。霸先不敢冒犯，小心谦让，却被侍卫打倒，并嘲笑之。霸先恼，使出真本事。平地腾身跃起，出拳如风，一侍卫倒地，众侍卫不服，四面围攻。霸先心想既已惹祸，便不再客气。空手夺剑，腾空翻飞，漫天剑影，独战众人。枪来剑往，眼花缭乱。不多时，打得众侍卫四仰八叉，卧地不起。

萧映不禁鼓掌叫好，又试霸先的弓箭。霸先从小就在斫射山附近长大，弓箭纯熟。斫射山当地村民个个都善射箭，百步穿杨者，不可胜数。霸先顺手摘过一侍卫的弓箭，翻身射向空中。顿时，两只飞雁落下。众人齐声惊叹！萧映再试以文才，霸先脱口而出，吟诗太湖。萧映大喜，当即收为己用。其实，霸先的书法也很有造诣。楷隶行草样样精通。至今还有他的一篇章草书法，流传于世。

当时萧映任吴兴郡太守，陈霸先就在萧映属下当传令吏。霸先自思出身寒门，工作机会来之不易，所以凡事都尽心称职。由于霸先学文练武，面对复杂战争状态，能随机应变，处置妥当，深得萧映欢心。萧映慧眼识英才，常背后对幕僚夸赞霸先，道："此人方将远大！"

后来，梁武帝于普通四年（523）诏任萧映为广州刺史。陈霸先随萧映到了广州，为中直参军，负责护卫广州府署。萧映命霸先招兵买马。霸先招精兵一千，并亲教拳法、刀法、箭法，严格训练。当时，元不宾作乱。萧映令陈霸先率所训练的一千精兵去平乱。陈霸先据探马所报"安县城固贼众，化县城弱贼少"的情况，制定"先弱后强"的战术。亲率精兵，攻下化城。将降兵改编，并选一些机智的降兵，令其"逃"回安县城，待霸先率兵攻城时，就打开城门迎官军。果然，陈霸先夜半举火攻城，那些"逃回"的降兵趁乱杀死守城门的贼人，打开大门。陈霸先率一千精兵呼啸而入，直捣贼窝，活擒贼首元不宾。陈霸先因功授西江督护、高要郡守。

当广州被叛军围困的消息传来，陈霸先的心头一紧！那还了得？快救恩人萧映！

陈霸先当即率三千精兵，日夜兼程，奔救广州。当他们赶到城下时，见城门快要被攻破了。情势万分危急！

陈霸先大吼一声，一马当先，呼啸着冲向敌阵。杜天合回身一看，官兵的援军到来。他立即率众人与陈霸先迎战。陈霸先威猛无比，杜天合战不过三合，拨马便逃。此时，弓箭手放箭，杜天合背后中箭，倒地而亡。陈霸先那训练有素的三千精兵，势如破竹，转眼之间就击溃了叛军。周文育、杜僧明被绑到陈霸先的马下。

"为何造反？"陈霸先威严地责问。杜僧明、周文育哭诉卢子雄蒙冤屈死的前情。陈霸先听了，被他们的义气所感动。立即下马，扶起周文育、杜僧明等人，亲手给他们解绑，道："你们义薄云天，令人敬佩！愿在我军效力吗？"

杜僧明、周文育等人立即跪下，叩首。陈霸先连忙扶起杜、周等人，委做军中主帅。

杜僧明，字弘照，广陵临泽人。他体形矮小，却很有胆量，善于骑射。因卢子雄冤死，杜僧明与周文育等人起兵围攻广州府，被陈霸先击败，归附陈霸先。从此，杜僧明成为陈霸先南征北战的得力干将。

周文育，字景德，义兴阳羡人。他从小父亲去世，家中十分贫困，原居住在新安寿昌县，姓项，名猛奴。十一岁时，能在水中游几里路远，跳起六尺的高度，和孩子们一起玩耍，众人都难以比得上他。义兴人周荟当时任寿昌浦口的戍主，见了以后很感惊奇，就喊他过来说话。周文育对周荟说："我母亲年老，家中贫困，兄弟和姐姐都已长大，家里受困于赋税和徭役。"周荟听后，很替他难过，便跟随文育到他家去看望，并且向文育的母亲请求将文育给自己当养子，文育的母亲便答应给了他。当周荟任职期满后，他就带着文育回到都城，拜见了太子詹事周舍，请求给文育起个名字，周舍便给他起名为文育，字景德。周荟并让哥哥的儿子弘让教给文育识字和计算。弘让擅写隶书，便写了蔡邕的《劝学》文和古诗来送给文育，文育不太懂，便对弘让说："谁会学这些东西，谋取富贵只有用大槊吧！"周弘让认为文育气壮，便教给他骑马射箭的本领，文育大为高兴。

司州刺史陈庆之和周荟是同郡人，一向关系很好，便上奏朝廷委任周荟当前军军主。陈庆之让周荟带领五百人前往新蔡、悬瓠慰劳白水蛮人。白水蛮人打算抓住周荟然后归附魏国，事情被发觉，周荟和周文育领兵抗拒。当时贼兵人数很多，一天之中作战几十回，周文育在前面冲锋陷阵，勇冠全军。作战中，周荟死于阵上，周文育飞奔向前收取他的尸体，敌人不敢进逼。到天黑时，各自领兵离去。周文育身受九处创伤，伤愈之后，他告辞请求送周荟回去安葬。陈庆之很赞赏他的节操，厚加馈赠后送他回去。

安葬周荟之后，正值卢安兴出任南江督护，他请求朝廷让周文育和他同行。文育屡次出征立功，被任命为南海县令。卢子雄冤死后，周文育和杜僧明攻打广州，被陈霸先击败后，陈霸先赦免了他。当时的监州王劢让周文育任长流参军。后来，王劢被人替换时，周文育打算和王劢一起北上。到达大庾岭时，遇有占卜者对周文育说："您北上不过能当一名令长，南下则可以当公侯。"周文育却说："有钱用就行，谁还想当公侯。"占卜者对他说："您很快就能突然得到二千两银子。如果不信，请以此事作为验证。”

当晚，周文育住在旅舍里，有位商人要与周文育赌博，周文育赢了他二千两银子。天亮时，周文育向王劢告辞。王劢问他什么原因，周文育将占卜之事如实相告。王劢表示理解，便送他走了。

陈霸先听说周文育又回来了，大喜，分出一部分兵马交给他，让他做军中将领。从此后，周文育与杜僧明一起，跟随陈霸先南征北战，战功累累。后果然官至散骑常侍、镇南将军、江州刺史、开府仪同三司，封寿昌县公。这是后话。

且说梁武帝，当时闻广州捷报，惊异陈霸先之大才。令画师绘陈霸先的画像，率群臣观瞻。梁武帝指着陈霸先的画像，赞叹道：“霸先双目有神，不怒而威，屡平叛乱，实为难得之将才。”梁武帝高兴地封赏陈霸先为直阁将军、新安子，食邑三百户。

正当霸先要大展雄才之时，不料，他的恩人萧映竟然因病而逝。霸先痛哭流涕，决意护送萧映灵柩到京城建康安葬，聊尽自己对恩人萧映的一片忠心！

可是，半路上，降来一道圣旨。——梁武帝授陈霸先为交州司马，领武平（今越南永安附近）太守。率军讨伐乱贼李贲。

皇命难违！霸先泪如泉涌，向萧映灵柩跪别。随新任交州刺史杨𪨊前往交州讨伐李贲。当杨𪨊看到陈霸先的队伍军容齐整，器械精利，高兴地说：“能克贼者，必是陈司武也！”

梁武帝同时还诏令定州府刺史萧勃也一同发兵，去越南平乱。萧勃，南兰陵郡兰陵县（今江苏武进）人，南梁宗室大臣，郢州刺史萧景之子。南梁末年萧勃官至定州刺史，封曲江乡侯，太清三年（549），广州刺史元景仲响应侯景，萧勃趁机割据广州。

虽然梁武帝诏令萧勃出兵，一起讨伐李贲，但萧勃却仗着是梁武帝宗室大臣，拒不发兵；还想把陈霸先的精兵收为己有。甚至收买杨𪨊，以壮大自己的实力。杨𪨊不好回绝萧勃，又恐违皇命而灭九族。就与陈霸先商量：萧勃是皇族宗室，他不派兵，皇帝不会惩处他的。而我们这些臣民却死定了。怎么办？

陈霸先敢于直指皇族宗亲的过失，义愤直言：“交趾叛离，过错在皇族，致使许多州混乱不堪，随意捕人杀戮多年。现在定州刺史（萧勃）只想苟且偷安于眼前，不顾国家大计。您奉命讨伐叛逆，本该不顾生死，全力以赴，怎么能害怕皇族而逗留不进，轻视国家之害呢?”

于是，陈霸先率自己的部队首先出发。杨孱觉得陈霸先言之有理，且说到做到，就举荐陈霸先为先锋。陈霸先受命后，就先安排同郡的沈恪，护送章要儿带着儿子陈昌回老家。霸先与沈恪商量道：“此地俗称南蛮之荒，豪强众多，土匪出没无常。天高皇帝远。我此去越南平定叛乱，不知何时才回来。我率大军走后，无以震慑山贼土匪和豪强劣绅，还不如回到故乡安全一些。”

沈恪当即赞同。沈恪，字子恭，吴兴武康人。他性格深沉，办事能力强。与霸先是同郡老乡，很早就熟识，感情好，很亲近。梁朝新渝侯萧映出任吴兴郡守，就征召沈恪为主簿。老友相聚，免不了又一起饮酒畅叙。后来，萧映调任广州，沈恪任主簿兼府中兵参军，经常带兵去讨伐俚洞。卢子略聚众反叛，沈恪守城抗御有功，被任命为中兵参军。当时，卢子略、杜僧明、周文育等人差一点攻破城门，幸亏霸先率军日夜兼程赶到，才一举解围。救了萧映、萧谘，以及沈恪等人，还意外地收服了杜僧明、周文育两员大将。萧映死后，沈恪就跟随着霸先。梁武帝令霸先南征李贲，霸先就安排沈恪护送妻子回家乡吴兴郡。

霸先特别爱他的妻子和家人。他出身寒门，前妻钱氏，是他在乡里任里司时结的婚。史载“娶同郡钱仲方女，早卒”。前妻钱氏生下陈克（后追封孝怀太子）后，不幸早逝。

陈霸先再婚娶章要儿，是吴兴乌程人（即今湖州市区人）。本来姓钮，父亲景明被章氏收养，所以改姓章。章要儿的母亲苏氏，曾经碰见一名道士，送给一个小乌龟，色泽斑斓晶亮，说：“三年后可应验。”到了章要儿出生那年，忽然，紫色光芒笼罩着产房，彩色乌龟也从此消失。

章家是有名的商户。当年，陈霸先在萧映属下做传令吏时，曾有人煽动抢粮，陈霸先救了章家。当年吴兴郡地域受到洪涝灾害，乌程县粮食有些紧张。少数粮商乘机抬高米价，以赢私利。当天，萧映乘官轿去道场一带了解春荒情况。刚到伏龙桥前，忽见闹哄哄的一大群人冲向一家粮铺。这家粮铺紧闭大门，众人聚集在门外大呼小叫，敲呀、撞呀、猛烈地踢打着，场面十分混乱。萧映令停轿，令霸先去看看，是不是在闹事？

霸先作为传令吏，配备一匹枣红马供他驱骑。霸先策马向前，见一群人在章记粮铺前砸门闹事。他随手向下一抓，就提起一个手拿米袋往前冲的中年人，喝问方知是去章家粮铺抢米。霸先立即明白有人煽动闹事，当即扔下此人，寻找领头闹事的人，却听得身后窄巷里传来喊声："章家粮铺砸开了，快去抢啊！"霸先顿时生疑：门还没砸开，此人怎么乱喊？分明就是煽动！

于是，霸先掉转马头，冲入窄巷。那人见霸先骑马冲来，掉头就跑。霸先打马飞奔，同时弯腰伸臂，揪住那人的衣领往上一提，喝问："为何鼓动闹事？"恰有人见，指称是沈家粮铺的大老板。霸先当即明白了，打马奔到章家粮铺前，见铺门已被砸破半边，有人正往里钻。霸先大喝一声，如雷震耳："住手！——"

众人大惊，回头一看，只见骑枣红大马的"衙门"猛将，把沈老板如同提小鸡似地提在马边。沈老板双脚下不沾地，上不着边，在空中乱踢，一副狼狈不堪的样子。顿时，混乱的场面静了下来，那伙闹事的人傻眼了！原来，同行的沈老板见章家又运回几船米，却不肯涨价，于是就煽动饥民哄抢。

众人见状，不敢乱来，当即散去。这时，萧映的卫兵也走了过来。霸先把沈老板扔在地下，卫兵上前，扭送官府。一场骚乱，瞬间平息。

萧映、霸先等人将要离开时，却见章老板出门致谢。而楼上的一扇窗户也悄然推开，露出妙龄少女章要儿顾盼生情的亮眼……

原来，章家在铺内已看清了外面发生的一切。对霸先敬佩有加。南朝沈氏为世代连绵旺族，势大根深。上佐朝政，下垄商营。无论贵至王公将相，甚至有些皇帝，都要对沈家敬让三分。虽然粮铺沈老板也是狐假虎威，仗势欺人；但霸先竟敢无视权贵，仗义出手，其胆略非同寻常。所以，后来经人介绍联姻，霸先成了章家乘龙快婿，也就"顺理成（陈）章"了。

章要儿年轻时聪明伶俐，容貌端庄秀美，手指甲长达五寸，白里透红。最为神奇和不可思议的是，每逢家里遇到有穿丧服之事，章要儿的指甲就必定会在事先折断一根。史书有载：章氏“善书计，能诵诗及楚辞”，“少聪慧，美容仪，手爪长五寸，色并红白，每有期功之服，则一爪先折”。

章要儿受过一定的文化教育，喜好文学与筹算，能背诵《诗经》和《楚辞》。她比陈霸先小四岁。陈霸先与章要儿喜结良缘，真乃天作之合。

过了几天，霸先做好了安排，令人雇船，给足银两，使他们坐船从水路回乡。如果走陆路，山高路远，难免与闲杂旅客相伴，或投店住宿，或进餐入馆，时兵荒马乱，易生不测之事。雇船一只，无闲杂外人，吃住在船舱，免去行路之疲惫和不测之人与不测之事。船主本分，知当地陈太守所使，哪敢不尽心尽力！

送走妻儿后，陈霸先就了无牵挂，全身心投入平叛的筹备事务之中。杨孱鉴于以前每次对李贲平乱的失败，担心地问陈霸先进军路线，是走陆路还是走水路。因为当时的水路很不熟悉。陈霸先查阅地图、水路、陆路（包括山路）。总结以前历次平乱都是走陆路，经过山林地带，遇到瘴气，兵众染疫，相互传染，才造成大量的兵众相继死亡。这样，战斗力锐减，军队不战而溃。

因此，陈霸先大胆地走水路。虽然当时很欠缺远洋航海技术，但，霸先虚心请教渔民，研究渔船、商船和兵船、战舰的区别。民用商船，用于经商，也是短途的内陆航行。海边渔民捕鱼，也是近海作业。如果作为军事之用，远航至交州（越南），确实是一种冒险！更是中国古代军事史上的一个奇迹！

现在，我们只能从史书里找到徐陵在《九锡文》中有“远中逾沧海，大拯交越”，“公英谋雄算，电扫风行，驰御楼船，直跨沧海”这样的记载。《太平寰宇记》也记载：“梁侯景之乱时，交州刺史陈霸先越海赴难至此，景将董绍先据虎口石立栅以邀之，霸先潜军，出其不意，及觉，已至栅下，遂败。”这也佐证了徐陵“驰御楼船，直跨沧海”的记载是真实的。这说明了远在一千五百年前，中国已具备了大规模的跨海作战能力。

陈霸先为了避免走陆路，遇到山林瘴疠之害，从实际作战、航海的要求出发，画图纸，堆沙盘来推演。运用兵书、水战来操练水军。甚至演练三国时期的曹操、周渝水军的阵法，仿制曹操、周渝水军的攻、防兵器。赶制强弓硬弩，贮足军粮药品。霸先就在南海沙滩边，打造一批能抵抗狂风巨浪、方便射箭、发射弓弩等装置的兵船战舰。陈霸先督造的船舰，务须结实，能攻能守。

陈霸先敢为人先，开辟了一条从广州到红河的海道。陈霸先率万余大军跨海作战，这在中国历史上特别是军事战史上，确属首次！

梁大同十一年（545）六月，杨孱荐举陈霸先为前锋。几声号炮轰鸣，三军将士登船。从番禺港向茫茫南海破浪前行。

当大军突然出现在交州，李贲的数万部众感到惊讶！在咚咚战鼓声中，官军齐声呐喊，震天动地。李贲贼兵慌忙在苏历江口岸扎起栅栏，抵抗官军。在密集的箭雨里，陈霸先指挥自己的三千精兵率先冲阵。随后，杨孱的军队扑上来。叛军纷纷中箭身亡，余众贼兵无法抵挡，纷纷溃败。自称越帝的李贲积累了多年与官军作战的经验，也在山道、隘口、森林里埋设了重重防线。可完全没想到，此次官军竟然远航海疆，直捣匪巢！众贼将在火箭、弓弩和大军的冲击下，顿时溃败逃窜。李贲逃到典澈湖。先用渔船小舟堵塞水道，再造大舰横塞湖道。水中扎有竹尖，锐利如刀剑。人若落水，即落在竹尖上，不死即伤。

陈霸先官兵的大船不能前行，兵众害怕落水被竹尖捅死，纷纷退缩畏战。陈霸先鼓励将士们，道："劳师远袭，宜速战速决。我们孤军无援，退无可退。敌人四散奔逃，与当地人感情不深。我们共同出击，必败敌军。拖延日久，错失战机。"可是，杨孱见湖面障碍密集，难以发令前行。众将也默然无语。

陈霸先内心焦虑，对部将杜僧明、周文育道："与其坐以待毙，不如放手一搏。"杜、周道："只要你下令，我们就拼死一战！"陈霸先决定不等杨孱的命令，率所部单独作战。

也是天助人愿！当夜暴风暴雨，江水暴涨七丈，滚滚洪水，汹涌澎湃地注入典澈湖。叛军所设障碍，都没入水中。天明一看，湖面毫无阻碍。

陈霸先率所部军兵，乘滚滚洪流，冲向敌方。杨孱见此大好形势，果断发令，全军出击，众兵将群情高昂，大船在震天的呼啸声中，冲向敌阵。大船劈波斩浪，船上弓弩齐张，万箭射向叛军。叛军兵众纷纷中箭，败溃逃散。这一战击溃和消灭了贼兵的主要力量。从此，贼兵再也没能聚集成横行一方的力量了。

陈霸先乘胜追击，李贲落荒而逃，躲进了屈獠洞，被屈獠人杀死。李贲之兄李天宝逃往九真郡，收聚剩余的二万人马，杀德州刺史陈文戒，围攻爱州，交州司马陈霸先率军乘勇又平定了李天宝。传首都城。

李贲在南方作乱多年，终于被陈霸先平定了。梁武帝大喜！特别是此时，梁朝军队在韩山战败、贞阳侯被擒、侯景溃逃，满朝文武惶恐之际，陈霸先平定了南方叛乱、将越帝李贲的首级传送京城，对鼓舞梁军斗志，提振民心，大有益处。

梁武帝诏授陈霸先为振远将军、高要太守，督七郡诸军事。陈霸先威震南国。

第四章　侯景溃败占寿阳

慕容绍宗带领五千精锐骑兵，前后夹击侯景的军队。

侯景欺骗他的部属和兵众们说："你们这些人的家属，已经被高澄杀掉了。你们别无他路，我带着你们奋力杀敌报仇。"侯景的士兵都相信了他的话。

慕容绍宗知道后，就从远方高喊着："你们的家属都平安无事，如果你们回归，官职和勋爵会像从前一样封给你们。"说完，他披散着头发面向北斗星发誓。

侯景的兵众们发现受到侯景的欺骗，不再跟侯景往南逃了。他的将领暴显等人各自统率自己的部队投降了慕容绍宗。侯景的兵马全部溃散，兵众们争相抢渡涡水。河水都被溃散的败兵们阻断，一时间都不再奔流了。

侯景无法阻止溃散的兵众，只得与自己的几个心腹之人骑马从硖石渡过了淮河。他们逐渐收集了一些溃散的步兵、骑兵共有八百人。

他们向南经过一座小城时，有人在城墙上骂侯景，道："跛脚的奴才，看你还能做什么?"侯景恼羞成怒，攻入这座小城，杀掉了骂他的人。然后一路向南逃奔。

追击侯景的东魏军队紧紧随后。侯景惶恐，派人对慕容绍宗说："如果侯景被您抓了回去，您还有什么用呢?"慕容绍宗闻言顿悟，于是，便放过了侯景。

侯景带着八百羯族骑兵，仓皇南逃，无处安身。当时，鄱阳王萧范被任命为南豫州刺史，还没有上任。梁南豫州马头戍主刘神茂与监州事韦黯关系不好。听说侯景来了，就跑去迎接。侯景问刘神茂："寿阳离此地不远，城池险要坚固。我想要前往投奔，韦黯能接纳我吗?"刘神茂趁机鼓动侯景，道：“韦黯虽然占据着寿阳城，但只是监州。如果王疾行到寿阳近郊，他一定会出来迎接，趁机逮捕他，事情就成功。得到寿阳城之后，再慢慢上报，朝廷对大王南来很高兴，一定不会责怪。”

刘神茂引侯景入寿阳，想借刀杀人，以报与韦黯的不和。韦黯，字务直，京兆郡杜陵县（今陕西省西安市）人。韦黯的个性是刚正不阿的。少时学经史，能写得一手的好文章。最初任太子舍人，后升任太仆卿、南豫州刺史等官职。

当时兵败的侯景无处落脚，见刘神茂如此热情相迎，又出了这么好的主意，侯景握住他的手，感激地说：“真是老天救我啊。”刘神茂以为找到了一个升官发财的机会，立即请求侯景，让他率领一百名步兵和骑兵，先行做向导。

正月壬子（548 年 2 月 14 日）夜晚，侯景迫不及待地赶到寿阳城下。韦黯担心有盗贼，身披铠甲，登上城墙。侯景叫人在城下喊话，告知情况。韦黯听明白了，知道侯景战败，狼狈奔来。但韦黯害怕羯胡人野蛮，闭城不准侯景进入。韦黯道：“未奉皇帝敕令，不敢开门！”侯景失望地对刘神茂道：“事情不妥，怎么办？”刘神茂又献计，道：“韦黯懦弱且缺少智谋，可以让人劝说他。”

找谁去劝呢？侯景派寿阳人徐思玉进城去劝韦黯，说：“河南王是朝廷所器重的人，您是知道的。如今他失利前来投奔，怎么能不接纳？”韦黯漠不关心地说：“河南王自己战败，与我有什么关系！我的职责，就是守城。”徐思玉见他如此回答，只好威胁说：“侯景虽然兵败，但仍是皇帝御封的河南王。你拒其入城，万一被东魏兵追杀于城外，你可吃罪不起啊！”韦黯想想也有道理，慌忙出城迎接侯景。

可是侯景入城后，就不客气了！侯景令羯胡人分守城内四门，他斥责韦黯为什么不马上接纳自己，要斩杀韦黯。旁人劝道：“韦大人是朝廷命官，你没权力擅杀。如果韦大人有不妥当的，你只能送给朝廷处分。”侯景听了，觉得也有道理。何况现在自己是兵败之时，若擅杀朝廷官员，对己不利。他心想暂且安身下来，恢复气力再说。于是，侯景又装作开玩笑的样子，拍手放声大笑，请韦黯去弄酒宴，尽情欢乐。

侯景占据寿阳之后，韦黯只好离开寿阳，回到京城建康。担任朝廷太府卿。侯景反叛，渡过长江，进攻建康京都时，韦黯驻军于台城六门。太清二年十月己酉（548 年 12 月 7 日），侯景率军进攻慈湖，韦黯和右卫将军柳津等人分头防守宫城诸门和朝堂。当时，梁朝老将都不在了。年轻将领也都领兵在外。城中只有羊侃、柳津和韦黯。而柳津年老，还在患病，韦黯懦弱无谋。所有的军务指挥全落在羊侃的肩上。当时侯景的贼兵在城外的东、西两边，各堆起两个土山。而城内相应的也在东、西两边堆土山，以相拒守。城内王公大臣都要挑土。连太子萧纲也亲自背土，宗子萧大器以下的宗亲皇族子弟都要用工具挖运泥土。韦黯率部昼夜苦战，因功而被梁武帝授轻车将军，加持节。后来，韦黯死在城内，朝廷赠予散骑常侍、左卫将军。这是后话。

当时，梁朝廷闻侯景战败，竟然都为侯景担忧！有的说侯景全军覆没了。有的说侯景不会身亡，并不像人们所传说的那样。侍中、太子詹事何敬容却说："侯景终于死了，这实在是朝廷的福分啊。"太子听了竟然大惊失色，问他为什么这样说。何敬容说："侯景是个反复无常的叛臣，他将会使国家大乱。"何敬容对事情的看法还是有些准的。他见太子在玄圃讲读《老子》《庄子》等经书，就很担心地对学士吴孜说："昔日，西晋始祖崇尚玄妙、虚无之说，结果使中原沦丧在胡人、羯人手中。现在东宫太子又这样做，江南恐怕也将成为胡人的天下了吧！"

就在梁庭众臣胡乱猜测侯景生死之时，收到侯景的来信。侯景派仪同三司于子悦飞马到建康，向梁皇报告战败情况，并请求革职贬官。梁武帝下诏免于问责。侯景又向朝廷要钱粮补给。光禄大夫萧介上表进谏说：

"我私下听说侯景在涡阳打了败仗，单枪匹马前来归顺。陛下您不追究他从前造成的灾难，又赦免并容纳了他。我听说恶人的秉性不会改变，天下的恶人是一样的。昔日吕布杀死了丁原，来侍奉董卓，而最终又杀死了董卓，成为叛贼。刘牢反叛王恭，归附晋朝，但又背弃了晋朝，制造邪恶事端。为什么呢？因为狼子野心，最终也不会有驯服、顺从的秉性，以喂养老虎为例，一定会出现被饥饿的老虎吃掉的祸患。侯景凭借着他的凶狠与狡猾，受高欢的豢养和保护，身居高位独据一方，然而，高欢死后坟土还未干，他就反叛了高氏。只是因为叛逆的力量还不足，他才又逃奔到了关西。宇文泰没有收容他，所以他才投靠了我们。陛下您以为这是不拒细流，接纳了侯景，正是为了像汉代在边境上设置属国安置投降的胡人来对付匈奴那样，欲让侯景来对付东魏，希望他同东魏打一仗；而现在侯景既然亡师失地，吃了败仗，那么他便只是边境上的一个平常之人，陛下您舍不得区区一个侯景，却失去了与友好国家的和睦，如果国家还等待他自新之时，晚年效力，我私下认为侯景必定不是效力的臣子。他抛弃家国像脱掉鞋子一样轻率，背弃国君、亲人像丢掉草芥一样容易，他怎么会懂得远慕圣德而来，做我们梁朝纯贞的臣子呢！他的所作所为很明显，没有人会感到迷惑不解。我已经衰老，又受疾病侵扰，本不应该干预朝廷政事。但是楚国令尹子囊在临死时，还叮嘱子庚修筑郢都的城墙，不忘保护社稷。卫国的史鱼将死之时，尚有让儿子进谏卫灵公之举。我身为皇族遗老，怎么敢忘记刘向的一片忠心！”

可以说，梁庭不乏有见识的老臣。可惜梁武帝一意孤行，没有听从这些忠谏。萧衍在败亡的路上，越走越起劲！

侯景占据寿阳城作为根据地，大肆招兵买马。

寿阳位于山西省东部，枕恒岳，络太行，居潇河中上游。山脉向内延伸，整个地形西北部、北部较高，向东南逐渐倾斜，呈阶梯状分布。主要山峰有罕山、鹿泉山、板泉山、圣佛山、方山、双凤山、牛金山、大塔山等。座座峰峦，高低错落，首尾相依。盛产粮食和蔬菜等作物。为侯景提供了足够的军粮和衣物。

侯景将百姓之女统统配给军队将士为妻。责令停止集市和佃户的田租。随后又向梁庭要锦缎万匹，给军人做袍服。要钱要粮要武器。梁武帝为抚纳侯景，如数供给。以此作为一个“样板”，争取更多的人来降附。

东魏大败梁军，生俘皇族统帅萧渊明，尽收河南西部之地。完全恢复了原有的疆土区域。东魏大将军高澄多次派人送交国书，再次请求与梁朝通和、友好，梁朝廷没有允许。

高澄优待俘虏萧渊明，并和颜悦色地对他说：“先王高欢与梁武帝和好十多年了。听说他拜佛的文字中写着，为魏国国主奉佛，同时也提到先王。这是梁主的真情厚意，而今梁庭突然失信，攻打我国。我看不是梁武帝的本意，肯定是侯景挑拨的。其实我们两国完全可以相安无事，你是否帮忙通报一下，我们恢复和平友好的关系？如果梁主没有忘记旧日两国之间的友好关系，我也不敢违背先王的意愿与梁朝为敌。我们愿意把梁朝的俘虏全部放还，包括侯景的家属也一起放还。”

听了这话，萧渊明当然高兴啊！他立即派随从之人送书给梁武帝，声称：“勃海王高澄是宽宏大量、十分厚道的长者，如果梁朝再次与东魏关系友好的话，高澄会允许我回到梁朝的。”萧衍接到亲侄子代东魏讲和的书信，高兴得老泪纵横。忙召朝臣商议。右卫将军朱异、御史中丞张绾等人都说：“平息敌寇，安息百姓，讲和对于我们来说确实很好。”

独有司农卿傅岐摇头说：“不可！东魏以战胜之国，何需讲和？必是离间计！东魏了解侯景生性多疑。以此一举，令侯景生疑而生变！”他直接对梁皇道：“东魏高澄的目的是想让侯景自己产生猜疑。侯景的心神不定，心里不安宁，就一定会图谋叛乱引起灾祸。如果您答应与东魏友好往来，就正好坠入了高澄的圈套，中了他的奸计。”

但是，萧衍救侄心切，厌恶用兵，便同意了朱异的意见。他给萧渊明写了一封回书，信上说：“知道高大将军待你不错，我看了你的奏折，心里感到很宽慰。自当另遣使者到魏国，以便重建两国之间的和睦友好关系。”使者得了梁皇的书信，即刻启程回东魏。

侯景果然十分关注东魏与梁庭的外交往来。当信使返程路过寿阳时，侯景强留他住下，并索要皇帝给萧渊明的回信看看。信使无法阻挡。侯景看了梁帝的回信，心中懊怅，感觉自己将被梁武帝出卖。于是给萧衍和朱异各写了一信，希望梁庭不要相信高澄，不与东魏往来。梁武帝知侯景有疑心了，连忙去信安抚。

东魏继续派使者与梁庭往来，不管梁庭有无成效，其意在于离间。使侯景心中生疑，与梁庭产生矛盾。那么东魏的目的也就达到了。

果然，侯景虽然收到梁皇的安抚信，但还是见东魏信使往返，不免心中狐疑。侯景私下查访，知道东魏的使者路过寿阳城，返回东魏。于是，侯景令人在半路上拘捕了东魏的使者。侯景向使者索看了梁武帝回给东魏的书信。侯景十分不满梁武帝与东魏的往来。侯景写了一封信给梁武帝，说明自己的主张：“高氏内心像毒酒一样狠毒，北方人民对其怨恨至极。高欢终于死去。他的儿子高澄继承了他父亲的恶毒，灭亡的时间已经不长了。高澄侥幸打胜了涡汤战役，又为什么要急急忙忙地捧璧求和呢？这是因为关中的军队卡住了他的咽喉，柔然的军队在他的背后步步紧逼的缘故，上天就要灭亡高氏，您千万不要放纵了恶人，而背弃亿万人民的心愿啊！您如果今天放纵了这个濒临死亡的恶人，就会成为几代人的祸患。当其强大之时，陛下尚且还讨伐并战胜了它，现在东魏力量薄弱了，您反而顾虑重重与它讲和。这不仅让我扼腕叹息，也让有志之士感到痛心啊。以前，楚国的伍子胥投奔了吴国，楚国终于被吴国灭掉；陈平离开项羽，刘邦任用了他从而使国家兴盛起来。我虽然比古人才疏学浅，但是，我的忠心却和他们一样。我知道高澄是忌恨我投奔梁朝，就像忌恨贾季投翟，随会奔秦一样。他请求讲和结成盟国，只是希望除掉他的心腹之患。如果我死了能对国家有益，我万死不辞。只恐怕千百年后，在史册上留下陛下的污点。”

接着，侯景又写信给朱异，并赠给朱异三百两黄金。朱异收下了侯景的钱财，却没有把侯景的奏折向梁武帝呈递。

且说当时，东魏为高欢下葬。梁武帝派遣使者去慰问高澄，吊唁高欢。侯景担心东魏与梁庭勾结，急忙给萧衍写信，希望趁机与东魏开战，夺回河南失地。侯景向梁武帝奏说：“我与高氏父子之间的嫌隙和仇恨已经很深，我仰仗您的威名，期待着报仇雪耻。现在陛下又与高氏修好讲和，让我何处安身呢？请求您让我再次与高澄交战，来显示梁朝的皇威！”梁武帝写信回答侯景说：“我与你之间君臣大义已定，怎会有你打了胜仗就接纳你，打了败仗就抛弃你的道理呢？现在，高澄派遣使者来求和，我也想停止干戈。应该进还是应该退，国家有正常的制度，你只管清静自居就行了，无需费心去考虑这些！”侯景又向梁武帝启奏说：“我现在已储备了粮草，聚集了士兵，喂好了战马，藏好了武器，不日便 可收复北方。我不能出师无名，所以希望陛下您能为我做主。现在陛下把我弃之在外，南北双方又开始互相沟通，只怕微臣的性命，将难免死在高澄之手。”

梁武帝仍用一贯做法，写信安抚侯景说：“我是大国之君，怎么可以失信于人呢！既然东魏愿意和好，朕也不想打仗。不过，请你放心！朕决不会出卖你的。我想你深深知道我的这番心，你不必再启奏了。”

但是，侯景并不相信梁武帝的话。他用了一个小诡计：伪造一封东魏国书送给梁皇，说以萧渊明换回侯景。梁武帝不知是计，答应这一要求。舍人傅岐说：“侯景是因为山穷水尽才归至正道，投奔梁朝，舍弃了他是不吉祥的。况且侯景也身经百战，他怎么肯束手就擒呢！”谢举、朱异说：“侯景是败军之将，用一个使者就会把他召回来。”

梁武帝听从了谢举、朱异的话，给邺城回信说：“贞阳旦至，侯景夕返。（贞阳侯早上到，侯景晚上会押送回去）。”

侯景收到梁武帝的这封回信，就彻底绝望了！他把萧衍的回信给亲信们看，说：“我就知道这个老家伙是个薄情寡义之人！”

侯景的心腹谋士王伟，劝侯景当机立断，说：“现在，我们等着听候梁国安排也是死，图谋大业也不过一死，希望大王您考虑一下这件事！”

王伟，祖上是略阳人。父亲王略，魏国许昌县令，于是，就把家安居在颍川郡。王伟通晓《周易》，有才学，写的文章非常华美。先在魏国做行台郎，后来不知怎么就甘心辅佐侯景。侯景的一切表、启、书、檄等，都是王伟所作的。包括侯景的一切篡权夺位的大事，都是王伟一手促成和计谋策划的。侯景败亡后，人们把他囚禁在铁笼子里，押送到江陵后，萧绎令人在街市上把他煮死。遭过他毒害的百姓，都割他的肉烧着吃。

侯景经过谋士王伟等人一番策划，就开始在军事、粮草、兵马、器械等方面做一系列的反叛准备：将寿阳城内所有的居民，都招募为军队的士兵。立即停止收取市场税及田租。百姓之女，都被分派给将士们。

最先报告梁武帝有关侯景反叛的事，是来自侯景内部的元贞。元贞知道侯景对梁朝有异心，多次向侯景请求返回朝廷。侯景不想放了元贞，便劝他说：“黄河北边的事虽然没有成功，长江南又何必担心会失掉呢，你何不稍稍忍耐一下！”元贞听后，十分恐惧，担心被侯景所连累。于是，元贞找了一个机会，逃回了建康城，把侯景反叛之事都告诉了梁武帝。

但是，梁武帝并不相信侯景会反叛，只是任命元贞为始兴内史，并没有再追问侯景反叛的这些事情。

侯景在寿阳的一系列反常行为，引起许多梁庭军将们的警惕。梁武帝侄儿鄱阳王萧范，当时出任合州刺史，居守合肥。探知侯景密谋造反，便赶紧报知梁皇。可朱异却说："侯景像个待哺的婴儿一样，哪有能力造反？"朱异的包庇和盲目自大，使梁皇也打消了警惕。可不久，萧范仍发现侯景的异常举动，甚至积极请战："趁早翦扑侯景，不然会祸及君臣。臣范愿讨侯景。"可是，朱异仍庇护侯景，责备萧范"多心了！难道我堂堂的大天朝，竟然容不下一个潦倒的过客？"萧范听了使者的回报，非常气愤！

萧范字世仪，性情温和，有器度，有见识。他担任卫尉卿，每夜亲自巡逻警卫。作为皇亲能这样子，真的很不容易。梁武帝非常嘉奖他，令他任益州刺史。可是，他赴任走到荆州时，就听到父亲去世，他悲痛不已，要自请解除职务，回家送葬。但梁武帝不准，下诏令他暂时监管荆州。等待湘东王到了荆州之后，萧范才到益州上任。他没有办法，只好请弟弟湘潭侯萧退送父葬。大同元年（535），因萧范开通了剑道，收复了华阳而加封爵。不久，任领军、侍中。后来，梁武帝授萧范任都督、雍州刺史。萧范勤于政务，善于治理，体恤将士，因此，在当地很受民众和军士们的欢心。

朱异处处袒护侯景，没想到侯景叛乱时打出的旗号是"清君侧"，第一个要杀的人就是朱异。侯景兵临城下，用箭射书信给皇帝，说："朱异等人专断朝政，作威作福，我被奸臣陷害，想杀害我。陛下如果杀了朱异等人，我就勒马北还。"武帝召人要杀朱异，萧纲阻止说："侯景不过以杀朱异等人为借口罢了，今天杀朱异，救不了眼前的急难，只会被后世取笑。等叛乱平定以后，再杀他也不晚。"武帝这才没做。武帝登楼观察敌情，问身边的朱异，说："四郊这多叛军营垒，是谁的罪过呢？"朱异惊吓得冷汗直冒，惭愧不语。朱异回去后羞惭难当，气病身亡，享年六十七岁。

萧范最先奏报侯景有反意，为什么没人相信呢？这里还有另一个原因——梁武帝晚年，各皇室亲王相互猜疑，互相提防，生怕哪个趁机夺了皇位。宁肯把大好江山让于外族。当时，萧范勤政爱民声誉好。庐陵王为荆州刺史，任都督府，嫉妒萧范，并诬萧范要谋反。又有童谣说："莫匆匆，且宽公，谁当作天子，草覆车边已。"这明显是有人散布出来，陷害萧范。皇太子萧纲也特别警惕，挑选精兵来守卫皇宫。而萧范也因为童谣而暗自高兴，他倒盼望有非常事件发生。就是这样一个被人诬为要谋反的人，却三番两次奏报侯景要谋反，朝廷还真的没人敢相信。

到后来，侯景真的叛乱了，人们这才相信萧范的奏报了。侯景包围了都城，萧范派世子萧嗣率军勤王救驾。皇宫沦陷后，萧范向魏求救兵，以两个儿子做人质。可是，魏军占领合肥后，并不援助萧范。萧范悔恨不已，合肥白丢了，还把两个儿子也押在魏国。最后，萧范因发背疽而死。这是后话。

侯景的反叛行为越来越大胆，竟然直接劝梁朝守将羊鸦仁等官员跟他一起反！羊鸦仁抓捕了侯景的使者，并力促梁皇采取果断措施。

羊鸦仁，字孝穆，是泰山钜平人。他骁勇善战。从魏国率兵来降梁朝。梁武帝封他为广晋侯。在多次战斗中，他屡立战功，被梁武帝任命为都督、北司州刺史。侯景纳土来降时，梁武帝诏令羊鸦仁总督土州刺史桓和之、仁州刺史湛海珍等军兵前去悬瓠地带，以接应侯景。侯景战败后，占据寿春，羊鸦仁仍任都督、司州豫州二州刺史，镇守悬瓠。

后来，侯景认为梁武帝出尔反尔，不守诚信，便欲举兵谋反。便拉拢羊鸦仁，约同起兵。羊鸦仁当即拒绝，并把侯景派的信使，一起报告了朝廷。

不料，朱异却说："侯景的反叛军队只有几百人，能有什么作为！"梁武帝命令把侯景的信使送到建康的监狱里，不久，又释放了他。侯景更加肆无忌惮，向梁武帝启奏说："如果我的事是事实，我应该受到国家法律的制裁。如果我能承蒙您的关照和详察，请您杀掉羊鸦仁！"侯景又启奏说："高澄为人十分狡猾，怎么可以完全相信他的话！陛下听信了他的谎言，力求与他和好，我在私下里对这件事也感到魏可笑。我怎敢冒粉身碎骨的危险，投身我的仇人高澄呢，请求您将长江西部的一块地区，划归我控制。如果您不答应我这一要求，我就统率兵马，来到长江之上，杀向闽、越地区。这样，不仅朝廷蒙受耻辱，也会使三公大臣们顾不上吃饭。”梁武帝让朱异代替他向侯景的信使回答说：“比如一个贫寒的家庭，蓄了十个、五个食客，还要让他们满意，我只有一个客人，就招致了你这些愤慨的话，这也是我的过失啊！”这之后，梁武帝对侯景的赏赐更多了，赏给了他许多鲜艳华美的彩帛及钱币，信使往来不断，道路相望。

真是梁朝的劫难！朱异从客观上帮了侯景的大忙。他把所有上报侯景谋反的奏章统统压下。并且为了安抚侯景，梁庭不断地赏赐侯景。朱异的种种行为，从客观上讲，简直成了侯景谋反的内应。

第五章　围建康侯景叛逆

侯景越发嚣张了。他不断地向梁庭提出要求，朱异等人代表朝廷，从来都没拒绝过侯景的要求，尽量满足他的欲望。侯景还派人送信请梁武帝帮忙，为他介绍京城大户的王家或谢家的女子为妻。

梁武帝非常为难，说："王家和谢家门第高贵，你与他们不相配，你可以从朱、张以下的家族中寻访、聘娶。"对于这件事，侯景十分怨恨梁武帝。他愤愤不平地说："将来，我要使吴人的女儿统统的给我做奴仆!"

过不多久，侯景又向梁武帝启奏，请朝廷赐给他锦缎，给他的官兵制作战袍。中领军朱异认为用锦缎制作战袍，太过浪费，用青布就行了。于是，运送给侯景一大批青布。侯景又以自己的武器不够精良为理由，请梁武帝派东冶的锻造工人，来寿阳打造一些武器。侯景的如意算盘打得啪啪响。不管梁武帝派不派人来帮助打造兵器，反正他侯景从此就可以大造兵器，而无人敢怀疑他的动机。

侯景的幕僚徐思玉与梁室宗亲萧正德交好。萧正德以前在北方时，与徐思玉成为知己。徐思玉深知萧正德的野心。萧正德非常贪婪残暴，不遵守法令，多次受到梁武帝责难。因此，萧正德对梁武帝十分愤恨。他暗中豢养一批肯为他效忠的敢死之人，储存粮食，积攒财物，希望国家发生意外事变。

侯景利用徐思玉与萧正德是知己的这层关系，写信派徐思玉送给萧正德。侯景在信中挑拨道："当今天子年大昏聩，奸臣乱国，梁庭不久必将大乱。大王实属君位的继承人，中途却无故被废黜。四海之人都归心于您。侯景虽不聪敏，愿为您效劳，诚望大王您答应天下万民的恳求，上天可鉴我一片诚心!"

这话说到萧正德心坎上去了！萧正德喜形于色地说："侯公的心愿，正好与我相同，这真是天授我也！"于是给侯景回信说："朝廷中的事，正如你所讲的那样，我有这个打算已很久了。今天，我在朝廷里面，你在朝廷外面，我们相互呼应，一定会成功！事不宜迟，现在正是好时机。"

这个萧正德真是白眼狼！梁皇对他实在不错！萧正德本是梁皇的侄子。从小就没有教育好，养成凶狠奸邪的性格。结交一些无赖亡命之徒，盗掘他人的坟墓以取珍宝；屠杀农户的耕牛以饮酒聚宴。又好打猎，伤害无辜。因为当初梁武帝没有儿子，萧衍便立侄子萧正德为太子。后来，萧衍喜得贵子，那当然就立亲生儿子萧统（昭明太子）为储君了。这也是人之常情，合情合理。

可是，萧正德不以为恩，反以为仇。竟然于普通六年，叛逃去了东魏。因东魏待他甚薄，他受不了那份罪，第二年又逃回了梁朝。对这样一个叛国小人，梁皇却念其为亲侄，"泣而恕之"，梁皇仍厚待萧正德，封他为临贺王，优厚有加。可萧正德不满足啊！他肆意妄为，横行霸道。被官吏弹劾下狱。

梁武帝下诏训责他，说："因为你是我侄子，又曾过继给我，所以对你倍加爱护，加官晋爵，超过你的兄长。以前在蜀地时，你亲近小人，还认为你是年轻不懂事。到吴郡后变本加厉，杀戮无辜，劫盗财物，全然肆无忌惮。等回到京城以后，专门收养亡命之徒，祸害得路断人稀，以至京城百姓门户早闭晚开。又夺人妻妾、抢人子女。徐敖不光妻子被夺，还横尸道路；王伯敖身为公卿，女儿被你诱作婢妾。我屡次为你遮掩，把事情压下去，希望你能改过自新，你却没有一点悔改之意，反而怨愤更甚。后来只身逃亡敌国，以亲为仇。我曾派人传信慰问，希望你能回来，结果真能回归故国，了却我平生之愿。心想你不好读书，志在武功，所以让你掌兵权，领兵上阵作战，谁知你狼心不改，包藏祸心，一心想使国家颠覆败亡，以快你的心意。如今宽恕你到远方去，不要让家属跟你同去了。我让你所在处供应你吃穿用度。你的新妇和儿子见理可以留在太尉府，其他家属也可以和你同去。"

于是，朝廷免去萧正德的官职，削去他的封地，流放到临海郡。可是，梁武帝又后悔了，半路又派人追上，赦免了他的罪，恢复了他的封地和爵位。

你们看看，梁武帝就是这样纵容萧氏子弟，罔顾国法，胡作非为。这也是梁朝失去人心的重要因素。萧正德摸透了梁武帝的脾气，更加横行无忌了。他的妹妹长乐公主嫁给陈郡的谢禧。萧正德居然奸污了她。还放火烧了公主的宅第。并把一个婢女捆了，给她手上戴上玉钏，身上佩上金饰，声称是长乐公主被烧死，收拾婢女的尸体和金玉一块儿埋了。继续逼着与妹妹通奸，并称她为柳夫人，还生下两个儿子。萧正德做出这种人伦混乱的荒唐事，时间稍长，逐渐露出风声。

后来黄门郎张准养了一只经过驯养用来诱捕其他野鸡的雉鸡。萧正德觉得好玩，想占为己有，就硬抢了过去。张准找了一个机会，在众多皇族宗亲参加的重云殿法事上，当着众人的面骂道："张准的雉鸡不是长乐公主，怎么能随便抢走呢?!"皇太子听到了，生怕传到梁武帝耳里，赶紧请武陵王劝解，使萧正德把张准的雉鸡还回去，这事才平息下来。

侯景有了萧正德等一些人做内应，又经过充分的军事、粮草、人脉等方面的准备之后，于梁太清二年秋八月初十日，公然檄告四方，以杀掉中领军朱异、少府卿徐驎、太子右卫率陆验、制局监周石珍为借口反叛了梁朝。

侯景扬言要诛杀的人，都是阴险奸诈、阿谀奉承、骄奢淫逸而又贪婪、玩弄权术的奸臣，深为世人所痛恨。所以，侯景的叛乱居然得到一些官民的拥护，沿途不断有人参加侯景叛军的队伍。

侯景向西进攻马头，派遣他的将领宋子仙向东去攻打木栅，并捉住了戍主曹等人。梁武帝听说这件事以后，轻蔑地笑着说："这些人能干出什么！我折断一根木棍就能鞭打他。"

梁武帝下令悬赏，能杀掉侯景的人，封为三千户公并授予州刺史之职。甲辰（十六日），梁武帝下诏，任命合州刺史鄱阳王萧范为南道都督，北徐州刺史封山侯萧正表为北道都督，司州刺史柳仲礼为西道都督，通直散骑常侍裴之高为东道都督，侍中开府仪同三司、邵陵王萧纶持节监督各路军队以讨伐侯景。萧正表是萧宏的儿子。柳仲礼是柳庆远的孙子，裴之高是裴邃哥哥的儿子。

侯景听说官军前来讨伐他，便向王伟询问策略，王伟说：“邵陵王的军队如果到来，他们人多，我们人少，一定会被他的军队所围困。我们不如放弃淮南，专心一意向东进军，统率轻装骑兵直袭建康。临贺王萧正德在建康内部反叛，大王您在建康城外发动攻势，天下不难平定！军队贵在行动迅速，您应该即刻上路。”

侯景于是让自己的表弟中军大都督王显贵守卫寿阳城。癸未（二十五日），侯景诈称出外巡游、打猎，出了寿阳城，人们都没有发觉这件事。

冬季，十月，庚寅（初三），侯景扬言要到合肥，而实际上却袭击谯州。谯州助防先打开城门，投降了侯景。侯景拘捕了史丰城侯萧泰。萧泰是萧范的弟弟。他以前曾担任中书舍人，花费了大量钱财贿赂当时的达官贵人，被破格提拔为谯州刺史。到了谯州，他到处征发民夫，为他抬着高到人腰部的轿子，手持障尘蔽日的扇子以及雨伞等器物，不论是士族还是庶族，如果谁耻于做这些事，就会遭到木棍的加重毒打。谁多送给他钱财，就免除谁的劳役。当时的人们都希望天下大乱，等到侯景进攻谯州时，人们都没有作战的愿望。梁军打败仗是肯定的了。

梁武帝万万没有料到，侯景的叛军很快就攻陷沿途郡守，一路杀奔京城而来。

到这个时候，梁武帝才如梦方醒！他慌忙调兵遣将，讨伐侯景叛军。梁武帝下诏派遣宁远将军王质统率三千人马沿长江防卫和阻止侯景的进攻。

侯景向历阳太守庄铁的军队发动了进攻。庄铁率全城军民投降了侯景。并对侯景说：“国家连续安定许多年了，人们都已不习惯作战，听说大王您起兵，朝廷内外都感到震惊和害怕。应该乘机迅速逼近建康，那样，不经过流血打仗就能取得成功。如果让朝廷渐渐有所防备，朝廷内外也稍稍安定一些，只要派遣一千名瘦弱的士兵占据采石矶的话，大王虽然有百万精锐军队，也不会成功。”

侯景认为庄铁的话切实又重要。于是，侯景留下了仪同三司国英以及郭骆守卫历阳，使庄铁担任向导，带领军队来到了长江边上。防卫长江的官员相继依次把侯景反叛的情况启奏给了梁武帝。梁武帝向都官尚书羊侃询问讨伐侯景的计策。羊侃则请求："派二千人马快速占据采石，并命令邵陵王袭击、夺取寿阳，让侯景不能前进，退又失去巢穴。这些乌合之众，自然也就土崩瓦解了。"朱异却说："侯景一定没有渡过长江的打算。"于是，没有采纳羊侃的建议，羊侃说："现在梁朝就要败亡了。"

应该说，羊侃的这个建议，是非常有军事眼光的！可是，梁武帝信任梁室宗亲，委以权柄。却对羊侃关于讨伐侯景之策不予采纳。可以说，羊侃的这个计策，在当时来说是最佳的选项！可惜，梁帝没有采纳。——这真的是上天注定要梁庭灭亡。

更糟糕的是，早已成为侯景叛军的内应萧正德，竟然被梁武帝任命为平北将军、都督京师诸军事。

萧正德把军队驻扎在丹杨郡。暗中派遣了几十艘大船，欺骗别人说这些船是用来运芦苇的，却用来载侯景的军队过江。侯景将要渡过长江时，担心王质从中作梗，便派间谍观察监视他。正好这时临川太守陈昕向梁武帝启奏说："采石急需重兵把守，王质的水军力量薄弱，恐怕不能顶事。"梁武帝于是任命陈昕为云旗将军，代替王质守卫采石。征调王质到丹杨，任丹杨尹。陈昕，是陈庆之的儿子。王质离开了采石，而陈昕还没有去采石就任。间谍把这一情况告诉了侯景："王质已经离开采石。"侯景让间谍把长江东岸的树枝折断进行验证，间谍按照他的吩咐做了之后返回。侯景非常高兴地说："我的事能成了！"

侯景即刻从横江渡过长江到达采石，一共有几百匹马和八千士兵。这天夜里，朝廷才下令实行戒严。

太子见情况紧急，便身穿戎装进入皇宫见梁武帝，领受梁武帝的指示，梁武帝对他说："这些事是你自己的事，又何必问我呢？朝廷内外的军政事务，我全都交给你了。"太子于是进驻中书省，指挥布置军事防务。人们惶惶不安，没有人敢应募出征。朝廷还不知道临贺王萧正德已暗中投降了侯景，仍命令萧正德驻兵把守朱雀门，命宁国公萧大临驻守新亭，大府卿韦黯率兵驻守六个城门、修缮皇宫的城墙，为一旦遭受敌人进攻做好准备。

不独如此，梁武帝还任命已经叛变了的萧正德全权指挥京师的军队，把守宣阳门。侯景带着军队冲到了朱雀门浮桥的南面。此时，庾信统率皇宫中的三千多名文武官员在浮桥北面安营扎寨。太子萧纲眼看侯景军逼近，立即命东宫学士庾信拆掉浮桥，从正面减缓侯景的进攻。但是，已成为叛军内应的萧正德，担心侯景的兵马过不了河，急忙劝阻梁太子萧纲，道："百姓如果见浮桥被拆，必会惊骇奔散，不如静待敌军，以观其变。"

太子萧纲认为萧正德说得有理，便收回拆除浮桥的命令。不一会儿，侯景的部队冲了过来。庾信急忙率领人马断开浮桥，刚除掉了一艘大船，就看到侯景的士兵戴着铁面具，呼喊着冲了过来。梁庭官员吓得后退，躲到城门楼上。庾信正在城楼上坐着吃甘蔗，突然一枝箭飞来，射中了城门柱子。庾信吓得面无人色，浑身一哆嗦，他手中的甘蔗也随着弓弦的响声坠落到了地上。他吓破了胆，当即抛弃军队逃走了。

趁这个当口，萧正德的同党南塘游军沈子睦，率领人马趁机闭合了浮桥，让侯景渡河。焦头烂额的太子萧纲见事急迫，派遣王质率领三千精兵去增援庾信。王质率军到了领军府，就碰到了侯景的军队。王质还没有把三千精兵摆开阵势，王质本人却先逃跑了。

当侯景的兵马冲杀朱雀门（今江苏南京南）时，萧正德却率领他的人马在张侯桥迎接侯景。他们在马上相互作揖。萧正德向侯景揖首，道："侯将军好！"侯景也揖首，道："萧王爷好！"他们率军进入宣阳门后，萧正德面向后宫叩拜，哽咽流泪，跟随侯景一起渡过秦淮河。侯景部队的士兵都穿青色战袍。萧正德部队的士兵都穿红色战袍，战袍里子是青绿色的。与侯景部队会合后，萧正德就命令他的士兵全部将战袍衬里朝外反过来穿，以示与叛军合而为一。

侯景乘胜进军来到城楼下面，城里的人十分恐惧。羊侃谎称得到了一封射进来的书信，书信上说："邵陵王和西昌侯的援兵已经到达附近。"大家恐慌的情绪这才稍稍安定下来。西丰公萧大春放弃了石头，逃奔京口；谢禧、元贞等人放弃了白下城逃走；津主彭文粲等人率石头城军民投降了侯景，侯景便派遣他的仪同三司于子悦占据、守卫石头城。

萧正德和侯景两人并排骑着马，进入朱雀门。至此，太子萧纲才恍然大悟！——他恼怒、羞愧、愤恨……他愤慨朱异对侯景长期的庇护，他痛心父皇萧衍对萧正德的长期纵容，他后悔自己没有及时认清这个败类宗亲的真实面目！……太子痛苦地掩面大哭，却悔之晚矣！

萧正德看着梁朝官兵和梁皇宗亲们震惊的神色，特别是看到太子萧纲等人的愤慨、后悔的神情，心头竟然没有丝毫的愧疚，反而从心底升腾出一种洋洋得意的感觉！萧正德兴高采烈地与侯景合兵一处，公开叛变。侯景叛军顺利攻入了金陵（南京）外城，直逼皇宫！……

一场华夏民族的浩劫！一场汉文明的存亡，就此拉开了血雨腥风的大幕……

萧正德的公开叛变，着实令梁武帝、太子萧纲及文武大臣们感到震惊！

有了萧正德这样的败类相助，侯景率叛军顺利地攻入了南京外城，直逼皇宫。拱卫宫城的石头城、白下城之守军早已逃亡……

侯景踌躇满志地站在石头城上，周围全都是侯景军队的黑色旗帜迎风招展。他笑着对萧正德感慨道："梁军外表看来，个个忠君爱国，真的打起来，他们跑得比兔子还快。呵呵……"侯景带着嘲讽的意味看了萧正德一眼，而萧正德呢？此时他正看着城内的旌旗发愁，何时才能打进皇宫？那宫殿里可是珍宝遍地啊！侯景笑道："放心吧！宫城指日可待！拿下皇宫，就立你为帝。"

侯景的军队团团围住皇宫所在的台城。他令神箭手向城内射去了一封书信，信上说："朱异等人专权，作威作福，我被他所陷害，想杀掉我。如果陛下您杀掉朱异等人，那么我就收兵回北方。"侯景真的是不知内情！——其实，正是因为有了朱异的无数次庇护和帮助，他侯景才有今天兵逼皇城的景况。否则，他侯景的脑袋早就掉了多少次了！

梁武帝接到侯景射入城中的书信，竟然也装起糊涂来，他故意惊讶地问太子萧纲，道："真的有这样的事吗？"太子看了父皇一眼，满心怨愤的话真想冲口而出。但，萧纲忍住了！萧纲是聪明的人，他知道在这国难当头，任何怨愤都不能解决问题。朱异每次庇护侯景，父皇不可能不知道。从"梁武吉梦"开始，侯景涡水兵败、萧渊明被俘、侯景占据寿阳、萧范等人示警……梁朝就接二连三地在做恶梦了。

面对父皇的问话，太子萧纲只好平静地回答：“有!”

对于朱异的行为，梁武帝其实最清楚。朱异的所有一切行为，都是他的授意。此时，听得太子如实回答，反而使梁武帝一时愣住了，这戏怎么往下演？那就杀了朱异！在此国难当头，正要找个替罪的。梁武帝环顾左右，就要下旨杀朱异。太子萧纲心如明镜，道：“叛贼侯景，向来言而无信。他只是以朱异等人作为一个借口而已。今天事情到这种地步了，即使杀了朱异等人，也无济于事，反而令军队和臣僚们人人自危。只有等平定侯景叛乱之后，再处理朱异等人。”梁武帝想了一下，连忙点头。

侯景大军围困台城，誓言打进皇宫。并许诺兵众们攻入皇宫后，宫女和财宝任由兵众们抢掠。叛军们斗志高昂，四面一起发力，猛烈攻城。他们敲着战鼓，吹起了口哨，喧嚣的声音震撼大地。侯景令人放火烧大司马以及东华、西华等门。妄图以火烧毁城门，贼兵就可以呼啸而入，冲进皇城。

负责防守台城的将军羊侃，临阵不乱。他派人在门上凿出一些洞，用水灌入门洞，浇灭了贼兵放的火焰。直将军朱思英勇无畏，带着几名士兵，翻过宫墙，到城门外去洒水。用了很长的时间，才把贼兵放的火统统浇灭。太子萧纲代替年迈的父皇，亲自捧着金银，去犒赏那些勇敢杀敌的将士们。

侯景认为皇城的宫门太厚实，即使放火，一时也难以烧毁。于是，他令人持长柄斧头，去砍东掖门。宫门就快要被砍开了。情形十分危急！羊侃心生一计，令人在门扇上凿出小孔，用槊刺杀了两名砍门的敌人。如此近距离的只隔着一扇宫门，击杀砍门的贼兵，那真是又准又狠！贼兵被这一招吓住了！无人再敢近距离地来砍门送死了！

侯景令木匠制作了几百个木驴。作为攻打皇城的工具。没想到城内的军民，纷纷往贼兵的木驴上投掷石块、砖头。居高临下的石头几下就把贼兵的脑袋和木驴砸得粉碎。侯景令工匠改制了一种尖颈的木驴。城上的军民再扔下石头、砖块，无法砸破尖颈木驴。那些砖块石头落下后，尖颈木驴很快地使石头砖块滑向两边，落到地上了。守城将军羊侃令人赶制了一种雉尾形状的火炬，点上火一起投向木驴。不多时，贼兵的尖颈木驴被火烧起来了。侯景逼迫工匠想办法，制作攻城的战具。工匠们打了一种登城战车，高十多丈。贼兵站在这么高的战车上，可以居高临下向城里射箭。

贼兵推着高大的战车，缓缓靠近城墙。梁朝军民很是紧张。羊侃却靠在城边，淡然地说："你们放心吧。战车做得好，但城边壕沟的土是松的。那么高的战车，贼兵登上去，重心不稳，必然会倒。不信？你们就站在边上看吧！"

贼兵把那些战车推到城边，放都没放稳，就东倒西歪，轰然倒塌。

侯景恼羞成怒，命军众在箭镞上绑桐油火捻子，成千上万的火星随着飞箭射向城中。一时间城内木楼、亭阁、民房、商铺火光齐天，浓烟弥漫。然而，金陵都城固若金汤，城高墙厚，难动分毫。侯景又做掷石机，向城内掷石头。守军反而用这些石头，从城墙往下扔，砸死砸伤侯景叛军无数。叛军无奈，只得停止攻城。

侯景围困宫城，并向城内射文书，要求诛杀奸臣中领军朱异、太子右卫率陆验、兼少府卿徐驎、制局监周石珍等人，以清君侧。城内也射出悬赏文书："凡是能斩景首级者，授以河南王、大将军、都督河南北诸军事之位，并赏钱亿万，布绢各万匹，女乐二部。"

呵呵……这一招还真行，吓得侯景一身冷汗！他也担心身边有人提着他的脑袋去谋求富贵啊！侯景立即拥立新皇，安定众心。于是，太清二年十一月，侯景把萧正德推上了皇帝宝座。

萧正德终于穿上了衮冕，在仪贤堂登位。侯景率众兵将朝谒，乱哄哄的人凑在一起，看起来也蛮热闹，大家齐呼万岁。伪皇帝萧正德心里早已乐开了花，盼了多少年的事，终于在侯景的帮助下实现了。伪皇帝萧正德下诏："从普通年间以来，奸佞小人扰乱了朝政，皇上长期患病，国家危难将至。河南王侯景，离开自己的封邑来到朝廷，扶持我继承了皇位，今实行大赦，改年号为'正平'。"萧正德立世子萧见理为皇太子，授侯景为丞相。他对侯景感恩戴德，恨不得喊声亲爹。把自己的亲生宝贝女儿奉上，给了侯景为妻。萧正德还把家中搜刮的财宝，全都拿来资助军需。

侯景为了"鼓舞"士气，把数百兵东宫女官赏赐给将士。侯景一面发文指责梁武帝各项罪责，一面招降纳叛，号召臣民团结在新皇的旗帜之下。

当时有人以萧正德的年号“正平”来解字，“正”字拆开，为“一止”即一年就终止。事实还不到一年，萧正德就完蛋了。

侯景兵围台城日久，分兵两千攻打东府。南浦侯萧推带兵拼死抵抗侯景的叛军，打死打伤叛军几百人。侯景的叛军连续三天也没攻克东府。侯景恼怒至极，亲自带兵攻打东府。他设置百尺高的楼车，把城上的女墙全都钩倒下来，箭和石头、砖块如下雨一般呼啸而下。但，萧确指挥守军英勇奋战，打退侯景的多次进攻。

不料，宣城王防许伯众，却贪生怕死，暗中投敌，并引侯景的叛军登上了城墙，攻克了东府。侯景愤恨梁朝东府守军的顽强抵抗，下令杀死南浦侯萧推以及守城战士三千人。并把梁军义士们的尸体用车拉到杜姥宅堆积起来。侯景为了恫吓梁军将士，令贼兵从远处向城里的人喊道：“若不早降，就当如此!”

东府城被攻陷后，侯景派他的仪同卢晖略率领几千人，手持长刀排列在城门两边，驱赶城里的文武百官全部光着身子出来；两面贼兵交叉用刀砍杀他们，被杀死的有两千多人。侯景让萧正德的儿子萧见理、仪同卢晖略守卫东府城。

东府虽然攻下了，但皇城仍在梁朝军民的手中。侯景多次指挥叛军强攻，都难以攻克皇城。侯景担心士兵泄气溃散，便放纵士兵在城外四处抢掠。但见金陵城外，血流成河，尸积如山，塞满道路。

为了扰乱梁朝军民的心，侯景大肆造谣说：梁武帝已经去世了，你们快点投降吧。不仅城外的人相信了，就连城里的人也以为侯景的话是真的。太子萧纲为安抚民心，请梁武帝巡视全城。梁武帝认为此议有理，即巡视守城军民，鼓励他们坚守待援。当梁武帝巡幸到大司马门时，城上的梁朝守军看到皇帝来到，都高兴地山呼万岁，军民们激动地流下了眼泪。

此举击破了侯景的谎言，安定了梁朝军民的心。

侯景攻城不下，心中焦急！他令兵众在台城东、西两处起土山，驱赶军士和民众，不分贵贱，挑石担土，修筑高台。叛军以刀枪相逼，动作慢的老弱疲羸者，就被叛军当头一刀，“杀以填山，号哭动地”，百姓不敢躲藏，都出来跟着干，十天的时间，聚集的有几万人。

建康城内，守军和居民也相应地对垒土山，除太子萧纲、宣城王以外，其他建康城内的王公士庶都背负土石，手握簸箕与铁锹挖土和装土，堆土成山。在土山上筑起了几层芙蓉高楼。楼有四丈高，用彩帛和毳布掩盖起来。

朝廷又招募了两千名敢于拼死战斗的士兵，给他们穿上厚厚的战袍和铠甲，称之为“僧腾客”，朝廷把这些战士分配在东土山和西土山上，他们日夜不停地与侯景的军队交战。建康军民展开了惨烈的宫城保卫战。

陈霸先的兄长陈道谭时任梁东宫直阁将军，正在城中，带领弩手两千援守宫城。当时，天降大雨，城内土山崩毁。城外叛军汹涌攻城。陈道谭将军令二千弓箭手放箭，飞箭如蝗，杀敌无数。又有羊侃将军率军士执火炬向城外叛军抛击，断其进路。又一次守住了宫城。此次血战中，东宫直阁将军陈道谭突中流矢而亡。

侯景攻城不下，内心焦躁。他想利用被俘的陈昕，便与陈昕一起饮酒。让陈昕招集旧部为他所用。陈昕不为所动。侯景恼怒不已，便派他的仪同三司范桃棒把陈昕关押起来。陈昕便趁机劝说范桃棒，让他率自己的部下袭击王伟、宋子仙并杀掉他们，然后到建康城去投降。范桃棒听从了陈昕的劝说，写信射入建康城中，夜间暗中用绳子把陈昕缒到建康城内。

梁武帝知道后，非常高兴，下令赐给范桃棒银券，上面刻着：“事情成功的那天，封你为河南王，拥有侯景的人马，赐给你金银、绢帛以及歌伎！”

但是，皇太子萧纲担心有诈，犹豫不决。梁武帝生气地说：“接受对方投降是常理之中的事，你为什么突然又疑神疑鬼的！”太子召集公卿大臣们开会商议此事，朱异、傅岐说：“范桃棒投降梁朝一定不是假的，范桃棒投降后，叛贼侯景一定会惊慌，乘此机会攻击他，可以大败叛贼。”

太子萧纲却谨慎太过，说：“我们坚守城池，等候外面的援兵，援兵到来后，叛贼何愁不平！这才是万全之策。现在如果打开城门接纳范桃棒，万一情况发生变故，后悔莫及；事关江山社稷，必须再仔细地考虑。”

朱异说："殿下若以国家危机为重就应该接纳范桃棒；如果您犹豫不决，我不知道结果会怎样。"萧纲当时作为太子，年轻，处事不多，判断力差。又太过于小心，始终不能下定决心。这都不是他的错！他错就错在既不听老父亲萧衍的，又不听大臣的，更不信朱异的话。他错失此机，也导致梁朝失去唯一的挽救之机！

范桃棒又派陈昕写信说："现在仅带所领五百人，如果到城门，都自己脱甲，乞求朝廷开门赐容。事成之后，保证擒侯景。"太子萧纲见其恳切，迫切地要求进城，就更加怀疑他。朱异捶胸感叹道："失去这次机会，国家就完了！"梁朝太子和官员都因为侯景造成的祸患而责怪朱异。朱异愤恨、惭愧，渐渐发病，庚申（初四）死去了。梁庭按以往的制度：尚书官不能追封。独梁武帝对朱异的死感到痛惜，特地追封他为尚书右仆射。

范桃棒久等，没见城内动静。陈昕和范桃棒都很焦急。部下也不再相信范桃棒了，他的部下担心有变，就告发了范桃棒。侯景砍去范桃棒的四肢，将他杀掉了。

陈昕不知范桃棒已出事了，仍然如期出城接应，被侯景擒住。侯景逼他射书入城中称"桃棒且轻将数十人先入"，侯景想把铠甲穿在里面，跟随这些着甲胄的士兵进入建康城。陈昕宁死不肯，侯景就把他杀掉了。陈昕是梁朝大将陈庆之的儿子。果真英勇，无愧将门。

侯景为招揽民众，颁令凡是梁朝军民为奴客归降者，一概免为良民。朱异有个家奴出逃，投奔了侯景。侯景马上封他仪同三司，并把朱异在建康的家产全部赏赐给他。这个奴才乘良马，衣锦袍，亲到城下宣教，大骂朱异："朱老王八，你伺候皇帝五十年，才得一中领军官职，我刚刚投靠侯王爷，已被封为仪同！"

真个是榜样力量是无穷的。三日之内，从都城内外及附近跑出投靠侯景的奴客，竟有数千之多。"侯景皆厚抚以配军，人人感恩，为之致死"。

侯景从招揽社会底层民众和中下级官员中，尝到了甜头。他差人四下送书，许以高官厚禄，向全国各地官员遍招归顺者。

第六章　霸先广州讨逆贼

侯景围困京城，同时差人四下送书，向梁朝各州郡的官吏致信，许以高官厚禄，招降纳叛。广州刺史元景仲因为是北魏元氏皇族宗室的缘故，侯景许诺奉元景仲为天下之主。

元景仲不禁心有所动，决心投靠侯景。元景仲，是魏道武帝拓跋珪的后裔。南梁侍中、太尉，领军师将军、宋襄厉王元法僧之子，北魏皇族宗室。南梁封枝江县公，邑千户，拜侍中、右卫将军。大通三年，增封，并前为二千户，仍赐女乐一部。

元景仲本是慕容鲜卑族拓跋氏北魏降将，不通文墨，性好肉食，还保留着食人肉、喝人血的恶习。元景仲在侯景的蛊惑引诱之下，准备起兵响应侯景，背叛梁庭。他四处秘密联络部将。元景仲最想拉拢的、也是他最为忌惮的将领就是高要太守、西江督护，督高要等七郡诸军事的陈霸先。

高要太守，为一郡之最高长官。除治民、进贤、决讼、检奸外，还可以自行任免所属掾史。掾史古代指分曹治事之属官。汉以后中央及各州县皆置掾史，分曹治事。多由长官自行辟举。太守之职权，相当于现在的市长级别。

高要郡，位于广东省中部，珠江三角洲西部。东邻佛山市三水区，西连云浮市云城区、肇庆市德庆县，南接佛山市高明区、云浮市新兴县，北连肇庆市端州区、鼎湖区、广宁县、四会市。西汉元鼎六年（前111）设立高要县，梁天监六年（507）置高要郡。

高要郡地形以山地、丘陵为主，地势自西北向东南倾斜，西北部属山区和半山区，南部为丘陵区，东南部属平原低塱区。高要地区光照充足，热量丰富，雨量充沛，无霜期长。

高要郡的河流属珠江水系西江流域，西江自西向东横贯高要，矿产丰富。黄金储量居华南之首，产量占全省 80% 以上，被誉为“广东黄金之乡”；高岭土可开采储量近 1 亿吨，是广东重要的陶瓷原料供应基地。

而西江督护之职，是南朝岭南地区的重要统治机构之一，职在军事征讨、驻防之任。

西江是南朝时期贯通岭南东、西部的交通干线，由番禺顺西江而上可达郁林，继而转合浦至交州，对南朝有效控制今越南北部地区至关重要。当时岭南西部和南部诸地至广州都需经高要，西江督护虽以征讨俚僚为目标之一，但最终目的是压制俚僚以有效控制由西江通广州的交通要道，维持西江水道和交、广间交通的畅通，以保障南朝岭南地方行政的有效运作的目的。

督护作为军职，有统军作战之责，南朝时西江督护作为较恒定的官职，有相对固定的活动地域。彭丰文认为，“西江督护主要在广义的西江流域和广州中西部滨海地区两大广阔地域内开展征讨俚僚等土著民族的活动……大致来讲，西江督护的活动，应该是以西江水系和南部滨海这两大水上交通动脉为主轴来展开的”。

西江督护活动范围包括“广州中西部滨海地区”，认为中部滨海地区是西江督护辖区之一，主要证据即《粤大纪》：“（陈）伯绍领西江兵讨思道，诛之，遂代守东官，为西江都护。……乃帅兵二千人猎于北地”即陈伯绍以西江督护兼任东莞太守，东莞在广州中部滨海地区。

据《南齐书·州郡志》载：广州“西南二江，川源深远，别置督护，专征讨之”。齐时广州有西江、南江督护，“西南二江”当指西江和南江，这是“西江”首次作为地理名称见于记载。上引《宋书·刘勔传》：刘勔为“西江督护、郁林太守”。又梁时陈霸先等率军讨李贲，“是时萧勃为定州刺史，于西江相会”。

《元和郡县图志》明确指出了西江的范围，端州“梁大同中，于此立高要郡。……州当西江入广州之要口也”。《元和郡县图志》所指西江是今珠江水系中邕江、郁江、浔江和西江段。则上引《宋书·刘勔传》和《陈书·高祖纪》中的“西江”实即郁水，南朝时郁水包括今右江、邕江、郁江、浔江和西江段。

当时，陈霸先出任西江督护，其主要职责在于镇抚俚僚和控制西江交通线上的关键地域；活动区域是以西江流域为主，这就突破了行政区划之间的边界限制，对于填补毗连地带的权力真空、稳固和展拓统治薄弱地区具有重要意义。西江督护的设置、维持和变动，均与南朝地方统治政策和岭南地方局势的变化密切相关，是南朝南疆地方统治体系的重要一环。

陈霸先职权之重，督导范围之广，令元景仲为之忌惮。而且陈霸先救萧映于广州，灭越帝李贲于交州，屡平叛乱，威震南疆。梁武帝令画其像挂于金殿。他的能量真可以翻江倒海！

元景仲担心西江督护陈霸先率兵北上勤王，会坏了他割据称雄的好事。他与心腹密谋，秘密设计除掉陈霸先。免得以后成为自己的劲敌。心腹献计：待陈霸先前来述职时，于屏风后埋伏刀斧手，前厅院左右布弓箭手，待陈霸先进入大厅，前后夹击，将他除掉，万无一失。

而此时的陈霸先，正在担忧被侯景叛军围困的京城，以及皇上的安危和黎民百姓的生死。他的同胞兄弟陈谈先、陈休先也在京城任职，由于关山重重，信息阻隔，现在也不知道他们详情。还有，他的妻儿也在老家吴兴郡。而侯景兵进建康，也直接威胁着吴兴郡的家人。陈霸先忧国忧君、忧民忧亲，他心急如焚！恨不得立即秣马厉兵，挥师北上，扫平侯景之乱！

陈霸先还不知道，他身边的危险，正一步步向他逼来！

不久，陈霸先接到广州刺史元景仲的公文，要他去广州府述职。陈霸先也没多思量，放下元景仲的通知公函，就去忙着筹备粮草、军需，准备下月挥师勤王。而陈霸先的得力干将杜僧明却表示疑问，感觉到述职并不寻常。于是，通过广州府的旧友打探情况。

转眼之间，约定述职的时间到了。陈霸先把军务对周文育、杜僧明做了安排，他跨马即行。沿途山川秀色，鸟语花香，十分令人愉悦。经过小镇，叫卖声吆喝声喧哗不止，市井颇为繁荣。陈霸先想着以前这一带土匪出没，街镇极为冷落萧条……

就在这时，一匹快马从后面飞驰过来，听得有人大喊：“陈太守，且慢行！”

陈霸先急收缰绳，回头一看，那马已冲了过来，只见周文育气喘吁吁地说：“陈太守，快回！我们有要事禀报。”

“何事？”陈霸先不解，道：“我要去广州府……”周文育急切道：“正为此事而来！万不能前去！这是一个陷阱！”陈霸先似有所悟，即刻与周文育打马回程。原来，杜僧明那天对广州述职表示疑问后，就对周文育讲了。周文育通过广州府昔日的旧友一打听，才知这真的是一个“请君入瓮”的陷阱！

知道此况后，陈霸先处事极为果断，立即道：“我今不去，元刺史即知阴谋败露，必另有加害。元景仲本是鲜卑胡人，不识教化，更无诚信。侯景和元景仲屡降屡叛，都是背叛朝廷的逆贼。此等小人不除，我们怎么北上勤王救主？文育，你即刻通知僧明等诸将前来商议广州讨贼之策。”

“广州讨贼？太守，你意已决？”周文育惊讶道：“太好了！其实，我与杜僧明早有此意，只是不敢说出来。如若去广州讨伐元景仲，那也可请成州刺史王怀明参加。”

陈霸先点头道：“王刺史也是忠君爱国之士，若得他相助，兵多粮广，广州讨贼可成矣！你可速去联系。随后我亲去登门拜访。”

“好！我去也！”周文育应声，策马飞奔，绝尘而去。

元景仲与心腹早在广州府里做了周密安排。前院的两旁布置了弓箭手。大厅屏风里埋伏了刀斧手。单等陈霸先进来，他们瓮中捉鳖。元景仲得意地想着，任凭你陈太守多么英武，今天也插翅难飞！

广州地区自秦代（前214）定为南海郡开始，历代以来它的行政管辖地区，最小的范围也据有现广东省的中部与北部，最大的范围包括现广东、广西的大部地区。前214年，秦始皇统一岭南后，在广州地区设南海郡。当时南海郡尉任嚣在现中山四路旧仓巷附近修建城郭，称为“任嚣城”，广州为郡治所在地。

汉武帝于前111年平定了南越国后，把原赵佗割据地区划分为九郡（后缩为七郡），广州仍称南海郡，归属交趾部，后称交州，南海郡行政范围缩小。东汉末年，广州属于吴国，216年吴国交州刺史步骘把交州治从梧州迁回广州，226 年并将交州改为广州，广州之名由此开始。

晋代，广州仍称南海郡，为州治所在。但南海郡行政管辖范围比汉代有所缩小，已将东部梅县、潮汕、惠阳等地区分出；晋代南海郡面积约 4.6 万平方千米，南、北朝与隋代，广州仍为州治、郡治所在，州郡范围略有变化。

广州栽培作物具有热带向亚热带过渡的鲜明特征，是全国果树资源最丰富的地区之一，是荔枝、龙眼、黄皮、乌（白）榄等起源和形成的中心地带。蔬菜以优质、多品种著称。广州物产丰富，提供了天然的物资供应基地。

广州东连博罗、龙门两县，西邻三水、南海和顺德，北靠清远市区和佛冈县及新丰县，南接东莞市和中山市，隔海与香港、澳门相望，是海上丝绸之路的起点之一，也是中国的"南大门"，因为广州地理位置极其重要，历来都是军阀割据、兵家必争之地。

且说元景仲与心腹做好了各种安排，就等陈霸先自投罗网。可是，从早上等到日落，也没见陈太守的影子。元景仲与心腹密议："看来事情败露了?"心腹摇摇头，又点点头，道："可能……但是，又怎么会呢？不如明天派人去试探一下?"

当天下午，陈霸先与杜僧明、周文育等诸将，聚集在高要郡所，商量举兵讨贼之事。陈霸先拿出前几天收到的元景仲致函，让诸将传阅。只见元景仲此函的大意是：梁帝昏庸至极，重佛轻民，重奸轻忠，朝政被朱异之流把持。侯景被梁帝出卖，为形势所迫，才包围京城，清君侧，扶社稷。已立新君萧正德。这正是我们加官进爵、封妻荫子的好机会。我等准备起兵响应侯景，期待陈太守大力支持，同立新功！

众将看了，无比气愤！杜僧明大声道："真是一派胡言！繁华的京都，被侯景毁成人间地狱一般，江面的浮尸，顺流几千里。逃难的民众，拖家带口，流离失所……"众将纷纷讲起亲眼所见的逃难民众如何如何凄惨……个个义愤填膺。

陈霸先慷慨激昂地说："古圣人说过，食君之禄，忠君之事。元刺史作为一个北魏的降将，圣上还委以重任。他不知恩图报，反而趁皇上蒙难之时，背叛朝廷。实在可恶可恨！我们都是忠君报国之义士，我们北上勤王的行动，就从讨贼元景仲开始。”

众将热血沸腾，个个摩拳擦掌。陈霸先接着把举兵讨贼的行动日程做了细致安排。并令主簿杜棱书写檄文，令杜僧明准备军械，令周文育筹措粮草。然后，吩咐众将各自准备。随后，陈霸先与周文育驰马前去拜访成州刺史王怀明。

夜风徐徐，马蹄翻飞。三更时分，陈霸先、周文育到了成州刺史府。经过通报后，王怀明刺史连忙把陈霸先请进内室。陈霸先客套一阵，说：“知您白天公务繁多，不便打搅，只好连夜来访。这样也免去了他人注意。”

“陈太守思虑周密，我等敬慕已久。下午我已见过周文育了。知道陈太守忠君爱国，举兵讨贼之壮举，我等佩服之极！”王怀明接着低声道：“其实，我也收到了元景仲的致函，也是劝我等响应他一起去投靠侯景，如何如何。他们这帮胡人向来野蛮愚昧，没受过华夏汉文明的教化。我等岂能与他们这般逆贼为伍？……不过，陈太守下一步将如何讨贼？”

陈霸先知道谈话的关键点到了。于是，把此次举兵讨贼的行动计划简明地作了介绍。包括粮草、军械，甚至结局，都作了说明。陈霸先说擒拿元景仲之后，请您（成州刺史王怀明）暂时兼任广州刺史，待皇命诏书到后再作另议。

可王怀明坚决不从。他认为时下皇上被困于京城，朝廷一时半会难得有诏书下来。何况广州非等闲之地，不是皇族宗室，很难镇守得住。王怀明倒是提议就近一点，可请梁室宗族的萧勃来镇守广州。陈霸先一想，也有道理！定州刺史萧勃，是梁武帝的亲侄儿，迎立他来镇守广州，也是一个办法。陈霸先道：“因为元景仲与侯景叛贼勾结，阴谋危害国家社稷，攻下广州府之后，迎立曲江公萧勃为刺史，镇守广州。既说明我们义军不是为个人名利；又因为萧勃是皇族宗亲，外人无有不服；还可以解除城内官军的抵抗力。”

王怀明听了，连连点头，道：“好！有你如此周密的思考和军事部署，我率八千兵马，同你一起举义。”陈霸先激动地伸出大手，与王怀明紧紧相握，道："那太好了！我有五千兵马，加上你的八千，就有一万多兵马。声势浩大，首先从气势上就压过了广州府。不过，粮草，我只能支撑三日。"王怀明笑道："放心吧，我军自带粮草、军械。另外，还可以支援你两千斛粮食。"陈霸先闻言，连忙起身致谢。

天亮时分，陈霸先和周文育刚回到太守府，就有广州府的来使到了。陈霸先满面疲惫地出迎。为了麻痹元景仲，托言身体欠佳，改日再去广州拜会。来使见陈霸先确实面色疲惫，就不便多谈。加之杜棱在一旁悄悄塞了银子给他，他就干脆做个顺水人情，回去复命。

连日来，陈霸先与众将筹备广州讨贼之事。杜僧明兴冲冲地来报："行台选郎殷外臣也是忠义之士，我已联系好了，他也参加我们的行动。"陈霸先非常高兴，道："民心所向，忠于朝廷的有志之士，是决不肯与逆贼同流合污的。"陈霸先对杜僧明叮嘱道："这几日，你特别提醒你的旧友要注意广州府的动向。"杜僧明点头称是。

但是，他们对王怀明提议迎立萧勃镇守广州，有很大意见。周文育、杜僧明等人纷纷反对：萧勃为人不道义，上次交州平叛时，他不仅不发兵，还搞阴谋诡计，想分化我军。我们打下来的广州，陈太守你为什么不坐镇于此，还要请他来做广州刺史呢？

"虽然萧勃人品不好，但毕竟是梁室宗亲，请他来镇守广州，别人不敢说闲话。而我们还要北上勤王，不能老是耽搁于此。"陈霸先耐心劝道："你们认为还有更好的选择吗？……如果没有，那就暂时这样吧。"

杜棱表示赞同，道："迎立萧勃，有三个好处：一、他是皇族，能服众；二、迎立萧勃，说明我们义军不是为个人捞好处；三、还可以安定广州城内的军心，瓦解城内军兵的抵抗力。"

杜僧明、周文育等人听了，也就不作声了。

梁太清三年七月，王怀明、殷外臣等许多忠臣义士齐集南海太守府。各路义军，旗帜鲜明。义军在南海遍贴告示，公布元景仲勾结叛军侯景，以及侯景围攻京城建康，放纵胡人兵众烧杀抢掠，南京城外，白骨堆成山等恶行。众人义愤填膺。遍传檄文讨伐元景仲和侯景，誓言北上救主。

出征前，陈霸先、王怀明等人站立于队伍前，先由杜棱宣读讨伐元景仲檄文，陈霸先非常尊重王怀明对朝廷的赤胆忠心，请他发表演讲。王刺史官职高，人马多。他站在义军前，大声疾呼诸将士忠君爱国，讨伐叛贼乱臣。因为元景仲与侯景叛贼勾结，阴谋危害国家社稷，我们攻下广州府之后，迎立曲江侯萧勃为刺史，镇守广州。萧勃是皇族宗亲，无人不服。然后，看向陈霸先，郑重道：“各位将领，此次行动，军事上一切听从陈太守的号令。他是此次行动的最高军事统帅。大家都知道，陈太守第一次举兵广州，是救援萧映王爷，一战而功成，梁皇惊叹其才，令画像挂于金殿。此次举兵广州，是为国讨贼，功在社稷。众将士的忠君爱国之义举，将名标青史。现在，请陈统帅作军事布置。”

众将士热血奔涌，陈霸先简要讲了一下行军路线。然后大手一挥，发出命令：“出发！——”

义军分四路，组成两个纵队，前后相连，左右呼应。义军在各将领的引导下，像一股股钢铁洪流，奔向广州。沿途不断有青壮年加入义军的队列。路边看热闹的人群，欢欣鼓舞。很多百姓送饭送菜。有些街镇哨卡的守军，主动放开道路，让义军通过。甚至有些官兵也参加了义军队伍。当义军到达广州城外时，竟然已达二万多人。

义军沿途散发檄文，声讨叛贼，元景仲接报，不禁大吃一惊。急忙调兵前去阻挡。可谁知，派出去的军队不是自动加入了义军，就是弃甲逃散。元景仲自知民心仍向梁皇，叛逆不为民众所容。再回看城内军队，无法抵挡陈霸先那声势浩大的义军，只好下令关闭城门。

很快，四路义军集结在城外。陈霸先下令各路义军四面围城。义军齐呼：“活捉叛贼元景仲！”气势如虹，声震苍穹。

元景仲迫不得已，在心腹的鼓动下，爬上城墙。想以三寸不烂之舌，离间和煽动义军倒戈。元景仲指着陈霸先，骂道：“逆贼霸先，为何犯上作乱？”

陈霸先呵呵大笑：“你真是厚颜无耻，大言不惭！你本北魏叛臣，降我天朝。皇上委你重任镇守广州。可是你不知图报。如今叛臣侯景围攻京城，困我皇上。你非但不忠君报国，还在皇上蒙难之际，落井下石，投靠叛贼侯景，危害社稷。朝廷以曲江侯萧勃镇守广州，你这反臣逆贼，速来就擒！”

陈霸先一番正义凛然的话语，声如洪钟，震得元景仲两耳发聋。陈霸先话音落地，四面义军齐呼：“迎立曲江侯，擒贼元景仲！”元景仲听闻将迎萧勃来此，慌忙下城。传令城内兵马攻击义军。而城内兵众听得清楚，闻朝廷以皇族宗室的曲江侯萧勃来镇守广州，尽无斗志，弃甲而散。

元景仲叛逆行径不得人心。官兵也久闻陈霸先的威名。对他广州平叛、交州戡乱、灭越帝李贲等传奇事迹也非常熟悉。现在亲眼看到城外义军浩荡，四面围困，知道打不赢。结果东城门一开，官兵竟然扔掉兵器，投入义军之中。杜僧明、周文育见城门敞开，立时一声呼啸，率先冲入城中，随后义军如洪水一般杀入城内……

元景仲眼看众叛亲离，城门敞开，义军蜂拥而入。他急忙打马狂奔，回到府内。此刻他百感交集！自忖现在降也是死，逃也是死。于是，解带，悬梁自尽。史载：“秋季，七月，甲寅（初一），元景仲上吊自杀。”

陈霸先入城后，立即令周文育派兵接手四座城门的防守，令杜棱带兵各处张贴安民告示。又令杜僧明带执法队维护市井秩序。严禁义军扰民，违者斩！随后，犒劳三军。

广州城一切恢复正常。陈霸先邀请周文育、杜僧明一起去祭奠广州城外的卢子雄、杜天合。杜僧明、周文育心头一阵感动，眼圈一热，道：“多谢太守，还记得他们！”陈霸先沉默不语，轻轻地拍打着两位爱将的肩膀，翻身上马，一起奔向城外。

广州城外，荒草野地。陈霸先与周文育、杜僧明很快找到了卢子雄、杜天合、孙冏的土坟。随从士兵拿出事先备好的香烛纸钱。陈霸先点燃香火，燃起纸钱。周文育、杜僧明倒头就拜，泪水纵横。往事如袅袅青烟，一幕幕浮在眼前——因为卢安兴之子卢子雄的冤死，周文育与杜僧明等人围攻广州府，陈霸先击败并赦免了他们。从此以后，周文育与杜僧明一起，跟随陈霸先南征北战，战功累累。

陈霸先安排人去迎接来了萧勃，坐镇广州。

然后，陈霸先率部将返回高要。与杜僧明、周文育、杜棱等人筹备军械、粮草等，准备北上京都，勤王救驾。

侯景围困京城，有许多梁朝军将，从各州郡前来勤王。邵陵王萧纶率领西丰公萧大春、新淦公萧大成、永安侯萧确、超武将军南安乡侯萧骏、原谯州刺史赵伯超、武州刺史萧弄璋、步兵校尉尹思合等，马步军三万人，从京口出发，前进占据钟山。侯景的党徒大惊，都准备舟船打算逃走。又分派出一万多人去抵抗萧纶，萧纶把这支部队打得大败，斩下一千多首级。

邵陵王萧纶，字世调，小字六真，是梁武帝的第六个儿子。他从小聪明，博学并善于写诗文，尤其善于写书信。天监十三年（514），受封为邵陵郡王。

普通五年（524），萧纶以中郎将的身份代理南徐州事。他在州中轻佻暴虐，喜怒无常，使用的车驾服饰超越他的身份，横行不法。他时常在市井中游逛，和仆人们混杂在一起。他曾经询问卖黄鳝的人说："州刺史怎样?"那人回答说，刺史浮躁暴虐。萧纶大怒，下令让卖鳝鱼的人吞鳝鱼而死。从此后，百姓们心惊胆战，路上相遇也只能用眼色表示自己的心情。有一次他遇到一辆丧车，便一把夺过孝子的丧服穿了起来，趴到地上号啕大哭着。孝子害怕自己获罪，便秘密地报告了皇帝。皇帝起初对萧纶严加责备，可是萧纶仍不能改正行为，于是便派人去替代他。萧纶却更加违逆傲慢，他找来一个老头，高低胖瘦很像皇帝，让他穿上袍服戴上皇冠，高坐上方，向他朝拜，当作皇帝，自己声称无罪。然后就在座位上剥下他的衣服，抓到院子里痛打。他又制作了一具新棺木，把司马崔会意装在里头，用轻车拉着并唱挽歌，就像送葬一样，并让老太婆坐在丧车上痛哭。崔会意实在受不了，便骑着轻骑回京向皇帝报告。皇帝怕萧纶逃走，便派禁兵去把他抓住，准备在监狱中将他赐死。昭明太子流着泪坚决劝谏，这才得以免死。但免去他的官职，削除爵位。大通元年（527），才恢复了他的封爵。

中大通四年（532），萧纶担任了扬州刺史。他一向骄横放纵，把器具服饰搞得十分盛美，他派人到市中赊买锦彩丝布几百匹，准备给身边官员制作红衣服和内室的帐幔。商家店铺都关紧店门不肯出来开门营业。萧纶继续派少府到市中采买，很长时间也没能买到。朝廷下令严责，府丞何智通把详情报告朝廷，萧纶又受斥责而送回府第。他时常派心腹马容、戴子高、戴瓜、李撤、赵智英等人在路上寻找何智通。他们在白马巷找到了何智通，用槊刺死他，槊刃直透后背。何智通用血在墙壁上写了“邵陵”两字后死去，众人都知道是萧纶干的。皇帝悬赏钱百万来求购贼徒，有位西州游军将领宋鹊子开列了凶犯的姓名启奏，皇帝下令派舍人诸昙粲带领内廷卫士五百人包围了萧纶的府第，在内人住宿的槛中捉住了戴瓜、李撤、赵智英。戴子高骁勇无比，他越墙突出重围，因而免于被捕。何智通的儿子何敞之割下他们的肉烤着吃，又将他们载到新亭，四面用火把肉烤得焦熟，何敞之同时用车载了钱和盐、蒜，雇百姓吃李撤的肉，吃一块赏钱一千。何敞之的同党们和他的母亲一起将肉都吃光了。

萧纶被锁在府中，舍人诸昙粲和主帅们领着卫士看守。皇帝将萧纶免职为庶人。过了三个月以后才给他脱去锁链，不久又恢复了他的封爵。后来，萧纶参加了为衡州刺史元庆和饯行举办的酒宴，他在席上赋诗十二韵，最后两句是“方同广川国，寂寞久无声”，大受梁武帝赞赏，并说：“你有这样的才干，何必忧虑无声名。”不出十日，封他为郢州刺史。

太清二年（548），萧纶担任了中卫将军、开府仪同三司。侯景叛乱时，又被加封为征讨大都督，带领军队讨伐侯景。临出发时，武帝告诫他说：“侯景是个小人，但他颇熟悉行军布阵之法，不可能一战就消灭，应当准备用一段时间来谋取他。”萧纶从白下出兵，船至江中流时风浪突起，有什么东西在摇荡大船，差点把船弄翻了，有识者都感到奇怪。当他们到达钟离时，侯景却已从采石矶渡过江了，萧纶立即日夜兼程，回军入京救援。渡江时，到中流又起风浪，人马被淹死的有十分之一二。于是，他率领西丰公大春、新淦公大成等步骑兵三万人从京口出发，将军赵伯超请求让军队走大路直奔钟山，出其不意进攻，萧纶听从了。众军突然来到，贼众大惊，分成三路围攻萧纶，萧纶大败敌军。次日，敌军又来进攻，打到天黑时贼军稍稍退却。南安侯萧骏带着几十骑追赶，敌人回兵和萧骏作战，萧骏队伍混乱，敌军乘势进逼萧纶的大军，大军溃败。萧纶在钟山战败后，奔回京口，他军中的主将霍俊被抓获，敌人将他送到城下，逼他说邵陵王已经被活捉。霍俊假装答应，但他到了城下，却对城里军民大声说：“邵陵王不过受了点损失，只因粮尽暂回京口。我被敌人的巡逻兵所抓获，不是军队失败。”敌人用刀背打他的髀骨，霍俊神色不变，敌人被他的义气所感动而放了他。霍俊，是中书舍人霍灵超的儿子。

当初，梁朝兵马援助都城时，建康民众扶老携幼盼望“王师”早来平叛，挽救民众于苦海之中。可谁知，等梁军真的到了之后，竟然也与叛军一样的抢劫、蹂躏江南百姓。于是，梁朝军队也大失民心。就连叛军中的一些原本想投降官军的人，看到梁朝官军的种种劣行，也大为失望，打消了“反正”的念头。

梁朝荆州刺史、梁武帝第七子湘东王萧绎听闻侯景率兵围攻京城，当即移檄其所督统的湘州刺史河东王萧誉、雍州刺史岳阳王詧，命他们率兵勤王。同时，梁朝江州刺史当阳公萧大心、郢州刺史南平王萧恪等人皆发兵入援。

连日来，在都城外，陆续集结了各路援军多达二三十万。但诸军互相猜阻，宗室诸王更是坐观城破，以便争夺帝位，并无真正勤王救援之心。

前来京城救驾的柳仲礼把新亭的军营迁往大桁。刚巧遇上大雾笼罩，四周一片混沌。韦粲率部行进中迷失了方向，好不容易摸索到了青塘，已过子时。大雾已散去，韦粲令疲惫不堪的兵众军队安营扎寨。可是，还没来得及把外围的栅栏合拢，侯景见韦粲连夜行军，远道而来，必定兵疲将乏。就立即率军，趁机攻击韦粲的疲惫之师。

韦粲令军主郑逸率所部迎击，又命令刘叔胤率部从后面截击。但刘叔胤害怕不敢进。侯景率军轻而易举地击溃疲惫的郑逸所部兵众，乘胜掩杀韦粲的军营。兵众本已疲惫（半夜大雾行军），还没扎营休息，就遇到强大攻击，哪挡得住侯景率领的羯人骑兵的冲杀？众军大败。部属急拉韦粲躲避贼兵，韦粲却率子弟兵拼力奋战。因寡不敌众，韦粲的子弟兵也彻底覆没。韦粲与儿子韦尼以及三个弟弟韦助、韦警、韦构，还有堂弟韦昂，以及亲戚共有几百人一起战死。

侯景攻击韦粲军营时，柳仲礼正在吃饭。闻讯，当即就扔下筷子，穿上盔甲，率他的百来部属，跨马急驰，前去救援。与侯景所部在青塘展开激战。一阵勇猛冲杀，竟然把侯景的羯人骑兵打得落荒而逃。侯景阵营的步兵溃逃到秦淮河，被践踏、淹死的达千余人之多。柳仲礼横起一槊，飞快地刺向侯景，眼看就要扎死这个天下共讨之的叛逆了，可谁知，恰此时，逆贼将领支伯仁从后面挥刀砍中了柳仲礼的肩膀，柳仲礼骑的马陷入泥淖里。众贼兵见此状，大喜，呼喊着将长矛齐向柳仲礼刺去……就在这生死关头，只听得一声大吼，柳的部将郭山石飞马奔来，护住柳仲礼，左砍右杀，上打下拦，救出柳仲礼。

众人钦佩柳仲礼英勇顽强，见他身受重伤，会稽人惠觊（jian）为他吸吮伤口止血，柳仲礼才得康复。此战后，侯景也有些害怕，不敢再渡河到南岸来攻击；而柳仲礼也在治疗养伤，似乎失去了原来的勇气。双方都没有交战。

邵陵王萧纶重新聚集逃散的士兵，联络东扬州刺史临城公萧大连、新淦公萧大成等人，率领各自的兵马，赶到南岸集中。讨贼大军在南岸连营扎寨，共推柳仲礼为大都督。

侯景站在石头城上，看到梁朝的援军四面而来，心中极为恐惧！——他担心梁军如果内外夹攻，那他侯景就死无葬身之地。于是，侯景令各军将加紧攻城。侯景令筑土山攻城，城内掘地道以破坏叛军所筑土山。

梁材官将军宋嶷，见侯景的叛军势力强盛，料想这城是守不住的了。于是，跑去投降了侯景。侯景真的是喜出望外，道："得君来投，吾大事可成了！"并以高官厚禄厚赏了宋嶷。侯景问宋嶷道："宫城坚固，久攻不克，宋将军定有妙计吧。"

宋嶷新得高官厚赏，当然用心效力。他献计道："宫城地势低洼，不如引玄武湖水以淹台城；更将民居焚烧一空，以绝外援，城必可破。"

侯景、王伟听了，当即骑马，同宋嶷一同到玄武湖勘察。侯景与王伟一合计，认为宋嶷的建议可行。立即传令兵众决玄武湖水，以淹宫城。

霎时之间，湖水奔腾翻滚，直淹宫城。皇城宫阙前的御街，也是洪波泛滥、浊浪滔天。整个金陵城一片汪洋。侯景纵兵烧杀抢掠，无恶不作。建康城外，几成废墟。金银珠宝抢掠一空，良家妇女在劫难逃。到处是鸡飞狗跳，鬼哭狼嚎……

第七章　诸王异心陷建康

侯景挥军直取建康之时，一路势如破竹，几乎没有遇到梁朝军队一次像样的抵抗。

这让侯景踌躇满志，以至于兵围建康，以为很快就可以攻克皇城宫殿。朱异派人给侯景送信，劝说侯景赶紧退兵，警告他要知道当前的利害福祸！

而侯景完全不理会朱异的劝告，直接由谋士王伟草拟回信："梁朝近年来，奸臣当权，搜刮平民，以满足权贵们的嗜欲。如果不信，请你们看当今皇家园林，王公贵族的住宅、僧侣尼姑的寺塔，还有那些执政官员，他们妻妾成群，随从和仆人达几千人，他们既不耕作，又不织布，穿的是锦绣衣服，吃的是珍贵食物。他们如果不掠夺百姓，从哪儿会得到锦衣玉食呢？我之所以来到都城，主要是想除去奸佞权臣，并不是想推翻朝廷。现在城中的人指望四方的援兵来解救他们。而我看这些王侯、诸将之心只在保全自己，谁会竭尽全力、战斗到死，与我争夺胜负呢?！长江天险，连曹操、曹丕都感叹无能为力，我像用一根芦苇一样轻易渡过，扫除尘雾，重见光明。如果不是上天保佑、百姓协助，我怎会如此顺利?！希望各位三思而行，自求吉祥。"

侯景指挥叛军四面围攻建康城，多次都没能攻克下来。侯景的军心不稳、兵众离散、斗志沮丧。最要命的是，侯景军队极度缺粮。石头城备用粮仓的粮食已经吃完了。大米的价格一升涨到七八万钱，以致造成人吃人的情况，被饿死的人达到十分之五六。

而建康城外，从四面八方赶来救援的梁军将士越来越多。侯景担心迟早会溃败，于是，侯景只好纵容他的士兵去掠夺百姓的米粮以及金银、丝织品和百姓的儿女。

建康城内的皇宫所在地——台城，在关闭之前，朝廷组织了王公大臣、士绅军民等所有的人，不分贵贱、不分男女，都去背运国库里的粮食。一共驮进台城内约十万斛粮食。同时，把皇城府第所有贮藏的钱币和丝帛，约五十万亿，都集中在德阳堂。但是，匆忙之中，朝廷没有来得及储备柴禾、牲口草料，以及鱼、盐。

台城，又称建康宫。是东晋至南朝的京师建康（南京）的皇宫，是整个六朝时期的国家政治中心之所在。

据史料记载：建康宫原为东吴苑城故址，始建于东吴黄龙元年（229），东晋咸和五年（330）由东晋重臣谢安主持改建，定名建康宫，后历经南朝宋、齐、梁、陈增缮，发展为当时中国最壮丽的宫殿，存世三百六十年。

建康宫的设计营造，依照天象与周礼，由多重城垣构成，中轴对称布局，宫殿壮丽巍峨，殿阁崇伟，宫室绮丽，正殿太极殿面阔十三间，规模极大，史书记载“穷极壮丽，冠绝古今”，整个宫室包括百官议政的尚书朝堂区、皇帝朝宴的太极殿区以及后宫内殿区、宫后园囿区等，另有三十多处皇家花园和离宫别馆散布在建康城中。

建康宫位于建康城中轴线北端，政府衙署分列于宫城之南的中轴线两侧，宫城之北设有广阔的苑囿，宫城及政府衙署所在地的东、南、西三面规划整齐划一的里坊，建康宫的这种建城模式，不仅直接影响北朝和隋唐的都城，还进而影响到日本的京都、奈良以及朝鲜半岛的百济等都城，深远影响了后世宫室建设的形制。

建康宫城的平面布局比其他宫城更整齐，宫墙有内外三重。外重宫墙之内布置宫中一般机构和驻军。此时，把中央机构的宿舍也建在这里，则是东晋与南朝所特有的。第二重宫墙内布置中央官署。朝堂和尚书省仍在东侧，向南有门通出宫外。在西侧有中书省、门下省、秘阁（皇家图书馆）和皇子所住的永福省等。第三重墙内才是真正的宫内，前为朝区，建主殿太极殿和与它并列的东堂、西堂；后为寝区，前为帝寝式乾殿，又称中斋，后为后寝显阳殿，各为一组宫院，二组前后相重，都在两侧建翼殿，形成和太极殿相似的三殿并列布局。太极、式乾、显阳三殿和太极殿南的殿门，宫正门共同形成全宫的中轴线。寝区之北是内苑华林园。

东晋时，建康宫共开五门，南面为大司马门和南掖门（后曾改名为阊阖门、端门、天门），东、西、北面各有一座掖门。南朝宋时在南面两侧各开一门，即东掖门和西掖门，并将东晋时的原东掖门改名万春门（南朝梁时改名东华门）、原西掖门改名千秋门（梁时改名西华门）、原北掖门改名承明门（南朝齐时复名北掖门，又名平昌门）。梁时在建康宫北面西侧新开大通门。至此建康宫共设八门。

端门是建康宫的正南门，位于皇帝进出的大司马门东边，是专供外国使节出入的大门。《建康记》中记载，六朝宫门正南叫端门，外国使节访问都从端门进。原来端门是用来迎接外国使节而开设的大门。而据唐代段成式写的《酉阳杂俎》中介绍，外国使节来朝拜南朝帝王，先乘坐牛车到石阙下。进端门，而后到应门，再到太阳门。各种手续齐全后，外国使节们才能见到至高无上的皇帝。当时，外国使节们站的位置都有规定，比如："高句丽、百济客在南边。"

当时的建康城，由于政治经济都很强大，这里到处都能看到外国使节。在晋穆帝时，兴宁元年闰月，蒲林（也就是拂菻，罗马帝国）王国已经来到东晋的都城建康。5 世纪时，日本大和国的五代国王赞、珍、济、兴、武都曾遣使来宋的都城建康。梁天监初年，中天竺国（今印度）国王遣使来建康，并进贡琉璃壶、古贝等物。

梁武帝时期，端门之下，还曾发生过一则异国使臣哭阙的故事。太清三年（549）十二月，侯景之乱时的建康城满目疮痍，不堪目睹。百济国王（朝鲜）不知建康城有变，仍派使臣来入贡。百济国使节看到建康城池荒废，在端门外石阙之下痛哭流涕，当时的过路人看到没有一个不跟着流泪的。侯景知道后，生气异常，把百济国使抓了起来，关在小庄严寺，禁止他出入。一直到侯景之乱平定了以后，这位国使才被释放回国。

建康宫正殿的名称自东晋起一直为太极殿，大司马门内的太极殿，是建康宫的正殿，用于举行隆重典礼。太极殿规模宏大，高八丈、长二十七丈、广十丈，初为十二间，象征一年的十二个月。太极殿两翼设太极东堂和太极西堂，各七间，是皇帝日常议政、筵宴、延见、起居的所在。太极殿与附近的中书省、门下省都属于“禁省”范围。梁武帝时期国力强盛，大修宫室，将太极殿扩为十三间，以契合闰月之数，并在太极殿和东西两堂内铺砌花纹锦石。建康宫原本无阙，天监七年（508）梁武帝命卫尉卿丘仲孚在大司马门外建石阙一对，命名为“神龙”“仁虎”，据记载，双阙的趺座高七尺，阙身则高五丈、长三丈六尺、厚七丈五尺，石阙上镌刻珍禽异兽，“穷极壮丽，冠绝古今”。

进入南朝后，经济发展，宫室渐趋豪华，到梁代中期，随着国势进入极盛期，宫室也建得空前壮丽。

侯景的叛军围攻台城时日太久，君臣子民没有柴禾煮食，朝廷只好允许大家拆除尚书省的门扇、隔板、木柱等建筑，当作煮食的柴禾。又把席子、草垫等物品磨碎了当作草料，用来喂马。最后，“草料”用尽了，只好拿米饭来喂马。军民长久没有肉吃，人们只好煮甲衣上的皮革，烤老鼠，捕捉鸟雀来吃。最后，实在没有吃的了，只得杀马吃肉。

两军对垒多时，粮草越发难继。方圆百里，烧杀一空，人迹罕至。士卒饥肠辘辘，侯景心中不由十分着急。

侯景的军师王伟，眼看城外的部队饥饿难耐，四处搜寻掠夺也没有半点可吃的东西，心生一计：“以退为进。佯装求和。以求和之策，缓解梁军的防备。趁求和之机，派兵众把东府城里贮藏的大米运进石头城。然后，修造兵器，等梁军内外斗志松懈下来，我军突然一举攻入，必破宫城。”

侯景听了，大喜。但他担心地问：“万一我们运东府城的粮食，梁军攻击和抢夺，怎么办?”王伟摇头，胸有成竹地说：“放心吧！因为是在求和期间，梁军不会来攻击的，他们也不想打仗。你尽管派军运粮，不可迟疑。”

侯景采纳了王伟的建议。第一步，他派属将任约、于子悦去到台城之下，跪伏，恭敬地递上“求和文书”，侯景在书信中恳求梁武帝恩准他恢复原先镇守的失地。如果皇上同意这样的话，侯景愿意撤军回去。

书信首先传递到了太子萧纲的手里。萧纲考虑兵困已久，台城军民也疲惫不堪。于是，他拿着侯景的书信，去见父皇。太子萧纲希望梁武帝答应侯景的要求。可萧衍一听，立即瞪眼，勃然大怒，说道：“跟侯景和好，还不如死！”

而皇太子却再三请求：“侯贼困我京师已久，我们的援军相互推诿不肯死战，我们只得自救。现暂且答应与侯景媾和，以后再伺机处分他。”梁武帝犹豫半晌，才答应：“你自己考虑吧，不要留下千载笑话。”太子派人告诉侯景，说皇上已答应他的请求。侯景没想到梁武帝这么容易就答应了，于是，侯景增加要求，提出要梁朝廷割让长江西面的四个州给他，还说为了安全，必须请宣城王萧大器出来相送，侯景才放心渡过长江。

中领军傅岐态度坚决地争谏，道：“哪有叛贼兴兵包围宫殿，而我们转过头来跟他们媾和的道理！侯景此举主要是想让援军撤走而已。戎狄侯景是人面兽心，绝对不能相信。况且宣城王是皇上的直系后裔，地位重要，国家的命运维系在他的身上，怎么可以叫他去当人质！”太子萧纲无可奈何地说：“有什么办法？援军虽然到达，但他们并没有死战解围。当今粮食不济，军众疲惫。不许和，难道等死吗?!”

梁武帝没有办法，只得答应侯景的要求，命萧大器的弟弟石城公萧大款为侍中，到侯景军营里当作人质。同时，梁武帝下诏给各路援军，不准再攻打侯景。同时还颁下诏书：“善于用兵的人不必以刀兵定胜负，止与戈两字合成为‘武’。我可以再任命侯景为大丞相，统管江西四个州诸军事，仍照旧担任豫州牧、河南王之职。”

并且，梁武帝还在西华门外设坛，派遣仆射王克、吏部郎萧瑳，与侯景所率的将领遥遥相对，歃血为誓。

这样足够虔诚了吧？本来，作为一个华夏正统的朝廷，就不应该屈服于叛逆者的淫威，答应叛逆者的种种要求。太子萧纲的懦弱无能，梁武帝就不应该顺从，以至于助长了叛逆侯景的猖狂和野心！

残酷的事实，再次击碎了梁皇父子的愿望！梁朝廷与叛军盟誓后，并不见侯景遵约撤兵。叛军仍然把宫城团团围住，水泄不通。太子萧纲无奈，只得再派人去问情况。侯景随便扯了一个理由：说是没有船舰，不能渡江还乡。接着，把萧大款遣回宫城，非得要求宣城王出送。侯景百般刁难，真是牵着梁武帝和皇太子所代表的梁朝廷的鼻子玩游戏。

过不多久，侯景又找了一个借口，说南康王萧会理、永安侯萧确，及直阁将军赵威方等援军，威胁了叛军的安全。要求梁武帝把他们召入宫城，侯景就“解围还乡”，太子萧纲也就按侯景的意思，招回了诸将。侯景递上奏折，说：“永安侯萧确，直阁将军赵威方频繁地隔着栅栏骂我说：‘皇上同你订立盟约是他自己的事，我反正终究要打败你。’我乞求皇上叫永安侯与赵威方入城，我将立即指挥部队上路返回北方。”

梁武帝派遣吏部尚书张绾去召回萧确，并任命萧确为广州刺史，赵威方为盱眙太守。萧确屡次启奏梁武帝，提醒皇上要警惕侯景的诡计多端和毫无信义。并表示自己要与叛军对阵，坚决不进台城。但是梁武帝不同意萧确的请求。萧确没有办法，只得先派遣赵威方进城，萧确本想奔逃荆、江二镇。邵陵王萧纶流着眼泪对萧确说：“台城围困很久，皇上处境危险，让人忧虑，作为臣下和儿子的心情，就跟沸水与大火差不多，所以我们想暂且与侯景订立盟约，打发这些叛贼离开。以后再作收拾他们的打算。圣意已决，我们怎么能够抗拒呢？”

此时，台城的专使周石珍，东宫主书左法生正在萧纶的住所，萧确对他们说：“侯景虽然说要撤离，但又不解除包围圈，他的意图由此可见。现在皇上叫我进城，对现在的局势能有什么好处呀？”周石珍回答说：“圣旨叫你这么做，你哪能推辞？”

萧确还是坚持自己不进台城的主意。萧纶非常愤怒，对赵伯超说道：“你替我把他杀了，提着他的头颅进城！”赵伯超挥起腰刀斜眼看着萧确说：“我本人认识君侯您，可是手中的刀却不认识您。”

在这种威逼的情况下，萧确才流着眼泪进入台城。

萧确，字仲正，是萧纶的二儿子。从小骁勇过人，有文学才能，尤其工于楷隶书，公家立碑碣都让他书写。被任命为秘书丞时，梁武帝对他说：“因为你能文，所以特地授给这个职务。”大同二年（536），封为正阶侯，又改封永安侯。他时常在府第中练习骑射，学兵法，当时人认为他是胡闹。左右有时劝谏，他说：“听我为国家破敌，让你们知道。”

萧纶率军与侯景在钟山战斗时，萧确所向披靡，群贼十分害怕他。萧确每次临阵对敌，情绪十分安详，从早到晚，往返驰骋，不感到疲劳，众将都佩服他的英勇健壮。

梁武帝平时经常吃蔬菜，但台城被包围日久，皇厨里的蔬菜都吃光了，梁武帝就开始吃鸡蛋。萧纶趁着使者能够与台城取得短时间联系的机会，呈送梁武帝几百个鸡蛋，梁武帝一边亲手煮鸡蛋，一边哽咽抽泣。

梁武帝召回了萧确，按事先约定的，侯景这次应该退兵了吧？

可是，不！——侯景还是围城不撤。并且又扯了一个理由，上奏说："东魏高澄攻占寿春、钟离，我无处安身。权且借广陵、谯州以安足，待臣收复寿春、钟离，即以奉还朝廷。"太子明知侯景玩花招，但萧氏父子还是只得允诺。

而此时的侯景，正在实施第二步：利用求和之机，密令叛军紧张地从东府城搬运大米到石头城。

东府城，西倚青溪，南临秦淮，是拱卫都城建康东南的重要军事屏障。东府之得名，既因其位于宫城和都城东南，又与在西州城东有关。早在义熙十年（414）冬，刘裕筑府舍，修城垣，正式将东府扩建为东府城。此后东府城常为扬州刺史治所兼为相府。

东府城周围有壕堑。城西与青溪之间，战时可驻军攻守。青溪上有桥跨水连接东府城和都城。每当建康遇有战事，东府城都是双方竭力攻守的对象，有着举足轻重的地位。

侯景令叛军把东府城内的大米搬运完后，据守在石头城内的侯景军队就粮草充足了。加上侯景又看到梁朝的援军虽多，但是相互不统一，并非真心救援。而且来自荆州的援军已经撤离。王伟劝侯景："您以臣犯君，当灭九族。何况您辱奸妃嫔，毁坏宗庙，犯下滔天大罪。您以为普天之下，还有您平安待下去的地方吗？自古以来背盟弃约而取胜的事情，多不胜数，希望您早作决断。"临贺王萧正德也对侯景说："大功眼看就要告成，怎么可以放弃呢？"

侯景本就不想撤退。于是，修造器械，大举攻城。还发檄文，指责梁武帝十失：一贪侯景河南之地，见利忘义；二任将非人，失地千里；三不该与魏通和；四欲以侯景换贞阳侯；五羊鸦仁无故弃河南之地，梁武帝也不责罚；六信纳诬陷；七听信奸臣；八御下无方；九奏章多被小人抑遏；十招叛失礼。

侯景指责梁武帝，说："我正要离去，故冒昧直言。陛下喜欢崇饰虚诞，恶闻实录，将妖怪视为呈祥的象征，而对上天的谴责却置若罔闻。您解说六艺，排斥前儒之说，您用铁铸钱，轻重失度。您滥授官爵，朝纲混乱。您大造佛塔，浪费巨资，而四方百姓饥饿不堪，这分明是当年佞佛再演。建康皇宫，崇奢侈之风气。陛下您脱离实际，政务可贿赂办成。民众生存多艰，而宦官豪奢富足，僧人们产业殷实。皇太子一味喜好珠宝，沉湎于酒宴与女色之中，言出轻薄，吟咏淫赋；邵陵王残害百姓，湘东王贪婪放纵；南康王、定襄王沐猴而冠，我围困皇城都有一百天了，又有谁是真心来保卫王室？如此国运，岂有绵长？昔，楚王改过而图强，我今之举，何罪之有？我希望陛下您受此小惩后，能警戒自己，放逐谗佞小人，接纳忠臣，这样就不负我再次发动兵变，陛下您也不用蒙受被围困在城中的耻辱了，这对百姓来说也是非常幸运的！"

梁武帝萧衍见了侯景的奏表，惭愤交加，他下令在太极殿前设立祭坛，禀告天地，以侯景违背盟约，不可不讨。

被叛军四面围城的梁武帝、太子萧纲心里也很清楚：这些设坛、告天、声讨，其实也就是做个样子。哪里有什么力量来讨伐叛贼？当初，城门关闭的时候，城里有男男女女十几万人，披盔带甲的将士有二万多人；被围困的时间一长，大多数人身体浮肿，气喘吁吁，十个人中有八九个死亡，连梁武帝最为宠信和依赖的朱异也病亡，连守城将军羊侃也病逝……现在能登上城墙的军人不满四千名。而且饥饿和瘟疫已使他们都瘦弱不堪。城里的道路到处横躺着尸体，无法掩埋，腐烂后的尸体流出的汁液积满了沟渠。这样的情况下，传染病毒随处扩散……梁皇父子把全城人们的希望引向城外，将生还的希望寄托在外面援军的身上！

然而，建康城外有各路前来救援的梁军三十多万人。超过侯景叛军的好几倍。如果这些援军真心平定叛乱，忠心救驾，那不消几天就可以全歼侯景叛军。

但是，援军统帅柳仲礼终日与众将饮酒作乐，只不出战。柳仲礼傲慢狠毒，平常欺侮怠慢诸位将领。皇族宗亲邵陵王萧纶以部将的身份和礼节，每天去柳仲礼的营门求见主帅，柳仲礼还爱见不见，让他在营门口等了大半天。因此，萧纶以及临城公萧大连对柳仲礼非常不满。

梁皇宗族之间，也是勾心斗角，矛盾重重。萧大连和永安侯萧确之间互不服气。湘东王萧绎率部驻在郢州武城，湘州刺史河东王萧誉率部扎营于青草湖，信州刺史桂阳王萧慥的部队在西峡口安营。他们都借口要等待四面来的援兵，不肯发兵救驾。实际上是坐山观虎斗，静观局势之变，以最有利的时机，去抢夺帝位。

安南侯萧骏曾经劝说邵陵王萧纶出兵救驾，道：“台城如此危急，但是都督却还不去救援，如果万一真的发生不测之事，那么殿下您还有何脸面立身于世？现在我们兵分三路，出其不意地攻打叛贼，定可取胜。”

但是，萧纶也没听从萧骏的意见，反而恨上了他。对这些手握军权却不救驾的人，性格耿直的中记室参军萧贲是看不过眼的。他曾与萧绎在一起玩“双六”的游戏，吃了子却不拿下。萧贲就借题暗讽，对萧绎说：“殿下您全然没有下的意思。”

萧绎明白萧贲的言外之意，心里恨上了萧贲。后来，梁武帝为了顺从侯景，而下诏令让各地的救援部队撤回。萧绎也准备回师原地。萧贲却不满，对萧绎说：“侯景以臣子的身份带兵攻打皇宫，现在他如果放下武器，那么等不到渡江，一个小孩子就能杀掉他，所以他必定不会放下武器。大王您拥有十万大军，还没看见叛贼就撤退，如何面对天下臣民？”

萧绎听了很不高兴。没有多久，萧绎找了一个理由，杀了萧贲。据史载：萧绎，字叫世诚，小字叫七符，是武帝的第七个儿子。起初，武帝梦见有个瞎眼和尚手拿香炉，自称要托生在王宫。随后元帝的母亲以采女的名分侍奉武帝，刚一揭开门帘，有一股风吹荡起她的衣襟，武帝心意感动而与她欢合。采女梦见月亮落在了她的怀里，于是就怀孕了。天监七年（508）八月初六生了元帝，整个房间飘着异香，竟是一个奇特的紫胞。武帝感到奇怪，于是就赐采女姓阮，晋升她为修容。十三年，元帝被封为湘东王。

梁武帝太清元年（丁卯，547）春，正月朔（初一），发生日偏食，未被遮尽的太阳像钩一样。时人认为不吉祥。果不久，荆州刺史庐陵威王萧续去世。

梁武帝任命湘东王萧绎为都督荆、雍等九州诸军事以及荆州刺史。萧续平素很贪婪，临终之时，他给中录事参军萧宣融留下了一封信，献出一千多件金银器皿。梁武帝这才知道萧续如此富有，便问萧宣融："庐陵威王萧续的金银财宝只有这些吗？"萧宣融回答说："这些已可以说是非常多了，怎么可以更多呢！大王的过失就像日食月食一样，是有目共睹的，他想让陛下您了解这一切，所以最终没有对您隐瞒。"梁武帝心里的疙瘩这才解开了。

当初，湘东王萧绎担任荆州刺史，犯下了一些小过错，萧续接替他以后，就把萧绎的过错汇报朝廷，从此以后，这两个藩王就彼此不通书信，互相不往来了。萧绎听到萧续去世的消息，进门后高兴得跳了起来，连鞋都撑破了。

太清三年三月，侯景攻陷建康。湘东王萧绎派遣他的长子萧方等率领一万步兵、骑兵前来建康救援，庚子（十四日），援兵从公安出发。萧绎又派遣竟陵太守王僧辩率领一万名水军，从汉川出发，用船运载粮食顺水东下。萧方等才智过人，擅长骑马射箭。每次与敌人交战，他都亲自冒着箭林石雨杀敌，以为节义而死为己任。

后来，世子萧方等从建康过来，萧绎才知道台城已经失守。萧绎命令给江陵城做上栅栏，周围长七十里。镇西长史王冲等写信请求萧绎担任太尉、都督中外诸军事，受命充当盟主。萧绎不同意，说："我在天下地位并不低贱，难道还要等待都督的名号？皇帝之子的尊贵，何需借助高官的地位？作这种提议的应该斩首！"他搁下笔，流出了眼泪。王冲等人又重新请求，萧绎仍然不答应。王冲等人又请求萧绎担任司空，来领导各路诸侯，萧绎也不听从。

不久，上甲侯萧韶从建邺（今南京，旧称建康、金陵）到来，传达了太子萧纲的密诏，授予萧绎执掌黄钺、大都督中外诸军事、司徒、承制。于是，萧绎便公开在南郡建立了行台，并设置了镇西府办事机构，征召天下士人，伺机争夺天下。

整个建康城外的救援部队，看起来兵力很强盛，但各诸皇族宗亲、诸王之间相互猜疑、提防，甚至互设障碍。生怕哪个王爷运气好，抢得了皇位。所以，他们根本没有真心救驾的心思。

围在建康城中的梁右卫将军柳津，是城外三十万大军都督、总指挥柳仲礼之父。他气急败坏地登上金陵城楼，唤柳仲礼出营，斥责道："你的君王和父亲天天被叛贼围攻，你却不力战解围，是叫天下人笑你吗?"

援军总指挥柳仲礼竟然面色如常，不以为然。柳津愤然下楼。梁武帝问柳津情况如何？柳津叹息道："陛下您有邵陵王这样的儿子，我有柳仲礼这样的儿子，他们不忠不孝，叛贼怎能平定呢?"

梁朝守军将士，眼看大势已去，不少人悄悄投向侯景的叛军。侯景在梁军叛徒的指引下，挖开皇宫石门前的玄武湖，引出湖水灌城。滔滔湖水汹涌奔入皇城，房屋、街道一片狼藉。同时，叛军四面攻城，昼夜不停。

邵陵王的嫡长子萧坚屯驻在太阳门。但他整天赌博、饮酒，对属下苛刻、残暴，毫不体恤官吏与将士的疾苦。萧坚的书佐董勋、熊昙朗恨透了他，私下商议投敌。在下半夜快近拂晓时，萧坚和其他守军困倦之极，董勋、熊昙朗从台城的西北楼引导侯景的人马攀登上来。

坚守待援多时的台城皇宫，就这样沦陷了!

永安侯萧确突然之间发现敌军，立即率众奋勇抵抗，死战多时。眼见敌军越来越多，势不能当。萧确急忙从小门入宫，跑去向梁武帝报告："城已陷!"

梁武帝萧衍听了，却安卧不动，问："还能再作战一次吗?"萧确回答说："人心已经不行了。我刚才力战制止不住，缒城下来刚来到这里。"梁武帝喟然叹道："江山由我打下，又由我失去，又有什么遗恨啊！所幸不至于连累子孙。"他对萧确说道："你快些离开，告诉你的父亲不要记挂我和太子。"

萧确走出皇宫时，遇见了侯景，侯景喜爱他有力气，让他留在自己身边。侯景率领贼兵洗劫建康城，把梁朝宫殿里的奇珍异宝，抢劫一空。史书记载："乘舆服玩、后宫嫔妾，或收归已有，或赏赐将士，恣意妄为。""纵兵烧杀抢劫，屠城一空。"

侯景叛军把梁武帝积四十年耗资无数所修建的“南朝四百八十寺”纵火烧毁殆尽。可怜建康城里的百姓无一活口。积尸都没人来收拾。侯景令士兵把尸体都运往长江边依次排放，长达百里！江水波涛翻滚，冲刷尸体，江面血染红透……下游数省百姓，不敢饮用江水。

都城内，仍有许多尸体溃烂，以及未断气之人。侯景令兵众聚而焚烧。时任梁朝尚书外兵部侍郎鲍正，病重未死。侯景令兵众拖出来焚烧。鲍正在火中凄惨呼号，许久才绝。都城内只有皇宫保存完好，其余府院、寺庙、民居一片残破，形同废墟。

后来，萧确跟随侯景外出，抬头望见老鹰在飞，群贼争先恐后射箭，没能射中。萧确一箭射去，老鹰应弦而坠。贼众又生气又嫉妒，都劝侯景除掉他。起先，萧纶曾经派典签唐法隆秘密领萧确出走，萧确对使者说：“侯景为人轻佻，可以用一人之力制服他。我不惜一死，要亲手杀了他。你回去告诉父王，请他不要悬念我这个儿子。”后来，萧确和侯景到钟山打猎，一起追逐禽鸟时，萧确拉开弓射侯景，弓弦被拉断，箭射不出去，被侯景发觉，杀了萧确。

伪皇帝萧正德在攻入皇宫之前，曾与侯景私下约定，进入宫城后，立即把梁武帝及太子萧纲杀死。因此，侯景攻破宫城后，萧正德急不可待地率领部下，挥刀欲入宫中去杀梁武帝。没料到，宫门都被侯景派军守住，不准放入。

伪皇帝萧正德正在大发淫威，要守军让开。突然，数匹飞马奔驰而至，远远地就高声道：“萧正德接旨！”

萧正德一愣，大怒：“我是皇帝，接什么旨！”

来使令人将萧正德按倒在地，口诵侯景敕书，革去萧正德的皇帝，令他为侍中大司马。这一下，气得萧正德满面发青！他恨侯景负约不杀梁武帝及太子，又把他的皇帝革去。又气又恨的萧正德在内心骂了一万个“侯景小人”都无济于事。与侯景相比，萧正德的行为连猪狗都不如，小人都算不上，更无廉耻！侯景改任萧正德为侍中、大司马。其他文武百官也都恢复了原来的职务。萧正德厚着脸皮，进入皇宫晋见梁武帝。他一边跪拜一边哭泣。梁武帝讥讽道：“你哭个不停，是感叹不能再跟他在一起了吧？”萧正德又羞又愧，不敢言语。连滚带爬灰溜溜地退了出来。

梁朝的临贺王萧正德怨恨侯景出卖自己，秘密写信召请鄱阳王萧范，叫他带兵前来。侯景截住了这封信，侯景探知萧正德被废后极其怨恨。担心他发动政变，于是伪造了一份梁武帝的诏书，说他勾结外寇颠覆国家，罪该万死，派人一刀结果了他的性命。

第八章　梁武帝饿死台城

侯景亲手灭掉了他拥立的伪皇帝萧正德，然后，派王伟去文德殿拜见梁武帝。

梁武帝窝着火，也想看看这个幕后帮助叛逆侯景策划的人是个什么东西？梁武帝令侍从揭起帘幕，打开房门，带侯景的狗头军师王伟进来。

王伟跪拜之后，将侯景的书信（其实就是王伟所写）交给梁武帝，声称："我们受到一些奸佞的蒙蔽，带领人马进入朝堂，惊动了皇上，现特来宫中，等候降罪。"

梁武帝坐在空旷的大殿上，王伟显得异常的压抑。王伟的祖上是略阳人。从血缘上推测，应该是汉人。其父王略，曾在魏国担任过许昌县令。因此就安家定居在河南颍川。王伟通晓《周易》，写的文章华丽、言辞优美。在魏国当过行台郎。这是一有职无权的小官。不知何故，他一个汉人，却甘心跟着残暴的侯景混。侯景屡次叛乱（背叛尔朱荣、背叛高澄、背叛南梁），都是他王伟一手策划的。当年高澄写信召唤侯景回东魏京城，是王伟替侯景写回信给高澄，文辞很优美。高澄看了回信，称赞文笔写得漂亮，便问是谁写的回信？左右回说是王伟所写。高澄说："王伟有这样的才干，你们为什么不早一点告诉我？"

可惜王伟空有文才和谋略，却帮助侯景出谋划策，侯景的大部分军事行动和文书告示都出于王伟。甚至侯景篡位弑君，都是王伟出的主意。王伟空读圣贤书，却鼓动侯景荼毒江南民众，重创江南几百年积累的经济成果，给江南华夏汉文明造成了不可估量的损失！最后，叛贼侯景身败，王伟也落得一个遗臭万年的下场。

梁武帝毫无表情地看了一眼这个枉读圣贤书的王伟，问道："侯景在什么地方？你可以把他叫来。”

侯景带了五百多名盔甲武士保护自己，入太极殿的东堂晋见梁武帝。侯景在大殿下跪拜，以额触地。典仪官带着侯景走到三公坐的榻前。梁武帝神色不变，问侯景道：“你在军队里的时间很长，真是劳苦功高呀？”侯景不敢抬头正视梁武帝，汗水流了一脸。

梁武帝又问道：“你是哪里人？敢到这里来，你的妻儿还在北方吗？”侯景自知做贼而心虚。他无论打着多么堂皇的旗号，都改变不了做贼的实质。贼人在主人面前，心里还是慌乱的。这个满嘴谎言的侯景对梁武帝的问话，竟然一句也回答不出来。

侯景的部将任约在一旁代侯景回答：“臣下侯景的妻儿都被高家屠杀光了，只有我单身一人投靠了陛下您。”任约把侯景说得可怜兮兮的。

梁武帝盯了一眼侯景，又问道：“当初你渡江过来的时候有多少人？”侯景说道：“一千人。”梁武帝追问：“包围台城时共有多少人？”回答说：“十万人。”

梁武帝再问：“现在共有多少人？”回答：“四海之内，没有不属于我的人。”

梁武帝心情很复杂！贼兵势大，反证自己不得人心啊！他看看代侯景答话的任约，沉闷地低下头，不再说话了。梁武帝是否应该问一声，代侯景答话的任约，是不是汉人？为何甘心帮助外族羯胡人疯狂屠杀汉族同胞？为何背叛朝廷？

任约，此人也是三降三叛的混混儿。他先是在西魏军中任职，后投靠侯景。接着随侯景投降梁武帝萧衍的南梁，不久又随侯景反梁，造成了江南历史上重大灾难的“侯景之乱”，任约是侯景的主要打手。侯景死后又投靠了梁武帝萧衍的儿子萧绎，萧绎死后他又投奔了北齐。

侯景当年一边投靠南梁，一边又投降西魏。并与西魏统军将领虚与委蛇，拉拢西魏军中的中下级军官。西魏的统军将领也是只老狐狸，察觉侯景的真实意图后就率军撤回西魏。不过西魏的中级军官任约率所属千余人投靠了侯景。

侯景率叛军攻占建康后，去见梁武帝时，没想到侯景这个凶悍、残暴的胡人，竟然被“俘虏”梁武帝的责问，吓得大汗淋漓，话都说不出来，只好由任约来代答。

后来，侯景令任约率军二万攻打江州（现九江）、郢州（现武汉）、巴陵（现岳阳）等地。俘获、杀害梁朝的宗室、太守、将领很多。“侯景之乱”江南死伤460万人，任约一直为虎作伥，是祸害江南民众的主要凶手之一。

侯景见过梁武帝之后，又到永福省去拜见皇太子。太子萧纲也表现不错，没有害怕的神色。皇太子身边的侍卫却害怕，都已惊慌地逃散了。只剩下中庶子徐摛、通事舍人陈郡人殷不害留在萧纲身边侍奉。徐摛见侯景带着众多卫兵闯进宫来，很不满，正色道：“你来拜见皇太子，应当遵守礼节，怎么可以这样横冲直闯，成何体统？”侯景听了，马上就跪下参拜。皇太子与侯景说话，侯景也是紧张得讲不出话来。

侯景离开后，对他身边的人感叹道：“我经常跨上马鞍，与敌人对阵，面临刀丛箭雨，心绪平稳如常，一点也不害怕；今天见到萧公，心里竟然不由自主地恐慌起来。这岂不是天子的威严，难以触犯吗？我不要再见他们了。”

侯景下令把两宫的侍卫都撤掉，放纵将士把皇帝及后妃使用的车辆、服装，还有宫女都抢得一干二净。又把朝臣、王侯们押送到永福省，派王伟守卫武德殿。令于子悦驻太极殿东堂。梁武帝虽然被侯景控制了，但他心里非常不平。多次拒绝在侯景对内外官员的诏书上用玺、画押。侯景恼怒梁武帝的反抗和不配合，逐渐断绝武帝萧衍的饮食。

侯景“挟天子以令诸侯”，伪造梁武帝的诏书，下令大赦天下。还加封自己为都督中外诸军、录尚书事。侯景又伪造梁武帝的诏书，派遣石城公萧大款去传诏，下令解散城外以柳仲礼为大都督的三十万救援部队。

城外的梁朝“援军”大都督柳仲礼接到“诏书”，召集各位将领商议“解散”这件事。邵陵王萧纶对柳仲礼说道：“今天该下什么样的命令，我们都听将军您了。”柳仲礼注目细看萧纶不作回答。裴之高、王僧辩对柳仲礼说道：“将军您拥有百万人马，却致使皇宫沦陷，眼下正是应该投入全部力量决一死战的时候，何必多言呢？”作为联军统帅的柳仲礼，竟然一言不发。有将领也义愤填膺地责问他为何不敢讨贼？柳仲礼却理直气壮地反问：“侯景举兵，也只是清君侧。如今，国家还在，圣上安好，我们又无讨贼诏书，讨什么贼？”柳仲礼的这一番话，也说得诸将无以应对。诸将只得各归原地，纷纷离去。

南兖州刺史临成公萧大连、湘东王嫡长子萧方等、鄱阳王嫡长子萧嗣、北兖州刺史湘潭侯萧退、吴郡太守袁君正、晋陵太守陆经等人都各返原本镇守的州郡。国贼就在咫尺，而三十万勤王大军却就此散去，岂不令人满腔怅然?!

在聚集于京城外围的百万大军里，有多少名望颇高的皇室王爷？又有多少能征会战的将帅？而柳仲礼却被各路人马推举为联军统帅，必有他过人之处。正如衡州刺史韦粲提议其表弟司州刺史柳仲礼出任大都督时，所说的理由：“柳仲礼久捍边疆，为侯景所惮；士马精锐，无出其前。”

柳仲礼出自河东柳氏。柳氏为南朝一大世族，伴随了南朝宋、齐、梁三代风雨兴衰。柳仲礼的从祖父柳世隆是齐武帝的功臣，父柳津（庆远）则是梁武帝萧衍起事时的重臣，到梁武帝时期，则以柳仲礼为翘楚马首。据史载，柳仲礼“勇力兼人，少有胆气，身长八尺，眉目疏朗”，柳仲礼镇守襄阳时曾击败过西魏名将贺拔胜，声名大振，“仲礼亦自谓当世英雄，诸将莫己若也”。

可是，柳仲礼竟然在青塘一战之后，就再也不言战。无论将领如何主动请战，无论其父如何责骂，柳仲礼就是不出战。经过青塘一战，柳仲礼性情大变，神情傲狠，陵蔑将帅，以致援军内部将帅不和、互相猜阻、离心离德、莫有战心。实在令后世的诗史者、研史者，都不可理解！

柳仲礼解散了城外的勤王大军之后，与他的弟弟柳敬礼，还有羊鸦仁、王僧辩、赵伯超一道打开营门向侯景投降，将士们叹息愤恨不已。

柳仲礼等人进入京城，先去拜会了侯景之后，才去晋见梁武帝。这个秩序，真的是搞颠倒了。侯景见了王僧辩，仍令王僧辩回竟陵。王僧辩能够顺利地离开建康，大概侯景认为他是“北人”的缘故。王僧辩的父亲王神念，是北魏降梁的鲜卑人，原姓乌丸。而侯景也是鲜卑化的羯人。侯景没想到，日后令他灭亡的，恰是这个鲜卑人的“老乡”。

侯景见了柳仲礼兄弟等人，留柳仲礼之弟柳敬礼、羊鸦仁于宫内，遣柳仲礼回任司州刺史。之后，柳仲礼才去见梁武帝。武帝萧衍气愤地不跟他们说话。柳仲礼去见父亲柳津，柳津痛哭，叹息道：“汝非我子，何劳相见！”

柳津痛恨儿子柳仲礼占据兵力优势之时，竟然未能忠心护主救国，叛贼近在眼前，却未勇敢挥戟除贼。而只凭叛贼侯景一纸伪诏，就解散三十万勤王部队，以致国家陷入贼人之手，梁朝将领也会一个一个地或被剿灭，或被收服。柳津越想越悲痛，泣不成声！

柳仲礼遵照侯景的命令，即将返回司州府任职之前，侯景为他饯行。柳仲礼之弟柳敬礼悄悄对柳仲礼献计，道：“景今来会，敬礼抱之，兄便可杀，虽死无恨。”

说实在话，这是他们柳氏兄弟俩唯一的能够挽回尊严和名声，铲除逆贼侯景的最后机会！柳仲礼也答应了。可事到临头，柳仲礼又胆怯了。史载“及酒数行，敬礼目仲礼，仲礼见备卫严，不敢动，遂不果”，柳仲礼自青塘一战后，勇气全失，了无所成。后西魏来侵，柳仲礼与杨忠（隋文帝杨坚之父）交战，兵败被杀。

有史学家认为梁朝灭亡，“始于朱异，成于仲礼”——当初正是朱异力主纳降侯景，又对侯景谋叛的情报压制不报，才导致南梁打了一场毫无准备的战争。后来，梁祸已起，固然有萧氏宗王各怀野心、伺机抢夺帝位而作壁上观，但作为百万援军的大都督柳仲礼畏懦惧战，负有重大罪责！但根本原因，还是梁武帝萧衍晚年昏聩所致！

侯景之乱，导致繁华的江南经济遭到毁灭性的破坏，华夏一千多年来积累的社会财富，包括文明成果（图书、典籍、人文），建筑成就（楼亭、寺院、雕刻、桥梁）等遭到毁灭性的打击！从而更大地加剧了南弱北强的形势。

侯景当年曾向萧衍求婚，道：“俺的老婆孩子都让北齐杀光了，希望皇上帮我在王、谢等高门大第中择配”，梁武帝觉得侯景一个行伍粗人，没有文化没有修养，怎么配得上江南高门大户？便回答说：“王、谢门第很高，不好择偶，你可在朱、张以下配之。”其意是：“王、谢两家门第非常高，都是斯文名门，你一个野蛮羯人而已，恐怕配不上，还是退而求其次，找门第稍逊的朱、张两家试试吧。”

这事深深地刺激了侯景自卑的心理，他恨恨道：“会将吴儿女以配奴!”（以后你们这些江南望族的白富美女们，都给老子当奴隶吧!）

侯景攻破皇城后，大发淫威。先把梁武帝最宠爱的孙女、太子萧纲之女，只有十三岁的溧阳公主强行霸占；后又报复羊侃在坚守台城时痛击侯景兵将之仇，杀入羊侃家，将羊侃之女抢走强暴。对于王、谢两家，侯景更是记恨，一进入建康，就令士兵把建康一带的王、谢、桓、庾、顾、陆、朱、张等士族家庭的男人一律杀光，把他们的妻女全部押到军营听候处理。

被杀的士族成员不可计数，江南高门大户基本殆尽，南方士族整个阶层就此消亡。横亘六朝绵延百年的士族制度全面崩溃!

最惨痛的是这些贵族的女眷有数万人之多，侯景挑出最漂亮的几十个留下自己享受。这些富有教养、经过诗书熏陶的纤纤女子，被逼得咬舌自杀的；或稍有不从，即一刀杀死的，不可胜数!

侯景之乱历时长达三年零八个月，南朝士族被彻底毁灭，南方社会遭受空前的破坏，六朝古都建康“千里烟绝，人迹罕见，白骨成聚，如丘垄焉。”据颜之推《观我生赋》自注：“中原冠带，随晋渡江者百家，故江东有《百谱》；至是，在都者覆灭略尽。”

梁武帝被侯景禁闭，心怀愤恨。凡是侯景要办的事，梁武帝多半加以谴责。侯景想安排部将宋子仙担任朝廷的司空一职，梁武帝反对，说：“三公是要调和阴阳的，怎么可以任用宋子仙这种人?”侯景又想安插他的两个同党担任便殿主帅，梁武帝也拒绝用印和画押。侯景也没办法当众去逼迫梁武帝听自己的使唤。他从心里非常痛恨梁武帝。

皇太子萧纲有时进来，流着眼泪劝告梁武帝不要与侯景对抗，梁武帝却争辩道：“谁让你来的!如果国家的神器还在，就可以恢复；如果不是这样，何必流泪!”

侯景派手下的兵将到几个大殿、偏殿、朝廷行省办事机构里值勤，他们带着弓、刀，出入宫廷，吵吵嚷嚷。梁武帝不高兴，也很奇怪，询问侍从，道：“这是怎么回事”，直将军周石珍回答：“这是侯丞相的卫兵。”梁武帝听了非常愤怒，斥责周石珍道：“是侯景，为什么管他叫丞相?”

旁边的人都很害怕，劝武帝少发脾气。侯景听到部属的报告，也很生气。从此往后，梁武帝的饮料、膳食等物品开始减少。武帝想要什么就缺少什么。萧衍没有想到自己的晚年竟然是这个样子的，非常忧虑和气愤，久而久之，萧衍病倒了。

皇太子萧纲见武帝病倒，自忖来日不多，宜早作打算。萧纲（503—551），字世缵，小字六通，是南梁第三位皇帝、梁武帝萧衍第三子，昭明太子萧统同母弟，母为贵嫔丁令光。中大通二年（530），征为都督南扬、徐二州诸军事、骠骑将军、扬州刺史。中大通三年（531），被征入朝，还没到达，昭明太子就对身边的人说：“我梦见和晋安王下棋乱了章法，我就把配剑给了他，晋安王回来的时候，一定会有这一变化的吧。”四月，昭明太子逝世。五月二十七日，立晋安王为皇太子。七月初七，在殿前册封。因为正在修缮东宫，暂时住在东府。四年九月，迁回东宫。

萧纲自普通四年（523）至中大通二年（530）担任雍州刺史约七年多时间。萧纲在雍州刺史任上，曾经发布政令原减民间资费，又发布政令革除贪惰。在东宫时，视察京师监狱，同情囚徒配役既枉且滥，上启论事。从这些事迹来看，他能够体恤民瘼。至于他的政治业绩，主要是在雍州刺史任时，北伐有攻城略地之功。《梁书·简文帝纪》曰：“在襄阳拜表北伐，遣长史柳津、司马董当门、壮武将军杜怀宝、振远将军曹义宗等众军进讨，克平南阳、新野等郡。魏南荆州刺史李志据安昌城降，拓地千余里。”这里是综合萧纲普通、大通北伐业绩而言的。

萧纲养德东宫十八年，与通常的太子一样，没有特别的政治业绩。在攸关梁朝生死的侯景之乱当中，萧纲最初虽然积极投身救亡，但是，从范桃棒事件的处理，可见他个性优柔寡断。台城攻陷之后，先做俘虏，再当傀儡皇帝，最终仍死于敌手。

论萧纲与梁朝政治，萧纲与朱异近二十年的矛盾不应忽视。在梁朝的中后期，朱异是最受梁武帝宠信的权臣。中大通三年萧纲继萧统之后任皇太子，令人难以置信的是，初入东宫，萧纲就非常不快乐。他在《与湘东王书》中透露过心中的压抑与郁闷。朱异因为嫉恨自萧纲小时就随侍的徐摛受梁武帝赏识，马上将徐摛排挤出京城。奸臣擅权，对于经历过边镇辛苦的萧纲来说，很看不惯。他答书在新安太守任的徐摛，感叹自身虽居监抚之任，不能除去朝之奸臣。文曰："山涛有云，东宫养德而已。但今与古殊，时有监抚之务。竟不能黜邪进善，少助国章，献可替不，仰裨圣政，以此惭惶，无忘夕惕。驱驰五岭，在戎十年，险阻艰难，备更之矣。观夫全躯具臣，刀笔小吏，未尝识山川之形势、介胄之勤劳、细民之疾苦、风俗之嗜好，高阁之间可来，高门之地徒重。玉馔罗前，黄金在握，浞訾栗斯，容与自熹。亦复言轩羲以来，一人而已。使人见此，良足长叹。"

大同年间，萧纲亲信的侍臣韦粲又被朱异排挤外放。侯景之乱爆发之前，相关事件的处置失当，与朱异颇有关系。侯景之乱爆发，叛军提出的口号就是要诛杀朱异等奸臣。据《梁书·朱异传》，侯景叛军包围台城时，城内文武百官皆怨恨朱异弄权，皇太子萧纲作《围城赋》直指朱异为招祸之首；又据《南史·朱异传》，萧纲作《愍乱诗》也指斥朱异误国。这一现象值得读史者深长思考。萧纲其实也是因为受父皇宠爱才被越次拜为皇太子的，贵为王储，仍要身受一位权臣几十年的挤压，直至国家灭亡前夕才能一吐心中的愤怒，可见君主专制政体的严重弊端。

萧纲正位东宫，从此成为梁朝中央文坛的领袖人物。晋安王文学集团成为东宫文学集团，这时，湘东王萧绎虽然远在荆州，大略具有萧纲文学集团副领袖的地位。萧纲与萧统同父同母，情义甚笃。萧纲与萧绎不同母，但是，兄弟情亦好。

萧纲入主东宫之后，将雍府以来的文学活动推到一个最高层次，萧纲成为京城也即梁朝文坛的中心人物。令人瞩目的宫体诗风是在这时得到正名的，所谓宫体即"东宫体"。萧纲文学集团从这时开始以湘东王萧绎为副领袖，又得著名文人萧子显的加盟。虽然徐摛、庾肩吾这两位早期健将在东宫初期曾先后离开过东宫，但是，宫体诗风愈演愈烈，终梁之世，又不断有新人加入。写作宫体诗的主张除了与"新变"的文学观念有关之外，与当时整个的历史氛围、与永明体以来文学史发展的趋势也并不矛盾。

宫体诗的倡导、宫体新文学观念，与当时文学史实际是可以衔接得上的。宫体诗的基本观念也大致是清晰的：主张“新变”，所以反对复古；主张修辞，所以反对“阐缓”冗长；主张文娱审美的倾向，所以主张“放荡”，主张美文学。

以萧纲为中心的文学群体的活动，及其所取得的成就，在文学史上有其地位。它推动了文学事业的发展，对于律体的建设及唐诗的繁荣作出了重要贡献。从雍府时期成长起来的萧纲文学集团的后起之秀徐陵、庾信，甚至成为梁朝之后二百多年间文学的偶像。

由于萧纲与萧绎在文学领域结成的友谊，所以，在萧纲太子陷入侯景困笼之中时，他只能通过文友渠道，给湘东王萧绎写信，把小儿子萧大圜托付给萧绎，并且将剪下的头发与指甲连书信一起寄给他。这就是以后萧绎奉命讨贼的由来。

太清三年（549）五月初二（6 月 12 日），梁武帝躺在皇宫的净居殿，嘴里发苦，要喝蜂蜜，却没人拿来。他气呼呼地从喉咙里发出两声“嗬！嗬！”的声音，便死去了。享年八十六岁。

史书上，对梁武帝的评价是相当高的。说他能文能武，六艺精通。梁武帝萧衍年少时，很爱学习，研讨。后来军务繁多，仍手不释卷。烛光下读书到五更。他撰写了《通史》六百卷、《金海》三十卷、《制旨孝经义》《周易讲疏》和《六十四卦》、二《系》、《文言》《序卦》等义，《乐社义》《毛诗》《春秋答问》《尚书大义》《中庸讲疏》《孔子正言》《孝经讲疏》，共二百多卷。他“修整国立学校，增加生员，建立五馆，设置五经博士”。

大同年间（535—546），萧衍在禁城的西面设立了士林馆，领军朱异、太府卿贺琛、舍人孔子祛等轮流讲述。皇太子、宣城王也在东宫宣猷堂和扬州官署开课讲学。于是四方州郡，无不仿效。他创作的赞、序、诏诰、铭、诔、说、箴、颂、笺、奏等文字，共一百二十卷。萧衍的确博学多才。六艺娴熟，棋艺高超，阴阳、纬候、卜筮、占决、草隶、尺牍、骑射，无不精妙。

可惜的是，后世文人对齐、梁朝代的诗文成就，评价不高。萧衍的诗歌从题材、内容、风格诸方面来说，多“儿女情语”“神仙道气”，少“风云之气”，少言志述怀、积极进取之作。正如白居易所说的：齐、梁诗文，大都是“嘲风月，弄花草”“风云气少，儿女情多”，齐梁诗人缺乏匡世救时的崇高理想，也缺乏严肃认真的社会责任心，因此反映社会现实及言志述怀之作不多，充斥当时文坛的是大量的山水、咏物、艳情之诗。

萧衍身穿的是布衣，用的是木棉皂帐，一顶帽子戴三年，一条被子盖两年。自从五十岁后便断绝了房事，后宫的职官贵妃以下，六宫的祭服和华美服装，除了三翟以外，其他都不拖地，周围不用锦绮。不饮酒、不听音乐歌曲，不是宗庙祭祀、大会宴请和各种法事，平时都不曾奏乐。

武帝对政务十分勤恳，孜孜不倦。常常是冬季四更天的时候，他就命令点起蜡烛阅读文件，拿笔受冻，手因此而皲裂。然而仁爱不断，亲人和所爱的人犯了错误常常宽大原谅，所以政治、刑法松弛紊乱。每当决定死罪，常常有人悲哀哭泣，然后就同意了他们的奏请。

武帝性格方正，即使处在小殿暗室，也总是整理衣冠小坐，暑天从不撩衣袒露。即使见宫内小臣，也像是款待贵宾一样。

起初，齐高帝梦见穿着木屐登殿，看见了武、明二帝后面一个人用手展开着一张天地图而不认识，向他询问，回答说：“顺你之后。”后来崔慧景进行威逼，长沙宣武王入京援助，到了越城，梦见乘马飞到半天空中却掉了下来，武帝所乘的马则化为一条赤龙，腾空独上。当时台阁中有个卫士是一个男巫师，常常看见太极殿有六条龙各自守着一个柱子，结果忽然失掉了其中的两条，后来看见在宣武王的院子里。当时宣武王为益州刺史，巫师便前往蜀地去做事。等到宣武王在郢州，这个巫师回到了京城，却见六条龙都在武帝所住的斋房中，于是便离开郢州前往雍州。中途遇到疾病将要死去，便对同伴说：“萧雍州一定会做天子。”把以前的旧事详细说了一遍。根据这些推断，原来就是天命。

天监年间，和尚释宝志写诗说：“昔年三十八，今年八十三，四中复有四，城北火酣酣。”

梁武帝觉得是预言，就让周舍把它记录封存起来。

后来，中大同元年（546），同泰寺受灾，武帝打开封函见到了周舍的手迹，流下了眼泪。萧衍生于甲辰年（464），三十八岁时正是攻克建邺的那年。遇灾那年实际上是丙寅年，已经八十三了。四月十四日失火，失火的开始，是起自寺塔的第三层。而“三”，是萧衍在弟兄中的排行顺次。

武帝很不高兴，心里很厌恶，召太史令虞履进行占卜，遇到的是《巛》。虞履从字面上来解说：“没有灾害。有关的《繇》中说：‘西南得朋，东北丧朋，安贞吉。’《文言》中说：‘东北丧朋，乃终有庆。’”

但梁武帝却深明含义，说：“这是魔鬼呀。酉应见卯，金来克木，卯为阴间的贼。鬼而又带贼，不是魔是什么。为什么会产生魔呢？酉是口舌，是处于说话的位置。说是言《兑》，从而知道善言之口，应该能够提前做好法事。”

于是，梁武帝开始做法事，希望能化解。大家都愿意来化解灾祸。“有的刺血洒地，有的刺血写经，穿心点灯，坐禅不食。”太清元年（547），武帝“舍身于光严殿、重云殿，游仙化生都发生震动，三天才停下来”。当时，很多人以为“地震”是“祥瑞”，而懂得的人却认为：“地为不动。不动而动，在《洪范》中称为妖。”

梁武帝原先信道教，后信佛教。十分虔诚，甚至于三次到同泰寺舍身修行。他每天只吃一顿饭，饭菜没有鲜肥鱼肉，只是豆羹粗饭。有时遇上事情耽误，太阳如果过了中午，便漱一下口就过去了。他建了很多寺庙，又印了很多经典书籍，来弘扬佛法，也成就了很多僧人。他制成了《涅槃》《大品》《净名》《三慧》各种经义计数百卷。听看经卷的余闲时间，就在重云殿和同泰寺讲说，著名僧人、高级学者、比丘、比丘尼、优婆塞、优婆夷四部听众，常常在一万人以上。在皇帝的亲身倡导下，那时候佛教很兴盛，很多人都出家为僧为尼，引为时尚。梁武帝自以为功德很大了，也很骄傲。

当听说达摩祖师到中国之时，梁武帝便遣人迎接，欲向达摩大师请教佛法。达摩祖师和梁武帝见面后，相互以礼问讯，便开始交谈。达摩祖师原名为菩提多罗，后改名为菩提达摩，乃印度人。达摩祖师原是南天竺香至王第三子，出家为僧后，师从般若多罗大师，精研大乘佛法，成为佛传禅宗第二十八祖。般若多罗大师嘱咐达摩道：“我灭度67年之后，印度将有灾难；彼时印度佛法会受到大破坏，你那时要去中国传法。到了中国后，先在北方传法，因为南方的人还不懂佛法。”于是达摩祖师在中国传法之后，便成为中国的禅宗初祖。

达摩祖师得以与梁武帝讨论佛法。但是，梁武帝虽然信佛多年，但并未趣入佛法真谛，而是浮于表面的有相之法中。梁武帝笑着问达摩道：“朕这一生，造寺、度僧、写经无数，大力弘扬佛法，有多大的功德？”

梁武帝本以为达摩会夸赞自己功德无量，却不想达摩的回答刚开始就令他失望。达摩答道：“其实无有功德，皆是有漏之因，种人天善根而已。好比人的影子，又如镜花水月，看似有，其实没有。”

梁武帝追问道：“试问如何做才有功德呢？”达摩说道：“真实的功德是圆融无碍的佛法智慧，本体空寂，无法可寻。这种功德，非世间的有为之法所可达到的。”

梁武帝继续问达摩道：“请问大师圣人所求的第一义谛是什么呢？”达摩答道：“本一同性，其实无圣无贤。”对于达摩所说的无相根本佛法，执于有相法的梁武帝，又无法理解进而认同。

梁武帝内心已经不太高兴了，有些气愤地问达摩第三个问题：“试问我身边的这个人是谁呢？！”达摩只是淡淡地回答：“这个人我也不认识。”梁武帝对于达摩的回答，越来越摸不着头脑，以为达摩其实不通佛法，于是扔下“话不投机”四字，请人送走达摩大师。

后来，梁武帝在他的师父志公禅师面前提起与达摩的交谈。志公禅师听后，大为吃惊，以为达摩大师乃是观音入世，弘扬佛法而来。梁武帝听了志公禅师的解释后，也十分震惊，又十分后悔自己当初的行为。梁武帝连忙派人再去请达摩大师，想诚心供养大师。可是，请达摩大师的士兵刚来到江边，大师便一苇渡江而去。

对于梁武帝佞佛之事，达摩祖师却直言不讳地说他是：“你并无功德！”后世的六祖慧能大师也评定梁武帝是：“武帝心邪，不知正法。”假如萧衍地下有知，闻听六祖慧能的评语，他不知作何感想？！

梁武帝被侯景饿死在净居殿，侯景封锁消息不发丧。又把梁武帝的遗体收殓后，移到了昭阳殿。接着，侯景令人去永福省接来皇太子萧纲，叫他像平常一样入朝。王伟和随从们在旁边监视皇太子。萧纲知道父亲已逝，不敢作声，只能暗中呜咽，泪流满面。殿堂外的文武百官都不知道梁武帝已驾崩的事。

梁武帝萧衍也曾经英雄一世，创建梁朝，在位期间崇佛修庙，持斋念经几十年，没想到晚年却是这样的下场。

第九章　始兴举义聚群英

侯景听属下报告说梁武帝萧衍死了，他心里一阵轻松！

而且，还伴随着一种莫名其妙的激动与亢奋！他独自一人关在房间里手舞足蹈了半天，突然停了下来。他拿起镜子，照了照自己的面容，他这才明白了：这种亢奋，实际上，是早就埋藏在内心深处的渴望——登基为帝！

侯景派人去把王伟等人找来商议，决定暂时封锁梁武帝死去的消息，秘不发丧。他们担心的倒不是生性懦弱的太子萧纲能兴风作浪；他们怕的是那些梁皇宗王们的公开起兵，争夺帝位。虽然这些藩王救驾不力，但为他们自己能登上皇位，却可以六亲不认，大兴兵戈。届时境内战乱四起，群虎相争的第一个目标，就是把侯景这个异姓王撕得粉碎！

他们连续做了四件事：一是派人把萧衍的遗体收殓后，搬到昭阳殿。二是把皇太子萧纲接到宫里，令人监视。这个懦弱的太子，知道父皇死后，悲痛得泪流满面，但也只能呜咽着，不敢大声哭出来。三是监视文武百官的动向。这些官员照常入朝议事，半个多月，竟然不知梁武帝已经死了。四是调集兵力，加强建康防卫。

侯景集团经过二十多天的观察和军事准备之后，才为梁武帝发丧，把灵柩放在太极前殿，迎立皇太子萧纲即皇帝位。史称简文帝。大赦天下。侯景居在朝堂，把士兵派到宫殿内外各处守卫。

在侯景的胁迫下，梁简文帝颁诏：凡是在南朝当奴婢的北方人，都免去奴隶身份。因这份诏书而被免除奴婢身份的有几万人。侯景对这些下层的北方人大加提拔和笼络。想鼓动这些下层北方人为自己拼死效力。

且说陈霸先得到台城被围的消息后，立即准备救援。当时的广州刺史元景仲，也是北魏降将，准备响应侯景，对陈霸先下手。

元景仲是北魏宗室，随父元法僧降梁。侯景叛乱时，因为元景仲是北魏帝族，就遣使邀元景仲一起反梁，许诺奉元景仲为帝。

元景仲的父亲元法僧，也曾是一个响当当的北魏帝族，曾自立为帝。元法僧是北魏皇室的支属，其父拓跋钟葵被封为江阳王，他的始祖就是大名鼎鼎的北魏开国君主道武帝拓跋珪。元法僧既是皇室宗亲，又是郡王的儿子，仕途自然是顺畅的。他先为太尉行参军、龙骧将军、益州刺史，后为使持节、都督徐州诸军事、徐州刺史，镇守彭城。

凭借血统高贵而身居高位的元法僧，根本就没有什么政治头脑与管理才干。平庸骄横，贪残暴虐，喜怒无常，随意杀戮。恃权仗势，一反强龙不压地头蛇的常规，在益州刺史任上，将王侯、商贾等豪族子弟及州内士人都强迫入伍从军，结果得罪了当地豪强，弄得人心患魏，引发了全境大反叛，并且招引南梁趁乱犯境。元法僧派儿子元景隆出兵抵御梁军，两军大战于葭萌（治今四川广元市西南），元景隆大败，又丢了十余座城池；梁军进逼武兴郡（今陕西略阳市），吓得元法僧大白天都城门紧闭，致使行旅不通，民怨沸腾。朝廷接到元法僧的告急奏报，只好将有能耐惹乱子，却没能耐平乱的元法僧调回，另派干臣傅竖眼接下乱摊子。傅竖眼真了得，三日九战九胜，转战二百余里，只数日就平定了内乱，赶跑了梁军，稳固了益州。元法僧回到朝廷，并没有受到责罚，反而被任命为光禄大夫，没多久，又被深为胡太后宠信的权臣元叉举荐为安东将军、徐州刺史，又成为坐镇一方、独当一面的大员了。

当时的北魏孝明帝元诩年方六岁，其母胡太后临朝称制。这个胡太后可比她的前辈冯太后差出好远，她虽然有头脑，善理政，只是太过荒淫奢靡，秽名播扬，几年下来，弄得朝纲紊乱，皇室内乱，镇将叛乱，流民起乱，反正是天下大乱，一塌糊涂。

元法僧素向党附权臣元叉。后来，元叉专权擅政，骄横刚愎，恣意妄为，闹得越来越不像样子。元法僧料定他肯定不会长久，惧怕到时殃及自己；再加上朝廷混乱，四处叛乱，遂滋生二心，阴图谋逆自立。

正赶上朝廷派中书舍人张文伯出使徐州，来到了彭城。元法僧就想拉他一同举事谋反，遂试探他说：“我打算与你一起去危就安，你能跟着我共同起事吗?”张文伯铁骨铮铮地回答说：“宁可去死，也不能弃忠义而附叛逆啊!”气得元法僧一刀就把他给杀了。元法僧见自己一怒杀了朝廷来使，反状已露，再想收手也不可能了，索性一不做，二不休，于是诛除异己，扫除障碍，杀了行台高谅，据彭城而反。

梁武帝普通六年（525）正月十五，七十二岁的元法僧在彭城自称天子，国号为“宋”，改元“天启”，将几个儿子都封了王爵；同时部署将帅，调集兵马，做战守之准备。

朝廷见宗室元法僧自家人起乱，杀害使臣，剪除异己，僭号称帝，哪能容忍？当即诏令安乐王元鉴率领大军气势汹汹杀奔徐州，讨伐他这个皇室叛逆。

有野心而乏实力的元法僧，没料到朝廷会这么快就调派大军前来征剿他，眼见得朝廷的征讨大军即将兵临城下，一下子慌了手脚，自知不敌，也顾不得什么“帝位”了，保住老命要紧，赶忙派他的儿子元景仲到南梁请降，愿为附庸。徐州辖七郡二十四县，据鲁、豫、皖、苏要冲，历来是军事重镇，正欲北图的梁武帝见天上掉下个大馅饼，当然高兴，赶忙派遣散骑常侍朱异出使徐州加以抚慰；同时任命归降的北魏宗室元略为大都督，会同将军陈庆之等人率军前去援应元法僧。

援应的梁军未到，魏徐州安东府长史元显和却率先起兵讨逆，引军杀来了。元法僧见下属起兵来讨，忙率军出战，打败了王师，擒获了元显和。按宗室辈分来论，元法僧是元显和的叔祖，他素知显和是青年才俊，忠义有才干，颇具宰辅的器识，便想拉他入伙辅佐自己。元法僧亲热地拉住显和的手，热情地邀他与自己同坐，元显和拒不领情，指斥他说：“我与阿翁都出身皇家，是国家的柱石，如今你却拿着国土叛投外邦，你就不怕良史直书你的罪恶吗?”元法僧还想慰抚拉拢他，元显和明白告诉他：“我宁可死而为忠义鬼，也不愿生而为叛逆臣!”正气凛然的一席话，羞臊得元法僧的老脸一赤一白的，恼羞成怒的他下令将显和推出斩首。显和神情自若，引颈就刑。

安乐王元鉴率大军逼近彭城，与元略率领的援应梁军遭遇，双方在城南展开大战。元法僧大败，仅领着数十骑跑进了彭城。元鉴一鼓而胜，不免骄傲轻敌，疏于戒备。元法僧钻了空子，偷袭得手，大破魏军，元鉴单骑逃脱。

元法僧虽然侥幸得胜，但还是怕北魏朝廷饶不过自己，就上书梁武帝，请求入朝。三月，梁武帝派遣其子豫章王萧综入守彭城，召元法僧赴京城建康。元法僧遂驱迫彭城吏民万余人随之南渡，并将戍守彭城的三千多将士额头打上印记，充做奴仆，亦逼迫南下了。

梁武帝派人接应，发布《应接元法僧诏》：庙谟已定，王略方举。侍中领军将军西昌侯萧深藻，可便亲戎，以前启行。镇北将军、南兖州刺史、豫章王萧综，董驭雄桀，风驰次迈，其余众军，计日差遣，初中后师，善得严办。朕当六军云动，龙舟济江。（《梁书·武帝纪》下）元法僧到达建康后，梁武帝甚加优宠，赏赐甲第、女乐以及金银绸缎，前后数次，不可胜数。以为侍中、司空，封始安郡开国公，食邑五千户。

同为北魏宗室和降臣的元略，极为憎恶元法僧的人品，同他说话，未曾笑过。梁武帝倒是对元法僧恩宠日隆，不久，封他为宋王，晋位太尉。中大通四年（532）二月，梁武帝见北魏乱得厉害，就想从中渔利，扶持个傀儡政府，因为元法僧是北魏宗室，就立他为东魏王，打算让他回到北方，占块地盘，建立政权；后见无隙可乘，就打消了这个念头。但更加厚待他，仍授使持节、散骑常侍、骠骑大将军、开府仪同三司、郢州刺史，征拜侍中、太尉、领军师将军。元法僧寿命挺长，八十三岁卒，谥号“襄厉”。

元法僧的儿子元景仲出为持节，都督广、越等十三州诸军事，宣惠将军，平越中郎将，广州刺史。大同中，征侍中、左卫将军。兄元景隆后为广州刺史。

侯景作乱，以景仲元氏皇族，遣信诱之，许诺奉元景仲为天下之主。元景仲准备举兵，响应侯景。当时的西江督护陈霸先与成州刺史王怀明等起兵攻之，霸先询其众曰：“朝廷以元景仲与贼连从，谋危社稷，今使曲江公勃为刺史，镇抚此州。”

陈霸先剿灭了元景仲之后，派人去迎接来了梁皇宗亲萧勃，坐镇广州。然后，霸先率部将返回高要。与杜僧明、周文育、杜棱等人筹备军械、粮草等，准备北上京都，勤王救驾。

忽然，兰裕、兰京礼等人在始兴郡叛乱，攻打当时监管衡州的欧阳頠。

欧阳頠，字靖世，长沙临湘人，是长沙郡的豪富家族。祖父欧阳景达，梁代担任本州治中。父亲欧阳僧宝，做过屯骑校尉。欧阳頠年轻时质朴正直，有很强的思辨能力。他凭忠厚诚信而在岭南内外闻名。梁左卫将军兰钦带欧阳頠出征讨伐夷獠的叛乱。欧阳頠因功授任直阁将军。刺史庐陵王萧续非常欣赏他，召引他作为宾客。兰钦出征交州，又请朝廷同意让欧阳頠一同随行。兰钦越过南岭后，因病去世，欧阳頠被授予临贺内史，他启奏皇上请求为兰钦送丧回京都安葬。当时湘衡边界有五十多个部落不归顺，皇上命令衡州刺史韦粲讨伐他们，韦粲任命欧阳頠为都督。

侯景叛乱围攻建康时，韦粲离开衡州，率兵回京征讨侯景，让欧阳頠监管衡州。韦粲率军到达建康城外的青塘扎营，被侯景率贼众袭击。韦粲及子弟兵牺牲。

岭南地区，天高皇帝远，军阀互相吞并。兰钦的弟弟、前任高州刺史兰裕率部众攻打始兴内史萧绍基，占领了他的郡邑。兰裕因兰钦和欧阳頠有交情，派人招揽他归附自己。欧阳頠没有听从，并对使者说："兰裕兄弟地位显赫，无不是沐浴国恩所得，现在应该投入国难支援京都，怎能自作主张做骄横的事？"

兰裕听了这话，不思悔改，反而更恨欧阳頠，联合兰京礼等人一起攻打欧阳頠。欧阳頠急派人去广州府向萧勃求援。萧勃连忙下令，征霸先率军前去始兴郡平乱。

而此时，陈霸先"北上勤王"的大旗都已树起了。筹办军械、粮草等各项事务都在紧张地进行中，却接到广州刺史萧勃的将令，前去始兴郡平乱。他只好令部将们暂停北上行动，先商议去平定兰裕、兰京礼乱贼之事。

周文育听到陈霸先被迫去平乱，心中甚为不满。杜僧明不耐烦地问："那我们究竟几时才可以北上救主啊？"

陈霸先对这种迫不得已、改变意愿的感觉，也是非常郁闷！且说陈霸先迎立萧勃镇守广州府后，以为萧勃会支持霸先率部北上勤王的大义之举。当接到萧勃征调他去始兴平定兰裕叛乱的命令后，陈霸先义不容辞，率所部兵马披星戴月，急如星火般地赶去平乱。

当陈霸先率兵赶到始兴城下时，见守城官兵疲惫不堪，几乎坚持不住了。而城外的贼兵却四面围城，攻势甚猛。陈霸先见形势危急，大吼一声，挥军投入战斗……

攻城的叛贼连忙回身，应对陈霸先的攻击。而此时，正精疲力竭的城上官军见来了援军，喜出望外，群情振奋。率众苦守的欧阳頠当即高呼：破贼！

贼众受不了官军的内外夹击，顿时溃败。但兰裕、兰京礼仍负隅顽抗。陈霸先率先冲入敌阵，直取敌首，锐不可当。周文育左边协攻，杜僧明右边斩杀。敌阵大乱。欧阳頠趁机打开城门，率疲惫之兵，呼啸而来。贼众四散逃奔。

霸先威猛无比，与兰裕两马相错之时，竟展神威，长臂一伸，犹如当年在油库做油库吏提油桶那般，将兰裕从马背上凌空提起，掷之马下。顿时众军上前，绑了兰裕，押了起来。

欧阳頠亲眼所见刚才一幕，不禁为陈霸先的神力所震撼！四周军众齐声喝彩！兰京礼和众叛贼也被陈霸先刚才的神威吓了一跳。就在兰京礼愣神的当口，突被周文育凌空抛来飞绳所缚，周文育使劲一拉，兰京礼瞬间摔下马来，众兵上前按住。转眼间，就生俘了兰裕、兰京礼，其他几个叛军小头目也先后被杜僧明、胡颖等将领所擒。众叛军逃的逃，降的降。陈霸先令所部将士乘胜追击，一鼓荡平十郡叛乱。捷报传到广州府，萧勃派王怀明为衡州刺史，升任欧阳頠为始兴内史，加授陈霸先为始兴监郡。

因陈霸先及时赶到，平定了兰裕等人的叛乱，救了欧阳頠的命，欧阳頠特地设宴接待霸先和众军。霸先也被欧阳頠的诚意所感动，相互致敬。可是，后来，欧阳頠却听从萧勃的命令，起兵对抗霸先。被征讨将军周文育生擒，送至建康京都。霸先仍念旧情，释放了欧阳頠，还很隆重地接待他。陈霸先任命欧阳頠为使持节、通直散骑常侍、都督衡州诸军事、安南将军、衡州刺史，封为始兴县侯。让他管理岭南一带。这是后话。

陈霸先驻军始兴，一边筹备粮草军械，一边结交各路豪杰，等候广州刺史萧勃对霸先北上勤王的批复或指令。

京城建康落入侯景之手，南梁朝廷都在侯景势力集团的控制之中。侯景派宋子仙、侯子鉴、李贤明、郭元建等将领，分兵去征讨各州郡不服者。侯景派遣仪同三司萧来亮去宛陵县征讨，却被宣城太守杨白华将萧来亮诱杀。

侯景的部将宋子仙等人率领兵马去征讨钱塘，新城戍主戴僧逖拼死抵抗。梁御史中丞沈浚为了逃避祸难，跑到吴兴县。吴兴太守张嵊与他合谋，发兵讨伐侯景。他说："贼臣侵逼，是人臣效命的时候，现在我打算收集兵器，在贵乡坚守，即使是万死，也决无悔恨。"

侯景的行台刘神茂攻破义兴，派遣使者去游说张嵊，想叫张嵊归服。张嵊杀死了刘神茂的使者，并且派吴兴的守军去攻击刘神茂。

吴兴兵员少力量弱，张嵊是一介书生，不熟军中事务。当初有人劝张嵊仿效袁君正，也率领全郡军民迎接侯子鉴。张嵊叹道："袁家世世代代都以忠贞著称，没想到这名声被袁君正毁于一旦。我难道不知道吴郡陷落之后，吴兴也就势必难以长久保全的道理吗？只是我既然已经把一切都献给了国家，那么我就只能选择这么一条死路罢了！"

侯景派部将侯子鉴率军去援助刘神茂。九月癸丑朔（初一），侯子鉴的部队到达吴兴，大举进攻张嵊。在强大的攻势下，张嵊的军队溃败。

张嵊返回府中，脱去衣甲，穿戴整齐。昂然坐在厅堂的中间。侯子鉴将他捉住，贼兵一拥而入，四面用刀逼着他投降。张嵊始终不屈服。贼兵把张嵊押到建康。侯景赞许张嵊能够守节，想保全他的性命。张嵊却说道："我有愧于担任吴兴郡守，在朝廷危亡之际，不能进行挽救，使之转危为安，今天我只求马上死，也算是一件幸事。"侯景还想留下他的一个儿子，张嵊说道："我们一家人都已经上了鬼籍，我才不会向你胡虏乞求恩惠呢！"侯景听了大为恼怒，杀光了他全家老小，并且还杀掉了沈浚。

吴兴攻破后，贼兵搜捕陈霸先的家属。当初，陈蒨听从霸先的安排，护送章要儿和其子陈昌回到家乡吴兴。以为在老家比较安全。谁知侯景攻破建康，吴兴反而成了前沿。侯景知道陈霸先举兵勤王，接受湘东王萧绎的节制，就令部将把陈霸先的家属带到建康作为人质。陈蒨悄悄把短刀带在身边。一来保护章要儿和陈昌，二来伺机刺杀侯景。章要儿也随身带了一把锋利的剪刀，以防身之用。

亏得上天保佑。侯景忙着守城和征战，没来得及亲自来审讯陈霸先的家属，便令贼兵部将严加看管，待他得空就亲自来审讯。侯景的部将得此命令，不敢大意，派兵严加看守。这样，反而免去了一些兵将的侵扰，从而保护了霸先家人的安全。也正是因为霸先率军大破贼兵，屡战屡胜，使得看管的贼兵将领担心以后遭到报复，不敢怠慢霸先家属。

本来，侯景平定京师后，便有篡夺皇位的想法。王伟劝他等四方平定了，再做皇帝也不迟。可是，近来巴陵战败，江州、郢州军队败绩，猛将在外作战被灭，侯景的心情受到极大的挫伤。军心也受到打击。于是，侯景想加紧称帝，既抚平自己受挫伤的情绪，又安定军心，激励部将们拼死效力。

谋臣王伟明白侯景的意思，便说："自古以来帝位的转移，必须实行废旧帝，立新帝的仪式。"侯景对王伟的建议言听计从，便按王伟的意见去办。

而侯景的太尉郭元建听后，极力反对。他快马加鞭，从秦郡骑马急驰而来，劝说："四方的军队所以不前来进攻交战，正是因皇帝和太子二人万全安福；假若轻易地做出弑君杀帝大逆不道的事情，就会同天下所有的人结下怨仇，成败的时机一错过，即使后悔怕也来不及了。"王伟决意按自己的意见做，郭元建十分失望。

侯景在军师王伟的策划下，按照西汉时萧何被封赏的故事，颁假诏晋位自己做相国，赐封泰山等两个郡，称汉王，入朝不行趋礼，礼拜时自己不称名，带剑着履上殿。

简文帝萧纲事后才知道，也只得默认。侯景请简文帝在乐游苑宴饮三天。简文帝还宫后，侯景携溧阳公主居然坐在天子的御床上，北坐南向，接受群臣文武的侍宴。侯景这些公然越位的举动，竟然没有一个大臣敢有异议。

侯景请简文帝巡视西州。天子乘坐的是素辇（没加雕漆），只带四百多名侍卫。而侯景却率几千名铁甲武士在身边拱卫。在宴席间，简文帝听到熟悉的江南丝竹之音，不禁忆起往日欢愉的文雅盛典，心有所感，凄然落泪。而粗野武夫侯景却不满简文帝的惨淡神情，愠色而问：“天子为何落泪？”简文帝只得说：“感念丞相，故而落泪。”侯景竟然踌躇满志地说：“陛下如不念顾我，我哪能得到现在的地位?!”

简文帝请侯景起舞，侯景也请简文帝起舞。君臣对舞，毫无尊卑和体统。简文帝内心何其凄凉？不可言说。直到夜色降临，宴席才酒阑人散。

这几年不独兵祸连连，天灾也接连不断。江州、扬州连年闹旱灾、蝗灾。民众流离失所，成群结队逃入山谷居住。采食于江湖，以莲藕、菱角、鸡头为食物。饥民所到之处，草根、树叶、茎藤一扫而空，饿死的人横陈田野，比比皆是，富裕人家也没有吃的，一个个饿得鸠面鹄形，穿着罗绮衣裳，怀里藏着珍珠美玉，俯伏在床帷之间，等待死亡。千里之内，炊烟断绝，人迹罕见，白骨成堆，像丘垄一样。

而侯景残酷之性不改，随意杀戮。他在石头城设立大碓，犯法的人被抓住，就用大碓捣杀。平常总是告诫诸将说：“一旦攻破栅栏，踏平城市，就杀它个干干净净，使天下人知道我的厉害！”所以他手下的诸将每次战胜，就专门以烧杀抢掠为能事，杀人如刈草芥，以此作为游戏取乐。

江南百姓畏惧、痛恨侯景和胡兵。宁可死，也不愿归附于他。民众们交头接耳，悄悄说话，也被侯景禁止。凡是他认为犯法的，就当场杀死。还要株连到他的族人。江南百姓在侯景的治理下，连喘气的声音都不敢大。

萧家尽出不肖子弟。这个建安侯萧贲，举报了南唐王萧会理和北兖州司马成钦准备偷袭京城的计划。（当时，侯景屯兵在皖口，京师兵力确实是很空虚。若此时攻击，也是个良机。）侯景听后，大吃一惊！急忙派兵捉拿萧会理和他的弟弟祈阳侯萧通理和柳敬礼、成钦等人，全杀害了。为了奖赏萧贲揭发有功，侯景又假造圣旨，封萧贲做竟陵王。萧贲高兴啊！他由一个侯爷，瞬间升为王爷，这个空空的王爷名头，竟然让萧贲与同僚们庆贺了许久！

侯景现在是实权在握，把皇帝玩弄于股掌之间。他听了王伟的建议，废掉简文帝萧纲。立了一个小皇帝来玩。简文帝萧纲被废后，幽禁在永福省。由王伟起草一份假诏书，逼萧纲抄写。当萧纲抄写到“先帝深知皇权是重要的神器，思虑强化国家的政权”时，一时间思前想后，情不自禁，感慨悲哭……

当天，侯景迎立豫章王萧栋即皇帝位，升座在太极前殿，大赦天下，改年号为天正元年。突然，有一股旋风从幽禁萧纲的永福省盘旋直上，把宫殿里的礼乐物品吹倒折坏。众人都惊恐之极！不知道是什么兆头?!

侯景假托萧栋的名义下诏书：追尊已故的昭明太子萧统做昭明皇帝，豫章安王萧欢做安皇帝，昭明太子金华敬妃做敬皇后，豫章国太妃萧栋之母王氏做皇太后，萧栋妃张氏做皇后。

萧纲（简文帝）被幽囚，朝臣没人能够接近他。他非常担心被侯景害死。到后来，只有舍人殷不害，才可以时不时的进去看看他。一次，萧纲看了春秋时代的书，指着他住的殿堂，对殷不害说：“庞涓一样的恶人将会死在这个殿下。”然后，又说：“我昨夜梦见往嘴里吞土，你试着替我想想圆个梦。”殷不害为了宽慰萧纲郁闷的心情，说：“古时农夫向晋文公重耳进献土块，他终于回到晋国做国君，陛下梦到的情况，会是符合这样的吉兆吧。”

“若是幽冥中的神灵显示的预兆，希望你说的这话不是虚言了。”萧纲忧伤地说道。没料到他被杀时，正是被土压死的。那是十月初二夜里，侯景派他的卫尉彭俊、王修纂给萧纲献酒，并说：“丞相认为陛下长久处在忧劳之中，所以命令臣等进献一觞酒。”萧纲心知将遭杀害，于是便尽情地畅饮，喝醉之后才回到卧室。王修纂用帷帐的布包土压他而死。萧纲入殓时，穿的是天子的盛装，用一口薄板棺木秘密埋在城北酒库。

或许，这就是报应！萧衍当年夺位后，令人用酒灌醉了萧宝融，然后杀之。料不到，侯景也派人灌醉了萧衍的儿子，重演了这一幕。不知萧衍在九泉下作何感想?!

侯景胁迫幼帝萧栋下诏书，给自己加赐九锡的礼仪，设置丞相以下各级官员。正在准备举行加“九锡”的仪式时，忽然，有只野鸟在侯景头上盘旋飞着，红脚红嘴，形状像山鹊。这正是侯景最讨厌叫声的那种鸟。贼徒们全都害怕，争着射鸟，都射不中。

在王伟的策划下，按照汉时的记载，侯景又假托萧栋的诏书，追尊他的祖父为大将军，死去的父亲称作丞相。自己戴上皇帝的冠冕，冕上垂着十二条玉珠串，树立起天子的旌旗，出入要清道戒严，乘坐金根车，驾六匹马，备青黄赤白黑五色副车，设立旄头和云罕旗帜，乐舞用八佾六十四人，乐队是四面悬挂钟磬的宫悬，一切都按汉朝古礼的样式备办。

王伟带人逼迫幼帝萧栋下诏书，把帝位禅让给侯景。众大臣聚集在城南郊，侯景焚烧柴燎祭天。侯景佩剑上的水精标，忽然无故掉落。侯景弯腰拾起。他刚要登坛受禅，突然，有只兔子从侯景面前跑过，不知去向。天上也出现异常景象，一条白虹穿过太阳。

侯景受禅归来，登上太极前殿，大赦天下，改年号为太始元年。封已禅位了的萧栋做淮阳王，幽禁在监省。

所有的这一切，背后主使操作的，都是侯景的军师王伟。他令侯景的伪官们奏请改“警跸”作“永跸”，这是避侯景的名讳。又改梁律称作汉律，改左民尚书称作殿中尚书，五兵尚书改称七兵尚书，直殿主帅称作直寝。侯景的三公官员一设就是十几个，仪同就更多。

侯景的军师王伟对侯景奏请建天子七庙。侯景问道：“什么是七庙?”王伟说：“天子要祭祀七辈祖先，所以要建立七庙。”并问侯景七代祖先的名字，以便下令让太常准备齐全祭祖的礼仪。

侯景说：“前代祖先的名字我不再记得了，只晓得父亲的名字是标。”群臣听了全都私下里讥笑他。侯景所带的羯胡人中，有的说知道侯景祖父的名字叫周，除此以外都是由王伟生造出来的名字和辈数，拿汉朝的司徒侯霸当始祖，晋朝受到朝廷征召的士人侯谨做第七代祖先。于是追尊侯景祖父侯周为大丞相，父亲侯标做元皇帝。这真是胡扯！侯景乃是胡人，汉朝的侯霸是汉人。相差十万八千里。王伟也要东拉西扯地糊弄在一起。所以呀，流氓不可怕，就怕流氓有文化。王伟是一个文化人，却枉读了那么多的圣贤书。附身于逆贼，做出诸多无耻的事来，徒令千古耻笑！

侯景坐上了皇帝的宝座，颁布“圣旨”：羯人和胡人享受一切特权，是最高等的人，可以驱使汉人和其他的任何民族。

陈霸先驻军始兴，筹备粮草军械，结交各路豪杰，等候广州府萧勃的批复，挥军北上，讨伐侯景。始兴郡的豪杰侯安都，与张偲等各自率领一千多人来归附陈霸先。

侯安都，字成师，始兴曲江人。其父侯文捍在州郡为官，忠厚谨慎，深得众望。侯家是当地的名门大姓。侯安都智勇双全，善隶书，会鼓琴，作五言诗，清雅华丽。骑马射箭，带兵有方。在始兴被时人称为大英豪。曾在梁始兴内史萧子范属下任主簿，并奉萧子范之命招兵三千余人，训练有素。但他久久没能盼到萧子范的出征命令。当听闻陈霸先率军移镇始兴，北上勤王时，侯安都大喜过望，急忙同张偲等人率领所部三千人来。陈霸先高兴至极，委以重任。从此，侯安都跟随陈霸先南征北战，最后成为陈霸先创立陈朝的重要开国功臣之一。

陈霸先再次向广州府萧勃请示北上勤王，但久久没有等到广州府萧勃的回复。杜僧明、侯安都等众将表示不用等萧勃批准了。这些亲王只顾自己的地盘，不会管皇帝死活的。甚至皇位空缺，正是他们争夺帝位的好机会。于是，陈霸先令主帅杜僧明、胡颖率两千兵马到大庾岭上屯驻，传檄四方，讨伐侯景。

第十章　夺关北上伐侯景

广州刺史萧勃听闻陈霸先果真要北上勤王，立即派人来劝阻，说：“侯景悍兵，天下无敌。京都十万人马都打不过他。你区区数千人，哪里是他的对手？我们皇室宗亲尚且互相开战，你与萧家毫无关系的人，何必瞎掺和呢？您还不如跟着我守住老地盘，自求多福。”

萧勃作为梁皇宗亲，竟然这般说辞，真令陈霸先非常失望。他对来使道：“我蒙受国恩，时刻想报效。听闻侯景围困京都，我早就要前去救援。可途中屡被元景仲、兰裕等事所阻。如今国都沦陷，君辱臣死。谁还顾及性命呢？萧王爷作为皇族大臣，应该主动派我去北上勤王，怎么还来制止呢？”

陈霸先从此彻底放弃了对萧勃派兵勤王的期待。时人传闻湘东王萧绎奉有太子密诏讨贼，授萧绎为侍中、假黄钺、大都督中外诸军事、司徒。又传来萧绎在江陵、湘州、酉阳、武昌等地真刀真枪地与侯景军队开战。还传来萧绎的属将王僧辩率军大胜侯景部将宋子仙。一时间，人心大振，各路英雄豪杰都来投奔。陈霸先听了，大喜，道：“看来中兴梁室，全靠此人了！我们遣使投入其门下，北伐方能名正言顺。”

于是，霸先派使者抄小路赶赴江陵，表示忠于朝廷，愿受湘东王萧绎直接指挥，讨伐国贼。萧绎十分高兴！立即授陈霸先为交州刺史，封南野县伯。

陈霸先接到萧绎的命令，便名正言顺，沿途传檄，历数侯景罪恶，起兵讨伐侯景。霸先率军翻越南岭，直向南康进发。

可是，广州刺史萧勃不顾江山社稷，仍设法阻挡陈霸先北上勤王。萧勃派心腹谭世远出任曲江县令，谭与当地豪强蔡路养的土匪武装联手，阻止陈霸先的义军队伍北上。

蔡路养，南朝梁南康郡（今江西赣县）有名的大土豪。太清三年（549）末，起兵据郡，遏断陈霸先北上之路。蔡路养率军众在南野依山傍水筑起四座城堡，阻挡了陈霸先义军的进路。杜僧明率两千义军做先锋，与蔡路养在南野交战。杜僧明策马横槊刺向蔡路养。蔡挥刀迎战，战不几合，蔡敌不住杜僧明的勇力，败走。杜僧明跃马猛追。不防蔡路养的妻侄萧摩诃，从一旁斜刺过来。杜僧明见萧摩诃年轻，以为无能。杜僧明持槊猛刺过去，摩诃闪身让过，顺势扫来一长槊，直击杜僧明的前胸。杜僧明慌忙策马一跃，摩诃长槊的前端正打在杜僧明的马眼上。马负痛掀倒，杜僧明坠落在地。摩诃举起长槊直刺杜僧明。正危急关头，陈霸先大吼一声，声震南野，飞马驰救。杀退摩诃，扶起僧明。杜僧明又勇又愤，持槊再战。霸先把自己所乘的马让与僧明。杜僧明勇力神武，追击摩诃。霸先换马再来，挥军奋勇杀入。蔡路养大败，丢下妻侄萧摩诃逃走。此后，不知蔡路养死活。史上无载。

当时，摩诃孤身陷阵，仍奋力左冲右突。霸先惜其勇力，有心收服。令杜僧明、周文育等将领与之缠斗，不可伤其性命。直战得萧摩诃汗流浃背，筋疲力尽，才派能说会道的侯安都去劝降。

萧摩诃字元胤，兰陵人。其祖父萧靓，梁右将军。父亲萧谅，在梁朝为始兴王郡丞。摩诃随父亲到始兴郡，几岁父亲就死了，他姑夫蔡路养当时在南康，就收养了他。年岁稍长，果敢、坚毅而有勇力。

侯安都对萧摩诃晓以大义，告诉他义军北上救主，蔡路养不顾天下安危阻挡义军。加之无视亲情，丢下你而逃命……萧摩诃时年才十三岁，战力顽强。经过侯安都的一番苦劝，萧摩诃才降，列入侯安都的部队，从此成为侯安都属下的一员猛将。

后来，侯安都死后，太建五年（573），众军北伐，萧摩诃随都督吴明彻渡江攻打秦郡。当时北齐派大将尉破胡等率十万兵众救援，北齐军前锋为有“苍头”“犀角”“大力”之称的猛士，全都身长八尺，体力超群，锋芒势不可当。又有西域胡，工于箭矢，弦无虚发，众军尤其害怕他。交战前，吴明彻对萧摩诃说：“若能射死此胡人，齐军丧气，君有关羽、张飞之名，可斩杀此人。”萧摩诃说：“请描述其人外形，必当为公取。”吴明彻便召降者中认识西域胡的来指认，说胡着深红色衣，持桦皮装的弓，弓两端有骨弭。吴明彻派人窥视，看到胡在军列中，便亲自给萧摩诃斟酒。萧摩诃饮罢，骑马直冲齐军，胡挺身而出，离开队列十多步，弓已拉满未发，摩诃遥掷铣钢，击中其头，胡人随即倒下。齐军“大力”十多人出战，萧摩诃又斩杀了他们，齐军大惊，四处逃散。萧摩诃因功授职为明毅将军、员外散骑常侍，封为廉平县伯，食邑五百户。不久晋爵为侯，转任太仆卿。七年又随吴明彻围攻宿预，击败齐将王康德，因功任晋熙太守。九年吴明彻进军吕梁，与齐人大战，萧摩诃率七骑为前锋，亲手夺走齐军大旗，齐军大败。因功授职为持节、武毅将军、谯州刺史。这是后话。

陈霸先收复了南康（江西赣州），修理崎头古城，引兵据守。

南康县，隶属于江西省赣州市，位于江西省南部、赣州市西部，古称“南野”，秦、汉名“南埜”，三国时因“地接岭南，人安物阜”而得名南安县，晋太康元年（280）始置南康县，赣州市群山环绕，断陷盆地贯穿于赣州市，以山地、丘陵、盆地为主。

南康地区属中亚热带季风湿润气候，地处南岭山系罗霄山脉和大庾岭山脉的支脉。南康是客家人集聚地之一，居住着汉、畲等 20 多个民族，赤土畲族乡是全省少数民族人口最多的民族乡。南康盛产甜柚、实木家具等。

陈霸先修筑崎头古城（在今江西省大余县东章江曲流处），并在此据守。“恒有紫气冒城上，远近惊异”，于是，刘惠骞等人纷纷前来与陈霸先结交。陈霸先独坐胡床上，夜里忽然“神光满阁，廊庑之间，并得相见”。当时赵知礼在一旁侍立，感到很奇怪，问陈霸先为什么夜里忽然像白天一样看得见廊庑？霸先笑而不语。

湘东王萧绎秉承朝廷旨意，授陈霸先为员外散骑常侍、持节、明威将军、交州刺史，改封南阳县伯。

这时，又有一场阴谋，正向陈霸先的义军袭来……

此前，陈霸先奉广州刺史萧勃之命，平息了前高州刺史兰裕的叛乱。

朝廷处死了兰裕，引发兰裕的好友——高州刺史李迁仕的仇恨。李迁仕想为旧友兰裕复仇。他没把这笔账算到萧勃的头上，却算到陈霸先的头上。

于是，李迁仕暗通侯景，这样，既为好友兰裕复仇了，又阻止了陈霸先的北上讨伐侯景。他好在侯景面前邀功请赏，升官加爵。

李迁仕决定乘陈霸先在南康立足未稳之时，击杀陈霸先。但他还是畏惧陈霸先的神威，担心力量不足。便邀请高凉太守冯宝也派兵参加。因为，李迁仕知道，要想在岭南割据称雄，必须争取冼夫人的支持。因为冼夫人在俚族人民中的威望很高。只有利用她，才能煽动当地的俚族人参加叛乱。而要取得冼夫人的支持，就必须诱骗冼夫人的丈夫冯宝也参加叛乱。

大宝元年（550），李迁仕派人召冯宝（冼夫人的丈夫）到州府议事。冯宝觉得顶头上司召唤，当然得去啊！便收拾行装，准备前往。可他的夫人（冼氏）分析当下的形势，说，京城被侯景围困，陈霸先北上勤王，各地军事团伙相继叛乱。就这种乱局里，你不知详情，最好不要随便乱走。小心坠入奸人的计谋之中。并说："我听人讲李迁仕调集人马，又打造兵器，这好像是叛乱的前兆。现在召你去，有可能扣你当人质，逼你出兵。你暂时不去，以观动静。"

冼夫人，522 年农历十一月廿四日出生于京淳郡（今广东省茂名市），602 年农历正月十八日逝世，俚族人，南朝、隋初岭南百越女首领。有部落十余万家。自幼贤明，多谋略。她的家族在秦汉时期至南北朝时期已为南越俚人首领，统领着南越俚人部落。冼夫人世袭当了大首领（她的家族推行女性世袭首领制度）。在娘家时，她就能够约束部下，行兵布阵，镇服百越。越人的风俗就是爱互相攻击。夫人的兄长、南梁州刺史冼挺，倚仗他的富强，侵略掠夺别的州县，岭表一带被他所苦。夫人多次规劝兄长和族人改掉好攻杀的陋习，与人为善。改变了越人部落爱互相攻击的风俗，从而改变了部落之间、部落与官府之间争战不断、"岭表苦之"的混乱局面。冼夫人以其能行军用师、筹略超群、信义卓著而德威遍布，镇服了南越的各个部落。南海沿海地区（古代包括越南沿海地区）和海南岛共千多个部落归附在她的统领下。冼夫人已成为统领"部落十余万家"的贤明大首领。

梁大同元年（535）初，罗州刺史冯融听说夫人有志行，为他的儿子高凉太守冯宝聘为妻子。冯融本是北燕的后裔。当初，冯弘投奔高丽的时候，派冯融的祖父冯业带着三百人过海归南朝宋，从此留在新会。从冯业到冯融，三代是高凉太守。

罗州刺史的冯融，全力促成其时任高凉太守的儿子冯宝与冼夫人的“汉俚”联姻。岭南地区在冼夫人与冯宝的“南越大首领”和“朝廷地方长官”的双重管治下，“政令有序”，改变了岭南地区梁朝以前官府“号令不行”的局面。冼夫人大力推行中原文明，教导俚人“使从民礼”，每次都同冯宝一起解决诉讼问题，首领中有犯法的，即使是亲族，也没有使其逃逸的。从而使政令有序，人们不敢违抗。自此，冼夫人带领俚人这自东汉就一直雄踞于南越最大的本土族系，逐渐融合于以汉族为主体的中华民族中，推动了岭南文明乃至中华文明的发展进程。

梁武帝大通二年（528），梁朝在岭南设置高州、罗州以加强对岭南的管治，冼夫人值此时势，以岭南大首领的身份上书朝廷提出在海南岛设置崖州，梁皇朝准奏。冼夫人将自汉代脱离了中央王权586年之久的海南岛，重新收归国家管理，并在海南岛恢复郡县制，大力推行教育和发展生产，为唐宋以后对南海诸岛的管辖奠定了坚实的基础，在古代南海海上丝绸之路开拓、保驾护航等方面发挥了独特作用。

且说冼夫人劝说了冯宝之后，没几天，果然，高州（州治在今阳江白沙）刺史李迁仕响应侯景作乱的消息就传来了。李迁仕令主帅杜平虏率兵进入南康赣石（今江西万安）一带，截击梁朝始兴（广东韶关东）太守陈霸先率领的北上勤王队伍。陈霸先派部将周文育前去迎敌。双方多次交战，难分胜负。冼夫人闻知，认为这正是进攻高州，消灭李迁仕的好机会，就对冯宝说：“杜平虏是李迁仕手下的一员勇将，但他现在带兵去了赣石，与陈霸先的队伍对峙，一时回不来。高州只有李迁仕留守，防卫力量空虚。我们乘虚灭贼。”

冯宝不解地问：“怎么乘虚灭贼？”冼夫人贴近耳边，对冯宝如此这般一说，冯宝连连点头。于是，冯宝立即派人给李迁仕送信，说是自己身体欠佳，暂缓前来。但备有厚礼，托夫人送来。

李迁仕调兵遣将进行叛乱，正需要钱粮等物，他非常高兴地应允了。冼夫人挑选了千余精兵，化装成挑夫，肩挑杂物，内藏利器。到了城下，高声通报。

李迁仕在城楼上一看，果见当头一人乃漂亮的冼夫人，后面上千挑夫，礼物甚多。呵呵……李迁仕看得心花怒放啊！令开城门，快快有请！

冼夫人一行进入州城，来到刺史府门口，突然一声呼啸，千名挑夫扔掉肩上杂物，拳出利器，出其不意地发起迅猛攻击……叛军还没反应过来，城池就落入冼夫人手中了。李迁仕大惊！边战边退，狼狈逃窜……

陈霸先刚刚修整崎头古城，李迁仕派来的杜平虏率千人进入赣石、鱼梁地区，修建鱼梁城（在今江西万安县南五里）以逼陈霸先据守南康。攻击陈霸先的队伍，截断陈霸先义军北上的去路。

陈霸先令周文育率所部两千人与杜平虏大战。经过几次小战，双方难分胜负。陈霸先亲率一支骑兵赶来。周文育信心大增，与杜平虏全线出击，打得杜平虏丢盔弃甲，仓皇败退。周文育一鼓作气，冲入赣石城，乘胜追击，接着又占了鱼梁城。周文育成为陈霸先攻城夺地的得力干将。

且说杜平虏带着残兵败将退回到高州城，却见城门紧闭。只见一女将军迎风而立，俯首娇呼："我乃冼夫人是也！李迁仕这个叛贼已被我驱逐。你败军之将，还敢与我一战吗？"

杜平虏当然心里很不服气，回看身边的残兵败将，正想与冼夫人再作一拼，夺回城池，忽然听得马蹄奔突，放眼一看，大惊失色！

原来是周文育率军乘胜追来。杜平虏心里一阵发虚，急忙打马奔逃，绕城而去。

冼夫人见周文育率追兵到城下，连忙出城迎接。周文育知道冼夫人已智取高州城，高兴不已。冼夫人想领兵前往赣石，帮助陈霸先平定侯景的叛乱。周文育连忙分派亲兵当向导，引冼夫人一行前往赣石。

冼夫人带兵与长城侯陈霸先在赣石相会，陈霸先对冼夫人的大义和才智很是佩服，厚加赏赐。但冼夫人坚决不受，说："你北上勤王，沿途多艰，财物留以军用吧。"随后，冼夫人留下五百名精兵和部分粮草和军械，帮助霸先北上建康。

冼夫人从赣石回到高凉后，对冯宝说：“陈都督大可畏，极得众心。我观此人必能平贼，君宜厚资之。”冼夫人慧眼识英雄。有功于人，不仅不要赏赐，还多次拨送粮食、军械，接济和资助霸先义军。从此以后，冼夫人和冯家三代都是陈朝的得力帮手。

冼夫人通过这次战斗，充分显示一位才能非凡的女军事家的才能。她以敏锐的观察能力，从细微之处，判断事情的变化。对敌我力量有清晰的认识而作出大胆的决策，有克敌制胜的智谋和统率全局的气魄。史称冼夫人“智勇兼备，至老未尝败衄”，冼夫人通过此战，结识了一代雄主陈霸先。她认为陈霸先是一位能平息内乱、维护国家团结，“能安天下”的伟人。陈霸先也看到岭南俚族，竟然有这样一位胆识卓越、智勇兼备的女中豪杰，也分外惊喜。对冼夫人十分钦佩。侯景之乱平息后，陈霸先奏报梁庭，冼夫人因协助陈霸先擒杀李迁仕，沿途资助军需物资，梁朝论功行赏，册封冼夫人为“石龙郡太夫人”，冼夫人从此声名远播。

陈霸先为维护国家安定，妥善地处理好冼夫人与少数民族的关系，不仅开启了梁元帝、梁敬帝、陈武帝、陈文帝、陈宣帝、陈后主等数代江南汉族政权与岭南少数民族和谐、安定团结的局面，还奠定了以后的隋、唐两个王朝数百年的南方各族友好相处，维护国家统一的基础。

在国家混乱，各郡守和少数民族首领纷纷起兵称雄的时候，陈霸先通过平定交州李贲之流的叛乱，清醒地认识到冼夫人为平定岭南地区的少数民族的作用。他充分树立冼夫人在岭南地区的少数民族中的威望。

陈霸先还派遣官吏和使者帮助冼夫人与冯宝一起励精图治，促进了俚汉融合和当地经济文化的进步。冼夫人积极倡导俚人学习汉族的先进文化，教育俚人“从民礼”“以礼义威信镇于俗”，并建学堂，努力学习和引进汉族文化，使“蕉荔之墟，弦诵日闻”，俚区之“风气日开”。

后来，冯宝不幸故去，各地少数民族首领以为割据称雄的时机到了，纷纷起兵叛乱。岭南地区，一时间烽火遍地，生灵涂炭。陈霸先为稳定少数民族地区，又顾念冯宝昔日资助军粮等物资帮助北上勤王义军的情谊，遣使拜冼夫人九岁的儿子冯仆为阳春郡太守。封冼夫人为岭南地区少数民族的首领。

冼夫人凭借自己的威望和才干，也凭借她与陈霸先早年结下的友谊，大胆处理政务。冼夫人以俚族首领和高凉太守夫人的身份，联络各部落的首领，告诫他们起兵反叛的后果，不仅身家性命难保，还会激化各族部落之间的仇恨，使民众自危，地区动荡。冼夫人冒着随时被头领坑杀、暗害等危险，走遍几十个州郡和山寨部落。劝告那些起兵的少数民族首领，停止攻伐，让各部落的民众安生过日子。

岭南各少数民族部落被冼夫人的大勇大智所感服，归附朝廷。史上称“怀集百越，数州晏然”。当时陈朝刚刚建立，冼夫人便利用其俚族首领的地位和太守夫人的威望，及时地处理了岭南事务，保证了岭南的安定。

永定二年（558），冼夫人派遣其子冯仆和俚族及其他少数民族首领，到丹阳拜谒陈武帝。霸先非常高兴，厚加赏赐，隆重嘉奖旌表冼夫人维护民族团结的功德。冼夫人作为岭南俚族的共同首领，威望更高！

冼夫人一直维护着岭南各少数民族与汉族政权陈朝和谐、安定的局面。陈武帝驾崩之后，经过陈文帝的励精图治，到了陈宣帝太建元年（569），广州刺史欧阳纥自恃威重兵强，公然与陈朝分庭抗礼，割据独立。次年，欧阳纥诱骗冼夫人的儿子阳春太守冯仆（当时已二十多岁了），把他软禁起来，逼他起兵反陈。冼夫人又面临着一次选择：是对陈朝忠贞不二，还是让儿子跟欧阳纥一起反抗朝廷。在大义面前，冼夫人选择了忠于朝廷。她说的话大义凛然：“我为忠贞，今经两代，不能惜汝辄负国家。”可以看到，冼夫人在大义面前的凛然气节。冼夫人首先想到的不是儿子的安危，而是国家的统一，社会的安定和民族的团结大局。她毅然率百越酋长带兵与陈朝车骑将军章昭达会师，内外夹攻，消灭了欧阳纥，维护了国家的统一。

甚至，在陈朝灭亡后，在保境安民，维护国家统一，民族团结的大义上，冼夫人又作出了一次重要的抉择。当时，陈朝已亡，但隋朝还没有派军到来，史载“岭南未有所附，数郡共奉夫人，号为圣母。”开皇九年（589）三月，隋高祖杨坚派遣总管韦洸带领两万大军南下安抚岭南。陈旧将豫章太守徐璒还退守江西南康；陈旧将东衡刺史王勇也在广东境内积极准备抗隋斗争。隋将韦洸率兵到了大庾岭下受阻。他慑于冼夫人的崇高威望和雄厚实力，不敢贸然进军，只好在岭外安营扎寨，等待朝廷发落。

当初，冼夫人曾经将从扶南（今广西南宁境）进来的一根精美的犀杖作为南越地方的土特产礼物，朝贡给陈后主陈叔宝。现在，隋王朝为了争取冼夫人的支持，能够顺利接管岭南，隋文帝杨坚命令陈后主陈叔宝给冼夫人写了一封信，宣谕陈朝已亡，要求冼夫人以国家利益为重，归顺隋朝，并且取来冼夫人当年进贡给陈后主的扶南犀杖及陈朝兵符为凭证，遣派晋王杨广携带给冼夫人。

史载："夫人见杖，验知陈亡，集首领数千，尽日恸哭。"冼夫人接到陈后主的信件及验明犀杖、兵符等信物后，确信陈朝已亡。冼夫人"恸哭"，表达对陈朝的怀念，表达对陈霸先及陈朝的几代君主的感激之情，体现了冼夫人的忠的一面。各部落首领满含热泪，纷纷表示要听从"圣母"冼夫人调遣，为亡陈报仇。冼夫人擦干泪水，深情地看着大家，然后冷静地向他们分析了当时的形势，表示要面对现实，要以国家利益为重，维护国家统一；不要再挑起战火，以保持社会稳定。冼夫人深明大义的言行，终于说服了众首领，大家一致决定归附隋朝。接着，冼夫人派遣孙子冯魂带兵北上擒获徐璒，迎接隋朝总管韦洸进入广州接管岭南。与此同时，举兵迫降陈朝旧将王勇。至此，岭南地区避免了一场一触即发的战争。同时，又"遣其孙魂帅师洸，入至广州，岭南悉定"。这体现了冼夫人智的一面，就是为了保持岭南得之不易的安定局面，避免境内兵连祸结，生灵涂炭的战争局面出现，为了岭南的人民，也为了国家的统一，作出了积极的贡献。隋"表魂为仪同三司，册夫人为宋康郡夫人"。冼夫人受到了隋朝的封赏，也因为保境安民，得到了岭南人民千百年来的称颂。

这既是冼夫人对岭南的稳定、民族的团结作出的伟大贡献，更是陈武帝陈霸先当初奠定了"化解民族矛盾，倡导民族团结，维护国家安定"的坚实基础。

再说李迁仕败退宁都后，很不服气。收集杜平虏等残部，又得到宁都人刘蔼等人资助的舟舰兵仗，李迁仕恢复了元气。他自以为兵精将悍，可以复仇了。

于是，李迁仕亲率杜平虏等大军，直攻周文育所部。杜平虏要挽回败军之耻，而周文育也威猛强悍。两军交战，兵来将往，不相上下。陈霸先也率军参战，打得李迁仕水军溃散而逃。陈霸先预感李迁仕败逃后，一定会去转攻白口（在今江西省泰和县东南赣江畔）。即令杜僧明率军两万人抢先占据白口，修筑城壕，抵御叛贼。

果然，李迁仕率叛兵袭来，杜僧明有备而战。李迁仕在白口修筑城壕，与杜僧明形成对峙之势。双方展开一百多天的拉锯战。陈霸先心生焦虑，如此拉锯战，就被李贼牵制了义军北上勤王的进程。这时，驻在新淦的黄法氍派兵支援周文育。

黄法氍（qú），字仲昭，巴山新建人。出身于当地的名门望族黄氏，自幼机智勇敢，成年后熟习兵法。强劲敏捷，有胆量和勇力，一天能步行三百里，一跳三丈远。又很熟习书札奏疏，也深知文簿登记的有关事项，在郡中出入，令乡人畏惧。梁太清二年（548）八月，侯景反梁于寿春（今安徽寿县），纵兵骚扰百姓。黄法氍召集乡众建立武装，防守自卫。太守贺翊去江州（今九江）时，任命法氍为监知军事，驻守新淦（今樟树市）。

陈霸先率领义兵越过五岭，去援救建康，但李迁仕在中途作梗。霸先命令周文育在西昌防守，黄法氍也派兵帮助周文育。这时黄法氍出兵驻扎在新淦县，侯景派行台于庆到豫章，于庆分兵袭击新淦，黄法氍进行抵抗，挫败了这次袭击。霸先也派周文育进军讨伐于庆，周文育疑虑于庆的兵力强大，不敢前进，黄法氍率领人马与周文育会合，进兵攻克了笙屯，俘获了大量敌兵。

黄法氍派出一支奇兵，协助陈霸先的义军。杜僧明一举攻克李迁仕防线，活捉了这个叛贼。陈霸先当即令杜僧明斩首，以号令众贼。贼兵见李迁仕阵亡，顿时军心涣散，或逃或降，叛军瓦解。捷报传到江陵，湘东王承梁庭例制，以功授霸先为江州刺史，其他官职如故。并令霸先进兵江州。

霸先率军继续向江州进军。这时已是大宝二年（551）二月，侯景派遣部将于庆进驻豫章郡。于庆分兵袭击新淦，黄法氍抗击失败。霸先得知，立即遣周文育进军攻打于庆，以帮助黄法氍。周文育见于庆兵多势众，不敢轻动。在得到黄法氍率兵协助下，周文育与黄法氍会合，攻克笙屯，俘获甚众。

陈霸先克服一路北上的重重阻碍，相继打破了蔡路养、李迁仕诸军的拦截和牵制，尽得江右七州十三郡。他一方面委任贤能之人，治理州郡；一方面筹备军需粮草。然后，派周文育率五千人为先锋，打通去江州的水路，消灭沿江侯景部将的危害，派兵守卫沿江要塞，确保大军水上航行时，不被贼人攻击和阻碍。

陈霸先即将率五万大军，浩浩荡荡，兵锋直指江州……

第十一章　湘东王剪除对手

陈霸先在解除萧勃、蔡路养、李迁仕等人的阻挡、牵绊之后，便按照承制湘东王萧绎的命令，率五万军马，从南康出发，向江州挺进。

南康赣石（在今江西省赣州市至万安县间赣江中，石碛险阻）一带，从前有二十四滩，滩上巨石林立，行船的人都视为畏途。很容易触礁、翻船、出事故。一不小心，船毁人亡。

大军出发前，霸先派周文育率领五千人马，开通长江水路。侯景的部将王伯丑占据豫章（今江西南昌）。周文育率兵袭击，击溃王伯丑贼兵。周文育占据豫章，派兵守卫城防，并继续率军上行，开通江道。周文育因功，被封为游骑将军、员外散骑常侍、东迁县侯。

接到周文育的报捷，霸先传令：讨伐侯景，北上救主！明天上午，我率先前行，与全军将士同生死，共进退！

霸先令人每个时辰探报有关江滩水文情况。船工和传令兵探报的情况，仍是江中巨石暗礁林立，江水涡流险恶。时至深夜，霸先仍忧虑难眠。当夜星辰罗列，夜风阵阵。霸先仰天长叹，道：苍天在上，请体察我们一片忠君救国之心。但愿明天北上江州，沿江二十四滩一帆风顺。剿灭羯胡之贼，安定华汉之国，救万民于水火之中。霸先叹息一番，双眉紧锁，回军帐歇息。

也许真是天助人愿！清早醒来，霸先得到探报：江水突然暴涨数丈，淹没了巨石。大江一片洪波汹涌。史载："陈霸先引兵发南康，赣石旧有二十四滩，会水暴涨数丈，三百里间，巨石皆没，霸先进顿西昌。"霸先闻报，大喜！当即发令，全军出发！

兵众踊跃，都认为上天保佑，有神相助。此次出征，战无不胜。所有军船，扯满风帆。江面宽阔，波涛澎湃。大船巨舰劈波斩浪。三百里水路，竟然一路顺风！霸先率领大军，很快到达西昌。

更为奇异的是，陈霸先大军刚到西昌水域，江面顿时宽阔无垠。在洪波浩荡的江心，居然跃出一条巨龙，龙身约长五丈，周身色彩斑斓，鲜艳夺目。巨龙在江水里翻腾、嬉戏。两岸前来观看的军民多达数万，民众奔走呼告。据《南史》《梁书》《陈书》《资治通鉴》等史书记载：“有龙见于水滨，高五丈许，五采鲜耀，军民观者数万人。”“时人目为异征。”

陈霸先见此异景，当即令所有船舰暂停行进，和众军将士一睹腾龙风采……许久，巨龙才隐没于江水之中。霸先当即勉励众将士道：“我军顺天应人，讨伐逆贼。上应天心，下救万民，天神相助，巨龙呈祥。我军借此祥瑞，所向无敌。众将士奋勇当先，建功立业。合力齐心，勿负天意！”众将士群情振奋，振臂高呼：“所向必胜！”

霸先率五万义军满帆风顺，一日千里，转眼就到江州。大军安营扎寨，并向湘东王萧绎报告。萧绎承朝廷旨意，授霸先为江州刺史。霸先请萧绎派兵会合，共讨侯景。

可是，萧绎暂时没空顾及。他先要摆平与他同样有野心问鼎帝位的萧室各宗亲王。

梁武帝萧衍死后，在尚存的皇族宗亲里，有实力争夺天下的：一个是被侯景控制的皇帝萧纲；还有一个就是在侯景叛乱时，梁武帝任命的北讨大都督的邵陵王萧纶；以及梁武帝的孙子湘州刺史（驻长沙）河东王萧誉；雍州刺史（驻襄阳）岳阳王萧詧。而占据上流重镇的湘东王萧绎凭借其强大的军事力量，欲争皇位。

萧纲就不说了，他已经被侯景控制，被立为皇帝了，史称梁简文帝。

余下的宗室里，先说萧纶。他是梁武帝第六子。从小就很聪颖，博学多才，善于诗文。为南梁宗室宰相。封邵陵郡王，后进位中卫将军、开府仪同三司；侯景叛逆，他被朝廷任命为北讨大都督，率众讨伐侯景。他“轻财爱士，府无储积，然性格暴戾。”按说他是当时最有号召力，最能争皇位的人。难怪他被湘东王萧绎所忌惮。

可是，萧纶在军事上的表现，实在太欠水平了。侯景叛乱后，萧纶作为北讨大都督，率众讨伐侯景。他昼夜兼行南下。率三万兵从京口出发，从小道直指钟山。出其不意打得侯景的军队大败。这是萧纶大军唯一的胜利，此后，萧纶所部屡败于侯景。萧纶退到钟山，只剩下千余人，被侯景军包围，再败逃京口。侯景大军围攻建康时，萧纶与东扬州刺史萧大连救援建康，侯景攻陷台城后，杀了萧纶的儿子萧坚。萧纶逃回，萧大连担心萧纶想害自己，而想先动手杀了萧纶。萧纶发觉后，逃到禹穴。

庚午（二十日），邵陵王萧纶率人马到达江夏。梁武帝侄儿南平王郢州刺史萧恪鉴于萧纶的名望，带人到郊外恭迎，并表示要把郢州刺史之位让给萧纶。萧纶是个聪明人，他在人家的地盘上想要活命，当然不敢接受。于是，萧恪推举邵陵王萧纶为假黄钺，都督中外诸军事。萧纶便设置百官，改大厅为正阳殿，内外各衙门都题了匾名。

而湘东王萧绎也想称帝，担心萧纶来争帝位。萧绎自称奉得皇帝密诏，得假黄钺，大都督中外诸军事，承制封拜，集众讨伐侯景。

萧绎为了称帝，对皇族宗亲的屠杀，毫不手软！

萧誉是梁武帝的孙子，昭明太子萧统的次子。萧詧（后为西梁宣帝）之兄。史称萧誉“历任琅琊彭城二郡太守、南徐州刺史、侍中、领军将军、湘州刺史。骁勇善战，爱护士兵，颇得人心。”侯景叛乱后，萧誉率兵救援。台城沦陷后，萧誉回镇湘州长沙。

萧绎派咨议周弘直到萧誉所在的长沙，督促他尽快备好粮草，集结军队，随时听令讨伐侯景。萧誉恼怒，说：“我跟萧绎都是平起平坐的王爷，他凭什么来指挥我?”

萧绎派使者往返三次，萧誉不从。萧绎大怒，派遣其世子萧方等率军讨伐萧誉，结果萧方等兵败，溺水阵亡。

萧方等死后，萧绎又派信州刺史、镇兵将军鲍泉讨伐萧誉。并写信给萧誉，说明利害关系，允许他弃恶从善。萧誉对鲍泉说：“萧绎是败军之将，还有什么勇力可谈。想进攻只管进攻，何必多费口舌。”

河东王萧誉，字重孙，是昭明太子的第二个儿子。梁普通二年（521），萧誉被册封为枝江县公。中大通三年（531），又被改封为河东郡王，食邑二千户。后来，萧誉又被任命为宁远将军、石头戍军事。并出任琅笽、彭城两郡太守。接着他回到京城担任侍中、轻车将军，置佐史。并出任南中郎将、湘州刺史。

不久，侯景侵犯京城，萧誉率兵救援，到达青草湖时，台城陷落了。后奉命回师，仍旧镇守湘州。由于张缵的挑拨离间，使得萧绎与萧誉产生矛盾，导致两王火拼。

据《南史》载：“侯景寇京邑，誉率军入援，至青草湖，台城没，有诏班师，誉还湘镇。时世祖（萧绎）军于武城，新除雍州刺史张缵密报世祖曰：‘河东起兵，岳阳聚米，共为不逞，将袭江陵。’世祖甚惧，因步道间还，遣谘议周弘直至誉所，督其粮众。誉曰：‘各自军府，何忽隶人?’前后使三反，誉并不从。世祖大怒，乃遣世子方等征之，反为誉所败死。”

萧誉从小就很勇猛，有胆气，可在马上用弓弩，能够安抚士兵，很受部下拥戴。萧誉乘勇攻击驻扎在石椁寺的鲍泉的军队，反被鲍泉仗地理优势所打败。萧誉不服，又率领精锐士兵攻击，再败。天色已晚，萧誉部下疲敝不堪，鲍泉乘机率兵出击，大获全胜，斩杀萧誉军三千人，溺水而死的有一万多人。

自此一战，萧誉退入长沙城。萧誉焚烧长沙城郊区城镇，把居民全部驱赶到长沙城内。鲍泉率军围困长沙城。从七月围到九月，内外联系断绝，但长沙城的守备仍然很坚固。鲍泉久攻长沙不下，萧绎派领军将军王僧辩代替鲍泉进攻萧誉。

王僧辩，字君才，是右卫将军王神念的儿子。学问广博，尤其精通《左氏春秋》，能言善辩，神态严正，虽然射箭穿不透铠甲，但有凌云壮志。

天监年间，王僧辩随父亲一起来投奔梁武帝。起初任湘东王国的左常侍。其后湘东王萧绎做了丹阳尹，王僧辩也转为府中的行参军。湘东王出任会稽太守，王僧辩兼任中兵参军事。湘东王迁任荆州刺史，王僧辩还是在其门下担任中兵之职。

当时安成地方有世家大族刘敬躬，在田间捡到的白蛆变成了金龟，正要把它融化了，金龟突然发出光亮照耀室内，敬躬以为是神而对它祈祷。后来向它请的愿多能应验，生活无着的人多来投靠他。刘敬躬势力发展起来以后，他对有恩有仇的人都一一还报，后来就打算作乱，远近各处纷纷响应。萧绎派中直兵参军曹子郢镇压他，派王僧辩袭击安成。子郢击败刘敬躬的军队后，敬躬逃到安成，被王僧辩擒获。王僧辩又镇压了安州造反的蛮人，因此以勇武有谋略闻名。

萧绎为徐州刺史，王僧辩做贞毅府咨议参军，代柳仲礼为竟陵太守。等侯景造反，萧绎命令僧辩总督水军一万援救建康。等赶到，建康台城已被攻陷，侯景假借已被他控制的武帝的命令，把他的军队物资全部扣留而厚加安抚，遣返他们回竟陵。于是僧辩日夜兼程，西归萧绎。萧绎承袭帝制，任命王僧辩为领军将军。

及至萧绎和他侄子萧誉火并，令王僧辩和鲍泉去讨伐萧誉。当时僧辩因为他在竟陵的部下都是精兵，还没有到齐。王僧辩想等到竟陵的人马到齐了，才出师征伐。他对部将鲍泉说："我和您都奉命南讨，但现在军容不整，您说该怎么办呢?"鲍泉回答说："既然我们已经接受了圣命，率领兵众南讨，即使血染沙场也当在所不辞，何必考虑那么多!"

王僧辩说："我不同意您的看法，您的话只不过是文弱书生们的纸上谈兵。湘州刺史河东王萧誉年轻时即有军事才能，其兵力又强劲，加上刚刚击败侯景，士气旺盛，正在养精蓄锐，我们去进攻他，如果没有精兵万人，是打不赢他们的。我竟陵的兵将历经过多次战斗，很有作战经验。我已派人去招集他们，很快就会赶到。虽然限令进军，但我们还是去说明情况。我想和您一起禀明湘东王，希望您能帮我。"鲍泉觉得王僧辩言之有理，也就同意一起去见萧绎。

但是，湘东王萧绎对人很苛刻，又疑心重。他安插在军队里的线人，早把王僧辩的言论报告给萧绎了。萧绎很不满王僧辩所说的"王萧誉年轻时即有军事才能，其兵力又强劲，加上刚刚击败侯景"之类的话。认为王僧辩其心不诚，故意拖时间，就是不想去打萧誉。于是，萧绎心里就对王僧辩不满，生气。当王僧辩、鲍泉刚进来见湘东王，还没说明情况时，萧绎脸色阴沉地问："准备好了吗？你们几时出征?"

王僧辩如实地向萧绎说明竟陵的兵马未到情况，想等到了一起出发。不料，萧绎听了后，勃然大怒，手按佩剑大怒，厉声道："你怕死!"

萧绎怒气冲冲地走入内室，鲍泉站在一边，吓得一句话也不敢讲。这时，数十人冲上来拘捕王僧辩。萧绎怒目圆瞪，指着王僧辩，吼道：“你抗命不前，有通敌之嫌，现在只有死路一条。”

王僧辩委屈地说：“僧辩深受皇恩，久食皇禄，理当为国分忧，责任重大，今天被处死刑，又怎敢对您记恨在心，只是遗憾，不能见上我的老母亲一面。”

萧绎随手举刀砍去，正中僧辩的左大腿，血流满地。王僧辩痛得昏死过去，过了很长时间，僧辩才苏醒过来。萧绎令人把王僧辩送交廷尉处置，又拘捕了王僧辩的家小，一并关押起来。王僧辩的母亲摘下身上的饰物等待被处罚。

刚巧，有岳阳王萧詧为救胞兄萧誉而率军进攻江陵。萧绎见满城都人心惶恐。萧绎便派亲信到狱中，请教王僧辩有什么破敌之策？王僧辩提出了退敌策略，萧绎认为还行，便赦免僧辩出狱，并任命王僧辩为城内都督。

萧绎以王僧辩取代鲍泉去攻打长沙，还罗织了鲍泉十条罪名，并派舍人罗重欢率斋兵行仗三百人，与王僧辩一起到长沙。

王僧辩修筑土山，不分昼夜地向城内发起进攻。箭和石头雨点般地落在城内，城中将士死伤大半。

萧绎在长沙围困了河东王萧誉已经很长时间，萧誉向萧纶求救，萧纶准备去援救他，但因军粮不足而中止。于是，他写了一封信给萧绎说：“道之美者，以和为贵，何况天时地利不如人和。怎么能够手足肢体，自相残害？当前大敌强盛，天仇未雪。所余我们兄弟在外的，只有三人，如果不去匡救，何必要有臣子。如果在逆寇未除之时，家祸仍在发生，访古而律今，没有不亡之理。征战之时，意在必胜。至于骨肉之战，越胜越加残忍，胜也无功，败则有丧，劳兵损义，亏失极多。侯景之军所以未即攻打江南之地，正因为藩国屏卫坚固，宗室各镇强密。如果自相鱼肉，这是代侯景出师，侯景可不费兵力，坐享成功，丑类听到这种消息，何等快乐！请您一定解除湘州之围，以保存国家社稷。”

萧绎写了回信，仍在大谈萧誉是罪大恶极，法所不赦，并且说：“萧詧如果勾引杨忠来相侵逼的话，那我将像鲁仲连谈笑而却秦军一样轻而易举地打败他们。是非曲直明摆着，我就不再自陈了。临湘早上被攻下，晚上我就上路。”萧纶收到信，看后扔到案几上，感慨流涕地说：“天下之事，竟然糟到这个地步！湘州如果陷落，我就快灭亡了！”萧纶身边人听后，无不掩面落泪。

萧誉坚守到第二年（550）的五月，处境十分艰难。萧誉暗中备船突围。不料，他的部将慕容华暗中引领王僧辩的军队进城，长沙被攻克。萧誉的左右军将被冲散，他只得束手就擒。萧誉对看守他的人说：“请你暂时不要杀我，让我见七叔萧绎一眼，让他杀了慕容华这个奸邪之人，我就是死也无恨。”看守的人说：“我已奉命不让你去见湘东王。”萧誉的首级送到江陵，萧绎恨恨地把他的首级反过来安葬。

萧纶命令大造兵器甲仗，准备讨伐侯景。萧纶为人特别任性，轻财而爱士，不与人争利，府中没有积蓄。他听说有财物便立即去取，取得之后立即分散给人，士人们也因此而归附他。起初在镇守京口时，大肆制造兵器盔甲，后来遭到人们的非议，他便将这些器物都投入长江中，当他后来出征时，感到军备物资匮乏时，便感叹说：“我当日修造兵器，本来是准备非常时期使用的，想不到无故而招来怀疑，致使这些物品散失。今日讨求，却终无资望。”

萧纶的部下在军府里作威作福，惹得郢州将士官佐无不怨恨。萧恪的主要谋士咨议参军江仲举建议萧恪反对萧纶，取而代之。

萧恪大惊，说：“如果我杀了邵陵王，郢州也许可以宁静，但荆州、益州的宗室兄弟必然内心窃喜。海内如果平定，他们就会以君臣大义责备我。而且最大的逆贼侯景没有杀掉，反而宗室内就骨肉相残，这是自取灭亡之道。你的想法不妥，还是算了吧。”

但江仲举不听，他安排部署手下的将领们，定好日子就要举事。但是事情泄露了，萧纶把江仲举他们统统杀死。萧恪心里不安，前往谢罪，萧纶宽慰道：“这不关你的事。是一帮小人所为。凶犯已灭，你不要忧虑了！”

湘东王萧绎担心萧纶兵力增大，就派左卫将军王僧辩、信州刺史鲍泉等率领水军一万人东赴江州、郢州一带，声言是为了抵抗任约进犯，而且说要迎接邵陵王萧纶回江陵，准备把湘州授给他。明眼人一看，就是谎言，意在对萧纶下手了。

萧纶先礼后兵，派人送信给王僧辩，道："将军前年为人杀侄（萧誉），今年复为人攻兄（萧纶），借此求荣，恐为天下所不齿，请将军自思！"

王僧辩看了萧纶写的书信，细思量，自己也的确感到惭愧。

于是，王僧辩把萧纶的信，派人原模原样地送去给萧绎看。王僧辩的意思是，希望萧绎看了信，能停止皇室宗亲的内攻，一致对外讨侯景。但萧绎毫不顾忌，仍然严令王僧辩进军。

萧纶听说王僧辩又率军来进攻，便把属下的将帅僚佐召集到西园之中，满面流涕地对他们说道："我本无他意，只想北上为国家翦除侯景叛贼而已，谁料萧绎却疑我与他争帝位，发兵来攻，今日若守城，奈何缺乏粮备；即使是与自家兄弟拼死打胜了，也徒使后人笑骂千载！罢了，我们退避罢！"

众将领听了萧纶这番动情感慨的话，血气腾升，争相请求出战，萧纶不从，与世子萧瓒登舟北去。王僧辩奉萧绎之令率军攻打萧纶，萧纶不战，弃城而走。郢州刺史南平王萧恪，率众迎接王僧辩进入郢州城。僧辩白捡了一份战功，当然高兴啊！他立即派亲兵，小心护送萧恪去江陵，向湘东王萧绎报捷。

萧纶到达武昌，收集散兵部曲数万人，进驻齐昌郡。萧纶投降北齐，被封为梁王，联合北齐军攻击侯景的南阳。侯景部将任约率领铁骑两百袭击萧纶。萧纶败走定州。定州刺史田龙祖迎接，田龙祖是萧绎任命的刺史，萧纶害怕侯景军袭击，再回齐昌郡。路经汝南，西魏汝南城主李素孝是萧纶旧部下，迎入萧纶。萧纶集兵将要攻击魏境的竟陵。

西魏派遣大将军杨忠、仪同侯几通率军抵抗。杨忠进军汝南，萧纶守笼城。寒天大雪杨忠不能进攻，后来李素孝中流矢阵亡，汝南城陷落，活捉了萧纶。

萧纶不肯投降。侯几通便取来一面大鼓放在地下，让萧纶坐在鼓上，然后杀了他，扔到江岸上，尸首过了几天仍不变色，鸟兽也不敢靠近。当时雪花飘飘，尸横道路上，但尸体的周围几步之内，都没有雪迹。萧纶军队的旧主帅安陆人郝破敌将他收殓后运到襄阳。下葬那天，大雪纷纷扬扬，唯独萧纶的坟墓一块地方没有下雪。

杨忠知道以后十分后悔，派人以太牢的礼节前往祭祀参加殡葬。百姓们也十分怜悯他，给他建了祠庙。岳阳王萧詧派人来迎丧，将萧纶安葬在襄阳的望楚山南，追赠为太宰，谥为安。

萧绎围攻萧誉之时，萧誉之弟萧詧留下咨议参军蔡大宝防守襄阳，亲率二万军队、一千匹马讨伐江陵萧绎，以救萧誉。

萧詧，字理孙，兰陵人，是梁武帝之孙，昭明太子萧统第三子。自幼喜欢学习，善于写文章，尤其擅长佛教经义。梁武帝对他特别称赞赏识。梁普通六年（525），封曲江县公。中大通三年（531），晋封岳阳郡王。先后担任宣惠将军、知石头戍事、南琅琊及彭城二郡太守、东扬州刺史。萧詧有大志，多猜忌，知人善任，俭省朴素，不拘小节。抚慰将士有恩，能得部下拼命效力。孝顺母亲。不喜饮酒，不喜音乐女色。

当初，昭明太子去世时，梁武帝舍弃萧詧兄弟，而立萧纲为太子，梁武帝心中常感抱愧，就宠爱昭明太子的儿子们，由于会稽人物荟萃，物产丰富，为一方都会，所以用此任以抚慰萧詧之心。萧詧因为自己的兄弟不能立为太子，心中常怀不平之气。又因为梁武帝衰老，朝政多有弊端，呈败亡之象，就积蓄钱财，交结宾客，招募游侠，不惜降低身份来屈就他们。那些勇敢的人多来归降，身边多达数千人，都给丰厚的待遇。中大同元年（546），任持节，都督雍、梁、东益、南秦、北秦五州及郢州之竟陵、司州之随郡诸军事，授西中郎将，兼任宁蛮校尉、雍州刺史。

萧詧认为襄阳形势险要，又是梁武帝开创基业的地方，太平时足以当作根本之地，动乱时可以图谋霸业，于是克制自己，勉励节操，在百姓中广施恩惠，努力完善刑罚政务，志在安抚百姓，休养生息。境内政治清明安定。太清二年（548），梁武帝任命萧詧之兄河东王萧誉为湘州刺史，调湘州刺史张缵到雍州，取代萧詧。张缵仗恃才能名望，傲慢自负，看不起年轻的萧誉，州府迎接时礼数不到。萧誉十分恼恨。到任所后，就借口有病不与张缵见面。后来听说侯景作乱，萧誉对张缵多有欺凌威逼。张缵害怕被捉住，连夜坐小船逃跑，想到雍州去，又担心萧詧拒绝入境。

当时萧绎镇守江陵，与张缵旧有交情，张缵想借梁元帝之手将萧詧兄弟置于死地。恰巧梁元帝与萧誉、信州刺史桂阳王萧慥各自率军，支援金陵。萧慥从三峡而下，抵达长江渡口，萧誉驻军江口，萧绎到达郢州的武城。这时侯景已经请求讲和，梁武帝诏令援军返回。萧誉打算从江口返回湘州任所。萧慥想等候梁元帝到达，拜谒督府，然后再返回信州。当时张缵在江陵，就写信给萧绎说："河东王的军队已经上船，顺流而下，准备袭击江陵。岳阳王在雍州，共谋反叛。"江陵游军主朱荣又派使者报告说："桂阳王住在这里，打算响应萧誉、萧詧。"萧绎信以为真，连忙将米船凿沉，斩断缆绳返回。到了江陵，捉住萧慥，把他杀掉。命令萧方等、王僧辩等人先后进攻湘州。萧誉向萧詧告急，萧詧大怒。

萧绎打算援助建康，命令所辖诸州，全都发兵共赴国难。萧詧派府司马刘方贵领兵为前军，从汉口出发。快要出发时，萧绎又派咨议参军刘縠告诉萧詧，要他亲自带兵。萧詧言词很不恭顺，萧绎又怒。而且刘方贵早与萧詧不和，暗中与萧绎联络，约定日期，袭击萧詧。尚未发兵，恰巧萧詧因为别的事召见刘方贵，刘方贵怀疑计谋败露，就占据樊城，抗拒命令。萧詧派魏益德、杜岸等各军进攻。刘方贵窘迫慌急，派儿子刘迁超向江陵请求援军。萧绎用丰厚的财物派遣张缵，表面上是前去赴任，而暗中支援刘方贵。张缵停军在大堤时，樊城已被攻陷。萧詧捉住了刘方贵兄弟及其党羽，将他们全部杀掉。

张缵乘机到达雍州。萧詧故意拖延，不接受替代，让张缵住在西城，以礼相待。一切军事政务，仍然由萧詧主管。萧詧认为自己兄弟被陷害，祸源起于张缵，准备暗中算计他。张缵害怕，请求萧绎把自己召回。萧绎就向萧詧征调张缵，萧詧留住张缵不放。杜岸兄弟欺骗张缵道："百姓看岳阳王殿下，其权势不容人仰视。不如暂且往西山去，避开祸患。大人既得人心，远近之人必定前来投奔，凭此举起义旗，事情没有不成功的。"张缵认为很有道理，就与杜岸等人结盟发誓。张缵又邀请雍州人席引等在西山聚集部众。张缵穿着女人衣服，坐着用黑布围起来的车子，与亲信十余人出逃。席引等人与杜岸驰马报告萧詧。萧詧命令中兵参军尹正会同杜岸等人领兵追赶，把张缵一行全部捉住。张缵害怕被杀，请求出家为僧。

由于萧誉危急，萧詧率军攻打江陵以救胞兄萧誉。此时江陵外城已树立栅栏，只有北面空着。萧詧乘机进攻。萧绎十分害怕，就派参军庾奂对萧詧说："萧正德肆意作乱，天下分崩离析。你还想学他的样子，究竟想干什么？我承蒙先宫垂爱，以你兄弟相托。如今侄子反来攻伐叔父，天理何在？"萧詧回答道："家兄无罪，而多次被围攻。手足之情，难道能够袖手旁观？七叔父假若顾念先父恩情，怎么能做出这样的事呢？如果退兵到湘水，我就撤回襄阳。"

萧詧攻不破栅栏，只好退兵筑城。又尽出精锐发动攻势。突然天降大雨，平地水深四尺，萧詧军营泡在水中，部众多生离散之心。部将杜岸及其弟幼安、兄长之子杜龛，担心萧詧失势，率领部下投降江陵。萧詧部众大惊，连夜逃回襄阳，器械物资，大多被水淹没。

之前，萧詧把张缵囚禁在军中，这时，先杀了张缵，然后才撤军。杜岸投降后，请求率五百名骑兵偷袭襄阳。离城三十里时，被城中守军发觉。蔡大宝辅佐萧詧之母保林龚氏，登上城墙，关闭城门拒守。恰巧萧詧夜间逃回，龚氏不知道儿子失败，误认为是贼军，到天明见是萧詧，才放其入城。由于萧詧已归，杜岸等人逃到广平。

萧詧派将领尹正、薛晖等人攻克广平，捉住杜岸，连带他们的母亲、妻子、儿女，在襄阳北门全部杀掉。又将杜氏宗族中较亲近者全部处死，其年幼者及远亲关入蚕室。挖掘杜氏坟墓，烧骨扬灰。

萧詧已与江陵结下怨仇，担心不能自保，便向西魏自称藩国，请求归附。西魏杨忠围攻安陆。柳仲礼急援安陆。杨忠知南方人熟悉水战，而短于陆战，于是精选两千骑兵，令所有的人口中衔着小木棍，防止喧嚣。以奇兵乘夜偷袭，打败了柳仲礼的援军。活捉了柳仲礼和他弟弟柳子礼。安陆、竟陵，都投降了杨忠。从此汉东之地全部归于西魏。

接着，杨忠乘胜率兵进逼江陵。湘东王萧绎派舍人庾恪去劝说杨忠，说："萧詧目无尊长，竟然进攻叔父，而魏国帮助他，这怎么能使天下归心！"杨忠思之有理，便停兵于江北。萧绎派舍人王孝祀送儿子萧方略为人质以求和，并与杨忠订立盟约，约定："魏国以石城为封疆，梁国以安陆为国界，请求按照附庸关系，互送儿子为人质，发展贸易以通有无，永远作为邻邦和睦相处。”

但是，处心积虑争夺皇位的萧绎，并没摆脱被西魏灭亡的命运。554年，西魏大将军杨忠攻破江陵。梁元帝萧绎虽然投降，但还是被杀。萧詧在江陵称帝，年号大定。史称西梁或后梁。因领土狭小，萧詧心中常郁郁不乐。每次读到“老骥伏枥，志在千里。烈士暮年，壮心不已”，都要扬眉举目，握腕激奋，久久叹息不止。大定八年（562）二月，萧詧竟以忧愤而背部发疽致死，时年四十四岁。同年八月，群臣将他安葬在平陵，谥号宣皇帝，庙号中宗。这是后话。

且说当年（549）湘东王萧绎，早就知道梁武帝驾崩的消息。但因为萧誉驻扎的长沙还没攻下来，所以，萧绎封锁了梁武帝的消息。以至于王僧辩、陈霸先等人都以为梁武帝还健在，对湘东王萧绎那些以皇帝之名发布的命令，丝毫没有怀疑。

550年，萧绎才为梁武帝发丧，用檀木雕刻梁武帝像，安放在百福殿里。虔诚朝拜，早晚请示。萧绎不肯用侯景挟天子之“大宝”年号，还是照旧年号，称“太清四年”。

萧绎下令大举讨伐侯景，檄文传遍远近。

第十二章　陈王盟军破侯贼

湘东王萧绎传檄四方，讨伐侯景。

萧绎以王僧辩为大都督，率领巴州刺史丹阳人淳于量、定州刺史杜龛、宜州刺史王琳、郴州刺史裴之横向东出发进攻侯景，徐文盛以下的将领一并受王僧辩指挥。

王僧辩率大军抵达巴陵之时，闻知郢州已经被侯景拿下。郢州城亦称郢城，位于武汉市武昌蛇山，南朝刘宋就三国孙权所建夏口城扩建而成，为其所置郢州州治。自刘宋以后，齐、梁、陈一直以此城为郢州州治。隋置鄂州，设江夏县，鄂州治和江夏县治都设在郢州城内。此后，鄂州、郢州的名称虽几经变更，但州治却一直在郢州城内。

郢州的失陷，湘东王萧绎是要负主要责任的！——他任命自己年仅十五岁的儿子萧方诸为郢州刺史。因为萧方诸是萧绎宠妃王氏所生，所以萧绎格外钟爱。以萧方诸镇守郢州（江夏），又令鲍泉辅助，以遏制长江下游的皇族各亲王。年仅十五岁的郢州刺史萧方诸贪玩，而辅助他的鲍泉却性格平和软弱。萧方诸常常侮慢轻视鲍泉，有时让鲍泉伏在床上，拿他当马骑。每天以玩樗争输赢和喝酒来寻欢作乐。

侯景听说萧绎派了一个小孩子来镇守江夏，当即令宋子仙、任约率领精锐骑兵四百人，从淮河以南偷袭郢州。那天刮着大风，下着暴雨，天色阴沉沉的。郢州城防守军发现敌情，急忙向鲍泉报告说："敌人的骑兵来了！"

可是，鲍泉却大意地说："徐文盛的大军就在城下，贼兵哪能飞到这里？可能是属下的士兵回来了。"萧方诸还在与鲍泉玩着游戏。

又过了一阵子，跑来报告敌情的人多了。鲍泉这才感觉不对劲了。命令守军关上城门。但，为时已晚。城门还没来得及关上，宋子仙等人的精锐铁骑已冲进了城内。

此时，“萧方诸刚刚坐在鲍泉肚子上，用五色彩线编结着鲍泉的胡子。”突然之间，看到宋子仙等军将手持大刀、利剑，凶神恶煞般地冲进屋里，萧方诸吓傻了，当即跪拜着迎接。鲍泉一看，情形不妙，当即钻进床底下。宋子仙低头一探，感到很惊讶：“这是什么鬼？白胡子间夹杂着彩线。”当即伸手一拉，鲍泉疼痛难忍，抚着胡子，从床底下爬了出来。

宋子仙把萧方诸、鲍泉，连同抓获的司马虞豫等人，一起押送到侯景住处。侯景在长江里遇到顺风，扬帆急驶，抢先超越了徐文盛等人的军队而进占了江夏。徐文盛的兵将害怕侯景的军队，四下溃散了。徐文盛和长沙王萧韶等人一起逃回江陵。

萧绎对败逃而回的徐文盛治罪下狱。徐文盛，字道茂，是彭城人。徐文盛家中世代在北魏担任军事将领。他的父亲徐庆之在梁天监初年（502）率领一千多人从北方过来归附梁朝，还未到达目的地，就在途中死了。徐文盛仍旧统率大军，立了一些功，梁武帝非常宠信他。大同末年（546），梁武帝任命徐文盛为持节、督宁州刺史。原来，宁州因为处在偏僻的地方，辖区内的蛮族不懂教义，贪污受贿，抢劫成风，前后各任刺史都无法禁制。徐文盛尽心抚慰蛮族，恩威并施，蛮族人民深为所动，风俗大有改观。

太清二年（548），徐文盛闻知朝廷有难，便召募数万人来救援。湘东王萧绎对他深表嘉许，任命他为持节，散骑常侍，左卫将军，督梁、南秦、沙、东益、巴、北巴六州诸军事，仁威将军，秦州刺史，命他率军东讨。因此，徐文盛领军东下，到达武昌时，正好遇上侯景部将任约，两军相持了很长一段时间。萧绎又命令护军将军尹悦、平东将军杜幼安、巴州刺史王珣等与徐文盛会师，都由徐文盛指挥。大军在贝矶进攻任约，大获全胜，任约退守西阳，徐文盛部乘胜进据芦洲，两军又进入相持状态。侯景闻讯，便率大军西进援救任约，进至西阳。徐文盛不敢和他们决战。众位将领都说：“侯景水军轻率开进，又很饥饿疲劳，可乘机攻击他们，一定会获得大胜。”徐文盛没有答应。徐文盛的妻子石氏，原先待在京城建康，此时，侯景把她送到徐文盛军营，徐文盛非常感激侯景，便与侯景暗中往来，一点也没有作战的意思，这引起了部下的强烈不满。

杜幼安、宋菷等将领便率领自己的军队单独发起进攻，和侯景军交战，大获全胜，缴获了敌方的许多战船回营。这时候侯景暗地里派遣骑兵抄小道袭取郢州，徐文盛的军队惊恐不安，随之溃散。徐文盛逃回荆州，萧绎仍然任命他为城北都督。但徐文盛收受赃物颇多，萧绎大怒，下令治他的罪，给他定了十条罪名，剥夺了他的官职和爵位。

徐文盛失掉兵权后，心怀不满，萧绎得知此情，便把他关进监狱。当时任约也被抓住，和徐文盛关在一起。徐文盛对任约说："你为什么不早点投降，把我害到今天这个地步。"任约回答说："我的营帐外，连你的马迹都看不到，我怎么会向你投降。"徐文盛哑口无言，最后死在狱中。

宋子仙轻易攻下郢州，活捉住太守萧方诸及守将鲍泉，纵兵烧杀抢掠。武昌民众遭受灾难，血流成河。还把武昌军人家属数十人押送到北齐做奴隶。

郢州被侯景攻下的消息，传到岳阳王萧詧那里。萧詧派蔡大宝率军一万多人，迅速占据武宁。并派人去江陵，对萧绎说可以前来支援。萧绎的谋士们商议后，建议萧绎以侯景已败，无需萧詧派兵支援。这样，萧詧可以退兵。

萧绎听后，说："你们的建议不行。如果让他萧詧退兵，就等于催促他进军。"萧绎派使者对蔡大宝说："岳阳王萧詧多次表白要和我们联合友好，互不侵犯，你为什么突然进占武宁？我军马上派天门太守胡僧佑带精锐甲兵二万、铁甲骑兵五千，等候时机进军。"萧詧闻之，即招蔡大宝回军。

王僧辩驻军巴陵，收到萧绎写来的信："贼兵凭借着胜利的气势，必然会向西进攻。我军不用远出奔袭，只要守住巴陵，以逸待劳，不用担心打败不了敌人。"

巴陵郡，是从晋武帝太康元年（280）开始建置。惠帝元康元年（291）置巴陵郡。

萧绎也是福至心灵，对战局的把握，还算恰到好处。他对身边的将领、谋士们说："贼兵如果水陆两路齐头并进，直扑江陵，这是上策；如果据守夏首，蓄兵积粮，这是中策。如果他们尽力攻打巴陵，这是下策。巴陵城很小但很坚固，易守难攻，王僧辩足以胜任守城之职。侯景攻城不下，野外又没有什么可抢掠的东西，酷暑季节流行疾病不时发生，军粮吃完，士兵疲惫，我们打败他是必然的事！"

接着，萧绎命令罗州刺史徐嗣徽从岳阳出发，武州刺史杜龛从武陵出发，各率军队和王僧辩会合。

徐嗣徽，南朝梁人，祖籍高平（郡治今山东金乡）。侯景之乱，西归荆州，梁元帝萧绎授以罗州刺史，以功迁太子右卫率、秦州刺史。陈霸先杀王僧辩，乃挟北齐军攻陈，兵败被杀。

侯景令丁和率五千人守夏首，又令宋子仙率一支队伍作为先锋，进逼巴陵。同时，又令任约挥师直指萧绎的老巢江陵。然后，侯景本人率水陆大军，齐头并进。大有一举荡平江陵之势。以至于长江沿线的萧绎部下巡逻兵，纷纷投降侯景。侯景踌躇满志，把他的战线扩大到隐矶一带。

在这种乌云压城的状态下，王僧辩依城固守。下令偃旗息鼓，巴陵城安静如常。侯景的大军渡过了长江，当他的轻骑兵来到城下时，不见城上军旗飘扬，无从判断谁是守城将领。侯景的探马只好问守城士兵，你们的守将是谁？城内士兵回答：王领军。

侯景的轻骑兵听了仍不知道是哪个王领军。于是趾高气昂地喝问为什么还不投降？王僧辩从容回答："你们大军尽管指向荆州，我这个小城池，自然不会构成你们的障碍。"

轻骑兵听罢，呵呵大笑，拍马回去了。不一会儿，侯景派人把王琳的哥哥抓到城下，向城内的守将王琳劝降。

王琳站在城头，高声说："哥哥受命讨贼，不能以身殉国，反而劝降，你不内疚吗？"说完，王琳张弓放箭，射击兄长。王琳之兄惭愧退下。

侯景指挥兵众攻打城池。王僧辩沉着指挥。城中鼓声大作，呐喊震天。城上的飞箭、巨石如雨点般地飞下来，把侯景的兵众打得死的死、伤的伤。侯景的攻势受挫，只得退下。

王僧辩派轻便迅捷的小部队出城袭击，打胜了就跑，不让侯景的兵众休息。如此袭击了十几次，打得侯景的兵众疲惫不堪。

城下，侯景身披铠甲来督战。城上，王僧辩身系绶带、坐着轿子，奏着鼓乐，吹吹打打地巡视守城将士。侯景远远看着王僧辩，佩服王僧辩的大胆勇敢。

侯景日夜攻打巴陵城，久攻不下。他的军队水土不服，没粮食吃，还染上瘟疫，死伤大半。同样地，被侯景围困在城内的王僧辩大军也粮食紧张。萧绎派晋州刺史萧惠正率兵支援巴陵，但萧惠正自知自己的能力不够担当这个重任，就举荐胡僧佑。

胡僧佑，字愿果，是南阳郡冠军县人。小时候就勇敢果决，有军事才干。胡僧佑在北魏官至银青光禄大夫。大通二年（528）回到梁国，多次向皇上奏事，梁武帝很器重他，授予他假节、超武将军、文德主帅等官职，让他守卫项城。项城陷落后，胡僧佑逃亡到北魏。大通三年（529），陈庆之护送北魏北海王元颢到洛阳，胡僧佑随陈庆之回国，被任命为南天水、天门两郡太守，颇有政绩。他生性喜欢读书，却不懂得写文章。但每次在公宴上，胡僧佑一定要勉强赋诗，文辞庸俗，大多被嘲讽，他却怡然自得，说自己的诗文作得不错，并且越来越骄傲自大。

胡僧佑晚年被梁元帝所用，担任镇西录事参军。侯景叛乱时，西沮蛮乘机反叛，湘东王萧绎命令胡僧佑讨伐西沮蛮，要他杀尽其首领，胡僧佑规劝萧绎不要那样做，却以违抗圣旨的罪名被关进了监狱。

大宝二年（551），侯景进占荆陕一带，把王僧辩围困在巴陵，萧绎便擢用狱中的胡僧佑，授予他假节、武猛将军等职，又册封他为新市县侯，命令他去巴陵救援王僧辩。萧绎告诫他说："贼兵若水战，你用大舰去撞它，定能击败它。如贼兵在陆上作战，你可开船直抵巴丘，不必与之交锋。"

胡僧佑即将出发时对他儿子说："你可以开列两扇门，一门做成红色，一门做成白色。如果此去吉利的话，我就由红门进来，如果此去不吉利的话，我就由白门进来，不打胜仗我决不回家。"萧绎闻知此事，对胡僧佑非常赞赏。

胡僧佑兵到杨浦，侯景派遣部将任约率领精兵五千占据白土脊，遥遥地监视着胡僧佑。胡僧佑不与交战，从另外一条道路西进。任约认为他是害怕自己而有意退避的，便下令快速追击，在南安的芊口终于追上，他对胡僧佑大喝一声："吴儿，还不赶快投降，看你往哪里逃!"胡僧佑不与他答话，暗中率军把任约的队伍引诱到赤沙亭。正好遇上陆法和，胡僧佑与陆法和两人便联合起来，胡僧佑指挥部队发起进攻。打得任约的士兵四处逃散，淹死的、打死的不计其数。抓住了任约并把他押送到江陵，萧绎赦免了他，留在帐前听用。萧绎任命胡僧佑为侍中、领军将军，召他回到荆州。

侯景听说任约兵败，他烧掉营帐，连夜率兵卒几千人逃跑了。侯景令丁和担任郢州刺史。丁和用大石头砸死了鲍泉和虞豫，把尸体沉在黄鹄矶。鲍泉字润岳，是东海人。父亲鲍机，是湘东王咨议参军。鲍泉博览史传书籍，文章也写得好。年轻时就跟着湘东王萧绎，很早就被提拔任用。萧绎在江陵称帝后，授鲍泉为信州刺史。太清三年，梁元帝萧绎命鲍泉去湘州征讨河东王萧誉，鲍泉至长沙，布置毗邻诸城逼迫萧誉，萧誉率众兵攻鲍泉，鲍泉据栅栏坚守，萧誉不能攻克。鲍泉又趁他疲困出击，萧誉大败，鲍泉俘获他许多兵士，于是包围城池，但久攻不下。梁元帝历数鲍泉的罪过，派平南将军王僧辩代鲍泉任都督。僧辩到达军营，鲍泉深感惊讶，对左右人说："得到王竟陵（王僧辩）助我经略，不用费力就能平定贼寇。"王僧辩入室，便背对鲍泉而坐，说："鲍郎有罪，令旨让我锁拿卿，卿不要以旧友的情意而怀有希望。"于是拿出令旨让鲍泉看，将鲍泉锁在床下。鲍泉说："延缓了王师进攻，服罪是甘心的，但恐后人更想的是鲍泉的糊涂。"

王僧辩是久经战阵和官场的老手，听了鲍泉此言，心中很有感慨：鲍泉感叹糊涂之语，含义至少有三层：一是自责自己无能攻下城池，表明自己糊涂；二是感叹自己糊涂跟错了主子。自己尽心尽力卖命，也没有得到宽恕；三是自己交友糊涂，没有好友为自己申辩。而王僧辩更是有被萧绎关押之后，再释放，戴罪上阵的亲身经历。因此，王僧辩上奏请梁元帝原谅鲍泉用军迟缓的罪过。不久，梁元帝恢复了鲍泉的职务，令他与僧辩等人率舟师从东面郢州进逼邵陵王。

平定郢州后，元帝让长子方诸任刺史，鲍泉任长史，行府州事。侯景密遣将领宋子仙、任约率精骑袭击郢州，方诸与鲍泉不考虑军政，只是赌博酗酒自乐，贼骑兵至，百姓奔告，方诸与鲍泉却还在玩乐博戏。鲍泉说："徐文盛的大军守在东面，贼兵怎么会来?"

但是，报告敌情紧急的人越来越多，鲍泉才令关闭城门。侯景贼兵纵火烧城，没有人敢抗拒，侯景的骑兵攻入城中，活捉了方诸及鲍泉，送到侯景之处。后来侯景在巴陵攻王僧辩，没攻下，败退之时，便在江夏杀了鲍泉，将尸体沉入黄鹄矶。

鲍泉的朋友，曾经做梦，应验了鲍泉的遭遇。当初，鲍泉去任南讨都督时，他的朋友梦见鲍泉得罪了梁元帝，醒后告诉鲍泉。没过十天，鲍泉果然被拘捕。不久，他的朋友又梦见鲍泉穿着红色的官服，在水上走。他这个朋友又告诉鲍泉说："君勿忧，不久可免罪。"并将梦境说给鲍泉听。鲍泉把这些梦密记下来。不久，鲍泉再被梁元帝任用，这都应验了梦中所说。鲍泉对《仪礼》深有研究，编撰《新仪》四十卷，在世上流传。

萧绎委任僧辩为征东将军、开府仪同三司、江州刺史，封长宁县公，命令他率领众军沿江而下讨伐侯景。王僧辩攻克鲁山，进攻郢州，很快攻入罗城。这时有颗车轮般大小的流星坠落到侯景军营内，离地十丈时变成了火球，然后一下爆裂炸开。城里又飞出一条龙，闪耀着五色光彩，落进武昌城前的鹦鹉洲水里。

侯景闻知此事，吓得连忙赶回京城建康。侯景的将领宋子仙等人走投无路，被迫向王僧辩提出，以献出郢城为交换条件，让他们回到侯景那里。王僧辩假装答应宋子仙的要求，并给一百只船以便使宋子仙信以为真。当宋子仙他们上船要走之时，王僧辩令杜龛率千余精兵袭击，同时，水军主帅宋遥率楼船向宋子仙进攻。宋子仙边战边逃，行至白杨浦，却突然被一将拦住去路。此人叫周铁虎，原本在河东王萧誉的旗下。萧誉败亡后，被王僧辩所擒。僧辩恼怒周铁虎太过骁勇，斩杀了僧辩属下的几员将领，王僧辩气恨恨地下令："架大锅一口，将他烹死！以报众将被斩之仇！"周铁虎大喊道："侯景未灭，奈何烹壮士！"此人能喊得出这话来，也颇有见识！王僧辩暗暗称奇，便令解绑，收为部将。

此时，周铁虎恰好得王僧辩之令，要他拦截宋子仙。两下一交战，宋子仙知周铁虎勇猛无比，内心已怯，战不几合，周铁虎设了一局，卖了一个破绽。宋子仙急于获胜，趋前抢攻，反被周铁虎一招生擒。宋子仙的部将丁和一看，主帅被擒，早已吓傻。当下就被周铁虎的兵众拉下马。把宋子仙、丁和两个一起捆绑，送往江陵。

江陵的萧绎亲审宋子仙、丁和。得知爱子萧方诸、鲍泉被杀死，投尸黄鹄矶，萧绎悲愤至极，怒不可遏，大吼："来人，将此二人立即斩首！"萧绎尤为憎恨丁和，当初侯景投降南梁之时，就是丁和送降表给梁武帝，才引发了震惊中外，祸害江南的"侯景之乱"。于是，萧绎下令，用钉子先钉住丁和的舌头，再用刀一点一点地割碎了他。

侯景巴陵一败，引发了时任司空、东道行台刘神茂的反叛。吴中的士大夫们知道侯景从巴丘兵败逃回，便鼓动刘神茂、仪同三司尹思合、刘归义、王晔、云麾将军元頵等人占据东阳，与江陵的萧绎相呼应。随之，别将李占率部到下游占据建德江的江口，张彪攻取永嘉，新安的平民程灵洗起兵占据新安郡以响应刘神茂。于是，浙江以东的地区，都依附了江陵。萧绎任命程灵洗为谯州刺史，兼新安太守。

侯景令仪同三司谢答仁剿灭刘神茂，程灵洗、张彪率将士去救援。而刘神茂却过于高估了自己的实力，竟然不要程灵洗、张彪等人来援助。他自作主张下淮扎营。有人对刘神茂说："贼兵最擅长野外作战，下淮地势平坦，易攻难守，四面受敌，不如占据七里濑为好。占了七里濑，贼兵肯定不能打进来。"但刘神茂不听。刘神茂的副将大多是北方人，与刘神茂并不同心，别将王晔、郦通占据外营，投降了谢答仁。刘归义、尹思合等人弃城逃跑。

如此一来，刘神茂陷入孤军之境，他只好投降了谢答仁。谢答仁把他押往建康。刘神茂自忖有恩于侯景，他以为侯景会宽待自己，至少可以活一条命吧。他没想到侯景这种羯胡人完全不同于华夏汉民的思维，侯景下令属下之人用一口大铡刀，先把刘神茂的脚塞进去，一寸一寸地铡他，从小腿铡到大腿，再铡到胸部，一直铡到头。满地都是污血流淌，骨肉凌乱。甚至，侯景还令人煮熟了吃掉一部刘神茂的胸肉和一颗心脏，还有一对肝。羯胡人出身的侯景，完全忘记了当年刘神茂对他的帮助。

刘神茂此刻应该是后悔的。当初，侯景在涡水兵败，逃奔寿阳，是他主动去迎接侯景，献计献策，使无处安身的侯景占据了寿阳，并以寿阳为根据地起兵叛乱，祸害江南人民。如果不是刘神茂，那侯景与南梁的历史，也许会重写。

且说陈霸先率杜僧明等众军正在江州的巴丘操练兵马。忽有人来报称："侯景称帝啦!"

众将愤然请战。陈霸先心想：自己接受萧绎命令，共讨侯景。但并未见过萧绎，只是从军将的传言里来了解萧绎，对他印象良好。他沉思道："国不可一日无主，当务之急，是先劝萧绎即皇帝位，以安天下。否则，诸王争帝，互相杀伐，国无宁日，谈何讨贼?"

侯安都、杜僧明、周文育等众将领认为说得对。霸先即派长史沈衮，奉霸先劝进书，前去江陵劝萧绎即皇帝位。萧绎谦让，授予陈霸先持使节、都督会稽东阳新安临海永嘉五郡诸军事、平东将军、东扬州刺史，领会稽太守、豫章内史，其余官职一并如故。

接着，萧绎令王僧辩进兵江州，与陈霸先会师，共讨侯景。王僧辩闻知陈霸先已率三万人马，从岭南出发，已到江州，而且，周文育所率五千前锋已兵进湓口。

当时，陈霸先的名声大振于王僧辩。霸先潇洒倜傥，足智多谋，广州讨贼，交州平叛，剿灭越帝，名震南疆。梁武帝令人画其图像以观之。所以，王僧辩对陈霸先非常敬畏，心存戒备。于是，王僧辩先派人来"借粮"以试探。霸先待人坦诚而大度，对僧辩派来的使者道："共讨国贼，患难相扶。我军贮粮五十万石，王都督尽可来取三十万石。"

使者回报给王僧辩，僧辩听了，大喜，立即派兵众运粮，同时观察陈霸先军队的动态。等军粮如数运回，王僧辩也打消了疑心。于是，约两军会师于白茅湾。

二月庚子（二十六日），各路大军从寻阳出发，兵船从头到尾达几百里。会师之日，霸先令周文育、杜僧明率五千精兵为前锋，据守南陵、鹊头诸城。随后，霸先率军三万、强弩五千张、舟舰二千艘，从南江出湓口，向白茅湾进发。

王僧辩率十五万大军前来相会。一时间旗帜翻飞，人声鼎沸，舳舻数百里。两军将士筑坛歃血。王僧辩与陈霸先首次相见，惺惺相惜，握手言欢，升坛、歃血，共读盟文："贼臣侯景，本是凶羯胡人，违背天道，弃我朝恩义，掳掠家园，残害同胞，毁我社稷，天人同愤……臣王僧辩、臣陈霸先齐心协力，共剿国贼，若违此誓，天地不容！"

王僧辩、陈霸先慷慨激昂，读完誓词。众军将士慷慨激昂，涕下沾衣。摩拳擦掌，热血澎湃！恨不得立马冲锋陷阵，剿灭国贼，以谢天下！

盟誓之后，王僧辩、陈霸先商议战略布局。两支义军协调一致，兵锋直指建康！

王僧辩派侯瑱率军进驻此前周文育、杜僧明占领的南陵、鹊头这两个敌军的戍所，陈霸先非常有战略眼光，提前令周文育、杜僧明抢占了侯景兵将所据的南陵、鹊头这两个堡垒。成为王僧辩、陈霸先盟军的首发地。

在有些史书中，说是王僧辩派人占领了"南陵、鹊头"这两个敌军的戍所，却没有具体执行占领行动的军事将领。而实际上，在《陈书》卷八列传二的《周文育传》中记载："高祖（陈高祖霸先）军至白茅湾，命文育与杜僧明常为军锋，平南陵、鹊头诸城。"这充分证明指挥占领"南陵、鹊头"这两个敌军堡垒的，是陈霸先，而并非王僧辩。

丙辰（十七日），陈、王盟军从南陵、鹊头出发，直向芜湖。侯景的部将侯子鉴率军从合肥回到江南郡，看到西边的湘东王萧绎的大军突然出现了，顿时大惊。感到后背发凉、害怕，侯子鉴赶快逃回淮南。

陈、王盟军前锋抵达芜湖，侯景守将张黑，见此阵势，不战而逃。陈、王顺手占据了芜湖城。侯景接到军情报告，很害怕，连忙发布"伪"诏书，赦免湘东王萧绎、陈霸先、王僧辩之罪。众将领感觉很搞笑，不禁暗自嘲笑。

侯景已派大将侯子鉴带着水兵，据守姑苏、南洲，郭元建带着陆兵，驻扎在小岘，以抵抗王僧辩、陈霸先的军队。

见陈、王盟军数万人马杀奔过来，侯景部将侯子鉴急忙退回姑苏，坚守姑苏城。侯景派他的党羽史安和、宋长贵等人，率两千名士兵前去援助侯子鉴。

面对如此大规模的义军杀来，侯景发布诏书要亲自到姑孰前线去，他跑到姑苏巡视栅栏、城垒等防务。当看到王僧辩、陈霸先的军队阵容，不禁也心惊肉跳。他派人对侯子鉴道：“南方人擅长水战，你千万不可轻易与他们在水上争输赢。往年任约吃败仗，就因为和他们拼水战。如果在陆地上交战，我们的兵马就可以发挥威力，就一定可以破敌。所以，你只需在岸上安营扎寨，把船只摆在水边等待他们前来就是了。”侯景交代完了，才放心地回到建康京城。

侯子鉴听了侯景的告诫，就舍舟登岸，关闭军营大门，不轻易出来。王僧辩、陈霸先大军到后，在芜湖停兵。见侯子鉴在岸上连营扎寨，筑栅垒城防守，也不敢轻进。双方相持十余日，霸先见此，不宜久拖。便与僧辩商议，“示弱诱敌”之策破敌。

于是，霸先、僧辩假装撤军驻扎芜湖。故意军旗杂乱，狼狈不堪状。特意挑选几十精兵，化装成逃兵跑上岸，被侯子鉴军捉了去。“逃兵”说：“义军的粮食不多了。拖了十几天不战，他们怕你们铁甲骑兵，不敢上岸，只好退回去了。”

侯子鉴信以为真，大喜，马上报告给侯景，说：“西边来的军队害怕我军强大的实力，他们又没带足够的粮食，看样子要逃跑，如不出击，就会让他们溜了。”侯景听了，高兴地下令：“急击勿失！”

丁丑（初九），陈霸先、王僧辩等人率大军抵达姑孰。

姑孰城历史悠久，三国黄武年间建筑，为六朝古都金陵门户。位于马鞍山、芜湖、南京城市群中，南靠当涂的太白镇和护河镇，北依马鞍山银塘镇，西临长江。姑孰镇内风光秀丽，人文荟萃，名胜古迹诸多，文化底蕴深厚。

此时，“衣冠南渡”的后裔陈霸先率军来到姑孰镇，眺望古镇，感慨更深：谁也不愿外族入侵，战乱不休，生灵涂炭。侯景之乱，必须平定！

侯景部将侯子鉴见陈、王盟军抵达姑孰，便率领步、骑兵一万余离岸登舟。上万人的步兵和骑兵在岸边挑战，想引诱陈、王盟军放弃水战的优势，在陆地上与北军决战。又用狭长的船千艘装载士兵，船两边各有八十把桨，操桨的人都是越人，来往突袭，快过风电。

王僧辩见此情形，就指挥小船退缩。霸先指挥将领把大舰停泊在两岸，传令诸将做好杀敌准备。侯子鉴叛军见王僧辩指挥小船，都退缩到后头去了，只留陈霸先的大兵舰在两岸夹江停泊。侯军以为王僧辩、陈霸先的水军怯战，准备逃跑，争相各驶舟船往前追赶。

王僧辩假装逃跑，诱敌向东数里。霸先等贼兵追过后，当即下令。只听得一声号炮响起，周文育、杜僧明、胡颖等诸将各鼓动大舰，从南、北两岸，迅速向江心一字排开，截断了侯子鉴水师的退路，呐喊鼓噪。王僧辩听到号炮一响，立时回身，无数大小船只从两边夹击侯子鉴的部队，在长江中间把贼军围成一团。贼兵退路已断，霸先又令扬起号旗，指挥小船，四面截击，鼓噪大呼，杀得贼船东沉西没，无路可奔。有慌不择路跳水的，北军不习水性，跳入水里淹死的有几千人。

侯子鉴弃甲改装，夺路逃脱，直奔建康京都报信。侯景知兵败，姑苏城失，惊惧交加，涕泪满面。拉过被子躺下，像一条老狗似地蜷缩在床上，半晌才爬起来，叹息着说："侯子鉴，你可把老子给坑了！"

夜幕降临，陈、王盟军胜利进入姑苏城。

王僧辩见众军打了一天的仗，军兵都累了，准备睡一晚，再进军建康。陈霸先劝道："敌已破胆，宜乘胜追击，直捣京城。"

僧辩也是战场老将，霸先一提醒，他立即就明白了：乘胜连夜追击，不给敌人有召集兵马，准备战斗的机会。陈、王盟军即令水陆大军马不卸鞍，兵不解甲，连夜追击。结果，兵锋所指，势如破竹，沿途各城戍所，来不及应战，慌忙归降。

第十三章　乘胜追击克建康

陈、王盟军乘胜追击，兵锋直指建康！

盟军一鼓作气，所向披靡，沿途的历阳等城镇之敌，都没来得及集合兵马抵抗。叛军仓促之间，降的降，逃的逃……

陈、王盟军连夜追击到了京城建康的外围。王僧辩扎营在建康城西南面的张公洲，陈霸先扎营在建康城西南方向的蔡洲。这里是长江中沙洲，为六朝屯军之所。两营成掎角，互为接应之势。

次日清晨，侯景登上石头城，观察追兵形势。石头城位于南京市鼓楼区，有“东吴第一军事要塞”之称。筑于楚威王七年（前333），东汉建安十六年（211），吴国孙权迁至秣陵（今南京），在石头山金陵邑原址筑城，取名石头城。它扼守秦淮河与长江的交汇口，“因山以为城，因江以为池，地形险固，尤有奇势”，是保障首都建康城西部安全的军事重镇，也是兵家必争之地，素有“石城虎踞”之称。

侯景见陈、王盟军结营有序，攻防有度，旌旗猎猎，兵强马壮。他心中十分担忧，便问身边将领如何攻击？一将领指张公洲营盘，道：“此营约十五万之众，势大，不可贸然直攻。”转而指蔡洲营盘，道：“此营兵约五万众，可先攻此地。”

侯景极目眺望，细看蔡洲方向，竟然有紫气缭绕营地，上空隐隐有五色云气。神色大惊，指蔡洲营盘，对左右道：“此营上空有五色彩云，营盘紫气缭绕，此天子之气也！不可当，难胜矣！”言罢，侯景神情低落，转身下城楼。令卢晖略镇守石头城，纥奚斤捍卫宫城。逼军将的家属统统搬进台城内，与讨逆联军决一死战。

王僧辩率各路水兵，乘潮涨进入秦淮河，挺进禅灵寺前面。

秦淮河，古名龙藏浦，汉代起称淮水。属于长江下游右岸支流。相传秦始皇东巡会稽过秣陵，以此地有“王气”，下令在今南京市区东南的方山、石硊山一带，凿断连岗，导龙藏浦北入长江以破之。

秦淮河有南北两源，北源句容河发源于句容市宝华山南麓，南源溧水河发源于南京市溧水区东庐山，两河在南京市江宁区方山埭西北村汇合成秦淮河干流，绕过方山向西北至外城城门上坊门从东水关流入南京城，由东向西横贯南京主城，南部从西水关流出，注入长江。

侯景令他的部将张宾把秦淮河的大小船只和出海的巨舰，装满石头沉入江里，堵塞住秦淮河道。又用竹木装满大小石块沉入水中，堵塞秦淮河口。使王僧辩的水兵无法前进。侯景又令兵众沿秦淮河从石头城到朱雀街十几里，扎立营栅和修筑城墙，以防盟军进攻。

王僧辩自知被动了，无法破敌。便派杜崱前去请教陈霸先破敌之策。霸先说：“以前柳仲礼讨贼，拥兵数十万，隔水久驻，贼登高俯瞰，一望无余，故能胜我师。今欲围攻石头，须速渡北岸，才能合围。侯景骁勇无敌。我们不宜强攻，转扑敌人老巢建康。贼必惊慌。诸将如果不能担当前锋，霸先愿当前锋，先去北岸立栅结营，请公勿虑!”

杜崱把霸先此计回告僧辩。王僧辩觉得很有道理，即令水军直扑建康老巢。侯景兵众浮躁不安，侯景强自镇定，对兵众道：“怕什么，有王丞相守宫城，你们不要慌乱。”

陈霸先率众军渡河向北岸，贼兵攻击阻挡。周文育、杜僧明令放箭。瞬时箭如雨下，贼兵死伤者众，稍退。杜僧明、胡颖等将指挥战舰冲向北岸。杜僧明率领部下火烧敌军的水门大舰。义军斗志高昂，而叛军的攻势弱了下来。陈霸先趁此良机，率数万军众在石头城西面落星山扎营筑栅。随后，王僧辩及诸将也在石头城西筑栅结营。一共修筑了八座城堡，一直延伸到整个石头城西北面，形成包围之势。

侯景见了，大为惊恐，担心西州退路被截断。令侯子鉴督促兵将也在石头城东北面筑起五个城堡，以扼守大路，牵制盟军。侯景杀了湘东王萧绎的次子萧方诸和前平东将军杜幼安，以激怒、打乱萧绎的心志，使他在愤怒中作出错误的决策。

萧方诸（537—552），字智相，萧绎次子。母为王贵嫔。幼时聪警博学，明习《老子》《易经》，善谈玄，风采出众，善辩论，特为父亲所钟爱，母亲王氏又得宠。萧绎长子萧方等作战身亡，萧绎对方诸说："不有所废，其何以兴。"有立嗣之意。

萧方等（528—549），字实相，南兰陵郡兰陵县（今江苏省常州市）人。南朝梁宗室，梁元帝萧绎长子，梁敬帝萧方智异母兄，母为正妃徐昭佩。萧方等聪慧有才，弓马娴熟，精于绘画，涉猎文史，册立为湘东王世子。受累于母妃放荡不羁，屡遭父王嫌弃，处于恐惧和绝望之中。

萧方等的母亲徐妃因为很会妒嫉人，不得萧绎喜爱；萧绎宠爱的王夫人去世后，萧绎将其归咎于徐妃，这些让萧方等感到相当不安。萧绎得知儿子的不安后，更厌恶他了，萧方等也越来越恐惧，便写了一篇文字来阐明自己的志向。

有一次梁武帝想要看看诸王的长子，萧绎便派了萧方等去见祖父萧衍。萧方等很高兴地登上船去，想要借这次机会洗脱他的忧虑与耻辱，结果船开到繇水时遇到侯景之乱，萧绎便叫萧方等回来，萧方等却说："从前申生都能不惜一死，方等又怎能苟且偷生？"萧绎知道儿子没有回来的打算，便配给他一万步骑，让他作为援军。萧方等颇得军心，作战冲锋在前，萧绎这才觉得这个儿子其实不错。萧方等又请求修筑城栅，以备不时之需；完工以后，登楼可见周围七十余里，让萧绎非常高兴。萧绎为此特别向徐妃赞美萧方等，感叹若再有一个像萧方等一样的儿子，他就无所忧虑了，徐妃却哭泣离去，萧绎一怒之下，将她的淫行书写公开贴在大殿柱子上。萧方等得知后，非常难堪，面见自己的父亲，更加恐惧了。

太清三年（549），当时萧绎的侄子、河东王萧誉任湘州刺史，不服从萧绎调遣。萧方等主动地向萧绎请求去长沙讨伐，萧绎同意，并封他为都督，领两万军马出兵。临行前，萧方等告诉亲信："我这次出征，必死无疑；如果能死得其所，我又怎么会贪生呢？"后来果然战败，萧方等溺水而死。后来找到尸体，发现在护城河里，水极浅，按理说不足够能淹死人的。有亲信推测，萧方等是有意自溺而死。萧方等是一个极具悲剧色彩的人物。

萧绎失去萧方等后，着意培养次子萧方诸。拜萧方诸为中抚军，做自己的副手，又出为郢州刺史，镇于江夏，以鲍泉为行事，防遏下流。遣徐文盛督众军，与侯景手下将领任约相持未决胜负。萧方诸时年十五岁，倚仗徐文盛就在附近，不忧虑军政，每日与鲍泉饮酒赌博为乐。侯景知道后，遣其将宋子仙率轻骑数百，从小道袭击。此时天气不好，宋子仙军队到达，百姓奔走相告，萧方诸与鲍泉还不信，说："徐文盛大军在下，虏安得来?"

随后，有许多人来急报军情，鲍泉这才下令关门。但宋子仙的军队已进入，城池陷落。

宋子仙俘虏萧方诸回军，时为大宝二年（551）。王僧辩的军队到达蔡洲，逼近侯景，侯景便杀死了萧方诸，以激怒萧绎。

侯景贼兵不知从哪得知了王僧辩父亲王神念的坟墓。侯景叫兵众掘墓焚尸，又将骨灰撒于江中。并报知于王僧辩，以激怒、挫败和打击盟军主帅王僧辩的精神，使他的判断力和决策力产生偏差。

王僧辩出身于乌丸王氏，最初在北魏政权任职。南朝梁武帝天监年间(502—519)，随父亲王神念从北朝投奔南朝，出任梁湘东王萧绎的左常侍。以后，随着湘东王职位的调动，先后任过湘东王府行参军、中兵参军、府司马等职，又代替柳仲礼为竟陵太守，号雄信将军等职。

王神念（451—525），太原郡祁县（今山西祁县）人。南北朝时期北魏、南梁将领。王神念喜欢儒术，尤明内典。初仕北魏，起家并州主簿，累迁至颍川太守。梁武帝天监七年（508）占据郡县，以投奔南梁，被梁武帝封为南城县侯。历任安成、武阳、宣城三郡内史，颇著治绩。在青、冀二州刺史任内，严禁淫祠，移风易俗。在此期间，屡次领军对抗北魏，但多以失败告终。晚年入朝拜右卫将军、散骑常侍、爪牙将军等。普通六年（525），王神念去世，年七十五。梁元帝时累赠侍中、中书令，谥号"忠"。

王僧辩闻知父亲王神念的坟墓被侯景毁坏，痛哭昏倒。众将极其愤慨侯景那些没有人性的卑劣行为，发誓说要诛灭其人。王僧辩率军击杀贼兵，乘胜推进到城北扎营，大骂侯景，道："皇上恩重，你不思报答，反而叛乱，饿死皇上。我父与你无冤无仇，你为何掘墓焚尸？我发誓也要掘你祖宗十八代的坟墓。”

侯景却哈哈大笑，用无赖的流氓口气，回道：“朕的祖宗十八代都在万里之外的大漠塞外，朕都不晓得在哪里，你有本事找到，朕还得谢谢你哩！”侯景的兵众齐声讥笑，把王僧辩气得脸色铁青！

王僧辩率军向招提寺北面出击，想取石头城。侯景率一万多兵众，铁甲骑兵八百余，在西州的西边排列布阵。陈霸先派人对王僧辩说：“我众贼寡，应分贼兵势，达到以强制弱的目的。为什么要让贼兵把精锐力量集中在一起，让它们来把我军置于死地呢！不能让他聚精蓄锐，把我打死。我军人多势众，应该将其分而歼之。”

于是，陈霸先令诸将分头到几个地方布置部队。断敌后路、分割包围。霸先刚布置好部队，侯景就率军冲击王僧志的战阵，王僧志有意让队伍稍稍退却。陈霸先派安陆人徐度带领两千名弓箭手绕敌后面，截断敌军的后路。陈霸先率军攻击叛军西面两城。徐度下令放箭，顿时密箭如雨，遮天蔽日。侯景兵众惊慌而退，死伤无数，四处逃散。此时，陈霸先和王琳、杜龛率领铁甲骑兵迅速追击，王僧辩指挥大军压了过来。侯景军队一部被分割包围，另一部士兵败退下去，逃回营栅固守。

侯景手下的仪同三司卢晖略负责守石头城，他看到侯景败局已定，便打开北门，向王僧辩投降，王僧辩大喜，迅速率兵将长驱直入，冲入石头城，占据城内，立即布置四门防卫。

此时，霸先仍在城外，与侯景主力奋战。杀红了眼的侯景自知生死一搏，就在今日，所以，他使出全身的本领，凶神恶煞般地与陈霸先展开了白刃战。戴冕、曹宣等众将又夺得贼兵果林一带的四座城栅。不料，侯景败而复还，率众兵拼命死战。义军仓促之间难以抵抗，竟然被侯景夺回四座城栅。陈霸先见状，知胜败存亡在此一举，他一马当先，吼声如雷，道：“酬君报国，就在此时，跟我冲啊——”陈霸先神威大展，拍马挥刀，杀向敌军。众将士也明白决战的关头到了，个个奋勇冲击，跃过栅栏，刀枪剑戟，横砍直刺……一场血肉横飞的白刃战，就此展开……侯景更加明白此战决定他的身家性命。他久经战阵，凶猛顽强，亲率一百多骑兵，扔了长矛，手执短刀，披着短甲，只管往下砍人和马的腿脚。侯景曾经用这一猛招，打败了东魏骁将慕容绍宗。

此时两军激战，侯景又故伎重演，率百名精锐骑兵，在陈霸先的队伍里左冲右杀，冲击陈霸先的阵脚。陈霸先骑着白马，挥动双剑，如蛟龙翻腾，勇猛迎战侯景。周文育、杜僧明等诸将威猛无比，兵来将挡，水来土掩。直杀得天昏地暗，日月无光。

陈霸先军队早就研究透了侯景的“三板斧”战术，面对侯景的短兵短甲突袭，陈霸先的属将们相互配合，远挑、近劈；左闪、右杀。侯景的兵众反而陷在陈霸先队伍里左冲右突，无法施展。周文育、杜僧明等将领长戟齐挥，斩截稍远的侯景的短兵短甲；杜龛、王琳等诸将抡起大刀，迎头劈向近处的侯景的短兵突袭者。

恰此时，侯安都、陈蒨率一彪军杀了过来。当初，陈蒨与章要儿、陈昌、陈顼等家属被侯景囚于建康。陈霸先兵围建康时，担心侯景狗急跳墙，以妻儿来要挟，即令智勇双全的侯安都想办法率兵众潜入建康，既做内应，又可营救陈蒨及家属。此刻，侯安都领着陈蒨一彪军马，如波涛翻涌，直向侯景冲杀而来。陈蒨一心想要杀死侯景，以雪俘囚之耻！侯景兵众遇之者即死，连连闪避，贼兵阵营因此动摇。

陈霸先看得真切，又担心侄儿陈蒨有闪失，大吼一声：“宫城已破，活捉侯景！”杜僧明、周文育等诸将会意，引军大喊。众义军边喊边杀，声势大振。而叛军听罢，斗志顿消。侯景正与霸先交锋，突闻宫城已破，当下心慌，虚晃一刀，打马就逃。

陈霸先策马直追，周文育等诸将一齐发力，全线冲锋。侯景众军或逃或降，或者被杀，或者自相践踏而死。侯景军彻底崩溃。陈霸先指挥各路兵马追击败兵，一直追到京都宫城内的西明门。

侯景仓皇败逃，仅剩几十铁骑逃到建康宫阙下，四顾凄然。侯景不敢入宫城，令心腹秘密潜入宫城，把他在南方所生的两个儿子弄了出来。又令人把王伟叫来，责备道：“老王，尔迫我为帝，今日何如?”王伟无言以对，怕侯景发怒一刀杀了他，绕着宫阙躲闪着。侯景听得追兵呼啸而来，慌忙骑马要逃。王伟又冲上来，拉住他的鞍镫劝他再战，说：“自古以来哪里有什么叛逆天子！宫中卫士很多，还足够再决一死战，扔下这地方，你将跑到哪儿去安身！”侯景叹息：“我过去打败贺拔胜，击破葛荣，扬名黄河、朔方，渡长江南下后又平定台城，降服柳仲礼几十万大军易如反掌。今乃天亡我也！”侯景说完，仰头看着宫阙，叹息不已。侯景用皮袋子把他在建康生的两个儿子装好，挂在马鞍后，带着房世贵等一百余骑兵逃跑了。往哪里逃呢？他想了想，拍马去吴郡投奔谢答仁。

侯景的属将侯子鉴、王伟等人，惶惶如落水狗，也往吴郡（江淮流域）逃去了。南兖州刺史郭元建、秦郡戍主郭正买、阳平戍主鲁伯和、行南徐州事郭子仲等人，听闻侯景落荒而逃，建康克复，他们都纷纷献出自己镇守的城池归降湘东王萧绎。

王僧辩命令裴之横、杜龛屯守杜姥宅。

王僧辩、陈霸先率胜利之师进入了京都宫城。

王克、元罗等率领一帮旧臣在道路两旁迎接。王僧辩带着嘲讽的口气，对王克道：“各位朝夕参拜逆贼，很辛苦的吧？”王克无言以对，众旧臣面色惭愧。王僧辩问“传国玉玺在哪？”王克呆了一会，才回答说：“赵平原给拿走了。”王僧辩看了看王克，不无惋惜地说：“王氏一家，百代都是公卿士族，今天到你这儿算是完了。”王克冷汗浃背。

陈霸先询问梁武帝、皇太子的灵柩在哪？众旧臣连忙指引。陈、王迎灵柩，进入朝堂。陈、王跪叩，泣泪如雨。陈霸先哭拜于地，道：“臣有罪！救驾来迟！今侯景败逃，臣等必擒杀，以谢天下！”

百官按礼仪痛哭跪拜。众旧臣想起亲戚朋友男女老幼，数万人死于这场惨绝人寰的浩劫中，无不悲痛嚎哭……

王僧辩命令侯瑱等将领率领精锐甲兵五千人追击侯景。

在旧臣的指引下，抓获了侯景党羽王伟等二十余人，王僧辩命令押送江陵。

侯景伪行台赵伯超在吴松江降于侯瑱，侯瑱把他押送见王僧辩，僧辩命令把他押送江陵。王僧辩对赵伯超说：“赵公，你受朝廷重恩，你还有什么话说？”赵伯超惭愧无语。

赵伯超被押出去之后，王僧辩对左右感叹道：“朝廷过去只知道有个赵伯超，又有谁知道我王僧辩？朝廷即将土崩瓦解之时，却是我王僧辩力挽狂澜，振兴社稷。人的兴衰荣辱，看来也是此一时彼一时，没有一个定准的啊。”

左右宾客都当面为他歌功颂德。王僧辩惊恐四顾，慌乱中答道：“这都是湘东王（萧绎）的威德，群帅的拼死杀敌。我王僧辩虽然滥竽充数，做了统帅，其实我个人又有什么功劳呢？”

接着，王僧辩等人上表劝湘东王萧绎即皇帝位，并建议迎接萧绎来建康，定都、改元。但是，萧绎回信说：“现在，盘踞淮海的大鲸鱼侯景，虽说将要被杀，但占据襄阳的短尾妖狐萧詧，却还没有洗心革面地归降。登基的事，等天下真正太平了，四时和畅，玉烛生辉时再说吧！”

起先，王僧辩当都督，准备发兵讨伐侯景之前，问萧绎说：“讨平贼寇之后，继位的国君健在的话，不知用什么礼节对待？”萧绎冷酷地说：“六门之内，尽情显扬兵威。”王僧辩明白萧绎的意思了，他沉默了一会，对萧绎说：“讨伐侯景乱贼的谋略战术，我义不容辞视为己任；至于像成济弑魏君那样的事，请另外推举别人去干。”于是，萧绎秘密地告诉宣猛将军朱买臣，下令对皇族宗室进行残忍的屠杀。

待到侯景兵败，朱买臣知简文帝已死了。豫章王萧栋和他的两个弟弟萧桥、萧梂互相搀扶着从密室走出来，正好在路上碰上杜崱，杜崱为他们去掉锁链。两个弟弟说：“今天才算免了横死的灾祸了！”萧栋说：“祸福互倚，难以料知。我仍然十分惊惧啊！”

这三兄弟也真是晦气！侯景败逃后，萧栋三人相扶着逃命，刚到江边，就遇到朱买臣。朱买臣令属下几人强拉萧栋、萧桥、萧梂三兄弟上船饮酒。几杯酒下肚，朱买臣对萧栋兄弟三人直言，道：“实在对不住三位啊！臣奉湘东王令，杀尽皇族亲王！”

萧栋兄弟大惊！未及反抗，就被扔入江中喂鱼了。朱买臣则向湘东王萧绎邀功请赏去了。

陈霸先、王僧辩盟军剿除侯景叛军，克复建康，民众本是期待和高兴的！一些官绅商团还准备举行欢庆活动哩！

可是，王僧辩却纵容军兵抢劫掠夺强奸的行为。王僧辩的女婿杜龛占据台城，纵兵抢劫、掠夺建康居民。湘东王萧绎的女婿王琳的士兵大肆劫掠，抢夺老百姓的财物，京都及附近的居民深受其害。

杜龛是京兆杜陵（今陕西西安市）人。年少骁勇，善于用兵。在太清年间，他就随叔父杜崱跟着湘东王萧绎，拜忠武将军、郢州刺史，封中庐县侯。平定侯景之乱，论功为最，授平东将军、东扬州刺史。

王琳，字子珩，会稽山阴人，军人世家。他的姐妹长得很漂亮，都做了萧绎的妻妾并受到宠爱。因此，王琳不到二十岁就当了军官。王琳果敢强劲，又能礼遇下士，把所有的赏赐都赐给将士。他部属有上万人，多是江淮一带的盗贼。平定侯景有功，他和杜龛都当推第一。他仗恃有功，横行暴虐，王僧辩禁止不住，怕他作乱，曾经奏请萧绎杀了他。萧绎最终并没有杀他，反而委以重任。

王僧辩手下的杜龛、王琳这些将领，虽然赶跑了侯景，可他们仗着军功，欺压百姓。兵众们把老百姓身上的衣服剥得精光，赶出家门。兵众们又逼着老百姓用钱赎回衣物。从石头城一直到东城，都是这些赤身裸体哭爹喊娘的百姓，秦淮河岸边，哭喊声惊天动地，甚是凄惨！老百姓由原先对义军的期望、高兴，现在全都转而失望。

陈蒨与周文育率精兵去台城宫阙接章要儿和陈昌，看到王僧辩的兵众随意糟蹋百姓，陈蒨于心不忍，便问那些凄惨号哭的百姓，才知道：从台城和建康大约有数万的百姓被义军兵众奸淫烧抢，流落街头。陈蒨非常气愤，但也没办法，只好在混乱的人群里，接了他的大妈章要儿和堂弟陈昌回陈霸先的军营。自从当年陈霸先南征李贲时，安排章要儿和陈昌随沈恪回吴兴，到现在，章要儿和陈昌都一直没有见过陈霸先。更何况，陈霸先东讨侯景时，章要儿和子陈昌、陈蒨和弟陈顼都被侯景囚禁。其中的惊惧、曲折和思念之情，可想而知。幸亏在侯安都的接应下，陈蒨最先逃出。如今京城克复，陈蒨与周文育牵了马车来接人。章要儿和陈昌的内心是多么的兴奋啊！

陈蒨是始兴昭烈王陈道谭的长子，陈道谭为陈武帝陈霸先之兄。梁太清元年侯景之乱时，其父陈道谭出任梁朝的官员，官至东宫直阁将军，梁太清元年侯景之乱爆发，陈道谭领弓弩手两千驰援台城，在石头城中中流矢而亡。

陈蒨少年时就沉稳机敏有胆识气度，仪容秀美，研读经史，举止大方高雅，行为符合礼教法度。陈霸先十分喜爱他，经常称赞陈蒨是家族中的优秀之人。当时陈蒨的同乡之人大多倚凭山湖之险掠夺强取，唯独陈蒨保护家族不受侵扰。当时局势日益混乱，陈蒨便移住临安。

梁大宝元年，陈霸先举兵讨伐侯景后，侯景派人收捕陈蒨和陈霸先之子陈昌等家属。陈蒨便在袖中密藏利刃，想在入见时刺杀侯景。后来审讯陈氏家属的是侯景部将，陈蒨才未采取行动。侯景多次想加害霸先家属，恰巧侯景忙于兵战。又加上陈霸先大军围攻石头城，侯景兵败，陈蒨才得以逃奔到陈霸先军营中。

陈蒨初任吴兴太守，当时宣城的乱军头领纪机、郝仲等各聚集千余人，到郡境内侵扰，陈蒨率兵讨平了他们，维护了境内治安。梁承圣二年，梁廷授任陈蒨为信武将军，监管南徐州。梁承圣三年，陈霸先北征广陵，任命陈蒨为前军，陈蒨每战必胜。这是后话。

陈霸先听侄儿陈蒨和周文育讲述了王僧辩的兵众害民之事，霸先浓眉紧蹙，道："早有诸将来讲此事。我非常气愤！百姓盼着我们来救，我们怎能与叛军一样？"

陈霸先传令约束本军，闭营勿出。又派人送信王僧辩请他约束全军不要扰民。但，使者传僧辩的回话，说："诸将兵众出生入死，努力除贼，克复都城，实有大功！但，本军无力赏赐他们，奈何？只能让他们随性抢掠一点，以慰军心。我也无法，请见谅！"霸先闻此言，怒击案台。

王僧辩的属下将领杜龛、王琳等对士兵不加约束，放任他们胡作非为。士兵在宫殿里生火，一下子烧毁了太极殿和东西堂，当天晚上，台城上空，浓烟滚滚。事后清点，宫殿里的珍宝神器、仪仗羽饰、车辆等全都没了，不知是抢走了，还是烧毁了。此次大火究竟是有意？或是无意走火？也无从查究了。

最令陈霸先可惜的是，这场大火烧毁了梁武帝的藏书殿。那是毕梁武帝一生的收积，尽是自秦汉以来数万计的书画、典籍之精品！那都是华夏汉文明的精华！

陈霸先痛惜不已！随后，霸先下令军中主簿等人，尽力于战火中保护、收集图书、典籍。为华夏汉文明的薪火传承，竭尽全力！

侯景率几十骑逃到吴郡，旧将田迁急忙迎接入城。先饱餐一顿，再收集散兵败卒，清点刀枪器械，共有二百艘船，兵众数千人。但军粮已尽。侯景派人侦察义军动态，又派人去各地联络旧部。侯景亲率众羯胡军上街抓青壮年充军。马蹄过处，一片鬼哭狼嚎，几成废墟。

这时，探马慌忙来向侯景报告："皇皇皇……上……众旧臣已投敌，陈霸先、王僧辩大军四面追剿……"侯景急逃往松江。

第十四章　歼逆贼侯景枭首

陈霸先亲率大军，与王僧辩的属将侯瑱所部四下搜索、追击侯景残部。

此时，南兖州（治所在广陵，今江苏省扬州市）刺史郭元建，秦郡戍主郭正买，阳平戍主鲁伯和，行南徐州（治所在京口，今江苏省镇江市）主事郭子仲，都献出自己镇守的城池归降萧绎。

广陵郡，古城扬州的先名。西汉时期始置。西汉武帝元狩三年（前120）改江都国为广陵国，领广陵、江都、高邮、平安（今宝应县部分）四县。治广陵县（扬州市区）。汉代的吴王刘濞受封广陵，建立吴国，借助近山临海之利，“即山铸钱”“煮海为盐”，盐铁两大“官卖”业迅速发展；兴修水利，开盐河，种稻栽桑，进一步奠定了广陵水路交通运输的基础。三国时魏吴之间战争不断，广陵为江淮一带的军事重地。南北朝时期，广陵屡经战乱，数次变成“芜城”。南朝宋元嘉八年（431）广陵郡属南兖州。

王僧辩派陈霸先带兵去广陵接受郭元建等人的投降。但王僧辩手下的将领们都向使者私通关节，想另外多勒索一些战马武器。霸先想制止，但碍于王僧辩的面子，仅对使者说不要太过分了！勒索降将的战马军械，只会激起郭元建等人的反感！恰恰这时，侯子鉴渡江逃到广陵，见到郭元建正在犯愁。一问才知道，王僧辩的将领要勒索战马和兵器。给吧，本来就不多，仓皇逃窜时又没带多少兵器和战马；不给吧，以后“穿小鞋”的机会还有多的，搞不好还会丢掉性命。

于是，侯子鉴对郭元建说：“我们这些人，是梁朝的宿敌深仇，有什么面目再见到梁朝的主子！不如投奔北方，还可以得到还乡的机会。”郭元建抱着一线希望说：“我毕竟对皇族公主，没有动她，保全了她的名节。”侯子鉴不以为然地说：“你那是小功德，算不上什么。”于是，郭元建等人全都投降了北齐。

陈霸先按照王僧辩的命令，去接受郭元建的投降。当陈霸先行军抵达欧阳（指乌程欧余山的南部，以山南为阳）的时候，闻知郭元建等人都投降了北齐。北齐的行台官辛术已经占据了广陵。

辛术，字怀哲。少年时聪慧机敏，有见识和气度。最初任司空胄曹参军，与仆射高隆之共同主管营建邺都宫殿，辛术有构思设计的才能，建造的工程都能完成。他再次升迁做了尚书右丞。出任清河太守，执政获能臣的名声，因为父亲去世守丧而离任。清河父老几百人到京城请求立碑歌颂其功德。文宣继承皇位后，多次升迁做了散骑常侍。齐天保元年，侯景征收江西的租税，辛术率领众军渡过淮河拦截他们，烧毁他们征收的稻谷百万石。返回后镇守下邳，百姓跟随辛术北渡淮河的有三千余家。东徐州刺史郭志杀死郡守。文宣帝听说这件事，命令辛术从此以后所管辖的十余州有犯法的，如果是刺史，先启奏朝廷，刺史以下的，先处理再上奏。齐朝行台监管人事，从辛术开始。安州刺史等人犯法，辛术都审理上奏处斩了他们。睢州刺史及其郡守都犯了重罪，朝廷把他们的奴婢百口及财物都赐给辛术，辛术再三辞让没有被允许，就把朝廷所赐的财物、奴婢送到主管部门，不再过问。同僚听说这件事，写信给他说：“过去听说孔子在盗泉忍受干渴，现在您能这样做，可以说是不同时代的同一种行为啊。”武定八年，侯景叛乱，等到王僧辩打败侯景，辛术招引安抚，城镇相继归附，先后共计二十余州。兖州刺史郭元建获得了传国玺，文宣帝想要带着玉玺到太庙告慰祖先，传令让辛术护送进献玉玺。不久，他被征召为殿中尚书，兼任太常卿。

陈霸先派人把郭元建投降北齐，辛术已占据广陵的情况告知王僧辩，然后，从广陵班师回建康。王僧辩亲迎霸先，感谢道：“真心地多谢你慷慨接济军粮，屡次献计破贼，亲率大军，携手平乱，终灭侯景，克成大功！以后我们可以安享太平了。”

“王都督不必客气！侯景虽灭，但北齐、西魏等外患仍在。侯景之乱，导致我国实力大衰。北强南弱，华夏危机四伏。现当务之急，快劝湘东王即帝位。否则梁室宗亲相争，内乱又起。那华夏汉族有被北方外族覆亡之忧啊！”

听此言，王僧辩立时笑容尽失，沉思道：“说实话，我也正为此担心！我已两次命人作书劝湘东王早正大位，但都被湘东王所拒。”

“我也劝进了两次。那如今我们两人一起，再第三次劝进。如何？”陈霸先道。王僧辩道：“甚好！”两人又闲聊几句，僧辩话锋一转，道：“霸先远来辛苦，我已摆酒，为你接风。请——”

陈、王与诸将共饮，觥觞交错之间，僧辩道：“我已奏请湘东王同意，我守建康，陈都督镇京口，防北齐，可好？”

“霸先遵令。”酒毕，与僧辩作别。陈霸先率军前往京口镇守。

京口，是江苏省镇江市的古称。春秋时称为“朱方”，战国时改称“谷阳”，秦朝时称“丹徒”，三国时为“京口”，南朝宋在京口设“南徐州”。

镇江，地处中国华东地区、江苏南部，西衔南京、南靠常州、北邻扬州，是华东地区重要的交通中枢。自东晋以来，一直是重要的战略要地！

京口能成为重镇，主要有三大原因：

首要原因是控制三吴：三吴成为东晋以来大江南流域的战略后方，经济上，是京城建康的粮食供应以及建康以下长江两岸军队给养的大粮仓。从会稽至建康，通常是西行过钱塘，北上吴郡，西北经晋陵（今常州）、曲阿（今丹阳）至京口，然后溯长江西上而达。而京口恰恰是这条交通线的枢纽。

其次，拱卫京师：京口地势险要，在东面可以防卫海盗；在西面可以作为防备上游，稳定京师的支撑。京口一带的长江江面，宽达四十里，很难在战争中成为过江的选择。东晋可以在京口出兵北伐，北方军队南下却难以选择进攻京口，这正是由于它的长江屏障。

再次，人口优势：随着西晋南渡，大量人口也跟随而来躲避战乱，里面不光有流民，还有许多中原的士族。比如原是范阳豪族的祖逖，曾长期居住在京口。颍川庾亮迁移到京口附近，还有以后著名的刘裕家族在此之前就移居到了京口，北齐的萧氏家族则居住在离京口不远的武进地区。这一时期的京口，堪称藏龙卧虎，诸多日后名震天下的名字，当时都蛰伏在京口一带。根据谭其骧先生的估计，“永嘉之乱”后的流民就达到四十二万，其中有二十二万被东晋政府安排到了京口—晋陵一带落籍。人口优势是任何地区得以发展的根本。

综上分析，京口地缘优势，成为三吴与建康之间的枢纽，这里航道的便利又成为物资输送的关键节点。又以其地理优势，决定了它是个不容易受到攻击的地方，军事上易守难攻，其重要性独一无二。加上人口优势，京口具备了成为重镇的条件。

因此，京口作为军事、经济、人文发展的重镇，陈霸先义不容辞地率军前去镇守。

侯瑱继续追击侯景残部……

由于侯瑱在梁朝、陈朝都是重要将领，所以，在此，对他作一个简要的介绍。在《南史》列传中，对他是这样介绍的：侯瑱，字伯玉，是巴西充国人。父亲侯弘远，几世都是西蜀的豪强。西蜀的贼徒张文萼占据白崖山，有部众万人，梁益州刺史鄱阳王萧范命令弘远征讨，侯弘远战死于战场。侯瑱坚决要求替父亲报仇，每次作战都当先锋，终于斩了文萼，从此远近知名。他便侍奉萧范，萧范委任他为将帅。山中的夷族、獠族不肯归附的，都派侯瑱征讨。他因多次立功而被任命为轻车府中兵参军、晋康太守。萧范任雍州刺史时，侯瑱被任命为冯翊太守。萧范改为镇守合肥时，侯瑱又跟随他。

侯景包围台城后，萧范便派侯瑱辅佐他的世子萧嗣入京都救援。当台城陷没后，侯瑱和萧嗣一起退回合肥，并随着萧范转去镇守湓城。不久，萧范和萧嗣都死去，侯瑱就率领了他的部众，去依靠豫章太守庄铁。庄铁对侯瑱有疑心，侯瑱惊恐不安，假装请庄铁商量事情，用刀杀了他，占了豫章。

后来，侯瑱投降了侯景的部将于庆。于庆把侯瑱送到侯景那里，侯景因为侯瑱和自己同姓，就认为同宗族人，对他很好。侯景将侯瑱的妻子和弟弟留下当人质，派 侯瑱跟随于庆去讨平蠡南各郡。当侯景在巴陵失败时，侯景的将领宋子仙、任约等都被西军俘虏，侯瑱便杀了侯景的同党以接应义军，侯景也杀了 侯瑱的妻子和弟弟。梁元帝任命侯瑱为南兖州刺史、郫县侯。并随都督王僧辩讨伐侯景，每次都充当先锋。

收复台城后，侯景逃向吴郡，王僧辩派侯瑱带兵追击，与侯景在吴松江交战，大败侯景，缴获了侯景的全部军器。又进军钱塘，侯景的部将谢答仁、吕子荣等都投降。按功劳被授职为南豫州刺史，在姑孰镇守。

这个谢答仁呢？史书没有立传。但谢答仁、谢葳蕤兄弟，也是梁、陈朝代的风云人物，谢答仁，先为侯景的汉右厢都督、仪同三司，反正后为南梁步兵校尉、衡阳太守，临危受命为城内大都督，配以公主为驸马。试言：施之以义，答之以仁，其名亦不俗。他得势之时并“不失礼于太宗萧纲”，故侯景灭后，被“特宽宥之”。

且说当时，谢答仁讨伐刘神茂之后，率军返回。途经富阳时，听到侯景兵败逃跑的消息，谢答仁就率领一万人马，从北边接应侯景。侯景行进到嘉兴，听到赵伯超背叛他的消息，赵伯超率军据守钱塘，阻止侯景残兵前进。侯景闻讯，只得退回吴郡。

终于，侯瑱率领的追兵在松江追上了侯景。

这时侯景还有两百只船，兵力数千人。侯景决死顽抗，令残部出击。侯瑱率军接战，打败了侯景残部，抓获了彭雋、田迁、房世贵、蔡寿乐、王伯。侯瑱把彭雋活活剖腹，抽出他的肠子，彭雋还没死，用手扯回肠子，于是侯瑱就用刀砍死了他。

侯景与随从亲兵连杀数人，逃向江边。把装在皮囊里的两个孩儿推入水中，侯景与随从数十人乘小船东逃。小船将要入海时，侯瑱派副将焦僧度去追击。

当初，侯景娶羊侃的女儿为妾，任命她哥哥羊鹍为库直都督，对待他很优厚。羊鹍是梁朝名将羊侃的儿子，被侯景裹胁，虽身陷叛军，却一直不忘其父羊侃剿灭胡贼的遗志。羊鹍与侯景所信任的王元礼、谢葳蕤秘密商议反叛侯景。

当时侯景败逃下海后，想逃回蒙山。己卯（十八日），侯景白天正睡觉，羊鹍对海上的向导说：“这海中哪里有蒙山，你别管，只听我调度指挥。”于是就让船直接驶向京口。侯景醒来后发现方向不对，便问是何缘故，羊鹍骗他说郭元建大军尚在广陵，我们去那里投靠他。侯景转忧为喜，孰不知，他的生命即将随着这条船走向终点。

侯景后来发现小船快到壶豆洲，离京口不远了，顿时大惊，问羊鹍为什么要这样？羊鹍拔刀指侯景，道：“我们为你效力已有数年，今我要借你的头颅，博取富贵！”

侯景还没来得及答话，羊鹍的刀锋已刺近身旁。侯景慌忙闪避，躲入船中。羊鹍与谢葳蕤（谢答仁之弟）、王元礼三人执刀去杀侯景，侯景逃入船底，抽出小刀企图凿船透水逃命。羊鹍换了一条马槊，入船用力猛刺，直穿侯景的后背。只听得侯景猛叫一声，立即倒毙。

尚书右仆射索超世在别的船上，谢葳蕤假传侯景的命令召他来议事，等他来了就把他捆起来。然后，连人带尸，献给南徐州制史徐嗣徽。徐嗣徽杀死索超世，用盐塞进侯景的肚腹之中，把他的尸体送往建康。

王僧辩大喜，厚赏羊鹍等人。王僧辩把侯景的首级传送到江陵去，又砍下他的手，派谢葳蕤送到北齐去。然后把侯景的尸体扔在市集上。建康的市民奔走相告，百姓们想起父母之仇、灭门之祸、丧家之恨，争相食其肉。很快，侯景的肉被愤懑的百姓抢食完了。连剩下的骨头也被百姓焚烧成灰，和酒饮下，犹不解恨。

侯景的首级送到江陵，萧绎见了，不胜大怒！

萧绎命令把侯景的脑袋悬市三日。然后用漆把侯景的脑袋煮过，镇压在武库之中。

萧绎仍不解恨！又给王僧辩下令：“侯景还有两个小孩，必须斩草除根。侯景那八千羯胡人，无论投降与否，决不留活口。”

王僧辩得令，立即下令查找。两个小孩，很快查得，当即一刀一个了结。王僧辩、陈霸先各率军四处搜捕羯胡人，羯人残害江南人民太甚，陈、王令各军不准羯人投降，必彻底斩杀。羯胡人本来在多次战斗中，已所剩无几，经过此番大的搜捕，几乎死亡殆尽。

至此，以侯景为首的羯胡人集团，屠杀江南民众，摧毁南方经济，祸害华夏文明长达三年之久的叛乱，在王僧辩、陈霸先同心协力的扫荡下，终于宣告结束。

湘东王萧绎下令解除戒严。乙丑（二十八日），梁朝把简文帝埋葬在庄陵，定庙号为太宗。太宗简文皇帝，名纲，字世赞，小字六通，是武帝的第三个儿子，昭明太子的同母弟弟。天监二年（503）十月二十八日，出生在显阳殿。昭明太子逝世后，梁武帝立他为皇太子。太清三年（549），宫城陷落，太子坐在永福省会见侯景，神色自若，毫不惧怕。五月初二，武帝逝世。二十七日，太子萧纲即皇帝位，实行大赦。秋季的七月初一，广州刺史元景仲阴谋策应侯景，西江督护陈霸先攻击他，元景仲自杀。陈霸先迎接定州刺史萧勃为刺史。九江出现大饥荒，人们互相吃掉的有十分之四五。百济国派遣使者前来朝贡，看见城市寺院荒芜，在宫门前痛哭。后来，西魏攻克安陆，捉住了司州刺史柳仲礼，完全占据了汉水以东的地方。

侯景自己晋升职位为相国，自封二十郡为汉王。冬季的十月十九日，侯景又逼迫皇帝（萧纲）驾临西州的私宴，自己任命为宇宙大将军、都督六合诸军事。后来，侯景派遣伪卫尉卿彭隽、厢公王僧贵入殿，废除皇帝（萧纲）为晋安王。害死皇太子萧大器、寻阳王萧大心、西阳王萧大钧、武宁王萧大威、建安王萧大球、义安王萧大昕以及寻阳王诸子二十余人。假造皇帝（萧纲）诏令，禅位于豫章王萧栋。使吕季略去送诏书，让简文帝抄写。

简文帝写到“先皇关心着帝位的重大，考虑到社稷的巩固，越升可以不拘次序，于是应以东方为主”，哽咽不能自止，贼军众人都为此而流泪。于是就把皇帝（萧纲）囚禁在永福省。萧栋即位，改换年号为天正。

冬季的十月初二，皇帝（萧纲）在永福省逝世，当时年龄四十九岁。侯景贼臣给的伪谥号叫明皇帝，庙号高宗。第二年三月二十一日，王僧辩、陈霸先平定、剿灭了侯景，率领百官敬奉棺材升上朝堂。梁元帝追尊为简文帝，庙号太宗。四月二十七日，埋葬在庄陵。

简文帝自幼聪明睿智，六岁就能写文章。梁武帝对此不相信，就在眼前当面测试，简文帝拿过笔来立即就写成文章。梁武帝感叹说：“平时常以为东阿王幼年能作文章的说法不真实，现在相信了。”长大后，风度宽广宏大，不曾见他有喜怒之色，像神一般尊严。方形的脸腮、丰满的下巴，胡须、鬓发像画一样漂亮，直直的头发拖到地上，两条眉毛颜色青绿。脖颈上的毛向左鬈曲，连续的钱形花纹一直延伸到背上。手里拿着玉如意，彼此漂亮难分。斜瞟则目光照人。读书十行齐下，说话词藻富艳，博采众家名言，善于高谈玄理。从十一岁起便能亲自处理日常工作，历试各地方行政，在各地都受到赞美。品性恭敬孝顺，为穆贵嫔守孝，悲哀损伤，瘦骨外现，他所坐的席子长期潮湿，全部霉烂。他在襄阳上表攻打西魏。派长史柳津、司马董当门、壮武将军杜怀宝、振远将军曹义宗等进军攻克南阳、新野等郡，开拓疆土一千余里。

后来，他负责监国与抚军，多有开拓和宽免，文件簿籍，审察细微。广泛招纳学士文人，奖赏接见不知疲倦。他曾在玄圃讲述武帝所写的《五经讲疏》，听讲的人极多，朝野为之一空。极爱作诗，他的自序中说：“七岁开始有诗癖，年长后仍不倦怠。”然而简文帝诗文的缺陷是轻浮靡艳，当时号称“宫体”。他所著的《昭明太子传》五卷，《诸王传》三十卷，《礼大义》二十卷，《长春义记》一百卷，《法宝莲璧》三百卷，《谢客文泾渭》三卷，《玉简》五十卷，《光明符》十二卷，《易林》十七卷，《灶经》二卷，《沐浴经》三卷，《马槊谱》一卷，《棋品》五卷，《弹棋谱》一卷，新增《白泽图》五卷，《如意方》十卷，《文集》一百卷，一起流行在世上。

萧纲在刚刚即位之时，制定年号准备叫作“文明”，用来对外制服外邦强敌，取《周易》“内文明而外柔顺”的意思。恐怕被贼人觉察，才改为“大宝”。虽在遭受囚禁期间，仍然要称引各位儒者论道说义，翻阅古书，不曾稍有放松。在见到南康王萧会理被杀以后，知道自己将不能久在人世，便指着所住的大殿对舍人殷不害说：“庞涓将死在这棵树下。”又说：“我昨天梦见了吃土块，可以试加思考。”殷不害说：“从前重耳馈赠土块，终于返回晋国，陛下所梦的将会符合这件事吗？”简文帝说：“如果阴间有征兆的话，希望这话不错。”

起初，侯景娶了简文帝的女儿溧阳公主，公主容貌美丽，侯景被迷住了，影响了政务，王伟常常表示不满，侯景便把这事告诉了公主，公主便对他恶语中伤。王伟知道后，害怕被谗毁，就暗中谋划废除简文帝然后处置公主。有人苦劝他杀害皇帝（萧纲），以断绝众人的希望之心。废除皇帝（萧纲）后，王伟便与彭俊、王修纂向简文帝进酒说：“丞相因为陛下幽闷了很久了，所以让为臣来上酒祝寿。”简文帝笑笑说：“已经禅让了帝位，怎么能还说陛下？这寿酒不是都在这里了吗？”于是彭俊等人备齐了酒和菜肴、曲颈琵琶，与简文帝尽情饮酒。简文帝知道自己将被杀害，便开怀大饮，对他们说：“没想到今天的快乐，竟达到如此境况！”喝醉以后就睡了，王伟于是走了出去。彭俊搬了一口袋土把简文帝压住，王修纂坐在上面，就这样把简文帝压死了。竟然正合了萧纲先前的梦境。王伟摘下了门板作为棺材，把灵柩迁出，停放在城北酒库中。

简文帝自从被拘禁以后，贼人就撤去了宫内外的侍卫，派骑兵包围把守，围墙上都插有带刺的枳棘。囚室内不再有纸，简文帝就在墙壁和木板屏障上写文章。他在自序中说：“梁朝的刚正之士兰陵萧世赞，立身行道，始终如一，风雨昏暗，雄鸡长鸣。不欺诳于幽暗无人之处，更何况日、月、星三光之下？天数既该这样，命运又能如何？”又写文章数百篇。逝世后，王伟看了这些诗文，讨厌其中的言辞恳切，立即派人把它们刮去。有随王伟进去的人，背下了其中的《连珠》三首、诗四篇、绝句五篇，文辞都极为凄怆。

可惜了！一代文坛领袖，误为傀儡皇帝，成为侯景手中的玩物。

萧绎以朝廷例制，任命王僧辩为司徒、镇卫将军，封为长宁公。任命陈霸先为征虏将军、开府仪同三司，封为长城县侯。随后下令，剿灭侯景余党……

侯景的伪丞相王伟，在逃跑的路上，与侯子鉴跑散了，被直渎戍所的守将黄公喜抓了一个正着。这也是上天让功劳给了黄公喜。他把王伟押到建康。王僧辩带着胜利者常有的讥讽口气，审问王伟，道：“你身为贼党丞相，不能为贼党守节，还想在草野间求条活命吗？”

王伟竟然毫不觉得羞耻，反唇相讥，说：“朝代的废兴，这是天命。假使侯景早听从我的话，当年不放了你的话，你哪能有今天！”王僧辩听了这话，竟然愣住了。

尚书左丞虞骘过去曾经被王伟羞辱过，趁这机会过来，朝王伟的脸上吐了一口唾沫。王伟神色如常地讽刺道：“你是个不读书的人，我不值得和你说话。”虞骘听了，惭愧地退下来。

王僧辩把王伟押送到了江陵，萧绎立即把王伟下狱。

王伟这种厚颜无耻之人，竟然想卖弄他的才学，以求得一条活命的机会。他在狱中给萧绎呈上了五百言诗。萧绎读了王伟的诗，还真是爱惜他的才学，准备赦免王伟的死罪。但，湘东府的部属幕僚们都认为：侯景之乱，就是王伟挑唆和促成的。侯景的野蛮摧残，使江南一千多年经济、文化积累的成果化为乌有。而王伟之罪，实比侯景还恶！

可萧绎却以私意，想赦免王伟，却不知普天之人痛恨侯景的同时，更不会放过幕后的狗头军师王伟！于是，有人对萧绎说：“王伟确实有才。他前日曾作檄文，词意甚佳。”萧绎听了，很感兴趣，令人找出王伟曾为侯景攻打江陵时所写的檄文。檄文中有：“项羽重瞳，尚有乌江之败；湘东一目，宁为赤县所归！”

萧绎一看，王伟竟然如此恶毒地讥讽自己“独眼一目”？大怒！命人当即牵王伟出狱。史载：“拔舌钉柱，剜腹脔肉”，就是把王伟的舌头钉在柱子上，把王伟剖腹，又一片片地切割他的肉，就这样残忍地杀死了王伟。为虎作伥的王伟确实是死有余辜！但萧绎却以一己之私意，或放或杀，全凭自己的意思，完全不考虑天下人的感受。

侯景的同党谢答仁、行台赵伯超投降了侯瑱。另外还有伪行台田迁、仪同房世贵、蔡寿乐、领军王伯丑被活捉。王僧辩把恶党房世贵斩首于建康街头，其余人押送江陵。萧绎把侯景其他的凶党全都斩首。

侯景之乱刚刚平息，湘东王萧绎与武陵王萧纪之间争夺天下的烽烟又起——

第十五章　陈霸先镇守京口

京口的地理位置十分独特，有着十分重要的军事、经济和文化的作用。

陈霸先镇守京口后，主要抓紧三件事：训军练武、整顿社会秩序、劝农劝桑发展经济。考虑到秦郡与北齐接壤，为提防北齐南下犯境，特派部将严超达率一万兵马去秦郡固守。并再三嘱咐严超达守土责任重大，须格外小心用意。

秦郡，是东晋晋安帝时设置的。治所在尉氏县（今江苏省南京市六合区），属豫州。南朝宋元嘉八年（431）改属南兖州，治所在秦县（今江苏六合西北）。辖境约当今江苏省南京市六合区和安徽省天长市西部。南朝梁大宝元年（550），割南兖州之秦郡置西兖州，治六合县（今江苏省南京市六合区）。不久即改西兖州为秦州。

南梁设置的秦郡，辖境大约相当于今天的江苏省南京市六合区和安徽省天长市西部的地域。治所在秦县（今江苏六合县西北）。

陈霸先令严超达驻守秦郡。严超达遵令即行，到达秦郡后，督众加固城池、置办粮草、安抚百姓。特别抓紧练兵，严防北齐入侵。

北齐，取代了东魏政权，从高洋开始。高洋，字子进，高欢第二子，高澄的同母之弟。高洋身体有鳞，两个脚后跟，不喜好游戏，沉着有风度。高欢曾试探着考察几位儿子的理事能力，让他们各自整治一堆乱丝，只有高洋一个人独自抽出刀来，将丝斩断，说："乱，就应该斩。"高欢极为赞同。又分发给他们武器，让他们四散而出，同时指使甲士彭乐等佯装攻击他们。见此情况，高澄等人恐怖惧怕。而高洋却组织起诸弟，与彭乐对阵。彭乐去掉头盔，讲明实情。高洋还是把他抓起来交给了高欢。于是，高欢对高洋另眼相待，曾对薛王叔说："此儿的见解超过了我。"

高洋幼年，跟从范阳人卢景裕学习，聪敏过人，卢景裕无法预测。天平二年（535），高洋被授散骑常侍、骠骑大将军、仪同三司、左光禄大夫、太原郡开国公。武定元年（543），加侍中。二年，转尚书左仆射、领军将军。五年，授尚书令、中书监、京畿大都督。

武定七年八月，高澄遇害，事变突然，内外震惊。高洋神色不变，指挥部署，亲自剿灭、脔割盗贼，又用漆涂了凶手的头，事后才慢慢地放出风来："奴反，大将军受了一点伤，没有什么关系。"当时朝廷内外，没有人对他不佩服的。高洋赶赴晋阳，亲理庶政，务从宽厚，凡是不利于民众的事情，下令全部减省。

八年春正月十八日，东魏诏令，进位高洋为使持节、丞相、都督中外诸军事、录尚书事、大行台、齐郡王，食邑一万户。三月十二日，东魏又晋封高洋为齐王，食冀州的渤海、长乐、安德、武邑和瀛州的河间五郡，邑十万户。夏五月初三，高洋前往东魏京城邺城。初六，东魏进位高洋为相国，总领百官，封冀州的渤海、长乐、安德、武邑和瀛州的河间、高阳、章武和定州的中山、常山、博陵十郡给高洋，食邑二十万户，加九锡，殊礼，齐王依然保留。东魏皇帝派兼太尉彭城王韶、司空潘相乐册命。还向高洋递送玺书，派兼太保彭城王韶、兼司空敬显俊奉献皇帝玺绶。其禅代礼仪依据唐虞、汉魏故例。尚书令高隆之率领百僚劝进。初十，高洋在南郊即皇帝位，下诏大赦天下，改武定八年（550）为天保元年，国号为齐，史称北齐。

北齐的疆域，有今洛阳以东的晋、冀、鲁、豫及内蒙古一部分。北齐统治时期，歧视排斥汉人，民族矛盾加深。北齐末年，政治极端腐败，赋敛日重，徭役日繁，州县职司，多出富商大贾，竞为贪纵，民不聊生。北周兴兵东下，北齐土崩瓦解，终至灭亡。

当时，北齐国主高洋久窥江南，派潘乐、郭元建率兵去包围秦郡。行台尚书辛术进谏说："我朝现在和湘东王之间和睦友好，信使往来不绝。阳平，是侯景的地盘，拿下它是可以的。而秦郡就不同了。现在已有严超达守秦郡，从道义上讲，怎么能再去争夺这个城市呢？而且现在正当雨季，天下大雨，地上积水，道路难走，所以不如班师回朝。”但高洋不听。

严超达驻守秦郡，转眼一月有余。北齐与南梁似乎相安无事。突然有一天，郭元建等人率七万多齐兵，漫山遍野地冲了过来。

严超达急忙下令关闭城门，众军坚守。他奔上城墙，只见齐军旌旗猎猎，连营结寨，团团围困秦郡。兵力极其悬殊。严超达率众死守，同时派人向陈霸先求援。

陈霸先接报，急令徐度率两万兵马，星夜援助秦郡。王僧辩派左卫将军杜瑱去救援。徐度率军杀到北门，严超达急开城门迎接，道：“徐将军直做成救星啊！如来晚了，后果难料啊！”

“莫急莫急！除了我，后面还有杜瑱的援军，还有陈都督哩！”徐度安慰道。然后与严超达一起上城头观察北齐军的动态。只见齐军拼命攻城，像一条条恶狼似的往上冲。梁军杀死一个，齐军又冲上来一个；梁军推倒一架登城的云梯，齐军又搭上一架云梯。齐军络绎不绝地往上冲，又像下饺子一下坠落摔死。

徐度急令援军参加战斗。架起几十口大锅，引火燃起，锅内烧滚油、溶化锡铁之类，泼向敌军。顿时齐兵像蚂蚁一样翻滚落下，哭爹喊娘，乱成一团。梁军又开动钩索，钩索把许多齐兵钩进城中给梁军砍杀。还有礌石、滚木、弩箭齐发，各显威力。战不多时，打退了齐军的一轮进攻。

随后，杜瑱也率南梁援军驰来。当徐度、杜瑱、严超达都备战齐兵第二轮进攻时，不料齐兵休兵了。次日，齐兵改变战术，数万齐兵挑土填沟（护城壕沟）。徐度、杜瑱、严超达急令弓弩手射击，箭如雨下。齐军组织弓箭手反击。双方箭雨交错，互有死伤。齐军一面弓箭对射；一面督众挑土填堑。几天后，四面护城壕沟竟被填平。齐军兵力甚多，一面攻城，牵制梁军主力；一面大筑土山；还一面挖地道，欲从地道攻入城内。形势非常危急！

徐度、杜瑱、严超达日以继夜，与兵众一起杀敌。城中粮食不多，因敌军围困甚紧，无法突围送信求援。将士们做好了与城共存亡的准备。战斗打到最猛烈时候，陈霸先也亲自从欧阳赶来会师。

陈霸先在派出徐度援军之后，密切关注战事动态。一天多次由探马报知战况。知战况严峻，急命周文育等人防守京口。霸先亲率万余兵马日夜兼程，奔赴秦郡解围。到了秦郡附近，霸先近前观察，与众将商定后，吴明彻率所部兵马从北面佯攻齐军，吸引齐军的注意力。

胡颖、侯安都率军冲杀到齐军东面最薄弱地方，打乱齐军的阵营。陈霸先率大军四面将齐军围住，五千张弓弩齐发，遮天蔽日的箭雨射向齐军方阵。更巧的是，陈霸先看见一个头目一样的人正在摇动旗帜，便力挽强弓，一箭飞去，正中脑门。事后方知，那是齐皇的一个王爷。王爷被一箭射死，众军大乱。

陈霸先见此情形，当即发令，全线冲击。霸先策马飞奔，挥刀就砍，众军乘势掩杀。城中的徐度、严超达见了，立即大开城门，率城内官兵一起杀向齐军。齐军受内外夹击，纷纷逃散。陈霸先与潘乐、郭元建在士林大战一场，把郭元建打得惨败，斩下首级一万多，俘虏了一千多人。郭元建收拾残兵败将向北逃窜。因为双方还在互通信使，所以霸先就没有穷追不舍。

此战斩敌万余人，缴获粮草军械无数。陈霸先入城，奖赏了严超达、徐度、杜瑱等诸将。仍令他们守城，防齐军再袭。并派参军去江陵向萧绎报捷。

战后，陈霸先在繁忙的军务之时，还特别注意访贤求才。

当听说秦郡有一个人叫吴明彻，非常贤能，霸先就想与严超达找个时间前去拜访。

吴明彻，字通炤，秦郡人。他的父亲原是梁朝的右军将军。但吴明彻小时父亲就去世了。他很孝顺，因家贫无力修建坟墓来安葬其父。他就勤奋耕种。时逢天旱，禾苗枯焦。吴明彻坐在田地里大哭，抬头向苍天诉说自己要靠种地来赚钱修父墓茔的心愿。也许真是上天看顾孝子！过了几天，村民告诉吴明彻说：庄稼已枯而复活。吴明彻以为是骗他的，就去看，果然见庄稼返青了！

这年的秋天，他家种的粮食获得了大丰收，足够支付父亲安葬的费用。这时，有位善于占卜墓地的姓伊的先生，对吴明彻之兄说："当你进行安葬时，必定有骑白马追鹿的人经过坟地，这是那位最小的孝子（指吴明彻）将要大贵的征兆。”到安葬那天，果然如此。

侯景祸害江南，围攻都城。周围的村民忍饥挨饿。吴明彻与哥哥们商量，说：“乡邻们都在挨饿，如今的人也难说能活多久。我们家还有三千多斛粟麦，何不拿出来和乡里人共同吃呢？”哥哥们觉得小弟吴明彻说得在理，便均分粮食给四邻。盗贼闻之，都敬而避之，不从吴姓家门路过。很多乡亲得亏他才生存下来。

霸先听了，非常高兴，说：“有这样上好德性的人，我们要去拜访他。”正说着，门外有人求见，正是吴明彻前来。霸先连忙走下台阶，到门口相迎。拉着吴明彻的手，一同入席坐谈。吴明彻读过一些书史经传，并向汝南人周弘正学过天文、卜时、遁甲等术。霸先与他交谈甚欢。吴明彻颇以英雄自居，陈霸先也觉得他很有才能，于是留用军中。

陈霸先率军从秦郡凯旋不久，突然，有人急来求援！原来，因做生意侨居在北齐广陵的梁朝居民朱盛、张象等人，受不了北齐刺史温仲邕等官吏的盘剥，朱盛、张象纠集几千人袭杀了温仲邕等官吏，占领了外城。朱温等人担心北齐官府派兵来报复，就派使者向陈霸先求援。

此前，广陵郡中的梁朝居民，也多次请求王僧辩出兵。但王僧辩考虑到湘东王萧绎想与北齐搞好外交关系，就迟迟没有答应。来使还说，现在，朱温、张象等人愿献广陵之地于梁，求陈都督接收。

霸先沉思道：“这涉及两国关系，说不定因此会两国交战。须上呈江陵，等湘东王之令才可行动。”但来使却十分着急，道：“江陵往返时日太久，恐北齐派兵来攻，广陵城池顷刻即失。况北齐犯梁在先，还哪须顾及两国关系？”

霸先思之，也觉得有理。北齐犯梁，早已交兵，无需再考虑什么友好关系了，当即道：“好！你们先去驿站休息。我亲带精兵去接收广陵城池。”随后，霸先与众将商议。侯安都、杜棱等人担心北齐新败，其中有诈。如果要去接收，最好由周文育、杜僧明去为好。如果北齐有诈，陈都督即可发兵来救。

霸先也认为将领的担心有道理。但正因为这样，他亲自去可以随机应变，还可以给人以信任。他知道：待人以大度和信任，也是一种征服人心的力量。万一北齐有诈，你们一样也可以带兵来援。众将无语。于是，陈霸先令周文育守京口、侯安都守兰陵。霸先率数万大军渡江北上。

陈霸先也派人去向王僧辩报告此事，王僧辩回信说：“人的诚意有真有假，很难看破。如果确实已攻下了外城，那倒很有必要去支援一下，如果没有这回事，就别劳师动众地进军了。”使者还没来得及传回僧辩的复函，陈霸先已率军渡江北上了。

王僧辩担心北齐有诈，连忙派武州刺史杜瑱等人，赶紧出兵协助。这时，朱盛等人的密谋也泄露了，北齐的军队也赶了过来。

陈霸先当机立断，急令跑步进军，包围广陵城。据守在外城的朱温、张象等人正在发愁，如北齐军兵临城下，他们只有弃城而逃。恰在惶恐不安之时，看到霸先率兵先至。朱温等人轻舒了一口气，连忙前来迎接。陈霸先抢先率兵一万入城，接收广陵城池，派兵防卫四座城门。陈霸先上表湘东王萧绎，请加授朱盛为广陵太守，张象为广陵兵马总督，全面处理政务、安抚百姓、发展商贸和农桑生产。

北齐主高洋闻陈霸先接收了广陵城池，大怒，道：“南蛮霸先，朕必与你一战！”随后，点起兵将，欲与霸先决战。而齐将领辛术劝道：“霸先威猛，不可轻战。僧辩其祖乃鲜卑人，倒不如遣使去说，求割广陵之地，两国交好。”

群臣闻之，纷纷称为上策。高洋思之，也点头。派使者去向王僧辩、陈霸先讲和，说：“请贵军撤了包围广陵的人马，我方一定把广陵、历阳两城还给你们。”陈霸先听了，表示个人没意见，但要等江陵萧绎的同意。王僧辩认为割让本来就是北齐的领土广陵，以交好缔约，双方也不吃亏，便答应了，并奏请湘东王。

不久，湘东王萧绎的书函到了广陵，命陈霸先割让广陵与北齐。萧绎与北齐缔结了和约。

于是，陈霸先带兵回京口。江北的居民深深感受了霸先的德政，跟随霸先的部队来到江南的达一万多人。

陈霸先回军镇守京口，却听到一个令他十分悲痛的消息：他的老战友、衡州刺史王怀明，被广州刺史萧勃诬称叛乱，出兵占领了衡州，杀了王怀明。霸先觉得这个萧勃真的是为人不地道！当年，为了迎立他镇守广州，王怀明和霸先做了大量的工作。后来，霸先北上勤王，萧勃再三阻挡，还派亲信勾结土豪蔡路养，双方大战一场。此次萧勃杀王怀明，纯粹就是恩将仇报，想占据衡州之地。霸先后悔北上广陵日久，寸土得而复失，没能照看好远在岭南一带的老朋友。为此，陈霸先只得吩咐杜棱等老友给予王怀明的家人和子弟多些关照。

因陈霸先在秦郡保卫战和援助广陵中的功绩，湘东王萧绎授陈霸先为使持节、散骑常侍、都督南徐州诸军事、征北大将军、开府仪同三司、南徐州刺史，其他职衔不变。并征召陈霸先的长子陈昌、侄子陈顼到江陵来朝见，任命陈昌为散骑常侍，陈顼为领直。

而陈蒨早已在霸先的培养下，独当一面了。陈蒨初任吴兴太守，当时宣城（今安徽宣城）的乱军头领纪机、郝仲等各聚集千余人，到郡境内侵扰，陈蒨率兵讨平了他们，维护了境内治安。到萧绎称帝后，梁承圣二年（553），梁廷授任陈蒨为信武将军，监管南徐州（今江苏镇江）。梁承圣三年（554），陈霸先北征广陵（属江苏扬州），任命陈蒨为前军，陈蒨每战必胜。此乃后话。

在北强南弱的大形势下，南方版图，不断受到北方的吞并。北齐时常入侵江南，强取豪夺；而西魏亦窥视江南日久，软硬兼施。

当初，太清五年（551）十月，侯景的军队逼近江陵，湘东王萧绎向西魏求援，命令萧循把汉中割让给西魏。萧循不愿意，派人向益州刺史、武陵王萧纪求援。

萧循，字世和，南兰陵郡兰陵县（治今江苏省常州市武进区西北）人，南朝梁宗室，鄱阳忠烈王萧恢第十七子。萧循初以王子例封宜丰县开国侯，食邑五百户，后为兼卫尉卿。萧循因深得梁武帝赏识，自卫尉卿直接迁为轻车将军、北徐州刺史，出镇钟离。中大同元年（546），萧循转任信武将军、梁秦二州刺史，镇守汉中。萧循在汉中任职的七年内，移风改俗，被百姓称为“慈父”。

萧纪接到萧循的求援，立即派潼州刺史杨乾运去救援。杨乾运（？—554），字玄邈，傥城郡兴势县（后魏分城固置兴势县，在今陕西洋县）

人，是南朝梁将领，氐族，其家是当地氐族的首领，他的父亲杨天兴仕齐为安康郡守，杨乾运弱冠之年被辟为梁州主簿。梁大同元年，除飘武将军、西益潼刺史，寻转信武将军、黎州刺史。太清末，迁潼南梁二州刺史，加鼓吹一部。

武陵王萧纪遣杨乾运率兵援助萧循。杨乾运率军队抵达剑北，西魏将领达奚武迎头阻击他，在白马把杨乾运打得大败，把斩获的首级陈列在南郑城下，而且派人去侮辱宜丰侯萧循。

萧循大怒，出兵去和达奚武交战，都督杨绍设伏兵截击他，把他的军队连杀带伤，几乎消灭光。刘璠回到白马西边，被达奚武捉获，押送到了长安。西魏太师宇文泰平时就知道刘璠的名声，对待他像对待老朋友一样。当时南郑城久攻不下，达奚武要求城破后实行屠城，宇文泰准备答应他。刘璠请求宇文泰不要批准，宇文泰大怒，不答应；刘璠哭着不停地请求，宇文泰感叹地说：“臣子侍奉主子就应该这样。”于是听从了他的请求。

北齐国主高洋派他的散骑常侍曹文皎等人出使梁朝聘问，湘东王萧绎派散骑常侍柳晖等为使节回访，而且把平定侯景之乱的情况通报对方。同时也派舍人魏彦把这事通报给西魏。

西魏达奚武派尚书左丞柳带韦到南郑去游说，对宜丰侯萧循说：“您所固守的是险要之地，所依恃的是外援，所要保护的是老百姓。现在我们朝廷的军队已深入腹地，您所凭借的险要地势就不那么有用了；杨乾运在白马被打败逃跑了，酋长强豪们畏葸不前，您所盼望的外援也靠不住了；我军将南郑城四面包围，密不透风，您所管辖的百姓也就保不住了。而且，您的朝廷动乱不已，社稷无主，您想尽忠，可忠于谁呢？所以还不如改变主意，转祸为福，使子孙后代也得到您这一决策的好处！”萧循听了，觉得有理，就请求投降。开府仪同三司贺兰德愿听说城里吃的东西已经没了，要求发动进攻，大都督赫连达说：“不打仗而能得到城池，这是上策，怎么可以看重城里的子女，贪图货物财产，而不珍惜百姓的生命呢？而且据我观察，萧循的兵马还强壮，城池还坚固，我们攻城即使攻下来，也是彼此都大有伤亡。万一萧循来个困兽犹斗，拼命一搏，那么成败就很难说了。”达奚武称许说：“您说的道理很对。”于是接受萧循投降，俘获男女人口二万人，然后凯旋而归，从此剑北一带全部归入了西魏的版图。

宜丰侯萧循投降西魏时，丞相宇文泰曾答应放他回南方，过了很久也没有放。一次，宇文泰从容地问刘璠：“我能和古人中的什么人相比？”刘璠很不客气地说：“过去我常常拿您和商汤、周武王相比，现在看来，您连齐桓公、晋文公也够不上！”宇文泰听了一愣，忙说：“我怎么敢和商汤、周武相比！我自己觉得自己大概可以与伊尹、周公相比，怎么连齐桓公、晋文公也比不上呢？”刘璠回答说：“齐桓公使三个灭亡的小国重新存在下去，晋文公对讨伐原国的事没有失信。”刘璠话还没说完，宇文泰就双手一拍说：“我知道你话里的意思了，这是想激我呀！”于是对萧循说：“您想去荆州，还是去益州？”萧循表示要回江陵，宇文泰就赠送了厚礼，让他走了。

萧循带着手下文武官员一千家一同回去，湘东王萧绎有点怀疑，就派一个又一个使者在道途打探侦察情况。萧循到达江陵的当天晚上，萧绎又派人去偷他的财物。第二天一早，萧循要求把兵器马匹献出来，萧绎这才放心了，让人把萧循带进来，相对而流泪。萧绎任命萧循为侍中、骠骑将军、开府仪同三司。

此前，侯景之乱平息后，陈霸先、王僧辩为止诸王争帝，早劝湘东王萧绎即帝位。并建议以建康为都城。但，湘东王萧绎却钟情于江陵。

江陵，又名荆州城，位于湖北省中部偏南，地处长江中游，江汉平原西部，南临长江，北依汉水，西控巴蜀，南通湘粤，古称“七省通衢”。江陵城的历史地位十分重要，春秋战国时为楚国都城，是中国南方最大最繁华的都会。楚国鼎盛时期的政治、经济、文化中心始终在江陵。中原王朝统治中心在豫陕之间，是中原沟通岭南的要冲，号为“东南重镇”“亦都会也”。历代建都于长江中下游的政权多建都于此，有春秋迄五代共有十代政权建都，其中楚是大国强国，东晋和南朝都拥有中国南部半壁江河，故江陵的古都地位较高，仅次于“七大古都”，是荆楚名都。魏晋南北朝时，与当时扬州治所建康（今南京）齐名，有“江左大镇，莫过荆扬”之誉。

江陵雨量充沛，土地肥沃，早在四五千年前的新石器时代，已普遍种植稻谷。江陵物产丰富，经济繁荣。春秋时就是中国南方最大最繁华的都会。楚国鼎盛时期的政治、经济、文化中心始终在江陵。江陵自古人才荟萃，名流辈出。

当侯景之乱平定之后，王僧辩、陈霸先等就进谏湘东王萧绎称帝。以当时的平定侯景之乱的大功，他若称帝，无人敢有异议。但萧绎惺惺作态再三谦让。所谓“国不可一日无君”，陈霸先凯旋京口后，又与王僧辩议“国不可一日无主”，于是，一起上表江陵，请萧绎登皇帝位。萧绎接表，假惺惺推让。

石州刺史杜棱知旧礼有“三辞三让”之说，以此劝陈、王再次上表。杜棱，字雄盛，吴郡钱塘人。世世代代都是县里的大姓人家。杜棱读过很多书籍经传，年轻时不得志，不被当时人所了解赏识。杜棱到岭南一带游观仕途，为梁朝广州刺史新渝侯萧映效力。萧映死后，他跟随陈霸先，经常主管文书记录工作。侯景作乱，陈霸先派杜棱为将领，参与平定蔡路养、李迁仕都有功。带兵到豫章，梁元帝承制旨意授杜棱为仁威将军、石州刺史，封为上陌县侯，食邑八百户。侯景之乱平定后，陈霸先镇守在朱方，杜棱监理义兴、琅邪二郡。

于是，陈、王又联系公卿百官，再次上表。如此，萧绎演够了“三辞三让”的戏，就同意择定吉日，准备大典，登上帝位。可到了登基大典吉时，萧绎却没有升坐正殿，只是在偏殿即位。百官只好一个个进入偏殿，文官居左，武将居右，排列、奏乐，萧绎身着黄袍衮服，登基即位。这一天是十一月丙子（十二日）。

众官山呼万岁。萧绎颁诏——改年号承圣元年，大赦天下。史称梁元帝。萧绎立王太子萧方矩为皇太子，把他的名字改叫萧元良。皇子萧方智封为晋安王，萧方略封为始安王，已战死的萧方等的儿子萧庄封为永嘉王。追尊母亲阮容为文宣皇后。

承圣二年年底，苦于北齐虐政的宿预（在今江苏宿迁东南废黄河东岸）人东方白额起兵占据宿预城，归降梁朝，淮南各地也纷起响应。

南梁将领东方白额偷偷来到宿预，鼓动边境民众杀死当地长官，致使淮、泗地区骚动不止，北齐国主高洋派冀州刺史段韶带兵在宿预讨伐东方白额。

冀州刺史段韶，字孝先，小名铁伐。少年时善骑会射，有武将之才。因他是武明皇后姊姊的儿子，高欢很是器重，常安排在自己的左右，作为心腹看待。

中兴元年（531），跟随高欢抗抵尔朱兆，参加广阿大战。高欢对段韶说：“彼众我寡，怎么办呀?”段韶答：“所谓众者，是得众人之死；强者，是得天下之心。尔朱兆狂妄奸狡，一路上看到的，是裂冠毁冕，拔本塞源。邙山聚会，晋绅有何罪过？又杀主立君，不过半月，天下思乱，十室有九。王亲行德义，除君侧的恶人，何往而不胜！”高欢说：“我虽是以顺伐逆，奉命讨罪，但弱小处于强大之中，恐怕没有上天的庇佑，你没有听说过吗?”段韶答：“韶听说过小能敌大。小道大淫，皇天无亲，唯德是辅。尔朱兆外害天下，内失善人，智者不为谋，勇者不为斗。不肖者失职，贤者夺过来，还有什么疑惑的?”于是，高欢率军与尔朱兆展开交战，尔朱兆军溃败。进攻邺地的刘诞。韩陵之战，段韶率领自己的部众，首先冲进敌阵。不久随从高欢离开晋阳，将尔朱兆追赶到赤谷共岭消灭。因军功封下洛县男。又跟随高欢偷袭，夺取了夏州，活捉了斛律弥娥突，加龙骧将军、谏议大夫，累迁武卫将军。后又将其父姑臧县侯的爵号授给了段韶，其下洛县男则上表请求转让给了继母弟宁安。

兴和四年（542），从高欢在邙山抵御周文帝。高欢在兵卒之中，被西魏将军贺拔胜认出，马上带领精锐追来。段韶骑马从旁跃过，并回身用箭射击，只一箭就将最前面的追敌射下马去，其余的追兵害怕了，不敢向前。西魏军撤退，东魏朝廷赏赐给段韶马匹和金子，晋爵为公。

段韶出掌军旅，入参帷幄，又建有高功，加之婚姻，名望极高。他擅长计谋，善于御众，因此深得将士的爱戴。与敌交战，人人奋勇当先。他的性情温文尔雅，极有宰相的风度。教训子弟，闺门雍肃，服侍后母十分孝顺，齐世勋贵之家没有比得上他的。

但是段韶很好色，虽居要职，时常微服间行。有位皇甫氏，是魏黄门郎元王禹的妻子，其弟谋反，皇甫氏被没入官。段韶喜欢上了她的容质，上表固请，高澄不想违背他的心意，就将皇甫氏赏赐给了他。段韶很吝啬，即使是亲戚故旧，他也一毛不拔。其子迎娶公主时，丞、郎等来家帮忙料理事务十多天。婚事结束后，丞、郎等人辞归，段韶给他们帮忙料理事务的人，每人只赏赐了一杯酒。

得知北齐派段韶来讨伐东方白额，南梁王僧辩派侯瑱、张彪从石梁带兵帮助严超达抵抗。侯瑱、张彪接到命令后，却迟迟逗留不肯前进。南梁将军尹令思带领一万多人准备袭击盱眙。

承圣三年（554），陈霸先领兵渡江，包围广陵，使杜僧明率兵三千人，北上援助东方白额。严超达从秦郡进围泾州（在石梁，今安徽天长西北）。侯瑱、张彪两军也向石梁方面出动，以壮声势。这一次，梁朝很有收复淮南大片土地的可能，然而，各军缺乏联系，不能够协同作战。

北齐广陵、泾州两地都来告急，齐军的将领们都很担心。段韶留下仪同敬显俊、尧难宗等固守宿预，自己率领数千步骑兵急行军赶赴泾州。路经盱眙，尹思令没有料到大军会从天而降，望风披靡。段韶继续前进，与严超达交战，获胜，夺取了所有的舟船器械。段韶乘胜率军逼近广陵。

江南华夏汉族军民与北齐、西魏军兵对阵，短处就在骑兵。由于南方的气候环境所限制，没有草原牧场，没条件批量养马。在骑兵成规模的建制上，南方始终处于劣势。而北方游牧民族占据着先天的优势。每次与南方汉人对阵，北方骑兵挥舞长刀，骑着高头大马，朝南方军阵横冲直闯，势不可当。

陈霸先只好避其锋芒，解围退走，杜僧明撤回丹徒，侯瑱、张彪回到秦郡。齐将领段韶追赶到了杨子栅，看得见扬州城才回来，并且缴获了许多的军资器物，马上撤退到宿预。梁将吴明彻围困海西，守将郎基固守城池，削木头做箭头，剪纸片做箭尾羽饰，顽强抵抗。吴明彻围攻了一百天也没能打下来，也退回去了。

段韶回到宿预，派一个善于言辞的人去游说东方白额，东方白额被说动了，打开城门要求和段韶结盟。段韶与行台辛术等人议论，同意白额的请求。结盟完毕，估计白额会脚踩两只船，段韶趁机把东方白额抓起来杀了，连同他的弟弟们的头颅，传送到了京师。于是江淮平定。高洋嘉奖他的功劳，诏令赏赐给段韶吴人七十，封段韶为平原郡王。

侯景之乱以来，梁朝的州郡被西魏、北齐所鲸吞大部分版图。梁元帝萧绎的帝国版图极其狭小。当时江陵以东，但以长江为限，江北都是北齐的版图。江陵以西，只到峡口为止了。再往上就是西蜀一带，是益州刺史武陵王萧纪的地盘。而且，萧纪早先就已称帝了。广东、广西岭南一带，属于萧勃的势力范围。

所以，萧绎虽称帝，朝廷诏令所到的地方，不过方圆千里以内，百姓户口登记在簿册上的，还不满三万户。史官尊为梁主罢了。

萧绎即位不久，梁室皇族宗亲之间为争夺天下，又引来一场血腥杀戮……

第十六章　争天下萧氏杀戮

益州刺史萧纪，字世询，系梁武帝第八子，颇有武略。他从小待人宽和，喜怒不形于色，勤奋学习，有文学之才。天监十三年（514），受封为武陵王。不久，任命他为扬州刺史。中书诏书写成之后，武帝又加写了四句话说："贞白而朴素，是其清也；临财能谦让，是其廉也；知法不违犯，是其慎也；庶事不拖延，是其勤也。"萧纪格外受到皇帝的宠爱，所以一开始就让他当扬州刺史。

当初，梁庭命他为益州刺史时，他觉得太远了，不想去任职。梁武帝密嘱道："天下将乱，益州正因为远，才可以避免受害。你好自为之。以后梁朝中兴全靠你了。"

萧纪听了这话，才哭着去远道上任了。他治理蜀地十七年，向南开发了宁州、越，向西打通了资陵、吐谷浑。对内努力兴办农业、纺织、食盐、冶铁等经济事业，对外发展与远方的通商贸易。所以蜀地财富增殖很快，兵器衣甲积累了很多，共拥有八千匹战马。他出任益州刺史后又入朝朝见，武帝说："你曾经说我年老，我又见到你回益州了。"

由于萧纪对内鼓励农桑，对外通商贸易。不几年境内就财富增长，民众安居乐业。他所进贡给朝廷的地方特产，十倍于前人。朝廷嘉奖他的功绩，加封为开府仪同三司。曾经有一次，雷击太阳门，有字显示出来："继承梁位惟武王。"当时的人都认为指的是武陵王。因此，满朝文武都有意于萧纪。当侯景攻陷台城，上甲侯萧韶沿江西上，到峡口，取出梁武帝密诏，加封萧纪为侍中、假黄钺、都督征讨诸军事、骠骑大将军、太尉、承制。催促他进京护卫。萧纪曾经令世子萧圆照领兵三万，接受湘东王萧绎的调遣，一起会师讨伐侯景。

萧绎担心萧纪势力扩张，就令萧圆照扎营白帝城，不许他东下。萧纪听到侯景攻陷台城，湘东王萧绎将要出兵讨伐他的消息，就对身边官吏说：“七官（萧绎）是个文人，哪能匡扶社稷，救济黎民!”到梁武饿死，萧纪决定亲自率军前来讨伐侯景，萧绎派胡智监到达蜀地，带了一封信制止他出兵，信中说：“蜀中是斗绝之地，易于动乱难于安定，弟弟可镇守，我自当灭贼。”又另在一张纸上写道：“地拟孙权、刘备，各安境界，情深于鲁、卫，书信常通。”

萧纪的次子萧圆正，才任西阳太守。萧绎就诱令萧圆正，并把他囚住。于是，萧纪与萧绎的矛盾，就此开始了。

因与萧绎产生矛盾，萧纪就干脆在蜀中称帝。恰好那个时候，在萧纪住的宫殿里，有些柏木做的殿柱环绕树节的地方开了花。众人都认为是祥瑞，应在武陵王的身上。当初，梁武帝离世后，益州长史刘孝胜劝武陵王萧纪称帝，萧纪虽然口头上还未允许，但却开始大举制造御用的乘舆车服等物。在儿子萧圆正和官员们的鼓励下，萧纪于乙巳（初八）登基即皇位，改年号为天正，把大儿子萧圆照立为皇太子，并封儿子萧元正为西阳王，萧圆满为竟陵王，萧元普为谯王，萧元肃为宜都王。他又任命巴西、梓潼二郡的太守永丰侯萧㧑为征西大将军、益州刺史，封为秦郡王。

但也有人觉得“天正”这个年号不吉利。与萧栋即位的年号相同。当时有人拆字说：“天”为二人，“正”为一止。寓意为一年即止。意思是帝位不会长久。司马王僧略（王僧辩的弟弟）和直兵参军徐怦苦苦劝谏萧纪不要称帝，萧纪不仅不听，还杀了这些劝谏的大臣。

萧纪对徐怦的劝谏，早就怀恨。当初，台城被侯景包围时，劝萧纪赶快去援救。萧纪的意思是不想去，心里不免怪徐怦多事，正好蜀人费合告发徐怦造反，证据是徐怦有一封写给将帅的信，其中有一句说：“一件件事情都由来人当面陈说!”萧纪就用这句话作为他想造反的证明。萧纪把徐怦抓起来，对他说：“因为和你有些旧交情，所以我会让你的儿子们安然无恙的。”徐怦回答说：“我的儿子都很像殿下，父亲有难，竟在一边坐视不救，留下这些儿子有什么用处呢?”萧纪于是把他和他的儿子们全杀了，并割下首级在集市上示众。同时也杀了劝阻他登帝位的王僧略。

永丰侯萧㧑为此长叹说："武陵王的帝业看样子不成了。善良的人，是国家的基础，而现在先杀了一批善人，不灭亡更待何时！"他又对所亲近的人说："过去桓玄建年号为大亨，有识者说是'二月了'，而桓玄果然在仲春失败。如今建年号为天正，正字成了'一止'，还能长久吗？"做大事的人必须能接受各种不同的意见，如果过于任性，必然失道寡助，难以成就大事。

萧㧑（515—573），字智遐，南兰陵郡兰陵县（今江苏省常州市武进区）人，追尊梁文帝萧顺之之孙，安成王萧秀之子。他十二岁入国学，广读经书、史书，善做文章。封为永丰县侯。初任给事中，历任太子洗马、中舍人。东魏使者李谐、卢元明被派遣到南梁，梁武帝命萧㧑兼中书侍郎，转任黄门侍郎。出为宁远将军、宋宁宋兴二郡太守，转任轻车将军、巴西郡梓潼郡太守。

侯景之乱，萧㧑为武陵王萧纪属下使持节、忠武将军。转任平北将军、散骑常侍兼益州刺史军防事。承圣元年（552），萧纪在成都称皇帝，萧㧑为侍中、中书令，封秦郡王。萧纪率军东下，萧㧑以尚书令、征西大将军都督益梁秦潼安泸青戎宁华信渠万江新邑楚义十八州诸军事、益州刺史，留守成都。梁州刺史杨乾运守潼州。

承圣二年（553），西魏大将军尉迟迥入剑阁，杨乾运投降。萧㧑率兵1万人阻止尉迟迥入蜀。尉迟迥包围成都五十日，萧㧑投降西魏。

建德二年（573），萧㧑去世。享年五十九岁。追赠使持节、大将军、大都督、少傅、益新始信四州诸军事、益州刺史。谥号襄。萧㧑擅长草书隶书，书名次于王褒。精通算数医学。著诗赋杂文数万言。

萧纪征召宜丰侯萧循手下的咨议参军刘璠为中书侍郎，使者去了八趟才把他请来。萧纪派刘孝胜去和他谈，把心里最机密的话全都对他说了，但刘璠苦苦请求放他回去。中记室韦登私下对刘璠说："殿下这个人残忍而且记仇，你这次不留下来为他效劳，必将会惹来杀身大祸，何不和他一起成就帝业，使自己身贵名美，这多好呀！"刘璠严肃地说："你想到我这儿当说客吗？我和宜丰侯之间的名分已定，难道能因为难易祸福而改变初心吗？殿下正要播扬大义于天下，我想不至于在我这一介武夫身上发泄自己的骄纵之志吧!”萧纪知道他肯定不能为自己所用了，就赠以厚礼，放他回去。同时任命宜丰侯萧循为益州刺史，封为随郡王，任命刘璠为萧循王府里的长史、蜀郡太守。

萧纪称帝后，就挥师东下。梦想削平湘东王萧绎等诸王，坐进京都建康城里的金殿，一统天下。552 年秋八月，武陵王萧纪起兵，从外水出发向东进军，任命永丰侯萧㧑为益州刺史，镇守成都，派自己的儿子宜都王萧圆肃担当萧㧑的副手。萧纪踌躇满志，亲率主力来攻萧绎。

萧绎（梁元帝）听说武陵王萧纪率军东进的消息，让方术之士在木板上画上萧纪的人像，梁元帝亲自在萧纪画像的四肢上钉上铁钉，以镇邪诅咒他，又押送侯景的俘虏到萧纪那里，告诉他侯景之乱已经平定。

其实，萧纪起兵，全是太子萧圆照的策划。萧圆照当时镇守巴东，他截留了梁元帝的使者，向萧纪奏报说：“侯景叛乱还没平息，应该迅速出兵讨伐，已经听说荆州军镇被侯景攻破了。”萧纪听信了萧圆照的话，率兵急速东进。

萧纪军队驻扎在西陵，船只首尾相接，布满江面，旌旗和铠甲在阳光的照射下闪闪发光，声势浩大。陆法和的告急文书相继不断地飞来。萧绎便将任约从监狱中放出，任命他为晋安王萧方智的司马，让任约协助陆法和抵抗萧纪。萧绎对任约说：“你的罪过本来是应该处死的，我不杀你，就是为了现在用你。”接着又裁撤皇宫卫队配置给任约，还把庐陵王萧续的女儿许配给他做妻子，派宣猛将军刘棻与任约一起去赴任。

梁元帝萧绎命令护军将军陆法和在峡口建了两座城，名叫七胜城，封锁长江拦截峡口。当时，湘东王萧绎内部有陆纳的叛乱尚未平息，外部有萧纪所率蜀军从西边逼来，形势相当危急，萧绎对此忧心忡忡。

陆纳的反叛，其实是被逼出来的。——王琳字子珩，会稽山阴人，王琳这人没什么文化，纯是一个行伍之人，但讲义气。他把攻城夺地所得财物，都分给兵将。管理部将善于恩威并施。所以，很得将士们的欢心，部将愿意为他效命。王琳手下一万多人也很能打仗，随王僧辩讨伐侯景，与杜龛并列功高。王琳的姐妹是萧绎的妃子，王琳很得萧绎的器重。因此，王琳也仗恃自己受宠，放纵各种暴行。攻入建康后，他的兵众抢掠奸淫，王僧辩也无法禁止他。王琳的兵将还失火烧了太极殿及东、西厅堂，丢失很多皇家器物。王僧辩恐怕萧绎会降罪于他，就想用王琳的过失来推卸自己的责任。王琳当然不服，因为王僧辩的女婿杜龛才是烧毁太极殿和梁武帝藏书楼的主犯。

王僧辩就秘报了王琳的过失，要求萧绎杀掉王琳。湘东王萧绎非常疼爱王琳的妹子，担心杀了王琳，爱妃会整天哭闹。于是，只是想做个样子，惩罚一下王琳。就令王琳离开建康去湘州。王琳担心自己会遭祸，就派长史陆纳率领部曲去湘州，自己亲身到江陵，向萧绎谢恩。王琳出发前，故意问陆纳等人说："我要是回不来，你将要去哪里？"

陆纳明白王琳话中有话，当即率众将跪拜，道："跟你一块死。"王琳与众将泣泪而别。到了江陵，萧绎杀了王琳的副将，囚了王琳。任命王子萧方略为湘州刺史、廷尉黄罗汉为长史。并派黄罗汉和太府卿张载去巴陵接管王琳的军队。

但是，陆纳和士兵都痛哭流涕，不肯被收编。反而把黄罗汉、张载绑了起来。萧绎听闻此事，急派宫中宦官陈旻，去劝说陆纳。因为张载对部属很严厉苛刻，荆州的兵众对他很痛恨。陆纳竟然当着陈旻的面，剖开张载的肚子，抽出他的肠子系在马的脚上。然后，打马跑来奔去，直把张载的肠子拽完，气绝而死。又割张载的肉，挖出他的心肝，再把剩下的骨头全烧了。以前受够张载苛责的兵众，欢呼跳跃。黄罗汉由于清廉，洁身谨守，陆纳的兵众没有杀他。

当时湘州无人主事，陆纳和将领们带兵袭击并占据了湘州。随后，陆纳在渌口袭击并打败了衡州刺史丁道贵。丁道贵逃奔到零陵，他的部众全部投降了陆纳。

萧绎听到消息后，派使者征召司徒王僧辩、右卫将军杜崱、平北将军裴之横和宜丰侯萧循，命令他们一起讨伐陆纳，萧循的部队驻扎在巴陵等待截击敌军。而在侯景之乱时，占据了零陵郡的李洪雅，被萧绎任命为营州刺史。李洪雅也要求去讨伐陆纳，梁元帝命丁道贵收拾残兵，跟李洪雅一起出发。

对付李洪雅这样的乌合之众，陆纳很有经验。他派部将吴藏去偷袭并击溃了他们。李洪雅等人仓皇退入空云城。吴藏带兵围困空云城。李洪雅兵力不济，只得献出空云城投降。陆纳把李洪雅关起来，杀了丁道贵。

当时有传言说是姓李的人会当皇帝。陆纳便推举李洪雅为主子，封号为大将军，让他坐在平肩舆上，左右排列鼓吹乐队，自己则率领几千士兵在左右护卫，又派他的部将吴藏、潘乌黑、李贤明等人占据了车轮。

陆纳设了一个计：他忽然向萧绎请求投降，并要求送妻子、儿子到江陵为人质。梁元帝萧绎半信半疑，派陈旻到陆纳那里探看虚实。却见陆纳等人都大哭，说："王琳被抓起来，因此我们才到湘州去逃罪，不是有什么别的野心。"于是把妻儿交给陈旻带回。

陈旻回到巴陵时，萧循听到消息，说："这里有诈，陆纳一定会来袭击我军。"于是秘密地做了充分准备。

果然，黑夜降临后，陆纳派一支轻装士兵跟在陈旻后头，约好到巴陵城下一齐大声呐喊，乘其不备攻城。可是，离巴陵约有十里路时，陆纳的军队以为到了巴陵，就大声吼叫喧哗起来，萧循军中无不受惊。萧循坐在胡床上，从垒门里望出去，只见陆纳乘着水势发动了进攻，箭头像雨一样飞来。

萧循啃着甘蔗，一点都不害怕，镇定自如地指挥将士截击敌军。缴获了敌军一条兵舰，陆纳只好退守到长沙。

梁元帝承圣二年（553）正月，王僧辩从建康出发，率军前去讨伐陆纳。陈霸先奉梁元帝旨，从京口前往扬州，代替王僧辩镇守扬州。

王僧辩受萧绎之命，前来讨伐陆纳。他行进到巴陵，宜丰侯萧循把都督让给王僧辩，王僧辩不肯接受。梁元帝就任命王僧辩、萧循为东西都督，王僧辩把军队驻扎在车轮。

以王僧辩的军事实力，应该很快就可以平息陆纳的叛乱。谁料竟然久难克定。陆纳的叛军在渌口打败衡州刺史丁道贵，尽得衡州的粮饷和兵众。陆纳的兵卒久经战阵，作战勇猛，他们占据车轮之地，两岸筑起城堡。王僧辩见此况，不敢妄动，令连营扎寨，筑城堡，以待战机。

陆纳以为王僧辩胆怯，所以未加防备。王僧辩瞅准陆纳轻敌、大意的空子，突然命令水陆各路兵马齐头并进，猛烈向陆纳发动进攻。王僧辩亲自举旗擂鼓，萧循亲自迎着飞箭乱石，攻下了陆纳的两座城垒。陆纳的队伍大败，逃进长沙。王僧辩挥师进逼，包围陆纳。他坐在土岸上督察兵士修筑围垒，陆纳的部将吴藏、李贤明突然率领精锐将士一千人开门冲出来，拿着盾牌挥矛前进，朝王僧辩直冲过去。

这时，杜崱、杜龛两人都侍立在王僧辩身边，甲士、警卫人员只有一百多人，他们拼死抵抗，战斗异常激烈，但王僧辩始终坐在胡床上不动。裴之横从旁边率军袭击吴藏等人，吴藏才败退下去，李贤明战死，吴藏逃进城里。

萧纪仗着大军威力，猛烈攻城。萧绎的部将陆法和担心被敌军攻破，接二连三向萧绎求援。梁元帝萧绎这时也是着急发了昏！他不与辅佐他登上帝位的军事主帅王僧辩、陈霸先商量，也不知听信了谁的昏话，竟然直接向敌国——西魏求救援兵解围！

萧绎在求援西魏发兵的信中，用了《左传》中鲍叔所说的“子纠，亲也，请君讨之”，西魏大丞相宇文泰收到萧绎的救援信，大喜。说：“夺取蜀地，制伏梁朝，就在此次。”

宇文泰（507—556），字黑獭（一作黑泰），代郡武川县（今内蒙古自治区武川县）人，鲜卑宇文部后裔，汉化鲜卑人，南北朝时期杰出的军事家、改革家、政治家，西魏的实际掌权者，亦是北周政权的奠基者。

北魏末年六镇起义中，宇文泰随父宇文肱加入鲜于修礼的起义队伍。起义被尔朱荣镇压后，宇文泰成为贺拔岳麾下。贺拔岳遇害后，宇文泰被推荐为首领，率众攻灭侯莫陈悦、曹泥，统一关陇。永熙三年（534）十二月，杀死孝武帝。次年正月，立元宝炬为帝，是为西魏，都长安。从此宇文泰专制西魏朝局二十二年。宇文泰掌权期间，对内团结各方，澄清政治，建立府兵制，以扩大兵源。形式上采取鲜卑旧八部制，立八柱国。对外立足关陇，争战东魏，蚕食南梁。其亲自指挥的小关之战、沙苑之战皆是以寡胜众的军史典范，奠定了其身后关陇政权一统天下及隋唐王朝强盛的基础。

曾经有一个流行较广的传说：宇文泰为一统天下，曾遍访天下贤才。有一天，他遇到了号称有诸葛亮之才名的苏绰，向其讨教治国之道。两人一见如故，密谈三日三夜。

宇文泰问：“国何以立？”苏绰答：“具官。”

宇文泰又问：“如何具官？”苏绰再答：“用贪官，反贪官。”

宇文泰有些纳闷：“为什么要用贪官？”苏绰答：“无论打江山还是坐江山，都需要手下人为你卖命，可让别人为你卖命就必须有好处，你并没有那么多钱，只好给权，让他用手中的权去搜刮民脂民膏，他不就得到好处了吗？”

宇文泰问：“贪官得了好处，我有什么好处呢？”苏绰答：“他能得到好处是因为你给的权，为了保住自己的好处，他就拼命维护你的权，有贪官维护你的政权，江山不就巩固了吗？”

宇文泰又问：“既然用了贪官，为何还要反？”苏绰答：“这就是权术的精髓所在，用贪官，就必须反贪官。你看，其一，天下哪有不贪的官？官不怕贪，怕的是不听你的话。以反贪为名，削除不听你话的贪官，保留听话的贪官。这样可以消除异己、巩固你的权力。其二，官吏只要贪污，把柄就在你的手中。他哪敢背叛你，只会乖乖地听你的话。所以，‘反贪官’是驾驭贪官的法宝。如果你所用皆是清官，深得人民拥戴，要是不听话，你哪儿有借口除掉他。假使硬行除掉，也会引来民情骚动。所以必须用贪官，才可以清理官僚队伍，使其成为清一色的拥护你的人。”

宇文泰大喜，苏绰忽反问：“如果你用太多贪官而招惹民怨怎么办？”

宇文泰一惊，急急请教：“先生有何妙计？”苏绰答：“这就是奥妙所在，加大宣传力度，祭起反贪大旗，让民众认为你是好的，不好的只是那些贪官，把责任都推到他们的身上，让民众知道社会出现这么多问题，并非你不想搞好，而是下面的官吏不好好执行你的政策。对那些民怨太大的官吏，宰了他！为民伸冤的同时，再把他搜刮的民财放进你的腰包。这样，不负搜刮民财之名却得民财之实惠。总之，用贪官来培植死党，除贪官来消除异己，杀贪官来收买人心，没贪财来实己腰包，这才是权谋的最高境界。”

宇文泰如醍醐灌顶，十年用心用力，终成一时霸业。

本来西魏久窥江南，却没有一个号令众军，搪塞天下民众的借口。如果拿下成都，再以成都为战略支撑点，以西蜀为跳板，横扫江南，大势可成！

现在，宇文泰得知萧纪引兵东下，西蜀成都空虚，真乃千载难逢的良机！西魏的目标远远不只是一个西蜀；而是横扫整个江南版图。但西魏将领都摇头，感到很难达到占领西蜀，控制南梁的目的。只有大将军代京人尉迟迥认为可行。宇文泰征询尉迟迥有什么方法和谋略。尉迟迥说："蜀地和中原别的地区隔绝有一百多年了，仗恃其地险要，从来不曾担心我军会去攻打，如果我们用铁甲骑兵，昼夜兼行去偷袭，没有打不下来的。"

"好！你为主帅，即日出兵！"宇文泰当即发布命令。派尉迟迥率领开府仪同三司原珍等六支部队，甲士一万二千人，骑兵一万，从散关进发讨伐蜀地。这些野蛮胡人，打着"援梁平叛"的旗号挥师入蜀。一路势如破竹，直取萧纪的成都。

此时，萧纪率大军东下抵达巴郡，正要与萧绎决战。突闻西魏乘虚袭击成都，大惊失色。急令前梁州刺史谯淹率军回救成都。

当初，杨乾运请求担任梁州刺史，萧纪却任命他为潼州刺史，杨法琛请求担任黎州刺史，萧纪却任命他为沙州刺史，因此杨乾运、杨法琛二人都感到不快。杨乾运侄子杨略劝说杨乾运道："现在侯景叛乱刚刚平息，应该同心协力，保卫国家，安抚百姓，而现在兄弟之间却大动干戈，这是自取灭亡之道。木头腐朽不能雕琢，国势衰落难以辅佐，倒不如向西魏投诚，那样还可以功名两全。"杨乾运赞同杨略的建议，让杨略率二千人马镇守剑阁，又派自己的女婿乐广镇守安州，杨乾运与杨法琛都暗中与西魏联系。西魏太师宇文泰秘密赐予杨乾运铁券，授予他骠骑大将军、开府仪同三司、梁州刺史。尉迟迥命开府仪同三司侯吕陵始为全军前锋，进抵剑阁，杨略弃城退走去投靠乐广，西魏军队进逼乐广，杨略翻越城墙接应侯吕陵始，侯吕陵始进城占领了安州。甲戌（十三日），尉迟迥率军到达涪水，杨乾运献出潼州投降西魏。尉迟迥分派军队防守潼州，大军继续前进，袭击成都。

当时成都只有士兵不足一万人，仓库里兵器粮草都已经用尽，永丰侯萧㧑凭借城墙以图自保。谯淹派江州刺史景欣、幽州刺史赵拔扈率军救援成都，尉迟迥派原珍等人带兵攻击援军，将他们击退。

萧纪修建起连城，攻打并弄断锁江铁锁。梁元帝又从监狱中选拔谢答仁担任步兵校尉，配给他一旅军队去抵抗萧纪的军队攻击。又派使者送王琳去陆纳那里，让他去劝说陆纳归顺。王琳到了长沙，王僧辩派人送他去前线，把他指给陆纳看，陆纳等部众都拜倒在地哭泣不止。陆纳派人对王僧辩说："朝廷如果赦免了王琳，请你放他到城里来。"王僧辩不允许，又把王琳送回江陵。

前线的将领陆法和不断求救，元帝想把在长沙的王僧辩的军队调动来使用，又怕陆纳的叛乱无制。萧绎又派王琳去，允许他到陆纳占据的长沙城里去劝降。王琳进了城，陆纳就投降了，湘州从此被平定了。元帝恢复了王琳的官职爵位，让他带兵向西去支援峡口，抵抗萧纪大军的攻势。

萧纪从蜀地准备起兵时，江水浅得露底，前部兵马不能出发。可是，当登上船以后，没有下雨而江水却突然涨高六尺。刘孝胜高兴地说："这是天助啊！"船行至峡口时，又有黑龙来载船而行，萧纪的将帅们都说确实是天助。可是当军队受阻日久，多次作战失利，师老粮尽之后，智谋心力都已耗尽，而魏人入侵剑阁，成都兵力虚弱，萧纪忧愁烦闷不知怎么办好。

早些时候，梁元帝已经讨平侯景，他将俘虏和斩首的情况，频频向萧纪报知。当时萧纪的世子圆照镇守巴东，他将报告消息的人留下不让向萧纪报知，而是向萧纪说："侯景还未讨平，应当赶快征讨。已经听说荆州被侯景所灭，迅速领兵东下。"萧纪也认为应当这样做，所以仍然率领大军沿江急速东进。

可是，武陵王萧纪到达巴东，得知侯景叛乱已经被平定，自己才感到懊悔，他召太子萧圆照入见，并斥责了他。萧圆照辩解道："侯景之乱虽然平息，但江陵方面的萧绎并未臣服。"萧纪也觉得既然自己已经即皇帝位，不能再做别人的臣下，于是准备率军东进。萧纪手下将士们日夜都盼望返回蜀地，萧纪的江州刺史王开业认为："应该先返回蜀地救援，然后再考虑今后的攻略。"众将都赞同王开业的意见。萧圆照和刘孝胜却坚持说不能返回，萧纪采用了萧圆照等人的建议，当众宣布道："有再敢劝谏的人一律处死！"

武陵王萧纪构筑相连通的城堡，砍断阻碍长江航行的铁锁，又派将军侯率领七千士卒修筑营垒，让他与陆法和对抗。梁元帝派使者给萧纪送去书信，答应只要他返回蜀地，允许他在蜀地独掌一方大权。萧纪不服从，回信时还是用兄弟之间的称谓，而不肯用君臣之礼。

萧纪军队驻扎时间长了，多次交战都不能取胜，又听说西魏贼寇入侵蜀地，已经深入成都一带，形势孤立危急，萧纪心中忧虑愤懑，不知道该何去何从。于是派遣他的度支尚书乐奉业到江陵向梁元帝萧绎求和，请求依照萧绎前面下达的旨意返回蜀地。

乐奉业知道萧纪此次必败无疑，向梁元帝奏报道："蜀军缺乏粮食，士兵很多都已经死亡，他的危急灭亡指日可待。"萧纪手下有乐奉业这样的内奸，那才是必败无疑！

梁元帝明白了萧纪的短板，就不同意萧纪的求和。萧纪很小气，不愿把财物分赏给将士。每次战斗前，萧纪都把黄灿灿的金饼一个个地挂出来，说是奖赏给有功兵将的。兵众当然高兴了，拼力死战。可是，几场胜仗下来，兵众们都盼望分赏金饼，而萧纪却装聋作哑。有胆大的将士当面请萧统帅分赏，可萧纪却以身体不舒服为由来推拒。久之，将士们知道那是"挂"饼充饥，因此，兵众们受骗上当后，斗志消退。后，又闻成都老家被西魏大军袭击，军心更加不稳。如果再拖一些时日，萧纪的军队必生内乱。两军对垒，力量在慢慢地反转……

梁元帝萧绎担心武陵王萧纪聚兵长江上游，对本朝大臣和军民都是一个心理压力和军事威胁，时间久了不知会出什么乱子。他想早日解决国内的叛乱。于是，放出王琳，仍为湘州刺史，令他去和平解决陆纳的事情。结果，王琳一出现在长沙城外，城内的陆纳就不便食言，至此湘州叛乱平息了。元帝萧绎令王琳带兵去峡口拒萧纪大军。

这时，北齐派郭元建打算偷袭建邺，又派大将东方老等人做后续。陈霸先探知此事，立即派人飞马到江陵向梁元帝报告。元帝当即下旨诏僧辩紧急赴下游援救。

王僧辩驻军姑孰，先命豫州刺史侯瑱在东关筑垒抵御北军，又征调吴郡太守张彪、吴兴太守裴之横会合侯瑱而大败北齐军。王僧辩这才整饬部队回到建邺。

在未平定陆纳之前，元帝见萧纪大军七千人修筑城堡和陆法和对抗，心里惧怕失败，派人送信给萧纪，说：“准许他带头回蜀，可以专制一方。”萧纪志在必得，哪里肯听？到陆纳被平定后，王琳、僧辩等各路兵马围攻过去了，梁元帝再次给萧纪写信的口气，那就不客气了，道：“真苦恼啊，大智！六月烦暑，流金铄石，蚊声如雷，封狐千里。以此玉体，辛苦行阵，倦于西回，如何使我辛劳！我比你年长，又有平定侯景之大功于天下，荣幸被众人拥戴，登基称帝实乃天意。倘若你来朝见称臣，此乃我待。否则，就此扔笔动兵吧！兄弟之间，本该友好，分形共气，兄肥弟瘦，无复相见之期，让枣推梨，永罢欢愉之日。心乎爱矣，书不尽言。”大智，是萧纪的别字。梁元帝又作诗：“回首望荆门，惊浪且雷奔，四鸟嗟长别，三声悲夜猿。”

当时，萧圆正仍被关在江陵的狱中，他接着梁元帝的诗后，写道：“水长二江急，云生三峡昏，愿贳淮南罪，思报阜陵恩。”梁元帝看诗后，哭了起来。

秋季七月，巴东平民苻升等人袭杀了峡口城守将公孙晃，投降了王琳。谢答仁、任约进攻侯景，夺下了三座堡垒。于是，萧纪长江两岸十四座城池全部投降。萧纪后路被切断，只好顺流东下。游击将军南阳人樊猛派兵追击，萧纪的部众四处溃逃。有的跳到水里，淹死的八千多人。萧纪逃无可逃，被樊猛率兵众包围。元帝密送旨令给樊猛，说：“纪若生还，不算成功。”樊猛明白，率兵围住萧纪的船。萧纪在船上绕床逃避，并把金袋子扔给樊猛，说：“这袋金子雇你，送我见七官（萧绎）。”

樊猛嘲笑着拒绝，道：“天子何由可见！杀了你，金子能跑哪？”于是杀了萧纪和他的小儿子萧圆满。萧纪这个守财奴，将士拼命为他而战，他却舍不得给赏金。现在，所有的金子也买不来他的一条命。可悲！

萧绎的部将陆法和押送萧纪所立的太子萧圆照一共兄弟三人去江陵。元帝萧绎派人传话给江安侯萧圆正，说：“你父的军队败了，你父生死不知。”元帝想逼萧圆正自杀。圆正听后，痛哭不已！边哭泣边埋怨太子萧圆照误了萧纪，害了全家！元帝派人观察，知圆正没想自杀，就将圆正下狱。萧圆正在监狱见了太子萧圆照，责备道："哥哥何必鼓动父亲，使他们兄弟骨肉相残，弄出这样痛苦残酷的结局呢？"萧圆照只是淡淡地说："计策有误。"

元帝下令监狱里断绝他们的食物，让他们饿得咬自己的臂膀，活活饿了十三天才死去。萧绎取消了萧纪的族籍，削籍为贱民。赐萧纪姓饕餮氏。骨肉相残，甚于外人。萧绎从来都不手软。

第十七章　陷江陵萧绎殒命

由于萧纪的败亡，导致成都被西魏大将尉迟迥围困五十天。萧㧑多次出城迎战，都败退回城，于是向西魏请求投降。而尉迟迥手下的将领们不答应。尉迟迥说："接受他投降，则我军将士完好无死伤，远方百姓也高兴。继续进攻则将士必有伤亡，远方百姓会害怕。"众将点头称是，接受萧㧑的投降。

萧㧑和宜都王萧圆肃带着文武官员到尉迟迥军营前投降，尉迟迥按礼仪迎接了他们，并在益州城北订立了受降盟约：凡官吏百姓都各安其业，只没收奴婢和仓库积粮，赏赐给将士们。比方约束军人不得私下抢掠。西魏任命萧㧑和萧圆肃一并为开府仪同三司，任命尉迟迥为大都督益、潼等十二诸州军事，益州刺史。从此，包括成都在内的区域版图，归于西魏。

萧绎与萧纪争天下，以萧绎得胜而告终。战事告一段落，元帝令各军归返本处。王僧辩仍镇建康；陈霸先回镇京口。

国事安定后，元帝想迁都建康。可是，领军将军胡僧佑、太府卿黄罗汉、吏部尚书宗懔、御史中丞刘毂等人却说："建康王气已尽，与敌虏只隔一江，如有不测之灾，后悔不及！况且，从古至今相传：荆州当出天子。正应验陛下云腾龙飞，乘势而起呀。"

元帝让朝廷大臣讨论这件事。黄门侍郎周弘正、尚书右仆射王褒说："现在老百姓还没看见皇上车辆仪仗进入建康，因此以为皇上还是列国诸王之一。希望陛下依从四海黎民的瞩望，回建康定都。"

当时群臣大多是荆州人，都说："周弘正等是东边的人，当然一心要回东边去，他们的主张恐怕不是什么好主意。"周弘正当面争辩说："东边的人劝皇上去东边，就说不是好主意；西边的人想去西边，难道倒成了妙策?”元帝听着他们争论，不禁笑了。众大臣对迁都之事，意见不一，元帝就迁都之事，在后堂讨论，与会者约五百人。元帝问大家，道：“朕想定都建康，各位有什么想法?”

大家都不先说话。他们知道谁先讲话，肯定就遭到攻击。于是，元帝提议道：“同意迁都的袒露左肩，不同意迁都的就袒露右肩。”结果袒露左肩的人过了一半。武昌太守朱买臣向元帝进言，说：“建康是我们梁朝的旧都，是帝室祖宗陵墓的所在地。而荆州是边疆军事重镇，不是帝王居住的地方。希望陛下下决心回建康，不要怀疑犹豫，以至将来后悔。我家就住在荆州，难道不愿陛下住在这儿？但这样做恐怕是臣下富贵之计，不是陛下富贵之计了!”

元帝犹豫不决，又请术士杜景豪占卜吉凶，结果不吉利。因此杜景豪对元帝说：“别去建康。”退朝后，元帝又自言：“此兆为鬼贼所留也。”萧绎以“建康凋残，江陵全盛”之故，听从了胡僧佑等人的意见，偏安江陵。

陈霸先在京口听闻迁都之事，甚是忧虑：建康乃龙虎地，当为帝王居。虽被侯景摧毁残破，不久仍可恢复繁华。而江陵地处边境，三面被敌国包围。万一敌兵突袭，连夜可达江陵。而我军要救援，路远也奔救不及啊!

王琳、朱买臣等人也劝过梁元帝，终不肯听。且萧绎又猜疑，众臣不敢多言。散骑郎新野人庾季才会看天象。他向元帝进言：“去年八月，月亮侵犯了心宿中间的一颗星。这月丙戌，赤气干犯了北斗星。心宿是天王，丙的天干主管楚地的分野，我担心建子之月有大兵来犯江陵，陛下应该留下重臣镇守江陵，提早整顿旌旗仪仗回建康，以避开兵患。假如魏虏入侵，我方失地，也只限于荆州、湘州，而整个国家还无虞。”而元帝也懂得天文，心知楚地会有兵灾，长叹一声，说：“祸福都在天意，避灾躲祸也徒劳无益!”

说也奇怪，近来尽出些异事。据史料记载：公主的衣库里，突然跑出来一条黑蛇长约一丈，几十条小蛇跟随着它，昂着头，高一丈多，望着南方。正在人们惊讶之时，转眼就凭空消失了。如果是人们幻觉，也就罢了。可是，不久，元帝萧绎与宫人游览玄洲苑，又见一条大蛇盘屈在面前，一群小蛇围绕着大蛇，全是黑色的。萧绎很讨厌这些蛇。有宫人说："这并不是怪物，恐怕是钱龙。"

于是，元帝萧绎令库房取来几千万钱，堆放在蛇盘踞的地方，以满足它们。又举办法会，赦免囚徒，救济穷困。元帝退回到栖心省居住，突然，又有一条蛇，从屋顶坠落，刚巧落在元帝的帽子上，转眼不见了。后来，在龙光殿上皇帝所乘的轿子里，也有小蛇盘在里面，还把轿中膝前的金龙顶在头上。见有人来，那小蛇马上就跑了，追也追不上。

在护城河里，有龙升腾，五色斑斓，飞入云端，六七条小龙也跟着飞。一些大鱼也腾跃而起，却飞不上去，只落下来摔死在地上。而龙飞起的地方，留下许多大大小小的窟窿。以前，城市的上空经常浮有紫气。龙飞走了之后，这些紫气就渐渐消失了。

后来，大殿内突然出现形状如龙的黑气，往外消散。元帝萧绎认为不祥，就开始在龙光殿讲《老子》和《道德经》等经文。史料都记载了这些，今人肯定是不会相信这些荒诞之事的。

北齐又起大兵，向南入侵。

六月壬午（二十七日），北齐步大汗萨带兵四万逼近泾州，王僧辩派属将侯瑱、张彪从石梁带兵帮助陈霸先的部将严超达抵抗。但侯瑱、张彪接到命令，却迟迟滞留，不肯前进。

梁朝将军尹令思带一万多人准备袭击盱眙。当时北齐冀州刺史段韶带兵在宿预讨伐东方白额，正好广陵、泾州两地都来告急，将领们都很担心。北齐冀州刺史段韶留下仪同三司敬显携等人围攻宿预，自己带兵以加倍的速度直取泾州，路上还经过了盱眙。尹令思没想到北齐军队会突然降临，望风逃跑。段韶进攻严超达，打败了他，又回过头来逼近广陵。

陈霸先亲率兵从丹徒渡江，包围了北齐占领的广陵；秦州刺史严超达从秦郡出发去包围泾州；看到陈霸先前来解围了，南豫州刺史侯瑱、吴郡太守张彪这才从石梁出发，援助陈霸先围攻被北齐占领的广陵，北齐段韶才退走。陈霸先所部的晋陵太守杜僧明率领三千人去帮助东方白额。北齐将领王球攻打宿预城，杜僧明带兵出击，大获全胜，北齐将领王球只好退回彭城。梁朝将领吴明彻围困海西，守将中山人郎基固守城池，削木头做箭头，剪纸片做箭尾羽饰，顽强抵抗。吴明彻围困了一百天，仍未攻克。吴明彻率军退回。

北齐派郭元建在合肥训练水军二万余人，准备袭击建康。北齐接受了湘潭侯萧退的投降，又派将军邢景远、步大汗萨率领部众跟进。陈霸先在建康听到消息，就向梁元帝报告。梁元帝下诏调王僧辩镇守姑孰进行抵抗。

梁元帝萧绎因功先后任命司徒王僧辩为太尉、车骑大将军。任命护军将军、郢州刺史陆法和为司徒。任命征北大将军、开府仪同三司陈霸先为司空。

广州刺史曲江侯萧勃，觉得自己的官职不是梁元帝所授予的，内心很不安稳，梁元帝当然也怀疑他割据称雄，对抗朝廷。于是，萧勃上表，请求朝见梁元帝。五月乙巳（二十日），梁元帝任命王琳为广州刺史，调萧勃为晋州刺史。猜疑心很强的萧绎如此调任他们，主要有两个原因：一是防萧勃久居广州，割据称雄；二是防王琳兵势强盛，又得到民众拥护，一旦与陆纳联手，他的皇位不保。梁元帝想把他外放到远处。

王琳临行前，对亲信李膺私下叹道："我出身平民，蒙皇上提拔才有今天。现天下未宁，就远徙我去岭南，若生不测之灾，我想出力也够不着了！我私下揣度皇上是对我不放心吗？其实我心志有限，难道还敢和皇上争帝位吗？何不任我为雍州刺史，镇守武宁。我自会带兵屯垦，为国御敌，捍卫梁朝。"

李膺觉得王琳说的很对，但不敢启奏给梁元帝，因怕梁元帝更加猜疑。

不久，西魏派侍中宇文仁恕出使梁朝。刚好北齐的使者也到了江陵，梁元帝对宇文仁恕的接待不如对北齐使者那样隆重，宇文仁恕回国后，把这事告诉了太师宇文泰。梁元帝又要求按过去的版图来划定边境线，使用的言辞颇为傲慢，宇文泰说："古人说得好：'天意要是想抛弃他，谁能使他兴起呢！'这话说的就是萧绎吧！"梁元帝派人出使西魏，想从西魏手里要回成都。西魏丞相宇文泰道："你的主子为争帝位，骨肉相残，能保住江陵已不错了。还想要四川？真不知好歹！”来使力争，宇文泰不耐烦地说：“好吧，到十月份还，如何？”

恰好投降西魏的萧詧，多次请求宇文泰出兵消灭萧绎，为死去的亲人报仇。宇文泰落得送他一个顺水人情，道：“好，九月起兵为你报仇，你做准备吧。”荆州刺史长孙俭过去曾多次陈述进攻梁朝的方略，宇文泰就把长孙俭征召入朝，向他询问向南进攻的计策，然后又命令他回到所镇守的地方，秘密地进行南下攻梁的准备。降魏的梁朝旧臣马伯符秘密派使者把这危险情况报告给梁元帝，但梁元帝不相信。

梁元帝萧绎享受着太平日子，好不惬意！他又披道袍，执拂尘，聚集群臣，口沫横飞地讲《老子道德经》。把朝廷当成了道场，真是滑稽！——他父梁武帝信佛教，可他梁元帝却信道教。各有戏唱的了。

也就在这一天，承圣三年秋九月辛卯日，西魏派柱国常山公于谨、中山公宇文护、大将军杨忠带兵五万进犯梁朝，直向江陵。

于谨，字思敬。性情深沉，有见识度量，读过一点经史书籍，尤其爱好《孙子兵法》。太宰元穆看到他，赞叹说：“他是辅佐帝王的人才。”正光四年，广阳王元深出兵北伐，推荐于谨担任长流参军，对他特别礼遇。当时魏末动乱，群盗蜂拥而起，于谨想要不动用武力，就达到平定他们的目的。于谨就单骑进入贼兵当中，向他们宣示恩信。西部铁勒的酋长乜列河等人，率领三万多户人家都服罪归附，相随着往南迁徙。广阳王和于谨去折敷岭迎接他们。于谨说：“拔陵的兵众不少，他得知乜列河等人前来归附，一定会来拦击。他如果先占据了险要，就难和他争胜。如果用乜列河等人来引诱他，然后我们埋下伏兵等待着，一定很容易打败他。”广阳王听从了这个计策。拔陵果然前来拦击，于谨的伏兵冲出来，贼兵就此大败。

孝昌元年，于谨又随广阳王征讨鲜于修礼。适逢章武王元融被鲜于修礼杀害，于是广阳王在中山驻军。侍中元晏告诉灵太后说：“广阳王徘徊不前，坐观待变图谋不轨。又有个叫于谨的，智略超人，是他的主要谋划者。在战乱之际，他恐怕不是陛下的忠臣。”灵太后下诏命在尚书省张贴告示，招募能抓获于谨的人，答应予以重赏。于谨听说后，请求亲自到朝廷投案，表白真心。广阳王答应了他。于谨就来到布告下说：“我知道这个人。”众人都问他。于谨说：“我就是。”有关官吏得知后上报。灵太后引见于谨，十分恼怒。于谨详细地诉说了广阳王的忠诚，并陈述了停驻军队的情况。灵太后的怒意逐渐缓解，于是放了他。

于谨自认为长期掌握权势，地位声望隆重，功名既已建立，情愿保住悠闲的生活，就把他所乘的骏马和所穿的铠甲等献上。太祖明白他的意思，就说：“如今大奸之人还没有平定，您怎么能就这样独善其身呢？”就没有接受。

于谨为人有智谋、勇敢坚毅，善于为主上效力。他的名望地位虽然很高，但他更加谦让。朝廷凡是有军国大事，大多由于谨决断。于谨也竭尽自己的才智能力，所以在功臣当中，特别受到委用信任。

长孙俭曾问领军主帅于谨，说：“大军前往江陵，未知萧绎有何计抵抗？”于谨答道：“如果萧绎耀兵于汉沔，席卷渡江，直接占据丹阳，这是上策；如果他转移城内的居民，退守保子城，深挖护城沟，高筑城垒，固守待援军赶到，这还是中策；如果他不抢先做转移行动，只守外城，那就是下策了。”

“如依您的高见，萧绎究竟会用何策？”长孙俭又问道。于谨微笑道：“我料定萧绎必出下策！”长孙俭问：“那是为什么呢？”于谨回答说：“萧氏据守江南以自保，已经绵延经历了三四十年。正好这段时间里中原地区也处多事之秋，不能够向外扩张。萧氏又因为我国东边有齐国为患，认为我国必不可能分散兵力去进攻他们。而且萧绎这个人懦弱而没有谋略，多疑而少断，而那些普通平民们又很难忧深虑远地想问题，都留恋自己的家园，所以我知道萧绎一定采用下策。”长孙俭拜服，并预贺于谨征战成功。于谨真是老成料事，后果然如他所料。

癸亥（初十），武宁太守宗均向梁元帝报告西魏大军将要入侵的信息。

梁元帝召集公卿大臣商议对策。领军胡僧佑、太府卿黄罗汉说：“西魏和我们梁朝一向友好来往，也没发生过什么不愉快的事情，我想不会向我们进攻吧。”侍中王琛也附和说：“我曾于去年出使魏，揣摩宇文泰的神色，很是友好，决不可能发兵来打我们。”梁元帝萧绎仍然心存一丝幻想，又令王琛出使西魏，探听确切消息。王琛也奉命而去。

看看萧绎对至亲骨肉的残忍行为，再看看他对敌国的幻想。敌人已经打到都城了，他哪怕有一点苟且偷安的机会，他都还不准备死战。不久，王琛抵达石梵，没有见到西魏的军队，派人送急信报告黄罗汉，说：“我已来到石梵，边境上很安宁，以前说魏要对我们发动进攻，简直是儿戏之言。”梁元帝听后感到疑惑。庚午（十七日），梁元帝又恢复讲《老子》经文，百官穿着戎服来听。如此耽误战机，何其可笑？而西魏大军于初一就渡过汉水，于谨命令宇文护、杨忠率精锐骑兵先占领了江津，切断了元帝萧绎东逃的道路。你看看，对手是多么的老辣！

丙寅（十三日），西魏铁骑已攻进襄阳了，萧绎仍在讲经。直到第三天乙卯日，各地急报雪片似地飞来，梁元帝才停止讲经，急派主书李膺去建康，征召王僧辩为大都督，兼荆州刺史。命陈霸先移镇扬州。王僧辩、陈霸先两人正与北齐的冀州刺史段韶的兵马在边境激烈交战。突闻西魏袭击江陵的消息，梁军无心恋战，战事失利。王僧辩、陈霸先急忙收拾军队，退还京师，勤王救主。王僧辩远在千里之外，非一时能到。陈霸先在京口，抵抗北齐。王僧辩紧急派遣豫州刺史侯瑱率领程灵洗等为先头部队，又派陈霸先的部将兖州刺史杜僧明率领吴明彻等人为后卫部队，奔赴江陵救援。

而近在郢州（今武汉）的陆法和，闻知西魏大兵压境，急忙从郢州出发到汉口，将赶赴江陵抗敌。猜疑心重的元帝却派人去拦住他，说：“我这儿自能打败敌兵，你只管镇守郢州，不用动。”陆法和知元帝并不信任部将，心知萧绎必败。陆法和心情非常沉重！令人用白土涂城门，自己身穿丧服，坐在苇席上，静坐了一天，才把丧服脱下来。

陆法和，算是一位神秘的传奇人物。他隐居江陵百里洲，不知道是何地人氏。他的衣食居处，与苦行的沙门和尚相同。年岁大的人小的时候就看见过他，他的容貌脸色经常改变，人们无法猜度。有的人说他来自嵩高，游遍了远近诸地，入荆州汶阳郡高安县的紫石山，很快就舍弃了寄居的此山，不久便出现了蛮贼文道期之乱，时人认为他有先见之明。

侯景降梁，法和对南郡朱元英说：“施主和贫道一块击打侯景去吧！”

元英道："侯景为国立功，师傅说击打，为什么？"法和答："正从此时开始。"到侯景叛乱，渡江时，法和住在青溪山，元英前往请教："眼下侯景围城，这事该怎么办？"法和说："凡人摘果，应在熟时，不撩自行落下。施主只需等着侯景熟透，何必劳驾您来询问？"再三追问，法和才说："能成功也不能成功。"

侯景调遣大将任约前往江陵攻打梁朝的湘东王，法和便前往湘东王处乞求征讨任约，还聚集诸蛮族弟子八万人到长江的渡口，第二天就开拔上路。湘东王也派遣胡僧佑率领一千多人与法和同行。法和登船后大笑着说："好多的兵马。"江陵之地神祠很多，民俗喜好向其祈祷，自从法和军出发，再也不灵验了，人们认为这是神跟随法和去了的原因。

他们走到赤沙湖，与任约军相对。法和坐着小船，没穿铠甲，沿流而下，离任约军一里来路才回返。他对将士们说："看对方那条龙是寝卧不动，我军之龙却是异常活跃，马上发起攻击吧！如果是明天，当不损一根毫毛就能打败敌人，可却有害处。"于是点燃早就安置好的火船，但风向不对，法和拿起白羽扇扇风，风向即转。任约军兵看见梁朝军队都在水上行走，大惊，随即大溃，纷纷投水而死。任约则不知逃到哪里去了。法和说："明天中午准能抓住。"到时却没有虏获。有人问他，法和说："我前些时候在此洲水干时建造过一塔，告诉施主们，它虽为塔，却是贼的标识，眼下为什么不向标志处求贼？"军兵们遵其言，果然在水中看到任约抱着塔，仰着头，鼻子露出水面。因此马上就抓住了他。任约乞求在法和面前去死。法和说："施主有福相，肯定不会死在战场上，再说湘东王与施主有缘，请不要多虑，施主以后定会助王一臂之力的。"湘东王果然宽宥了任约还拜他做了郡守。当魏围江陵时，任约率兵救援，而且出力不小。

法和打败任约之后，来到巴陵进见王僧辩，说："贫道已砍下侯景一臂，他还有什么作为，请施主马上进攻。"返回江陵，又对湘东王说："侯景之乱自然会平，没有值得担忧的理由。蜀贼快要来了，我请求守巫峡等待他们自投罗网。"很快就率领诸军赶往巫峡，亲自搬运石块堵塞长江，三天，水便分流，接着又用铁锁横断。武陵王纪果然调派蜀兵赶往巫峡渡江，因峡口势蹙，不能进退，王琳与法和指挥兵马，一仗就取得了全胜。

军队驻扎白帝，法和对人讲："诸葛孔明可谓名将，我亲眼看到过。此城旁边有他埋藏起来的弓弩箭镞。"插下标志让人挖掘，实如其言。又曾到襄阳城北边的大树底下，画地两平方尺，令弟子下挖，得一龟，长有尺半。法和用杖叩打着龟说："你想出来却不能，待在这里几百年了；如果不是我，你能重见天日吗?"说着，便向龟传授佛法，之后，龟才爬走。当初八叠山很多人患恶疾，法和采药治疗，不过三服药，这些人的病就好了，所以很多人请求成为弟子。对山中的毒虫猛兽，法和给以禁戒，它们就再也不噬螫害人了。法和停泊江湖，一定要在侧旁用纸写上"此处放生"四字。打鱼的人就会一无所获，即使有点收获，马上就会遭受大风雷的袭击。渔人害怕而放走捕捉的鱼虾，风雨才会平息。晚年时虽然领兵打仗，但还是禁止诸军捕鱼。有违犯者，半夜便会有猛兽跑来威胁，或者丢失船缆。有小弟子戏截蛇头，并报告法和。法和说："你为何要杀蛇?"边说边指点着让小弟子看。弟子这才看到蛇头紧咬着自己的裤裆不放。法和责令弟子忏悔，为蛇做功德。又有人用牛试刀，一刀之下而牛头断，跑来告诉法和。法和说："有一断头之牛，跑来请我救命，你若不为它做功德，一个月内报应就要临头。"此人不信，没几天就死了。法和又帮人相宅相墓，为的是避祸求福。他曾对人讲："不要把马系在碓上。"其人途经乡村，门旁有碓，随手将马系在碓上。走进门后，记起了法和的告诫，慌忙跑出来解马，马已经倒毙在地。

梁元帝拜法和为都督、郢州刺史，封江乘县公。法和对朝廷不称臣，法和在自己撰写的表奏的姓名前，自署司徒。梁元帝对仆射王褒说："我不曾拜陆为三公，他为什么自称司徒?"褒对："他以道术自命，或许是有先知之明。"梁元帝认为法和功勋较重，便加给司徒、都督、刺史等职依旧。法和有部曲几千人，他统统地唤作弟子，而且只以道术点化，从不使用刑法惩罚。商铺之处，不定市丞牧佐等制度，没人收税，只将一空箱置放在道间，箱上开一受钱孔。贾客店人依据货物的多少，计算出应该缴纳的税钱，自行投放到箱中。主管之人，傍晚开箱，记载数量，输入国库。

法和平时沉默少语，如若开口，却是雄辩无敌，但还带有南蛮口音。

善于设计制作攻战的工具。在江夏，聚集兵船，想偷袭襄阳后攻入武关。可是梁元帝派人加以制止。法和说："法和是求佛之人，不希望释梵天王的坐处，岂想图谋王位。只是由于我佛与皇上有香火因缘，见主人当有报应到来，所以来援罢了。眼下既然被人怀疑，这是业定，无法更改的。"于是设置供食，摆设蒸饼薄馍。

魏兴兵时，法和从郢入汉水口，欲往江陵。梁元帝派人迎接他，说："我们自然能打退敌军的进攻，你只需镇守郢州，不要移动。"于是法和归州，用白灰涂抹城门，自己则穿着粗白布衫、布裤、邪巾，用大绳束腰，坐在苇席上，整整一天才脱去。

当听到梁元帝败灭的消息，又马上穿好前些日子穿过的那套丧服，哭泣哀悼。梁人入魏，果然看到了蒸饼传到北方。

法和开始在百里洲建造寿王寺，已经架好了佛殿，他再次截短梁柱，说："四十多年后佛法将受雷电，该寺幽静偏僻，可以免受灾难。"魏平荆州，宫室俱焚，总管想夺取寿王佛殿，嫌其材短，才没有拆除。后周武帝灭佛，此寺在陈朝境内，故未及难。

天保六年（555）春，清河王岳进军来到江边，法和便举州降齐。齐文宣帝任命法和为大都督十州诸军事、太尉公、西南道大行台。大都督、五州诸军事、荆州刺史、安湘郡公宋莅为郢州刺史，官爵如故。宋莅弟䥫为散骑常侍、仪同三司、湘州刺史、义兴县公。梁将侯瑱进逼江夏，齐军弃城而退，法和与宋莅兄弟入朝。文宣帝听说法和的奇术，诚心相见，备好了三公的仪仗，在都城南门外十二里的地方设供帐迎候。法和在很远的地方望见邺城，下马禹步。辛术见了，说："公既然万里归诚，主上虚心相待，为何还要作此法术？"法和手持香炉，步行在辂车的后面，一直到旅馆。明日朝见前，文宣赐给法和通巾宪油络网车以及随从卫士百人。诣阙通报名姓，却不称官爵，也不称臣，只说是荆山居士。

文宣在昭阳殿宴请法和及其徒众，并赐法和钱百万、物千段、甲第一区、田地百顷、奴婢二百人以及生活用品等；宋莅千段，其余的仪同、刺史以下各官也有赏赐。法和将所得奴婢，全部释放为良，还说："各随缘分而去。"散发钱财，一天便尽。将朝廷赐宅改建佛寺，自己只住一间，与凡人没有区别。三年之间再为太尉，民间还是称他为居士。没有生病却将自己的死期告诉给弟子。届时，烧香视佛，坐绳床而终。沐浴将入殓，尸体缩小，只有三尺多。文宣命令开棺检视，却成了空棺。法和书其所居屋室的墙壁，之后用泥涂盖，泥剥落，有文云：“十年天子为尚可，百日天子急如火，周年天子递代坐。”又云：“一母生三天，两天共五年。”有人附会，认为娄太后生了三个天子，从孝昭即位，至武成传位给后主，一共五年时间。

且说西魏攻打江陵之时，梁元帝萧绎仍到津阳门讲习武事，设置了南北两个城主。元帝亲自检阅，风雨交加，部署尚未贯通，旗帜飘乱，元帝驱车返回，军众乱了次序。风雨随即停息，大家都暗自惊诧。

敌军已过汉水，占据江津，切断梁军后路了。萧绎这才急调广州刺史王琳入援。而王琳更远，没有半月更是难到。而西魏大军攻城甚急。萧绎无法，只得令领军胡僧佑都督城东城北诸军事，右仆射张绾为副；左仆射王褒都督城西城南诸军事。命皇太子巡行城楼，令居民帮助运输沙石木材。又令王公卿士加强守备。元帝骑马出城，巡察修筑栏栅。栏栅用木头插在地上组成，周围共六十多里长。

十五日那天，刮起大风，飞沙走石。江陵许多树木连根拔起。民房上的茅草、瓦片等物随风撒落，一片狼藉。城内失火，烧毁民房数千家。官府认为这是一个妇女不小心失的火，将她斩首陈尸。元帝亲临烧毁的城楼察看，远望魏军渡江涌来，四顾孤危，不禁长叹。信州刺史徐世谱、晋安王司马任约的军队驻扎在马岸头。己亥（十七日），移居到祇洹寺内。于谨下令修筑长久围城用的军营，从此，梁朝信使，诏命无法外传，内外联络被切断了。萧绎多次巡城，俯看西魏军旗帜飘飞，人多势众，兵强马壮。环顾四周，暗自叹息，一筹莫展。这天夜里，有流星坠落城中，元帝萧绎拿蓍草对此进行占卜，卦成，不祥。萧绎又采用龟壳占卜加以验证，随后便扔在地上，萧绎叹息说：“我若死在这里，岂不是命运吗?”于是，萧绎扯下一块丝绢，写信催促王僧辩快来救援，萧绎说：“我忍死待公，何不速至!”

写完就派兵冲破西魏大军的重重包围，打算送给王僧辩。可是，却被西魏兵众截住。此信落到西魏将领的手中，根本没有办法送到王僧辩手里。

萧绎神情十分低落，胡僧佑太过于乐观地估计战情了。他劝道："圣上不必忧虑。臣在城里的守军还有两万多人，粮草足够支撑一月。只要我们坚守待援。王僧辩、陈霸先、王琳等援军一来到，敌人定退。此围可解。"

萧绎闻言，眉头稍为舒展。他勉励胡僧佑时刻要小心戒备敌人夺城。守住江陵，以待援军。胡僧佑说："陛下尽管放心，臣亲自抵挡敌人的箭矢、滚石的攻击，愿报答圣上，效力死战！"胡僧佑日夜不眠地指挥督战，梁军坚守四面城门的兵众，多次打退了魏军的攻击。与西魏军相持了多天。

武昌太守朱买臣、衡阳太守谢答仁等将领请求出战。胡僧佑嘱咐他们速战速决，不可恋战。朱买臣、谢答仁等率军打开城门，冲入敌阵，一阵乱砍，杀死不少敌人，但梁军也损失了很多兵众，眼看不能再支撑，急忙退回城里。

王僧辩、陈霸先惊悉西魏突袭江陵，急忙收拾军队，勤王救主。而西魏大军的主帅于谨，谋划已定，派宇文护、杨忠率精骑抢先占据了江津，堵截了王僧辩、陈霸先的勤王东路。

更令人始料未及的是，冲锋陷阵的宿将杜僧明率领吴明彻等人急奔江陵救援，竟病死在江州，时年四十六岁。杜僧明从广州讨贼开始，就忠心耿耿跟随霸先纵横疆场，英勇无比，屡建奇功！霸先闻之，痛断肝肠……梁朝追任杜僧明为散骑常侍，谥号威。

王琳的救援部队星夜兼程，赶到长沙时，镇南府长史裴政要求走小路先把援兵来到的消息报告江陵。裴政走到百里洲时，让西魏人抓获了。梁王萧詧对裴政说："我，是武皇帝的孙子，难道不能当你的君主吗？如果臣服于我，那么富贵可以传给子孙。如果不听，那么你的腰和脖子就要断成两截。"裴政假意回答说："我愿唯命是从。"萧詧把他用锁链系住，推到江陵城下，让他向城里喊话，说："王僧辩听说台城被围，已经自立为皇帝。王琳孤军力弱，不能再来救援了。"但裴政却大声告诉城里，说：

“救援大军大批赶来了，你们要自奋自励。我因充当报信的秘使，被敌军抓获，理当粉身碎骨，报效国家。”监视他的人使劲打他的嘴，萧詧勃然大怒，喝令手下快把他杀了。西中郎参军蔡大业进谏说：“这样坚贞不屈的人，使民众仰望而归心。杀了他，那么荆州就攻不下来了。”萧詧这才放了他。裴政是裴之礼的儿子。蔡大业是蔡大宝的弟弟。

信州刺史徐世谱、晋安王司马任约等在江陵南岸的马头修筑城堡，远远地作为声援。当天晚上，元帝巡视城防，还随口吟出诗来，群臣还有和他诗的。元帝撕裂绢帛写了一封信，催促王僧辩速发援兵。信中说：“我忍受着死去的熬煎等你来，现在援兵该可以来了吧！”

王褒、胡僧、朱买臣、谢答仁等人开门出城迎战，都败退而归。朱买臣按着宝剑向元帝进言，说：“只有杀了宗懔、黄罗汉，才可以平息天下的怨恨！”元帝说：“过去不回建康，其实是我的意思，宗懔、黄罗汉有什么罪?”宗懔、黄罗汉两人内心不安，唯唯退入众人之中。他们从这开始，便想着投敌自保了。

深夜，萧绎率妃嫔等登凤凰阁，仰观天文，皱眉叹息道：“客星入翼轸，恐难免败亡了！”妃嫔等都伤心地哭泣，萧绎也相对唏嘘落泪。夜半才回宫就寝。

梁元帝萧绎与后宫的关系，也处得不好。有徐妃名叫昭佩的，是东海郯人。祖父徐孝嗣，是齐朝的太尉、枝江文忠公。父亲徐绲，是侍中、信武将军。徐妃于天监十六年（517）十二月封为湘东王妃，生了世子萧方等、益昌公主萧含贞。徐妃姿容平平，不被萧绎礼遇，萧绎二三年才进她的房间一次。徐妃心中当然有怨，每当她知道元帝将要来时，故意只化妆半边脸。梁元帝见了，知她讽刺自己瞎了一只眼，大怒而出。

徐妃好酒，常常大醉。元帝到她的房间，她必定把酒菜吐在萧绎的衣服上，以恶心他。徐妃和荆州后堂瑶光寺的和尚智远私通。她的妒忌心强，见不被宠幸的妾，便开怀共饮交杯酒；如果见有孕的妾，她动刀杀人。元帝的随从暨季江长得帅气，徐妃又和他淫通。暨季江常常感叹说：“柏直的狗虽老仍能狩猎，萧溧阳的马虽老仍能驰骋，徐娘虽老仍尚多情。”当时，有个贺徽脸蛋漂亮，徐妃就把他邀到普贤尼寺，在白角枕上写诗，互相赠答。

因为徐妃的缘故，她生的儿子萧方等也不受萧绎的宠信。侯景攻陷建康后，萧方等率军从建康返回江陵，萧绎见萧方等驾驭部队有条有理，这才称赞萧方等的能力。萧绎进徐妃的房间，称赞萧方等带兵有方，而徐妃没有回答，只是流着委屈的眼泪转身离开。萧绎又愤怒了，指责徐妃与人私通的肮脏行为，并张榜公布。萧方等见了之后，更加害怕。

萧绎有称帝之心，为了试探宗亲对他服从与否，就以将要讨伐侯景为由，派使者去督察征调萧誉的粮食和人马。湘州刺史河东王萧誉骁勇善战，很得士兵们的拥戴。萧誉很不满地说："各有各的军府，为什么来督察征调我的兵马粮草？"

使者往返了三次，萧誉就是不给粮食与人马。萧绎大怒，派兵去征讨。萧方等主动请战。萧绎干脆任命他的小儿子安南侯萧方矩为湘州刺史，派萧方等率领二万名精兵护送他上任。本来朝廷此前就任命了湘州刺史萧誉，而萧绎却任命自己的小儿子萧方矩为湘州刺史。这明显的就是一场恶战。

萧方等临行之前，对他亲近的人说道："这次出行，我一定会死；但是死得其所，我又有什么可遗憾的呢？"可以预料的是，萧方等率军到达湘州境的麻溪时，湘州刺史萧誉率领七千人马发动攻击。萧方等率军死战，最后落水淹死。安南侯萧方矩收拾剩余的人马，仓皇退回江陵。而湘东王萧绎对于死去的萧方等，毫无悲戚的表情。

萧绎的宠妃王氏死去，他怀疑是徐妃所为，萧绎逼徐妃自杀。徐妃含怨且愤，投井而亡。梁元帝把尸体还给徐家，说是出妻。还写了一首《金楼子》描述她的淫秽行为。萧绎用庶人之礼埋葬了徐妃，也不让儿子们为她穿丧服。

魏军围攻江陵城，元帝向四方征兵求援，都没能及时赶到。全靠胡僧佑忠心耿耿，运筹帷幄、英勇指挥，才得以支撑。西魏军队从四面八方一齐攻城。城里的守军扛着门板作为盾牌，胡僧亲自冒着飞箭流石，昼夜督战，对勇敢的将士进行鼓励，严明地厉行赏罚，这样大家都拼死抵抗，所向披靡，敌军纷纷溃败死伤，无法前进。

胡僧佑率兵众出战，接连几次冲杀，因魏军势大人多，战不多时，相继败退。魏军加紧攻城，萧绎亲上城楼督战。胡僧佑正指挥兵众英勇杀敌，突然飞来一支冷箭，恰中胡僧佑的心肺。“啊——”的一声惨叫，胡僧佑砰然倒地。萧绎急忙奔来，抚尸痛哭流涕！很难见到萧绎如此伤心落泪的。他在骨肉相残时，杀皇族兄弟侄子们，都从未落过一滴泪水。

众兵将听胡僧佑战死，斗志顿失，心中慌乱。西魏军队倾巢而出猛攻栅栏，有的兵众商议开门降敌。太府卿黄罗汉竟然大摇大摆地带着十几个兵众，深夜直向西城门。遇到城门守军喝问：“何为?”黄罗汉理直气壮地说：“奉皇命巡城。”城门守军不疑，黄罗汉十几人走近了，突然刀剑齐挥。城门当夜值守的兵众大惊，稍作抵抗，就被杀死。黄罗汉等叛贼打开西城门，接应西魏大军蜂拥而入。魏军铁骑在城门横冲直撞，弯刀挥动，血流遍地……梁军兵众死的、伤的、逃的，四散溃败……

萧绎从睡梦中惊醒，闻一片奔逃哭叫、冲杀嘶喊声，知大事不好了！一跃而起。这时有仓皇来报信的，哭喊：“圣上，城破了！——”

萧绎仍命令部下率众抵抗，他疯狂地冲向后宫，将自己的三十几个妃子和亲生女儿尽数杀死。然后，萧绎冲进东阁竹殿，命舍人高善宝，点燃一把火，将他几十年来收藏的十四万册古今珍贵书画图书全部焚毁！一时间火光冲天，把他的面孔照得阴森而恐怖。他望着熊熊烈火，突然冲向大火，以身自焚。但被左右随从拉住了。他绝望地用宝剑猛砍殿柱，宝剑折断，边砍边叹息：“朕三更灯火五更鸡，苦读万卷经书，没想到竟然落了这个结局！文韬武略，今夜全毁尽了啊！……”

当下，萧绎使御史中丞王孝祀，草写降文。但谢答仁、朱买臣进谏说：“城里兵力还算强大，如果乘着黑夜突围而出，贼兵必然惊慌，乘乱大胆靠近敌阵，可以渡过长江去依靠任约的军队。”

元帝萧绎平时不善于骑马，有点畏难地说：“事情肯定不会成功的，只不过徒增羞辱罢了。”谢答仁要求亲自为元帝牵马护持。元帝问王褒行不行，王褒回答说：“谢答仁是侯景的党羽，哪里可以相信！靠他逃跑，即使成了也是成就了他的功勋，还不如投降西魏呢！”

谢答仁要求去防守子城，说收拾残兵还能有五千人。元帝同意他的建议，马上授给他城中大都督的官职，把公主也许配给他。萧绎召王褒来谋划守城的事，王褒认为不能授权给谢答仁。等谢答仁再来请求城防时，萧绎拒见。气得谢答仁吐血，只好走了。

于谨接到投降书，提出让萧绎派他的太子来当人质，元帝只好令王褒去送太子。于谨的儿子知道王褒书法很好，就给他纸和笔，请他写字。王褒写字后自署："柱国常山公家奴王褒。"从这就可以看出，王褒此人真的厚颜无耻！还没答应接受你的投降，你就自称家奴了?!

王褒，字子渊。其父王规（448—536），字威明，琅邪临沂（今山东临沂）人。南朝梁大臣，南齐太尉王俭之孙。八岁丧母，至性至孝，好学有口辩。举秀才，起家秘书郎，迁太子洗马。天监十二年，进献《新殿赋》，拜秘书丞，出为新安太守，父忧去职。服阕，袭封南昌县侯，除中书黄门侍郎。普通六年，拜为侍中。大通三年，迁五兵尚书，俄领步兵校尉。大同二年卒，享年四十九岁，追赠散骑常侍、光禄大夫，谥号为章。

王褒七岁时便能写文章。他的外祖父司空袁昂很喜爱他，常对宾客们说："这个孩子将来会成为我们家的顶梁柱。"王褒二十岁左右被举荐为秀才，先后任秘书郎、太子舍人等职，因遇父亲的丧事离任。三年丧满除服，袭父爵封南昌侯，任武昌王文学，太子洗马，兼东宫管记，又调任司徒属、秘书丞并出任安成内史。太清年间，侯景攻陷京城建康，江州刺史当阳公萧大心举州降附侯景，侯景叛军进而占据南中，王褒仍然固守本郡，以抵抗叛军。大宝二年（551），梁元帝下令征召王褒赶赴江陵，王褒受命前往，被任命为忠武将军、南平内史，不久又调任吏部尚书、侍中。承圣二年（553），王褒调任尚书右仆射，仍然参与掌管选辟事宜，并兼任侍中。这一年内，王褒又调任左仆射，跟以前一样参与掌管选辟之事。承圣三年（554），江陵被北周攻陷，成了其统治区域。

王褒著有《幼训》一书，用来告诫自己的孩子。其中有一篇这样写道："陶士衡曾说：'古时候大禹不吝惜一尺长的璧玉，却看重一寸光阴。'文士怎能不经常读书，武士又怎能不时常练习骑马射箭。至于漫漫冬夜和长长夏日中，那些整肃门庭，高筑院墙，使门无闲杂之人，家无号哭唠叨之声的求学者，就算得上是孔夫子的弟子了，凭这种态度来写文章，就可以达到贾谊的那种境界。古人在盘、盂上刻有勉励的铭文，在茶几、拐杖上写有鞭策的语句，进退举止都时刻参照它们、遵循它们。周文王有诗说道：‘做任何事情，开头并不是很难，难就难在能够做到善始善终。’为人处世，贵在坚持始终如一。‘行事一定要以此为准则’，这是君子之言啊。

“儒家强调尊卑等级秩序，讲究吉、凶、征伐之礼。君王面南而坐，臣子面北而坐，这都是天经地义的事情。鼎、俎等礼器的足是单数，而笾、豆等器物的足是双数，这正合阴阳之道。而道家主张残毁人的肢体，减损人的聪明才智，抛弃仁和义，这离散了人的形骸，剥夺了人的智慧和知识。佛教的基本教义，是让人忍受苦难，去掉恶习，通晓因果循环之理，潜心修行，这样，平常人也可以成为圣贤，它虽然也有等级之别，但其感召力还是很大的，能够被人们所接受。我起初是学习幼学，到了知天命的年龄（五十岁左右），转而崇尚周公、孔子的思想，兼采老子、佛教的言论，自晋室南移江东以来，这门学问一直没有衰落，我希望你们能够好好地加以学习和研究。”

王褒用儒家言行来要求别人，而他却成为一个没有骨头的文人。在国破家亡之时，竟然率先向敌国投降，自书“柱国常山公家奴王褒”，留下奴颜婢膝，千古嘲讽的伪君子的嘴脸！

萧绎作为一个帝王，在国破家亡之时，不能拼死一战，竟然向敌人投降，妄想苟活一命，何其无智无勇？稍有一点英雄气概的男子，也不会如此。当年曹操大兵压境之时，孙权召众位将领商议，将领们都劝孙权降曹，唯鲁肃不发一言。孙权起身如厕，鲁肃跟到屋檐之下。孙权知他要单独表述意见，就拉着他的手说：“你想说什么？”鲁肃回答说：“刚才观察众人议论，都是想让您失误，不足以与他们共谋大事。当今我鲁肃可以迎接曹操，对于将军来说却不能。为什么这么讲？如今我迎降曹操，曹操理当送我回到故乡，品评我的声名地位，总还能做个小官，乘牛车，有随从，交游士大夫，慢慢升迁上去，也少不了做个州郡长官。而将军您迎降曹操，将把您做如何安置呢？希望您早定大计，再莫听取众人的议论。”孙权听完，叹息道：“这些人的主张，深深让我失望，现在你阐明长远大计，正与我的想法一致，这是上天将你赐给我啊！”

然而，萧绎饱读史书，却不明白这个道理。萧绎令王褒送太子去敌营做质子之后，他披头散发，嚎叫着，跌跌撞撞地回到宫中，召集一些还没散去的官员，出降西魏。萧绎丢掉羽仪饰物，身着素衣，乘白马，驰出东门，抽出宝剑砍着门扇，自己喊着自己的名姓表字道：“萧世诚，奈何至此！”

西魏兵众见萧绎狼狈出城，越过壕沟来牵住萧绎的马辔头，拉到白马寺北边，把他所骑的骏马夺了下来，换了一匹老弱的马给他，派一个高个子的壮健胡人用手扼着他的背押着走，众兵裹胁着进入主帅于谨的营中。于谨强令萧绎下马跪拜。梁王萧詧在旁怒骂萧绎，道：“你杀尽皇族诸王，把亲兄弟亲侄子屠杀殆尽，你没想到你也有今天？你还我兄弟叔伯的命来！”说毕，举拳便打。萧绎忍气吞声，由他发落，不久便被打昏过去。

于谨命令开府仪同三司长孙俭进据金城。元帝骗长孙俭，说：“城里埋着一千斤黄金，我想送给你。”长孙俭就把元帝带进金城。元帝乘便向长孙俭述说他被萧詧侮辱的情状，他对长孙俭说：“刚才骗了你了，目的是找个机会向你诉苦，哪里有天子自己埋藏金子的事！”于是长孙俭就把元帝留在主衣库里头。

梁元帝萧绎虽是读书的文化人，却生性残忍。鉴于梁武帝为政过于宽厚放纵的弊病，他纠偏而为政崇尚严酷。当西魏军队围城时，监狱里关的死罪囚犯还有几千人。有将领建议把这些犯人都释放出来让他们当守城的战士，论功行赏。元帝不允许，命令都用木棍打死，但还没有来得及执行，城已被攻破。

萧詧把萧绎囚在乌幔下。于谨过来，逼萧绎给王僧辩等将领写招降书。萧绎不肯照写。魏使嘲笑道：“不写？你今日难道还有自由吗？”萧绎黯然道：“我既然没有自由，僧辩也不会由我支使！”

有人责问道：“何故焚书？”萧绎答道：“读书万卷，还是有今。所以我尽焚之。”

萧绎被囚禁时，要来酒喝，写了四首绝句：

“南风且绝唱，西陵最可悲。今日还蒿里，终非封禅时。”

“人世逢百六，天道异真恒。何言异蝼蚁，一旦损鲲鹏。”

“松风侵晓哀，霜雾当夜来。寂寥千载后，谁畏轩辕台！”

“夜长无岁月，安知秋与春？原陵五树杏，空得动耕人。”

辛未（十九日），梁元帝被西魏人处死。于谨曾商量如何处置萧绎，梁王萧詧为报兄萧誉之仇，坚持要亲手杀萧绎，并请尚书傅准现场监刑。梁元帝对傅准说：“很幸运您为我宣告出行。”傅准手捧着萧绎写的诗，眼泪禁不住流了出来。萧詧用土囊将萧绎压死。用布头巾缠住尸体，外用蒲席卷起，裹些藁草，加以捆束，用一辆车子拉着，葬在了津阳门外面。并把萧绎所立的太子萧元良及始安王萧方略、桂阳王萧大成等一并杀死。萧绎的属将徐世谱、任约从马头逃往巴陵。任约后来投降了北齐。将军裴畿、裴畿的弟弟裴机与谢答仁三个人互相抱着，一起被杀。

可叹梁元帝萧绎称帝才三年，活了四十七岁。虽然好学能文，著述词章也有佳作，但为人秉性残忍，口讲《道德经》，却不知“仁恕”为何物。兄弟子侄骨肉，都视作陌路甚至仇人。稍有私忿，必尽杀之。

真是天报应！骨肉相残毫不手软的梁元帝，没想到今日也被皇族同宗萧詧所杀。

第十八章　乱世江南多危局

西魏攻陷了江陵。西魏军众烧杀抢掠，无恶不作。于谨把江陵府库里的奇珍异宝，及宋浑天仪，梁铜晷表，及南朝遗传法物，还把江陵附近王公以下的十余万青壮年抓住，都押到长安去充军或驱逼为奴。梁元帝征召到江陵的陈霸先之子陈昌、侄子陈顼也被西魏掳去。时年十六岁的陈昌被元帝封为长城国世子、员外散骑常侍、吴兴太守。陈昌继承了父母的优点，不但长相俊秀，才华也极其出众。陈昌没有想到此地一别，不仅失去了亲人的看顾，甚至，连他继承皇位的机会，也就此失去了。这是后话。

西魏兵众野蛮之极，江陵的老弱病残者，一律杀死。从江陵到长安，漫漫长路的跋涉中，被冻死、饿死、兵马踩死的人，不计其数。魏军攻城时，梁朝中书郎殷不害奋力组织兵众督战。

殷不害，字长卿，陈郡长平人。祖父殷任，齐朝豫章王行参军。父亲殷高明，梁朝尚书中兵郎。殷不害性情特别孝顺，父丧期间过于毁顿，因此年少时就知名。持家勤俭节约，住所特别贫寒，有五个弟弟，都年小体弱，不害既要侍奉老母，又要抚养小弟，勤劳之至，当时士大夫都称道他。殷不害擅长政事，同时修治儒家学术，礼制和法制或轻或重不适宜的，殷不害就上书言论，多被采用。大同五年（539），殷不害调任镇西府记室参军，不久又以原职兼任东宫通事舍人。当时朝廷政事多委托东宫办理，殷不害和舍人庾肩吾值日上奏政事，梁武帝曾对庾肩吾说："你是文学之士，政事不是你的长处，为什么不让殷不害来呢?"可见殷不害被知遇之一斑。简文帝又因殷不害孝敬父母，赐给他的母亲蔡氏织锦裙襦、毡席、被褥，单夹衣也齐备。大同七年，殷不害担任东宫步兵校尉。太清初年，调任平北府咨议参军，东宫通事舍人职务不变。

侯景叛乱，殷不害跟随简文帝入宫。台城陷落时，简文帝在中书省，侯景带领披甲将士入朝晋见皇帝，只是顺路拜见简文帝而已。侯景的士兵都是羌、胡异族，常与身边人发生冲突，很不谦恭，侍从护卫都害怕而避开他们，只有殷不害和中庶子徐诂毫无畏惧，岿然不动。简文帝被侯景幽禁后，他要求派人请殷不害来与他同住，侯景应允，殷不害来后侍奉简文帝更加恭敬。当时简文帝夜里做梦吞了一块土，很不高兴，于是把梦告诉殷不害，殷不害说："过去晋文公出逃，农夫给他一块土，最后晋文公返回了晋国，陛下此梦，莫非与此事相符？"简文帝说："假若上天有命，希望这话不是荒诞之语。"

梁元帝继位后，任殷不害为中书郎，兼廷尉卿，于是殷不害举家西上江陵。江陵被围困时，殷不害首先在别宅督战。

太建七年（575），殷不害从北周返回陈朝，同年下诏授职为司农卿，不久调任光禄大夫。太建八年加任明威将军、晋陵太守。他在晋陵郡生病，诏令他以光禄大夫之职回朝养病。后主继位后，加任给事中。当初，殷不害回朝时，北周留下他的长子殷僧首，殷僧首便住在关中。祯明三年（589），京城陷落，殷僧首来接他，他病死于路上，时年八十五岁。

且说当时，江陵沦陷后，殷不害痛哭着回到家，却见家门大开，家中物品胡乱扔砸一地，母亲亦不见了。他失魂落魄、哭泣着到处寻找母亲。

当时，城内外白雪茫茫，积雪尺深。杀死、冻死的人，遍满沟壕、街道、郊外山坡田地。殷不害边寻边哭，到处寻找母亲的尸体。每见到沟里有死人，就跳下去抱起来辨认。他全身的衣服都湿了，冻上了冰。他一连找了七天，没喝一口水，哭声嘶哑，嗓子带血……他找遍了所有的地方，才找到了他母亲的遗体。殷不害靠着尸体哭泣，声断气绝，过路的人无不为之流泪。他就在江陵暂停灵柩葬了母亲，和王裒、庾信去了长安，从此殷不害粗食布衣，形容憔悴消瘦，见者没有不同情他的。

据事后统计，整个江陵城及附近村庄，只有300余家幸免于难。

当时，萧詧有一部将叫尹德毅，向萧詧提了一个很有创意的想法。尹德毅说道："魏兵贪婪残忍，随意杀掠。江东人民受此大难，都责怪是你主使的。殿下杀人父兄子弟，人民尽都仇恨你，那还有谁帮助你？为今之计，不如假设宴，请于谨等魏军将领入席。暗中埋伏武士，斩杀主帅和将领。再令诸将袭杀魏营，全歼魏军。然后，安民告示，礼召王僧辩、陈霸先诸将，建都建康，称帝即位。不出十天，功成业就。古人有言：天与不取，反受其咎。愿殿下雄伟远略，不拘小节！”

凭心而论，尹德毅这个谋略非常好！也是一次南梁汉人劫后反击的机会！但是，萧詧沉吟半晌，对尹德毅道：“你的谋略确实很好！但是，魏人待我也很不错，不能背叛他们。如果按你的计策办了，恐怕别人不耻于我们了。”

尹德毅听罢，叹息而退。后来，西魏立萧詧为梁主，仅给了荆州不足三百里范围的土地。西魏把原来拥有的雍州的土地夺走了。萧詧住在江陵的东城，西魏任命前仪同三司王悦留下镇守江陵，带兵住在西城，名义上叫作助防，对外表示这是帮助萧詧备战御敌，其实完全是为了防备萧詧势力的发展。

萧詧送走魏军，环城四顾，已是一片空寂荒凉。不由得仰天长叹道：“悔不用尹德毅之计策！”

次年正月，萧詧开始称帝，改元大定。追尊昭明太子为昭明皇帝，庙号高宗，太子妃蔡氏为昭德皇后，生母龚氏为皇太后，立妻王氏为皇后，子岿为太子。一切刑赏制度，基本上按梁朝旧制执行。唯一不同的是，对西魏称臣，用西魏的历法。

萧詧任命谘议参军蔡大宝为侍中、尚书令，参与掌管选拔官员的事情；任命外兵参军太原人王操为五兵尚书。蔡大宝为人严谨整饬，有智谋，娴熟精通政事，作文措辞丰沛敏捷，后梁主萧詧推心置腹地信任他，听从他的出谋划策，把他比为诸葛孔明。萧詧追赠邵陵王萧纶为太宰，谥号为壮武；河东王萧誉为丞相，谥号为武桓。又任命莫勇为武州刺史，魏永寿为巴州刺史。

江陵沦陷之前，梁元帝萧绎急招王琳回援。湖州刺史王琳闻讯，当即率大军从小桂北下，抵达蒸城（今长沙附近）时，就听到江陵已经陷落、元帝被害的消息。王琳痛哭，北望，为梁元帝萧绎发丧，三军都穿白衣丧服。王琳引兵驻守长沙。长沙王萧韶和一些将领推举王琳为盟主，以图天下。王琳令部将侯平率一支水军，讨伐后梁。

萧詧称帝后，王琳派将领潘纯陀、侯平来犯。萧詧出兵抵抗，潘纯陀等退回夏口。大定四年（558），萧詧派大将军王操率军攻占王琳辖下的长沙、武陵、南平等郡。次年，王琳又派将领雷又柔偷袭攻陷监利郡，太守蔡大有战死。不久，王琳与陈朝人相持不下，向萧詧称藩，乞求援军。萧詧答应了王琳的要求。援军尚未出发，王琳已经战败，依附于北齐。

萧詧的政权所辖领土狭小，心中常郁郁不乐。他每次读到“老骥伏枥，志在千里。烈士暮年，壮心不已”，都要扬眉举目，握腕激奋，久久叹息不止。大定八年（562）二月，萧詧竟以忧愤而背部发疽致死，时年四十四岁。同年八月，群臣将他安葬在平陵，谥号宣皇帝，庙号中宗。

萧詧重用贤臣，稍有一些规模，成为一个荆州小朝廷，史家称为“后梁”。但这个政权是西魏扶持的在华夏江南的一个代理人，也就是西魏的一个傀儡政权。所以，一千五百年来，历代史学家不能把“后梁”作为正统王朝。

王僧辩、陈霸先冲破西魏兵马堵截后，惊悉江陵已陷，元帝被害，江陵被占。悲痛、愤恨、悔迟……百味交加！万般无奈，陈、王转回建康，与众商议：赴江州，迎立梁元帝第九子萧方智为帝。因萧绎生的几个儿子或战死或害死，只有年仅十三岁的平南将军、江州刺史萧方智尚存。

萧方智，字慧相，乳名法真，是世祖的第九个儿子。太清三年（549），梁武帝封他为兴梁侯。承圣元年（552），梁元帝封他为晋安王，食邑二千户。承圣二年（553），梁元帝令他出任平南将军、江州刺史。承圣三年（554）十一月，江陵陷落，梁元帝遇害。太尉扬州刺史王僧辩、司空南徐州刺史陈霸先商定，以萧方智为太宰，秉承皇帝旨意，奉迎敬帝返回京城建康。

承圣四年（555）二月癸丑，萧方智在陈霸先、王僧辩的簇拥下，在建康京都，入主朝堂，即帝位，史称梁敬帝。颁诏以王僧辩为太尉、中书监、录尚书、骠骑将军、都督中外诸军事。陈霸先守官司空，加征西大将军职衔。以豫州刺史侯瑱为江州刺史，仪同三司、湘州刺史萧循为太尉，仪同三司、广州刺史萧勃为司徒，镇东将军张彪为郢州刺史。追尊皇考绎为孝元皇帝，庙号世祖。

陈霸先仍京口镇守。不久，徐度辗转逃了回来，对霸先痛哭流涕。当初，元帝征调霸先子、侄到江陵时，霸先委派信武将军、兰陵太守徐度率领所部人马，护送陈昌、陈顼前往荆州。江陵被西魏攻陷，元帝被杀，他负责保护的陈昌、陈顼也被西魏掳去长安，他只身一人抄小路逃脱。

徐度字孝节，安陆人。年轻时洒脱，不拘小节。他魁伟，喜喝酒、赌博。梁始兴内史萧介带着徐度去上任。徐度率兵征讨各处山洞，骁勇闻名。霸先奉旨征讨交州，用厚礼征召他，徐度从此归顺霸先。侯景之乱时，霸先率军攻克平定广州，平定蔡路养，打败李迁仕，许多筹划都与徐度商量。徐度统兵有方，屡有战功。

霸先听闻亲子陈昌、侄子陈顼被西魏掳走，沉默半晌，摇头叹息道："此非你过，快快请起。"霸先扶起徐度，仍委以重任。

正当梁朝在王僧辩、陈霸先的齐心协力辅佐梁敬帝重开新局之时，忽然，北齐尚书邢子才飞马驰来，求见王僧辩。王僧辩感到惊讶，暗思自己与此人从来没什么交际呀，他来有何事？不曾料想，邢子才却送来一个大难题！——北齐朝廷送给梁朝又一个皇帝萧渊明！由此引发了王僧辩与陈霸先之间的矛盾！

原来，齐主高洋见西魏杀了梁元帝萧绎，夺得梁朝大片土地，势力向南扩张，很是嫉妒。北齐寸土没得，心中十分不甘。于是，召群臣问计。忽有上党王高涣奏道："八年前，我们擒萧衍之侄、梁贞阳侯萧渊明，此时可有大用。"高洋一时没反应过来，问："他有何用？"

高涣却笑道："送他回梁为帝，一来引发梁朝内乱，二来嘛……呵呵，那南梁不就是我们的天下了吗？"

"呵呵……此计大妙！"高洋当即令高涣着手送萧渊明回梁事宜。

此刻，王僧辩脸色沉了下来，对北齐使者邢子才断然道："不行！我朝已有新主。"

邢子才却傲然道："我主认为，萧方智年幼，不堪承继大统，梁武帝侄儿萧渊明资历老练。"说着，邢子才也不客气，直接把北齐皇帝高洋的一封书信给了他。僧辩接过书信一看，顿时傻眼了。高洋在信中骄横地说："你们所立之君年轻，不能承担治国的重任。而贞阳萧渊明，是梁武帝的侄子，长沙王萧懿的后代，就他的年龄和资望，可保金陵不失，所以，我把他立为梁朝之主。你应该安排舟舰，迎接新主，和他同心协力，筹建美好的未来。"

高洋这种盛气凌人的语气，着实令人受不了。他的荒唐和淫乱，堪称历史上最荒淫的皇帝。

高洋的相貌与其兄长高澄有天壤之别，"及长，黑色，大颊兑下，鳞身重踝"，史书把这些当作帝王"异征"来写。其实，换作今人，就是一个"肤色黝黑，大肉脸蛋子往两边耷拉，一身牛皮癣，踝骨畸形"的丑陋男子。

高洋时常高饮狂欢，夜以继日；疯疯癫癫，跳舞唱歌。有时赤身裸体，有时涂脂抹粉，有时散发胡服，有时穿得像个小丑，手中提拎大砍刀，常常醉醺醺地在街市坊间游走。还常常出入京城勋贵大臣之家，看见漂亮女人，不分贵贱高低，不分已婚未婚，立时霸王硬上弓；高洋又爱裸骑着梅花鹿、白象、骆驼、牛、驴等动物出玩，边游走边唱歌。无论隆冬炎暑，星夜白昼，高洋雨雪不避，又爱光着屁股在街上跑步，"从者不堪，帝（高洋）居之自若"，高洋还有观淫癖，征集坊间淫女大批，弄入宫中后，大家脱光光，命令侍从众官和卫士与这些女人群交，朝夕临视为乐。有时候，高洋又骑高头快马，边跑边沿街抛撒金银珠宝，任人拾取，"争竞喧哗，方以为喜"。有一次，高洋被崔季舒背着，正在街上游玩，遇见一妇人，便问："我这皇帝怎么样？"妇人性直，回答说："癫癫痴痴，何成天子！"高洋大怒，抽刀就把妇人脑袋砍落。

对于文臣武将及其家属，高洋也以虐杀为乐。高洋想起大臣高隆先前谏劝自己不要称帝，便让卫士猛捣他一百多拳，活活打死……

北齐高洋除了荒淫无道，还以杀人为乐。

一次，高洋问一个亲信："西汉末年王莽夺了刘家的天下，为什么又失于光武帝刘秀之手？"那亲信也不知高洋皇帝何意，老实回答说："因为王莽没有把刘氏宗亲斩草除根，以致逢春发芽。"

高洋幡然醒悟，马上捕戮元世哲、元韶等前皇族四十四家。男子无论少长，一律杀死，三千多具尸体弃于漳水。

高洋作为北齐的君主，在齐国横行霸道也就罢了，竟然横加干涉他国的君王和政务，还要强硬地送个新皇帝来，简直是岂有此理?!

王僧辩阅信，脸色不悦。对来使邢子才道：“主位已定，不应再易，烦君复报，以口代书。”邢子才又威逼利诱，劝王僧辩好自考虑。“我主乃元帝亲子，血统纯正，年少英明，非萧渊明可比。萧渊明乃武帝侄子，旁枝末叶，也敢作非分之想？你勿多言，请回吧。”

王僧辩面色愠怒，送客。邢子才气急败坏，道：“我希望你能改变主意。否则，大兵压境，生灵涂炭，你之罪也!”

王僧辩一愣，看着邢子才气呼呼地离去，王僧辩心中有不祥之感……

第十九章　僧辩屈齐迎傀儡

北齐使者邢子才怒气冲冲地离开后，王僧辩心里涌上一种不祥之感。

在北强南弱的情形下，乱世江南危机重重。西魏、北齐大举入侵和掠夺江南人民的经济财富和人口，鲸吞江南肥沃的土地，竟然还横蛮地送个皇帝过来，强逼江南臣民接受这个傀儡皇帝的统治。

王僧辩越想越生气！但又没有好的办法。他只好修书一封，征求陈霸先的意见。很快，他就收到陈霸先的紧急回信："梁庭岂容外族涉扰？梁帝唯尊萧方智。"王僧辩知霸先意，于是，更加坚定拒齐。

不久，萧渊明写信给王僧辩要求迎接他。王僧辩回信："当今嗣主的血统来自元帝，受命于祖先。他是合法的嗣主。您如回朝，匡扶王室，那大家都期待。如您回朝为帝，那我们不能听命。"

齐主高洋见王僧辩敢违抗北齐的命令，大怒，令高涣统兵三万，护送战俘萧渊明回梁为帝。又令前梁将陆法和为都督荆州、雍州等十州诸军事，太尉，大都督，西南道大行台。又派宋莅任郢州刺史。

萧渊明为了要些面子，仗着北齐的兵马，硬逼着王僧辩派人来迎接。他写了一封信，言辞软硬兼施。王僧辩表示不能接受北齐拿着刀子逼人立帝。

这里要据史料来介绍一下：萧渊明，字靖通。梁文帝萧顺之之孙，长沙宣武王萧懿之子，梁武帝萧衍之侄。从小便受梁武帝的喜爱，被封为贞阳侯。梁武帝接纳了侯景，大举出兵攻打北方，派南康王萧会理领兵，萧渊明上表请求同行。因为他一再请求，武帝准许了。萧会理当时已到了宿预，诏书又下，改派萧渊明代萧会理为都督，率领水陆诸军前往彭城，准备大举进攻。皇帝下敕书说："侯景立志扫除邺、洛，以报仇雪耻。他先率大军，见机行动。你们众军可只行到寒山，停下筑堰，引水淹彭城，大水一泛滥，孤城就会自灭，要谨慎，不要轻举妄动。”

萧渊明的军队到距离吕梁十八里处，修筑了寒山堰用来淹彭城，水涨到城墙上的矮墙。魏派将领慕容绍宗前去救援彭城。萧渊明没有谋略攻城，他也难以号令军队。每当将领们向他请示军务，他就生气地说：“我自会随机应变，不要多嘴。”将士各自去抢掠当地的居民，萧渊明不能制止。

慕容绍宗领兵来战，决堤淹袭梁军。萧渊明正喝得大醉。胡贵孙对赵伯超说：“不作战还要等待什么？”赵伯超吓得不敢回答。胡贵孙率军冲入敌阵苦战，赵伯超领着大军不敢救援，并说：“和敌人作战肯定失败，不如保全军队早些回去。”他让人备好良马，载上自己的爱妾逃走。胡贵孙战死。赵伯超父子一起南逃。

萧渊明被俘后，东魏帝召见萧渊明和他的众将领，给他松开绳索，将他们送往晋阳。勃海王高澄用隆重的礼仪来接待他，对他说：“先王和梁王和好了十多年，听说他作了礼佛文，常说要奉送给魏主和先王，这是梁主的厚意，没想到一朝失信，才招致纷争和侵扰。”

东魏想与梁通好，派人带着萧渊明的信去见梁武帝，梁武帝才写信去问候高澄。后，北齐皇帝高洋派人送萧渊明到梁为帝，并让以前所俘的梁将湛海珍等都随萧渊明回去，同时命上党人王涣带兵送他们回南梁。

陈霸先、王僧辩等人坚决不能接受北齐送来的皇帝。但北齐下了决心，就是要拿着刀子逼江南朝臣迎立北齐送来的萧渊明为帝！

北齐派上党王高涣率军浩浩荡荡杀向南梁。高涣，字敬寿，神武帝第七子。姿容雄俊，洒脱不拘。孩童时就十分自信长大后能领兵打仗。因此神武时常夸奖他，也很喜欢他，说：“这个儿子像我。”长大了，力大无比，才能超群。他常对身边的人说：“人不能没有知识，但也不需要像博士那样博学。”所以读书只求知道个大概，而不多下功夫。

元象年中，封平原郡公。文襄帝遭寇贼，高涣年纪还小，正在读书，听到宫中喧哗，吃了一惊，说：“大哥遇难了！”箭上弦，很快就冲出门去。武定年末，拜冀州刺史，有很好的政绩。天保初，封上党王，曾任中书令、尚书左仆射。还同常山王高演等人指挥伐恶诸城的筑建。之后聚集邺城，轻佻浮薄，侵犯郡县，被法司纠举。文宣帝杀掉了他的几个手下，他也受到了责罚。

天保六年，高涣率兵护送萧渊明去南梁。不到一天，高涣的兵马就到了克谯郡（安徽省巢湖市东南）。高涣趾高气扬地命令克谯郡的守将打开城门，说是护送梁帝侄子萧渊明回国称帝。克谯郡太守认为荒唐！一来，梁朝已有新皇。二来，即使没有皇帝，也用不着他齐国送还一个俘虏来当皇帝。三来，北齐与梁朝打了这么多年的仗，互为仇敌。凭什么听你的？

于是，太守传令：紧闭城门，准备战斗。北齐的主帅高涣令兵众开始攻城。克谯郡在兵力极其悬殊的情况下，梁军的士兵们仍顽强、拼死战斗！最后，太守战死。

高涣进城后，报复居民，见人就杀，见女就奸，奸后仍杀死。全城洗劫一空。次日，高涣率军继续向南。萧渊明神情漠然地看着这一切。

当初，西魏攻克江陵、袭杀梁元帝时，北齐也挺进到长江边，郢州刺史陆法和与仪同三司宋献出州郡投降，长史江夏太守王珉不顺从，被杀。北齐命令高岳回去，派仪同三司清都人慕容俨守卫郢州。王僧辩派江州刺史侯睿去攻打郢州，任约、徐世谱、宜丰侯萧循等都带兵去会合。

高涣送贞阳侯萧渊明到了东关，散骑常侍裴之横带兵防御。北齐派司尉瑾、仪同三司萧轨向南侵犯皖城，晋州刺史萧惠献出州郡投降了。

战报传到建康，梁帝震惊！忙令王僧辩御敌。僧辩令爱将散骑常侍裴之横立即率军迎战。裴之横点起兵将，即刻北上。刚到东关，就与高涣先头部队相遇。一场恶战，梁军不力。因齐军多是铁甲骑兵，马高人多，齐人持长戟、弯刀。梁军多是江南人，又不善骑马。兵多马少。打起仗来，骑兵一冲，步兵阵营就乱得像一锅粥。因此，江南步兵常常吃亏。裴之横令军退入城中，固守，待援。

高涣令齐军猛烈攻城。齐军众兵士架着云梯，像蚂蚁一样绵绵不绝地向城上攀来。裴之横沉着应战，指挥梁朝兵众刀砍、箭射，推倒云梯，齐兵像落水狗一样摔下城沟。城边叠尸累累，血肉横飞。

高涣也是亡命之徒，挽弓射箭，利箭呼啸着飞向城墙上的守军。连连射杀数名兵众。梁军一时畏缩，这时，齐兵又爬上云梯，冲了上来。裴之横看了着急，连忙抢步上前，斩杀敌兵。也是巧合，恰有一支飞箭，直中裴之横的前额，可怜久经战阵的裴之横连哼一声都没有，倒地即亡。

裴之横战死在东关，梁军兵众见此，慌乱败退。高涣趁机指挥北齐军士蜂拥而上，攻入城来……齐兵入城后，烧杀抢奸，杀人如麻，一片血腥……萧渊明这个草包一样的东西，冷漠地站在城墙上看着眼前的一切，脸上竟然没有一丝表情！

高涣一路闯关得胜，名声大振。战报雪片似的飞到建康，梁敬帝十分忧惧。

裴之横是一位骁勇善战的将领，对于这样一位久经战火考验的猛将，竟然战死在高涣的手下，着实令王僧辩大吃一惊！王僧辩带兵出城屯驻于姑孰，准备接受萧渊明。

这时，北齐的使者又来了。再次劝告王僧辩迎接萧渊明为帝。王僧辩陷入了深寒的思考之中了。他不得不面对眼前的残酷现实：北齐兵强马壮。梁庭的确国力弱小，兵力有限。再拼下去，国破家亡，江南民众又会有数万人死亡。迎接萧渊明为帝，肯定是齐国的一个傀儡皇帝。但，至少可以保全江南人民不被野蛮齐兵的刀剑所屠。

王僧辩确实为难啊！他对齐国的态度开始软了。霸先担忧王僧辩扛不住，又送书信来，再次提醒王僧辩，说："万不可接纳萧渊明。一、从血脉上讲，萧渊明不是梁武帝亲生子，而萧方智则是梁武帝的亲孙子，才是正统；二、萧渊明被俘于北齐日久，齐逼梁庭以渊明为帝，无异是逼梁庭屈服，成为北齐附庸。北齐野蛮残暴，必断灭江南仅存的汉族血脉和华夏文明。今若苟且，后患无穷！"

王僧辩看了此信，对北齐的态度又硬朗了起来。以霸先之书，对北齐使者。而北齐使者却道："南蛮子嘲笑我大齐没文化？但我大齐雄兵百万，横扫天下无敌。你江南的华夏文明有什么了不起的？不是照样被大齐、西魏杀来砍去？"北齐使者阴冷地看了王僧辩一眼，以挑拨的口吻，笑道："我记得你王都督祖上也是鲜卑人吧！你与汉血脉华夏文明也没有多大关系吧？"

这句话，像声炸雷，可把王僧辩炸萎了！他脸色难看地对北齐使者道：“我可没有文化，何必想那么多。生逢乱世，混个饭吃而已。”

北齐使者见王僧辩态度又软了下来，便进一步地软硬兼施，道：“今日之势，你也看得清楚。抗拒到底，就玉石俱焚！如果顺我大齐，王都督前程无量啊！我大齐今日可以立萧渊明为帝，明天也可以立王大都督啊！王都督英才盖世，好自为之吧！”

王僧辩闻此言，吓了一跳，忙道：“使君不可乱言！我辈低微，生于乱世，能安身立命足矣。你且先回，容我考虑。”

这时，又传来北齐大军逼近郢州（今武汉），司徒陆法和以郢州归附于齐。齐军占据了武汉，建康（南京）门户洞开，失去了屏障。齐军顺流东下，京都建康，顿生危机！

北齐军的前锋，已到姑苏。举朝震惊！

建康城内外民众人心惶恐，生怕又遭受齐军的屠杀和蹂躏。梁敬帝连忙令王僧辩立即赶赴姑苏，布置水军、陆军严防死守。

北齐再次敦促王僧辩迎接萧渊明为帝。

王僧辩决定迎立萧渊明为帝。他一面回书给陈霸先，请他放心。一面与北齐讨论用什么规格在什么地方迎接萧渊明，齐国使者又催逼什么时候立萧渊明为帝等事项。王僧辩只得背着梁敬帝，与齐国使者一一谈定。王僧辩明白，这种事，断然不可向梁敬帝奏报，更不能与陈霸先商量。

王僧辩刚开始是在北齐的威逼下表示屈服；但接下来，他还亲笔给萧渊明写“表忠”信。史载（白话）：“只是梁朝的皇统失去了中兴的机会，令人感到伤悲和痛心。我恳求陛下您迅速过江，仰借北齐威风，依靠陛下您的雄才大略，以年长而继承帝位，报仇雪恨必定为期不远，如果梁朝能够重现昔日辉煌，我宁愿抛头颅洒热血，不惜生命去奋斗。”他把复兴梁朝的希望，竟然寄托在敌国扶持的傀儡皇帝萧渊明身上，何其可笑？北齐野蛮屠杀、奸淫掠夺江南梁朝，犯下滔天大罪，北齐怎么可能给你“报仇雪恨”的机会？

萧渊明读了王僧辩的信，喜极而泣。立即回信给王僧辩，说“立我萧宗，重兴梁国”，并诬蔑英勇战死的梁军将士，“裴之横答对骄凶，无识之徒，忽然逆战。前旌未举，即自败亡。”还无耻地颂扬敌人对战死的裴之横等梁军将士的仁厚，“上党王（高涣）深感顾惜，连连叹息，没有传送他（裴之横）的首级，还承蒙上党王把他重礼厚葬了，齐朝的大恩大德，相信连神灵都会感动。” “北齐饰棺厚殡，务从优礼。”并告诉王僧辩，“现在我暂且停留在东关，再等你派遣使者，告诉我是从水路还是从陆路，在什么地方迎接我。”并说：“假如你忠贞不二，与将领合力同谋，不存二心，那么齐军就会返回本国，遵守道义决不过江。”还威胁道：“如果不从，北齐大军将过江相见，踏平建康”等等之语。

王僧辩接到萧渊明的书信，立即回了一封信，为了表忠心，竟然以子为质。史载（白话）：“大齐的仁义之风惠及我梁国，救苦救难，向我们表明了他们的重大决策，皇室后代没有不感到荣幸的，江东士人都有了依靠。现在我们结盟不能不讲信义，讲信义就必须真心实意，我谨派遣我的第七个儿子王显、王显的母亲王刘氏和我的弟弟王世珍一起到齐朝充当人质；并派左民尚书周弘正到历阳迎接您。船只首尾相接，等着您龙体渡过长江；庄严的皇宫恭候着您大驾光临。您的回国，如同春秋时期晋文公回国时一样令万国倾心。”信中还有请立萧方智为太子等之语。

此时，王僧辩完全置梁庭君臣而不顾，不在乎当朝皇帝萧方智的感受，更不在乎与他订有儿女亲家的陈霸先的反对，甚至考虑适当的时机除掉陈霸先。王僧辩已经一意孤行，在“背主卖国”的路上，越走越远了。

镇守京口的陈霸先再次来信，苦口婆心地重申了不纳萧渊明为梁帝的意见，请王僧辩为国家、为民族、为臣民考虑，千万不可屈服于齐国的军事压力，并提出了破齐之策。这一次，王僧辩没有与霸先强调国力微弱、军力有限等语，干脆就回了一句话：“请你不用操心，我自有决断。”

王僧辩加紧安排迎接萧渊明入梁称帝的大事，又收到萧渊明的回信，说同意立晋安王萧方智为太子。晋安王是梁武帝的孙儿，立他为太子，保有天下，是天下百姓的福祉。萧渊明要求王僧辩允许齐军派三千卫士护送他渡江，王僧辩担心齐军玩诡诈，恐怕发生其他的变故，只准许萧渊明带齐军散兵一千人过江。

随后，王僧辩率领大军乘大船舰，又特别用龙舟去对岸迎接萧渊明。

萧渊明向齐军主帅高涣跪下，起誓："誓死效忠大齐，齐梁两国永结同盟。"高涣轻蔑地看了一眼萧渊明狗一般的跪拜，笑着挥手，放他离去。齐军主帅高涣驻军在江北，派齐国的侍中裴英起率一千齐军，护卫萧渊明，一起登上龙船。

王僧辩不敢过江北，只停船在江心。待萧渊明的龙船来到建康郊外的江宁浦，王僧辩才会合。先谒见齐军护卫侍长裴英起。然后，才得以拜见萧渊明。他们一起从朱雀门进入都城。王僧辩独断专行，不告知陈霸先，就令人把梁敬帝搬出了宫殿。通知在京文臣武将，来参加萧渊明登基大典。宫殿内的防务全权交给北齐将领英起为总管。高涣见北齐的儿皇帝萧渊明已即帝位，放心地率军回北齐了。

萧渊明终于坐上了日思夜想的龙椅，诏令改承圣四年为天成元年。立晋安王萧方智为皇太子，封王僧辩为大司马、领太子太傅、扬州牧，其余官职不变。封陈霸先为侍中，其余官职如故。

萧渊明新坐龙椅，当然要做出一些功绩，才好向臣民交代。于是，他上表请齐廷，乞还郢州。

此前，郢州自从梁将领陆法和降北齐，齐就派遣仪同三司慕容俨镇守。王僧辩曾经令江州刺史侯瑱率军去攻取。因为郢州（武昌）是建康（今南京）的战略屏障，军事地位非常重要。北齐军刚刚入城，就被梁大都督侯瑱、任约带领的水、陆军包围。齐军将领慕容俨迅速组织防御，侯瑱便组织力量，在上游鹦鹉洲之地，造"荻洪"数里，用来堵塞船路。荻，是一种多年生草本植物，生在水边，叶子长形，似芦苇，秋天开紫花，茎可以编席箔。"荻洪"就是用荻草植物做成的来放置在水中以阻塞航道的障碍物。

这样一来，齐军就陷入了消息中断，城池孤悬，齐军兵将人人危惧的境地。慕容俨则借用神灵引导，使军心很快安定下来。郢城中早先就有一座神祠，俗称"城隍神"，公事或者私事常来祠中祈祷。慕容俨也顺从士卒的心思，让齐军兵卒们分批进祠祈请，希望能得神灵的庇佑。不一会儿，狂风突起，惊涛拍岸，江水冲断了梁军设置的阻塞航道的障碍物"荻洪"，梁军将领任约又用铁锁连结，防止"荻洪"被风卷走。

慕容俨等人也亲入神祠祈请，此时狂风更大，恶浪更高，“荻洪”再次被冲断，这样反复了多次。城内的齐军兵众大喜，认为这是神灵的救助。

侯瑱移军，扎营城北，造栅置营。任约带领万余士卒，士卒每人持有一种攻城工具，在城南扎下营盘。梁军形成了南北夹击北齐兵众之势。

慕容俨便统领步兵和铁甲骑兵出城搏击，很快打破了梁军的营垒。北齐军的优势就在于高马长刀，南梁缺乏马匹和草场，难以建成大规模的骑兵部队。因此，南方人与北方军队对决时，南方经常败溃。慕容俨此战又大败梁军，还俘虏500多梁军士兵。慕容俨知道南方人的水军是优势。于是，他也训练水军。

梁军趁慕容俨水军没训练好之际，由萧循领军五万，与侯瑱、任约军会合，在夜幕掩护下发起进攻。慕容俨督战守城，齐军将士猛力抗击，一直坚持到天亮，侯瑱、任约、萧循等军队才退兵。不防，此时慕容俨却大开城门追击，侯瑱手下得力骁将张白石回马阻挡。几个回合下来，张白石因攻城一夜，疲惫难当，渐战力弱，竟被慕容俨一刀砍掉了脑袋。

侯瑱十分悲痛，派使者送信，要求用千金换回张白石的首级，慕容俨不许。侯瑱怒，与任约等梁军将士又重新部署，以最大的力量围城。齐将领慕容俨坚守数月，城中粮尽，粮运阻隔，人们为了生存，只得烧煮槐楮、桑叶、煮草木根茎、水萍、葛、艾等草以及皮靴、皮带、角力等物充饥。有的人死了，就马上从尸上割下肉来，用火一烤，便吞下肚去，吃得只剩下了骨头。眼看此城也守不住了，慕容俨送信求和，侯瑱不许，必须以慕容俨的脑袋换张白石的命！慕容俨无法，只得和齐军将领悄悄做好了逃跑的准备。

此时，萧渊明请北齐把此城还给梁朝，北齐君臣商议：因为梁庭现在已经是北齐的附藩。梁的国土和城池，也就是北齐的国土和城池了，那还流血丢命打个什么仗？正好乐得做一个顺水人情，把本来就守不住的郢州城池还给梁朝。于是，慕容俨才捡了一条命，能扛着脑袋活着回到齐国。

萧渊明即帝位后，对北齐言听计从。一次，齐帝高洋派来一个使团，给萧渊明一个官员任职的名单。令萧渊明把这些齐人统统任职在朝廷各要害部门。萧渊明全都照名单来颁诏任用了。王僧辩还没意识到问题的严重性。史料上找不到他对此事的态度或反对意见。

此事过了不久，北齐又列出清单，要梁朝向齐国进贡许多财物。萧渊明立即下诏，加征赋税，如数送上贡品给北齐。此时的梁朝，已成为北齐的“粮仓”和“财库”了。江南增加了沉重的赋税，臣民对此怨声载道。王僧辩也认为北齐做得过分了。

北齐通过傀儡皇帝萧渊明，已完全掌控了梁朝的政务、财务等。只是王僧辩和陈霸先掌握的十几万大军，因为常年在外，北齐一时还难以插手进去。

因为有了北齐的强大支持，萧渊明以为帝位坐稳了，就开始设计除掉萧方智。萧渊明想要自己的帝业万世流芳，就想着立自己的儿子为太子。萧方智多活一天，都是对他帝业的威胁。幸好，陈霸先此前派了几位武林高手保护萧方智。萧渊明暂时还没有下手的机会。

萧渊明本来就是草包一个，除了整日好色淫乱，就是按北齐官员的要求去下诏书。尤其是他任用的一些北齐官兵，欺男霸女，奸淫抢掠，甚至还保留着烤吃人肉的恶习。他们没有法律、文化等观念，随性胡作非为，把梁朝和京城闹得乌烟瘴气。

后世之人，不知道北齐是一个什么样的王朝，所以没有强烈的危机感！在此介绍一下被史家称为“禽兽王朝”的北齐——

534 年，以鲜卑族为主体建立的北魏王朝，分裂为东魏和西魏。550 年，东魏权臣高欢的第二个儿子高洋将东魏的傀儡皇帝废除，自立为帝，建立北齐。

这个由高氏建立的政权是历史上最肮脏昏聩、荒淫无耻的一个赫赫有名的“禽兽王朝”。北齐开创者是鲜卑人高欢，被他用权或耍奸拉上床的高贵女人共计十一人，其中包括一公主二皇后三王妃，其他女人不计其数。高欢进入洛阳及其之后的一段时间内疯狂收集贵夫人，开创了高氏一族荒淫无耻的先河。鲜卑齐人还保留着吃人肉的习惯。远途行军打仗，不带军粮，走到哪里就抢掠粮食和女人。“夜奸昼食”，兵众们先奸淫，然后杀之。

齐主高洋更是残暴、荒淫。酗酒、裸奔、杀人为乐、砍下自己妃嫔的头揣在怀里参加大臣的宴会，还用大腿骨做成琵琶弹唱，鞭打岳母等等。高氏和前朝元氏妇女，不论亲疏，皆被高洋左右奉旨聚众群体奸淫。他甚至酒后威胁自己的母亲娄太后，要把她嫁给鲜卑家奴！

高洋不仅生活作风上荒唐淫邪，人也像是一个精神病患者。他肆无忌惮地施行种种乱伦之事，而且非常残暴，他将自己的弟弟关起来剁成肉酱；经常穿着女人的衣服在街上闲逛；随意杀掉大臣的妻子；鞭打不肯学自己残暴做派的太子，惊吓得太子突发性精神障碍。高洋这个神经病皇帝终于在三十一岁那年因饮酒过度而暴毙。

高氏家族像是患有荒淫、奢杀的家族精神分裂症，无法控制自身行为，完全就是个“禽兽王朝”。叔侄之间阴谋算计，兄弟之间相互残杀，皇族内部互相算计、谋杀争斗不止。一个比一个疯狂。几乎每一位皇帝都行了通奸、乱伦、绿帽、残暴等种种禽兽之事，都昏庸荒淫、沉溺酒色、恣意嗜杀，搞得百姓流离失所、生灵涂炭。

这是一个疯狂、变态的帝王家族，这个王朝总共历时28年，传了6位正式皇帝。基本上都算不上正常人。暴政、淫乱、虐杀、篡权，北齐王朝大都是无法可依，皇室更是不断上演夺妻乱伦通奸丑剧。

后世之人认为：是由于当时古代北方的鲜卑胡人没有完备的礼仪规范，没受过文化教育和文明熏陶，完全是野蛮、落后、残暴的“食人族”，有的史家直接称北齐为“变态王朝”“禽兽王朝”，称高氏家族为“人渣家族”“疯子家族”。

江南人民在这样“疯子、人渣”送来的傀儡皇帝萧渊明的统治下，江南的经济、文化和汉文明，能否生存下来？

鲜卑族的王僧辩可能不会考虑；但凡“衣冠南渡”的华夏汉族后裔，有着切肤之痛！作为汉人血统的陈霸先，却不得不考虑南中国仅有的华夏汉族和汉文明的存亡！

陈霸先从小受华夏文明之熏陶，华夏文明的传统道德根植于心。对华夏种族和华夏汉文明的存亡，有着强烈的危机感和责任感。当他看透北齐以傀儡皇帝萧渊明来控制梁庭，最终毁灭江南仅存的华夏汉族血脉和华夏汉文明时，他迫不得已，于万分危急之时，几乎以一己之力，把即将沦陷的华夏族人和华夏文明拉出泥潭。

他不屈不挠，率领南中国臣民与北齐、西魏进行着殊死抗争，以弱小的国力和有限的军队，保护了华夏血脉得以在江南延续，保护了华夏文明得以薪火传承（包括从战火里抢救图书典籍），为后世唐诗宋词的辉煌，奠定了厚实的文化基础。

第二十章　霸先仗义挽日月

王僧辩屈服于北齐的淫威，接受了北齐用刀枪逼迫送来的傀儡皇帝萧渊明。

萧渊明终于坐上了日思夜想的龙椅，诏令改承圣四年为天成元年。立晋安王萧方智为皇太子，封王僧辩为大司马、领太子太傅、扬州牧，其余官职不变。封陈霸先为侍中，其余官职如故。

此前，陈霸先多次去信劝王僧辩不能迎立萧渊明为帝。王僧辩回信叫陈霸先不要操心，他“自有决断”。可很快，霸先就听到王僧辩已经迎接萧渊明回到建康了，陈霸先大惊！接着又传来萧渊明即帝位的消息。紧接着，新皇改年号及封赏诏书也送到了。

陈霸先拒受。他不能屈服于北齐用刀枪逼立的傀儡！

当初，王僧辩和陈霸先共同消灭了侯景，两人感情是很深厚、很坚固的。王僧辩为儿子迎娶陈霸先的女儿。正赶上王僧辩的母亲去世，所以没有成婚。王僧辩居住在建康石头城，陈霸先镇守在京口。他们之间推心置腹相待。但王頠的哥哥王顗多次劝王僧辩要对陈霸先有所提防，王僧辩不听。此次迎立萧渊明为帝，关乎国家、民族生存的大事。王僧辩不听劝告，一意孤行。说立个皇帝就立了，说废个皇帝就废了。今日视朝廷废立为儿戏，他日视天下苍生为何物？陈霸先苦苦劝阻，多次派使者去争辩，王僧辩就是不听。陈、王之间产生了严重的分歧和矛盾。

史学者每每看到此处，都为王僧辩可惜：僧辩在讨伐侯景，平定江南内乱中，起了很重要的作用。可惜他在迎立萧渊明为帝的事情上，的确错得太远了！王僧辩作为当时国家最高军事长官，竟然屈服于北齐的军事威胁，强逼他迎立敌国的代理人为皇帝。这不仅是国家极其屈辱之事，也为他的身灭家破埋下祸根！（即使不遇陈霸先，也会在后来被齐国剪灭，以其代理人来接收和改编王僧辩的军队为名，全盘掌握梁朝的军事力量。这对于一个国家来说，何其危险啊！）其屈辱之行为，令全天下所耻笑！

北齐的险恶用心，一般的平常人都能看出来。相信王僧辩也是非常清楚的。他应该也是心如明镜地看出了北齐以树立傀儡皇帝来控制梁朝的政权、财权，甚至军权，那梁朝就“名存实亡”！北齐吞并江南的野心，早在几十年前梁武帝那时就已暴露无遗了。既然王僧辩也早就知道北齐的阴谋，又为何他要心甘情愿地上这绞刑套？还把自己的儿子王显，王显的生母刘氏和他弟弟的儿子王世珍，送去北齐充当人质？

有的史学者可能认为是形势所迫，无奈之举。通常作为策略，送人质，是不得已而为之，很少主动。而王僧辩却是主动地送人质去北齐。归根到底，是王僧辩的私心所致，为自己的利益，向北齐表忠心！因为，王僧辩祖上本来就是鲜卑人，他出身行伍，以打仗为生。王僧辩的脑子里没有太多汉文化的道德伦理，没受过华夏文明的教育和熏陶。所以，他对华夏血脉和华夏文明的存亡没有危机感！他作为一个行军打仗的高级将领，只要有利益，只要有高官厚禄，他到哪里混都可以，即使到北齐也是一样。

而经过“永嘉之乱，衣冠南渡”的华夏汉族后裔们，其感受却是痛彻心扉的！晋惠帝时期，晋室分裂，国力空虚，民生凋敝，晋朝的军事力量迅速衰退，八王之乱导致华夏大伤。胡人趁机起兵，侵扰中原，中原大乱。在百余年间，先后由胡人及汉人建立了数十个强弱不等、大小各异的政权，史称“五胡乱华”。

自此，北方成了胡族活动的大舞台，各自展开一连串的建国运动，彼此混战不休，令中原人民流离失所，死伤无数，加上战争阻碍生产，使开发近千年的中原大地沦为白骨蔽野之地。五胡乱华是中华民族发展历史上最黑暗的一页，五胡乱华也是中国第一次亡国亡种危机，更是中国人的千年恶梦。“五胡”指匈奴、鲜卑、羯、羌、氐五个胡人的游牧部落。事实上五胡是西晋末各乱华胡人的代表，数目远不止五个。百余年间，北方各族及汉人在华北地区建立的国家达数十个，强弱不等、大小各异，其中存

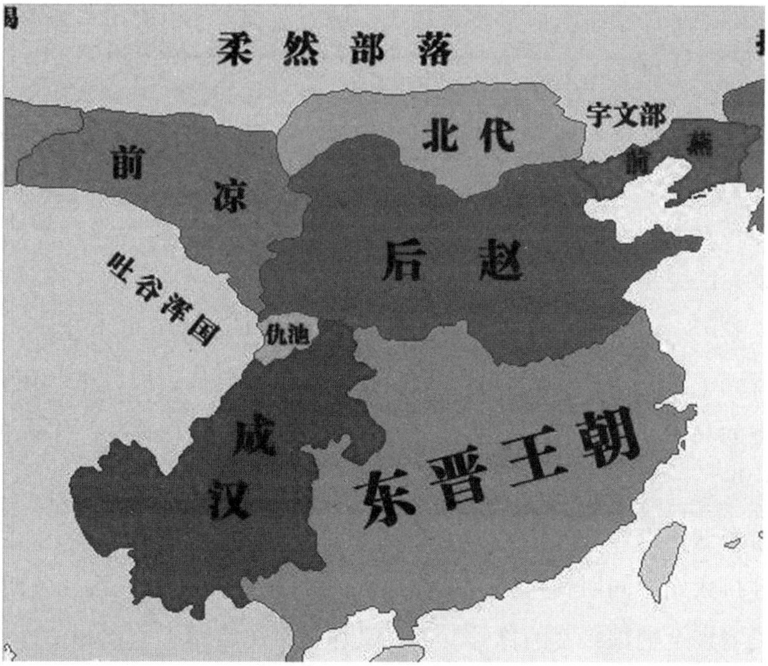

在时间较长和具有重大影响力的有五胡十六国。

西晋后期匈奴军发动战争，攻破晋都洛阳，俘虏晋帝，西晋灭亡。匈奴大军于晋朝永嘉五年（311）在宁平城之战中歼灭晋军主力。杀晋太尉王衍及诸王公，攻破洛阳，俘获晋怀帝司马炽，杀王公士民三万余人。永嘉七年（313），晋怀帝被杀死，司马邺于长安即皇帝位，改元建兴。匈奴大军又攻入长安，杀死晋愍帝，西晋灭亡。史称“永嘉之乱”。

由于胡人的残暴统治，中原汉族大规模南迁避难，从黄河流域大规模进入长江流域。司马炽的同父异母弟司马睿慌乱渡江，一大批文人士大夫以及庶民也随之南迁，并在建康（今南京）称帝，史称晋元帝。

司马睿，字景文，是宣帝司马懿之曾孙，琅琊武王司马觐之子。咸宁二年（276）生于洛阳，生时有奇异的神光，照得满屋通明，所垫的稿荐像刚割下的禾草。长大以后，前额左边生有白毛，鼻梁很高，眉骨突起，目光有神，顾盼生辉。十五岁时，嗣位为琅琊王。少年即有好名声。惠帝在位期间，王室多事，司马睿常常保持恭俭退让的态度，因而免于遭祸。平时沉着聪敏而有器量，不轻易显示自己的才华，所以还未被当时的人鉴识。只有侍中嵇绍认为他是奇才异人，曾对人说：“琅琊王毛发骨相不同于常人，不是做人臣的人。”

元康二年（292），拜为员外散骑常侍。升迁为左将军，参与讨伐成都王司马颖，荡阴之役王师失败，司马睿的叔父东安王司马繇被司马颖杀害。司马睿害怕灾祸临头，想出奔他地。当天夜里月光明亮，警戒严密，司马睿无法脱身，处境窘迫。过了一会儿，黑云蔽空，雷雨大作，巡逻的人都松懈了，因而才能暗地逃出。此前司马颖下令各关口不让贵人通过，司马睿到了河阳，被渡口上的官吏阻拦。侍从宋典从后面赶来，用鞭子把司马睿的马打了一下笑着说：“舍长！官家禁止贵人通过，你也被拘留了吗！”

官吏这才以为是一个小舍长的芝麻官，就让司马睿过去了。到了洛阳，迎接太妃一同回到封国。东海王司马越在下邳收编军队准备西上时，给司马睿加上辅国将军的称号。不久又加上平东将军、监徐州诸军事，镇守下邳。很快又迁为安东将军、都督扬州诸军事。司马越西上迎接皇帝，让司马睿留守东方。

永嘉初年（307），司马睿采用了王导的计谋，开始镇守建邺，以顾荣为军司马，贺循为参佐，王敦、王导、周顗、刁协都是腹心股肱之臣，尊重名贤，察访民情，江东士人百姓都心悦诚服。遇太妃死于封国，上表奔丧，安葬完毕，回到建邺，增加宣城郡封地二万户，加镇东大将军、开府仪同三司职衔。受司马越的指使，讨伐征东将军周馥，把周馥赶走。怀帝被劫持到平阳时，司空荀藩等向天下发出檄文，推元帝为盟主。江州刺史华轶不服从，荀藩使豫章内史周广、前江州刺史卫展讨伐并俘获了他。愍帝即位后，加左丞相职。一年多后，进位为丞相、大都督中外诸军事。派遣诸将分别平定江东，在宣城斩了叛将孙弼，在湘州平定了杜弢……按皇帝旨意在荆扬二州实行大赦。西都长安陷落时，司马睿出师远征，亲披甲胄，传檄四方，征召天下兵马，约期进军。这时在临安发现了玉册，在江宁发现一枚雕有麒麟的白玉神玺，印玺上刻有的文字是“长寿万年”，太阳出现两重光圈，大家都以为这是国家将要中兴的征兆。

永嘉南渡后，王导始终居机枢之地，王敦则总征讨于上游，王氏家族近属居内外之任，布列显要者人数甚多。以王导、王敦为代表所构成的王氏家族势力在当时是非常牢固的，这使“王与马共天下”的局面在江左维持了二十余年，直到庾氏家族兴起，抑制王氏并凌驾于王氏之上为止。

建兴四年（316），刘曜围长安，十二月十一日，晋愍帝无奈出降，西晋亡。建兴五年（317）四月六日，司马睿承制改元，即晋王位（尚未称帝），改元建武，史称东晋。他广辟掾属以为辅佐，有“百六掾”之称。农历六月，孤悬在北方的晋地方长官刘琨、段匹磾、刘翰等一百八十人上书劝进。

建武二年（318）四月二十三日，晋愍帝死于汉国的讣告传到江东，司马睿才于四月二十六日即皇帝位（“上尊号”），改元太兴。东晋据长江中下游以及淮河、珠江流域地区。

司马睿即位后，因为在皇族中声望不够，势单力薄，所以得不到南北士族的支持，皇位不稳。但是，他重用了王导。王导运用策略，使南方士族支持司马睿，使北方南迁的士族也决意拥护司马睿，稳定了东晋政权，维持了偏安局面。司马睿十分感激王导，任他为宰相，执掌朝政。

“永嘉之乱，衣冠南渡”是华夏汉族第一次大规模南迁避难的心酸事件！当时大批缙绅、士大夫及庶民百姓随之南下，其中主要有林、陈、黄、郑、詹、邱、何、胡八大姓氏。由西晋京师洛阳南渡至建康（今南京）建都。这也是中原政权和华夏文明的首次南迁。

陈霸先闻知王僧辩屈服于北齐的武力威胁，迎立了傀儡皇帝萧渊明之后，曾经私下叹息，对他的亲信说：“武帝的子孙很多，只有孝元帝能平定侯景之乱，为祖宗报仇雪耻。他的儿子（萧方智）有什么罪，突然就废除了他?！我和王公僧辩共同处于先帝托孤的重臣地位，而王公僧辩一下子就改变主意，对外依附戎狄之邦，不按次序随意迎立天子，他以后到底想干什么呢？我为国家和民族大义考虑，也顾不得私人情谊了。”

于是，陈霸先秘密准备战袍几千领和锦衣金银作为赏赐部下的物品，准备起事。满朝文武众臣见这傀儡皇帝（萧渊明）越闹越不像话，对北齐言听计从，奉齐国政令来做事。还按照齐国列具的名单，把齐人都安插在梁朝各重要部门。萧渊明虽名为梁主，却唯敌国之命是从，甘为敌国傀儡。久而久之，不独梁朝天下不复存在；而且，在齐人野蛮落后的摧残下，华夏种族和华夏文明也将毁灭殆尽。“衣冠南渡”后仅存的汉人血脉和汉文明，也将消失在历史的长河。有着强烈的责任感和危机感的陈霸先，开始谋划把萧渊明这个齐国代理人赶下台的行动。

刚好，这个时候，有人来报告：“北齐军队已经到达寿春，将要向南进犯。”王僧辩连忙派记室江旰来通知陈霸先有所戒备，齐国言而无信，又派军南侵。

霸先着实愤怒了：北齐欺人太甚！连皇帝都是你北齐送来的了，梁朝成了你北齐的粮仓和金库，你们还要侵犯梁境，烧杀抢掠江南民众。最可怕的是，未经文明教化的齐人野蛮残暴的屠杀和落后势力的摧残，华夏汉族和华夏汉文明面临着被灭绝的危险！在国家和民族的大义上，陈霸先别无选择！——他要站出来力挽狂澜！

陈霸先当机立断，留下王僧辩派来的使者江旰，紧急进行了军事布置。他首先与侄儿陈蒨商量，令陈蒨速回守吴兴，照顾家小。当时王僧辩的女婿杜龛占据吴兴，兵势很强盛。陈霸先密令陈蒨返回长城县，立起寨栅来防备杜龛。接着派周文育率一支小分队去义兴郡，防备韦载、王僧志等作乱。事后证明，霸先这两步棋，非常有预见性！

当时霸先起兵诛讨王僧辩时，沈恪参与了策划。霸先派了沈恪回到武康，招集兵员。霸先又派陈蒨回到吴兴长城，设立栅栏防备王僧辩的女婿杜龛。陈蒨是霸先之兄陈道谭的长子。侯景之乱中，时任东宫直阁将军的陈道谭领弓弩手两千驰援台城，在保卫战中，陈道谭不幸中流矢（箭）而亡。陈蒨曾任吴兴太守，率军平定了纪机、郝仲等两千余人的叛乱。梁元帝授任陈蒨为信武将军，监管南徐州。陈霸先于梁承圣三年北征广陵之时，任命陈蒨为前军，陈蒨率军英勇作战，每战必胜。

霸先安排了陈蒨、沈恪、周文育分兵去吴兴、武康、义兴之后，接着召集侯安都、周文育、徐度、杜棱四位爱将前来议事，密谋策划举兵袭击王僧辩，还立梁武帝孙、元帝子萧方智为帝。霸先说萧渊明做皇帝，名为梁皇，实是北齐鲜卑人的傀儡。梁朝名存实亡、百姓的生命难以保障。决意起兵，以“擅自废立、受胁齐师、旁立支庶、祸国殃民”之罪讨伐王僧辩，对外则宣称是去寿春抵御北齐来犯。周文育、侯安都都坚决支持。徐度道：“都督率军从陆路攻击，我与侯安都率水军攻之。除僧辩容易，怕北齐干涉。”

“北齐敢来，我自有破敌妙计。”霸先胸有成竹。众将心定。独有杜棱苦着脸不说话。霸先见状，担心他泄露机密。习惯地看了一眼智勇双全的侯安都，意思是看机灵的侯安都有什么办法。侯安都博学多才，精通武艺，军中许多棘手的事情，他都能妥善处理。

不料，侯安都突然跳起来，用手巾箍住杜棱的脖子，使他无法喊叫。周文育、徐度见状，也来帮忙捆住了杜棱的双脚。霸先急忙嘱咐道：“不要伤他性命。关起来就行了。待我们出发时，再放了他。”

杜棱字雄盛，吴郡钱塘人。游历岭南，侍奉梁朝广州刺史新渝侯萧映，与霸先熟识后，成为霸先的老朋友。萧映去世后，跟着霸先，负责文书记事。侯景之乱时，跟着霸先从岭南出发。霸先令杜棱带兵，一路平定蔡路养、李迁仕都立有战功。大军抵达豫章，梁元帝任杜棱为仁威将军、石州刺史，封为上百县侯，食邑八百户。侯景被平定后，高祖镇守京口，杜棱督管义兴、琅琊二郡。霸先对于这样的老战友老朋友，是非常爱惜的。所以，急忙嘱咐侯安都他们不要伤他性命，出发时还要带上他。

接着，陈霸先发布命令，部署将士，分赐金银布帛。陈蒨、周文育已分头出发了。霸先命令著作郎陈昙朗（霸先弟陈休先的独子）留守京口，掌管州府政事。又派徐度、侯安都率领水军直逼石头城。陈霸先自己率领骑兵、步兵到江乘、罗落地点与水军统领侯安都、徐度等人会合。

霸先定计征讨王僧辩，只同侯安都等数人谋划。蔡景历当时并不知道。待霸先部置完毕，才令蔡景历草拟声讨檄文。景历一挥而就，文辞情真意切，甚为感人。

蔡景历字茂世，济阳考城人。史载蔡景历年少时，英姿俊爽，特别孝敬父母。家贫而好学，善写文章，长于草隶。景历初任王府佐僚，出任海阳县令，治政贤能。

侯景之乱时，梁简文帝被侯景幽禁，蔡景历与南康嗣王萧会理商量，想挟带简文帝出逃，事情被发觉，因贼党王伟保护，蔡景历才得以免祸。

逃出建康后，寓居京口。侯景之乱平，霸先镇守京口，慕名求贤，写信请他。蔡景历敬仰霸先挥师除贼，平定侯景之乱的伟绩，回信给使者，一气呵成，未有涂改：“承蒙寄来书信，屈意垂爱引进，伏案反复阅读，深感欣慰……仰惟明将军使君侯节下，才能卓越秀异杰出，超凡脱俗，英秀出众，命逢时世艰辛，志在匡正时乱，振拔衡岳，抚平五岭，涂荡赣源，澄清九派……我自不量力，愿效犬马之劳，且为您身边的小卒，权且滥竽充数，这已使我平添荣耀身价倍增，已是够幸运了。大海不满足自己的深度，高山不谦让自己的高度，斗胆说出我心里的话，请将军展读。”

霸先得信，大为叹赏。马上赐信酬答，当日即授蔡景历任征北府中记室参军，不久升为总领记室。

众将布置完毕，大军出发前，陈霸先没有忘记旧友。他来到密室，亲自为杜棱解绑，温和地对他说：“杜将军受惊了，霸先也是不得已而为之，今日大军前去讨伐，还请将军一同前去建功立业！”

“属下明白，你们都误会我了。属下愿往！”杜棱解释道。陈霸先轻轻地拍打着杜棱的肩膀，朝杜棱相视一笑。对于多年征战的战友，这温厚的一笑，是对战友的信任，也包含着歉意，全在这相视一笑里了。

霸先翻身跨上战马，率大军从京口水、陆俱发，直扑建康……沿途哨卡和守兵都以为是江旰来征调军队，去抵抗北齐的进犯。因此他们对军队的行动一点也不感到奇怪。

甲辰（二十七日），徐度、侯安都率水师数百战舰赶到建康江乘、罗落桥时，已是万家灯火的时候。陈霸先与杜棱亲率马、步大军从陆路到达会合地点罗落桥后，徐度、侯安都的水军早已到达，在焦急地等着他了。

陈霸先与侯安都两军会师后，侯安都指挥舟舰奔袭石头城，陈霸先有意勒马不进，以观察众将们的决心如何？侯安都却以为陈霸先临事犹豫，心中大惊，就追上陈霸先，大骂：“今天我们造反，事到临头，已经无法挽回了，是生是死必须作出决断，你迟疑不进，留在后头，存的什么念头?！如果失败，咱们都得死，留在后头就能免去砍头吗?”

陈霸先听了，暗自高兴，笑道：“安都嗔我!”他大手一挥，发令：“好！进攻——”

霸先一马当先，带兵前冲……

侯安都率水军到石头城的北边，弃船上岸。

石头城的由来，要追溯到两千多年前的战国时代。据史书记载，周显王三十六年（前333），楚国（都城郢，即今湖北江陵）灭了越国，楚威王设置金陵邑，并在今清凉山上筑城。秦始皇二十四年（前223），楚国灭亡，秦改金陵邑为秣陵县。相传三国时，诸葛亮在赤壁之战前夕，出使东吴，与孙权共商破曹大计。据说，诸葛亮途经秣陵县时，特地骑马到石头山观察山川形势。他看到以钟山为首的群山，像苍龙一般蜿蜒蟠伏于东南，而以石头山为终点的西部诸山，又像猛虎似地雄踞在大江之滨，于是发出了“钟山龙蟠，石头虎踞，真乃帝王之宅也”的赞叹，并向孙权建议迁都秣陵。

孙权在赤壁之战后，迁移到秣陵（今南京），并改称秣陵为建业。第二年就在清凉山原有城基上修建了著名的石头城。当时长江就从清凉山下流过，因而石头城的军事地位十分突出，孙吴也一直将此处作为最主要的水军基地。此后数百年间，这里成为战守的军事重镇，南北战争，往往以夺取石头城决定胜负。石头城以清凉山西坡天然峭壁为城基，环山筑造，周长“七里一百步”，相当于如今的六里左右。北缘大江，南抵秦淮河口，南开二门，东开一门，南门之西为西门，城依山傍水，夹淮带江，险固势威。它扼守秦淮河与长江的交汇口，“因山以为城，因江以为池，地形险固，尤有奇势”，是保障首都建康城西部安全的军事重镇，也是兵家必争之地，素有“石城虎踞”之称。

城内设置有石头库、石头仓，用以储军粮和兵械。在城墙的高处筑有报警的烽火台，可以随时发出预报敌军侵犯的信号。至南朝时，石头城作为保卫都城的军事要塞的地位依旧未变。古代长江绕清凉山麓东去，巨浪时时拍击山壁，将山崖冲刷成峭壁。有“东吴第一军事要塞”之称。

石头城北边和山冈高坡相连，城上如齿状的矮墙不太高峻，侯安都披着盔甲，手握长刀，令兵众以脚踩肩，叠接而上，自己首先上到城墙，众人随着他蜂拥而入，打死守卫南门的兵众，开城门引入陈霸先的队伍。

王僧辩正在处理军政事务，有人向他报告说外面有士兵袭击。王僧辩急忙逃跑而出，遇到儿子王頠，与他一起冲出门外，见四周火光冲天，急与几十名卫士往北门而去，正撞上侯安都率众杀将过来，僧辩与其子王頠及众卫士慌忙迎战，战不多时，眼见众卫士死伤大半，急往南门逃命，却见陈霸先率众杀来。

王僧辩眼见孤寡难支，当即夺路奔窜，跑到南门楼上。陈霸先率众军围攻，急得僧辩仓皇失措，只好向进逼过来的陈霸先拜求："陈都督啊，我们私交甚厚，又是儿女亲家，何逼太甚？"陈霸先大声道："你好糊涂啊！梁主方智何罪之有？萧渊明为齐傀儡，岂能为君？我们虽私情交厚，又是儿女亲家，但我为国家民族大义，也顾不得私情了。"

陈霸先令部众搬集薪火，要放火烧南门楼，王僧辩无法，挈子下楼，被兵众所擒。陈霸先质问说："我有什么过错，你要和北齐军队一起讨伐我？你为什么毫无防备？"王僧辩回答说："派你守京口，扼守建康北门，怎么说我对北齐军队没有防备？"

"我在京口防备北齐，而你却把整个梁朝江山拱手让给北齐！"陈霸先生气地责备王僧辩。僧辩还想狡辩，道："我们国力太弱，齐军势大。侯景区区八百余骑，就把梁朝屠杀得十室九空，而北齐举国之力，岂不尽灭江南？我只是想避免杀戮啊！"陈霸先痛心疾首道："你这是把汉民族推向亡国灭种的境况啊！你也太糊涂了！"说罢，暂且将他父子押入牢中。

对于这样的老战友、儿女亲家，霸先并不想杀僧辩。虽然他欺君、背主、卖国，无论是梁敬帝或是朝廷大臣，都会惩罚他的。但，霸先至少可请求敬帝饶他一条活命。

可是，王僧辩部将程灵洗等将领起兵来救王僧辩。侯安都、杜棱等将担心事情生变，着急地劝霸先道："以王都督所犯欺君、卖国、擅自废立，这都是死罪！速斩，以绝变乱。"杜棱也着急道："如果王都督逃脱，我们今日参与的人，都会死无葬身之地。"霸先无奈，只得下令将王僧辩父子绞死狱中，以息干戈。

可有些事，往往与愿相违。霸先想息干戈，却常常因此事而干戈又起。不是吗？僧辩旧部前青州刺史程灵洗，闻知僧辩死，更加愤怒，率他的兵马拼死力战，要为僧辩报仇。据史料记载：程灵洗，字玄涤，新安海宁人。年轻时以勇力闻名，一日可步行二百多里，擅长骑马、游泳。梁朝末年，海宁县、黟县、歙县等和鄱阳郡、宣城郡境内盗贼盛行，县附近深受其害。程灵洗一向被乡邻敬畏服从，前后守长都一直让他招募年轻人，捉拿盗贼。

侯景之乱时，程灵洗聚集众人占据黟县、歙县抵抗侯景。侯景的部队据有新安，新安太守湘西乡侯萧隐前去依附程灵洗，程灵洗被奉为盟主。梁元帝在荆州秉承皇帝旨意，程灵洗又派使者抄小路上表。刘神茂从东阳建议抵抗侯景，程灵洗攻下新安，与刘神茂相呼应。元帝任命程灵洗为持节、通直散骑常侍、都督新安郡军事、云麾将军、谯州刺史，兼任新安太守，封他为巴丘县侯，食邑五百户。刘神茂被侯景打败，侯景的偏帅吕子荣进攻新安，程灵洗退守黟县、歙县。侯景失败后，吕子荣退走，程灵洗又占据新安。后来进军建德，生擒敌帅赵桑乾。按功劳授职为持节、散骑常侍、都督青州、冀州二州诸军事、青州刺史，增加食邑至一千户，将军、太守等职不变。

后来，程灵洗率领所部到扬州协助王僧辩镇防。迁任吴兴太守，尚未起程，王僧辩命令程灵洗跟随侯瑱西去援救荆州。荆州陷落后，回到都城。高祖翦除王僧辩，程灵洗率所部赶来援助王僧辩，当晚在石头西门全力拼杀，形势不利，派使者招降程灵洗，很久才投降，陈霸先认为程灵洗非常重情谊。绍泰元年（555），被授职为使持节、信武将军、兰陵太守，常侍不变，协助防守京口。平定徐嗣徽时，程灵洗立有战功，被授职为南丹阳太守，封为遂安县侯，增加食邑至一千五百户，镇守采石。后来，随周文育西讨王琳，于沌口战败，被王琳囚禁。翌年，和侯安都等人逃回。兼任丹阳尹，后来出任高唐、太原二郡太守，镇守南陵。陈书迁任太子左卫率。高祖驾崩，王琳的前军去到东部，程灵洗在南陵打败了他们，俘虏了他们的将士，并缴获青龙车十余乘。按照功劳被授职为持节、都督南豫州长江沿线诸军事、信武将军、南豫州刺史。侯瑱等人在栅口打败王琳，程灵洗乘胜向北追击，据有鲁山。征召任左卫将军，其他职衔不变。

天嘉四年（563），周迪再次进犯临川，以程灵洗为都督，从鄱阳别道攻打周迪，周迪又逃到山谷间。五年，迁任中护军，常侍职务不变。出任使持节，都督郢州、巴州、武州三州诸军事，宣毅将军，郢州刺史。废帝即位，晋号云麾将军。

华皎反叛，派使者招诱程灵洗，程灵洗杀了华皎的来使，用状告知。朝廷很赞赏他的忠心，增加他的守备力量，送给他一部鼓吹，真诚待他，派他的儿子程文季带领水军协助他防守。此时北周派将领长胡公拓跋定率领步兵、骑兵二万人，协助华皎围攻程灵洗，程灵洗环城固守。华皎退走后，才出军跟踪拓跋定，拓跋定没能渡过长江，携军投降。于是进攻北周的沔州，攻克了它，生擒其刺史裴宽。按照功劳晋号为安西将军，改封为重安县公，增加食邑至二千户。

程灵洗性情严厉急躁，对手下很苛刻，士兵犯有小罪，必定用军法惩罚，仓促之间，便用棍子、鞭子抽打，但号令分明，和士兵同甘苦，大家也因为这依附他。他本性爱好农事，亲自勤劳耕种，至于水田、旱田耕种都适宜，清晨和晚间收割庄稼，即便是长期从事农活的人也赶不上他。歌女和小老婆都不闲着，督促她们全部纺织。至于平时用的财物，也不节俭吝啬。光大二年（568），死于州中，时年五十五岁。追任为镇西将军、开府仪同三司，谥号忠壮。太建四年（572），诏令配享高祖庙庭。其子程文季嗣爵。这是后话。

且说当时，侯安都迎战程灵洗。两军在建康石头城激烈交战。战不多时，程灵洗败，但不肯降。陈霸先令徐度前去招谕，说霸先是不得已而杀王僧辩，僧辩受胁北齐，外依戎狄，擅自废立，迎立北齐傀儡为帝，将大好河山，拱手让人。萧渊明听命于北齐，使梁朝名存实亡。王僧辩犯有如此大的欺君之罪、卖国之祸，即使向来仁义的霸先不杀他，敬帝和朝廷大臣也不会饶他，任何一位深明大义的将领也会杀了他。徐度又说陈都督是仁德之人，感佩你的忠心义胆，你若降，便封你为兰陵太守。程灵洗见徐度说得有理，这才下马投降。陈霸先被程灵洗的义气深深感动，对他委以重任。

乙巳（二十八日），陈霸先发布檄文，通告中外，举列王僧辩的罪过，说明为什么要讨伐他。檄文中还说：“所要讨伐的，只是王僧辩父子兄弟，其他王氏亲戚党羽，一概不加问罪。”萧渊明闻僧辩被杀，自知帝位难保，竟与宫中侍卫总管裴起英（北齐兵将）商量刺杀陈霸先。只要霸先解决了，他的帝位就稳固了。

裴起英自以为齐兵善射，无人能及。当夜飞檐走壁，趁着卫兵巡查的间隙，窜到了陈霸先的住处。正好见陈霸先在地图上研究军情。起英窃喜，迅速射出一支飞箭，直向霸先后背。

殊不知，霸先出生于“斫射神庙”附近的村庄，自幼善射，村子里个个都是百步穿杨的好射手。何况霸先南征北战，常年军旅生活，养成了超人的警觉本领。只听得飞箭破空带动气流的声音，霸先当即俯身，顺手拾弓、搭箭、拉弦、转身放箭，几个动作一气呵成，朝利箭破空的地方，一箭射了过去。只听得“啊——”的一声脆响，从屋檐上摔下一人。

此时，早已惊动了值夜的侍卫：“有刺客！”飞身赶来。看到地上一人中箭，血已染地一片。再看那箭，竟然一箭穿过另一只箭尾，箭头深深地射入了起英的右胁。

再看那中箭之人，惨白的脸上，满是络缌胡须。原来是北齐派来保护萧渊明的侍卫总管起英。齐兵在建康城奸淫抢掠，民众早已怨声载道，此刻众卫士拳脚齐上，把起英猛打一顿。陈霸先令徐度、侯安都尽诛建康城内所有齐兵。并派人报齐主：“齐兵与僧辩谋反，被杀。”

萧渊明已知阴谋败露，又领教了陈霸先的果决和勇敢，完全没有丝毫的王僧辩似的妥协。萧渊明心想赶紧先保命吧。于是，他主动下诏逊国让位。陈霸先仍奉晋安王萧方智正位。

承圣四年（555）九月二十九日，萧方智正式登基为帝，大赦天下，改年号为绍泰。史称梁敬帝。颁诏，立其子萧文华为皇太子。授萧渊明为司徒，封建安郡公；霸先为尚书令，都督中外诸军事，兼扬、徐二州刺史，仍官司空。任命宜丰侯萧循为太保，曲江侯萧勃为太尉，王琳为车骑将军，开府仪同三司。内外文武百官，各赐位一等。

萧方智重登大位后，为缓和两国关系，暂时仍向北齐称臣。北齐派行台司马恭与梁庭在历阳订立两国“友好”盟约。北齐也明白，有陈霸先这种硬骨头在朝廷里，南梁迟早会摆脱北齐的控制。因此，北齐加紧扩军。同样地，霸先也清楚地知道：北齐从未讲过信用，这种盟约毫无约束力。

南梁也在抓紧时间，强国备军。抗齐拒魏，这是华夏汉族为争取独立的生存空间所必须的！

大凡“衣冠南渡”的后裔们，对华夏种族和华夏汉文明的存亡，有着强烈的危机感和责任感。当陈霸先看透北齐以傀儡皇帝萧渊明来控制梁庭，最终毁灭江南仅存的华夏汉族血脉和华夏汉文明时，陈霸先迫不得已，几乎以一己之力，把即将沦陷的华夏族人和华夏文明拉出泥潭。他以汉人特有的一副硬骨头，挺身而出，奋力扛起捍卫华夏民族和华夏文明的生存空间的重担，顽强地抵抗北齐这个野蛮王朝对华夏民族和华夏文明的毁灭性的摧残。

第二十一章　东征义兴振梁庭

梁敬帝即位时，梁朝的势力范围不过建康附近。依据史料，勾画一下：江南梁朝，经侯景之乱后，实际已四分五裂：国内的大小藩镇各个割据称雄。比如吴兴的杜龛，义兴的韦载，会稽的张彪，苏州的王僧智，岭南的萧勃等并不归服。

外部势力东魏与西魏两国，也分别被北齐、北周禅代。北周在江陵扶持萧詧的“后梁”小王朝，长江北岸是北齐属地，北齐后来扶持王琳割据湘州，拥立长沙幼童萧庄（梁元帝之孙）为帝。也就是说，北周（前身西魏）和北齐（前身东魏）在江南的土地上，分别扶持了两个傀儡王朝，把野蛮残暴的势力延伸到了江南。这不仅仅是挤压了梁朝军民的生存空间，而且严重威胁着华夏汉人血脉的延续和华夏汉文明的存亡！

以汉人为代表的硬骨头陈霸先，开始了东征西伐，北拒强齐，南定萧勃，在极其艰难的局势中，庇护着华夏遗族和华夏文明。霸先死后，他的继承者甚至一度打过长江以北，大败北周大将贺若敦，收复湘州全境，平定武陵、天门、南平、义阳、河东、宜都各郡。尽毁北周、后梁各军战舰，打得他们狼奔豕突。这是后话。

江南梁朝政权危机四伏，险象环生。梁敬帝复位后，刚与北齐订立了“友好”盟约，内部叛乱又起——震州刺史杜龛、义兴太守韦载相继造反了！

梁敬帝看了一眼神色惊慌的大臣们，转问陈霸先如何平叛？霸先胸有成竹，平静地说：“圣上莫慌，臣早有预防。臣起兵京口之时，已备兵吴兴、义兴了。”

梁敬帝闻言，才稍微镇定下来。满朝文武大臣也消退了慌乱之色。

霸先确实是有先见之明。当初，他在袭杀王僧辩之前就已预料到了。他的故乡湖州乃至吴郡、义兴等“三吴”地区、会稽、临海，直到江西豫章（南昌）都是王僧辩的亲戚或心腹大臣据守。他密派亲侄儿陈蒨到吴兴长城、沈恪回到武康、得力将领周文育到义兴。为了集中兵力对付王僧辩，陈霸先只给了陈蒨五名骑兵，周文育一支小分队。但授权他们在当地招兵买马，扩充军力……

杜龛是王僧辩的女婿。王僧辩把吴兴改为震州，任命杜龛为刺史，又任命自己的弟弟侍中王僧愔为豫章太守。他们听到王僧辩被杀，立即商量起兵反叛。他们又联络义兴太守韦载一同起兵。这三郡声势相连，几乎包括了京口东南的整个江南地区。

杜龛，杜岑之子。年轻时就很骁健勇猛，善于用兵，他是在太清年间与伯父叔父们一同归附湘东王萧绎。授为持节、忠武将军、郧州刺史，封为中庐县侯，食邑一千户。

杜龛的叔父杜幼安一同跟随王僧辩征讨河东王萧誉，平定了叛乱。又跟随王僧辩沿江而下，继徐文盛军之后到达巴陵，听说侯景袭击攻陷郢州，正逆江而上，向西进军，将要来到巴陵，杜龛和王僧辩等人守住巴陵等待侯景来攻。侯景到巴陵，围攻了数十天，不能攻克。

杜龛迁任太府卿、安北将军、督定州诸军事、定州刺史，加授通直散骑常侍，增加食邑五百户。杜龛继续跟随王僧辩追击侯景直至江夏，围攻江夏城。侯景手下将领宋子仙弃城逃跑，杜龛追到杨浦，活捉了宋子仙。大宝三年（552），陈霸先、王僧辩率大军到达姑孰，侯景手下将领侯子鉴迎战，杜龛与陈霸先、王琳等人率领精锐士卒进击，大败侯子鉴。陈、王大军直追到建康石头城。侯景亲自率叛军会战，杜龛与陈霸先各路人马齐心奋击，大破侯景叛军，侯景败溃，向东逃跑。考察军功，杜龛为上等，萧绎授为平东将军、东扬州刺史，增加食邑一千户。

承圣二年（553），杜龛又与王僧辩到长沙征讨陆纳等人，迫使陆纳等人投降。又到西陵征讨武陵王萧纪，平息了叛乱。后来，西魏兵攻陷了江陵，梁元帝萧绎投降后被处死。陈霸先与王僧辩拥立梁元帝子晋安王萧方智为帝。可是，北齐国却把贞阳侯萧渊明送来让他继承梁国帝位。王僧辩屈从于北齐的军事压力，使贞阳侯登上了帝位。杜龛是王僧辩的女婿。王僧辩把吴兴改为震州，任命杜龛为刺史，又任命自己的弟弟侍中王僧愔为豫章太守。又授杜龛为镇南将军、都督南豫州诸军事、南豫州刺史、溧阳县侯，给鼓吹一部；又加授散骑常侍、镇东大将军。

杜龛依仗自己是王僧辩的女婿，又是久经战阵、军功卓著的老将，很多皇亲国戚他都没放在眼里。更不要说寒门出身的陈霸先和其家族了。在杜龛任吴兴郡守时，常常对陈霸先宗族中的人，寻找由头，欺侮他们，族人也无处申诉。陈霸先忍之又忍，因此对他深怀怨恨。

后来，陈霸先要讨伐王僧辩之时，便秘密地派他的侄子陈蒨潜回长城县，修筑营栅，扩充队伍，以防备杜龛。

陈蒨奉霸先之令潜回长城县后，立即募集人马几百人。长城县，又称长兴县。地处浙江省北部，长江三角洲杭嘉湖平原，太湖西南岸，与该省安吉县、湖州市吴兴区和安徽省广德县、江苏省宜兴市接壤，苏浙皖三省交界。总面积一千四百三十平方千米。早在春秋时期，该地区属吴国的疆域，吴王阖闾使弟夫概筑城于此，城狭长，名长城。到了战国时期，今浙江省长兴县一带先属越国，后成为楚国的疆域。晋武帝太康三年（282），分乌程，立长城县，县治建在现浙江长兴县城东南二十里的富坡乡（李家巷镇）。304 年，西晋王朝第二位皇帝司马衷改年号“永兴”。永兴元年，分长城县的北乡为义乡县，属义兴郡。南北朝时期，今长兴县一带属吴兴郡长城县。东晋咸康八年（335），县治迁至箬溪地北（距今浙江长兴县城东二里）。南北朝时，宋、齐、梁、陈四代均属吴兴郡。此地民风朴实、彪悍。陈蒨回乡村组织武装力量，保卫家乡。乡邻都愿帮助陈蒨，县衙捕快也参战。这样就凑起千余士兵。陈蒨筹备兵器，抓紧训练。挖深沟、修栅栏，积极进行防御。并择地形紧要处扎下营寨，严密注意杜龛等人的动向。

陈霸先处死王僧辩之后，杜龛担心受到清算，果然就据守吴兴（今浙江省湖州市吴兴区）抵御陈霸先。吴兴地处长三角中心区域，位于浙江北部、太湖南岸。三国孙吴甘露二年（266），吴主孙皓取“吴国兴盛”之意改乌程为吴兴，并设吴兴郡，辖地相当于现在的湖州市全境，钱塘县

（今杭州）、阳羡县（今宜兴）。吴兴是丝绸文化发源地，钱山漾遗址出土了四千多年前、世界上最古老的蚕丝织物，吴兴是茶文化发源地，茶圣陆羽在此著写《茶经》。吴兴是溇港灌溉文化发源地，吴兴是书画之源，曾哺育和吸引了曹不兴、王羲之、颜真卿等一大批书画大家。吴兴与吴县、吴江并称“三吴”，以人文物产丰富而闻名于江南。杜龛以吴兴优厚的经济资源作为财力物力，来支撑自己的军事割据所需。还串通义兴太守韦载带郡中的部队起来响应。吴郡太守王僧智是王僧辩之弟，也占据城池抗拒。杜龛派遣自己的统军副手杜泰到长城（长城县，霸先与其宗族世居之。今浙江省湖州市长兴县）进攻陈蒨。杜泰带精兵五千突袭，陈蒨的兵众面面相觑，大惊失色。陈蒨却谈笑自若，越发沉着冷静，清楚明确地部署分派军队。章昭达跟随陈蒨一起，安排滚木、礌石、弓箭等。

章昭达，字伯通，吴兴武康（今浙江省湖州市吴兴区）人。南北朝时期南陈名将。章昭达出身于官宦世家。性倜傥，轻财尚气。少时与陈蒨交好。章昭达年轻时，曾经遇到一位相命先生，相命先生对章昭达说：您容貌很好，必须经历一次小摧残，然后就能富贵。大同年间，章昭达任东宫直后，因为醉酒从马上摔下来，鬓角处受了轻伤，章昭达对此很高兴，相命先生说：这不算。侯景之乱时，章昭达曾率领招募起来的乡民援救台城，被乱箭射中，瞎了一只眼。相命先生看见了他，说：您的容貌好了，不久就会富贵。

侯景被平定，陈蒨任吴兴太守。章昭达执鞭前来拜见陈蒨。陈蒨见到章昭达非常高兴，于是委派章昭达为将帅，恩宠厚待，超过同辈。

绍泰元年（555），南徐州刺史陈霸先讨伐王僧辩时，命令陈蒨回长城募集兵力，以防备吴兴太守杜龛。骠骑大将军王僧辩被翦除后，杜龛派部将杜泰攻打长城，陈蒨抗敌，命令章昭达全权管理城内军事事务。章昭达跟随陈蒨东进，驻扎在吴兴，以便讨伐杜龛。

陈蒨井井有条地指挥兵众们应战。兵众见他如此镇定，安排得当，也就心神安定下来。待叛军近前，陈蒨令将士放箭、滚木、投石，直打得杜泰兵众哭爹叫娘，血肉横飞，狼狈败退。杜泰知寨内兵少，日夜猛攻。陈蒨凭借有利地形，凭险坚守。

杜泰领兵到长城袭击陈蒨时，提前奉霸先之令回武康召集兵马的沈恪，带兵到县城之外捕杀杜龛的党羽。杜泰昼夜苦攻几十天，仍打不下来。闻霸先平了义兴，周文育率军前来增援，杜泰慌忙率叛军撤走了。

陈蒨与周文育一道杀出郡城，恰好沈恪的军队也到了，杜泰兵众大败而逃。民众亲见陈蒨打了胜仗，纷纷来投军。数日之内，便得八千人，兵威大振。陈蒨加紧操练兵马，准备讨伐杜龛。

周文育事先奉霸先之令，抵达义兴防变。果然，王僧辩死后，义兴韦载举兵造反。陈霸先超人的预见性，避免了新生梁朝在军事上的被动。

韦载，字德基，京兆杜陵人。据史载：其祖父韦睿曾任梁开府仪同三司、永昌严公。父亲韦政，曾任梁黄门侍郎。韦载年轻时十分聪明有才气，专心好学。十二岁那年，跟随叔父韦棱拜见沛国刘显，刘显问及《汉书》上的十件事，韦载对答如流，没有一处疑难和犹豫。长大后，广泛涉猎文史，沉着机敏有成大器的气派。初任梁邵陵王法曹参军，迁任太子舍人、尚书三公郎。侯景之乱，梁元帝萧绎秉承帝旨任韦载为中书侍郎。不久任建威将军、浔阳太守，跟随都督王僧辩向东讨伐侯景。那时王僧辩驻军湓城，而鲁悉达、樊俊等各自拥兵保住自己的地盘，观望讨伐成败。梁元帝任韦载为假节，都督太原、高原、新蔡三郡诸军事，高唐太守。还奉命告诉鲁悉达等人出兵讨伐侯景。等到大军东下，韦载带领三郡兵马从焦湖出于栅口，与王僧辩在梁山会合。侯景被平定后，任冠军将军、琅邪太守。不久奉命出使东阳、晋安，招抚留异、陈宝应等人，后来又任信武将军、义兴太守。

义兴就是现在的江苏省宜兴市。西晋太安二年（303）至永嘉四年（310），阳羡周玘三兴义兵，晋王朝为表彰其功，置义兴郡，属扬州（治今南京）下辖阳羡、国山、临津、永世、平陵、义乡六县，后增加绥安县，合七县。南北朝宋泰始四年（468），义兴郡属南徐州（治今镇江）。宜兴市是中国南部城市，地处太湖西岸，苏浙皖三省交界处，沪、宁、杭地理中心；为中国历史文化名城。宜兴盛产紫砂陶土；宜兴有三山、二水、五分田之说；宜兴地势南高北低，南部为低山丘陵，最高峰黄塔为苏南第一峰；东部为太湖渎区，适宜种植各种蔬菜；北部和西部分别为平原区和低洼圩区，是宜兴粮油主要产地。韦载借此经济条件，使得自己兵精粮足。

陈霸先灭王僧辩后，韦载因为是王僧辩的亲信，又得到王僧智（僧辩之弟）的鼓动，就举兵反叛。周文育早到了义兴，做好了准备，即刻讨伐韦载的叛乱。

周文育轻兵袭击韦载，兵未到韦载已先觉，就环城固守。周文育攻击非常猛烈，韦载所辖县的士卒都是陈霸先的旧兵，许多人擅长使用弓箭。韦载挑选了几十人，每人都用长锁锁住，命他的亲信监督他们，让他们射击周文育兵士，约定说每十发不能两中的人就处死，每发箭往往都射中，只要被射中的人没有不死亡的。周文育的士兵稍稍后退，韦载乘势在城外靠水边建立营栅，和周文育相持了几十天。杜龛派他的堂弟杜北叟带兵援助韦载。结果，杜北叟兵败，回到义兴。

陈霸先听到周文育进攻受挫的消息，担心周文育兵力不够。辛未（二十四日），陈霸先上疏皇帝萧方智恩准，留下高州刺史侯安都、石州刺史杜棱守卫京师建康，陈霸先亲率大军东伐义兴。

可是，陈霸先率军东征义兴之后，北齐的精兵就乘虚突袭了首都建康城。

建康是南京在六朝时期的名称，东吴、东晋、刘宋、南齐、南梁、南陈六代京师之地，三百多年为京辇神皋所在，是当时中国的经济、文化、政治、军事中心，也是世界上第一个人口超过百万的城市，当时世界上最大的城市。六朝皇宫建康宫，宫殿壮丽巍峨，殿阁崇伟，为北魏都城以及东亚各国争相效仿，深远影响了后世宫室建设的形制。

建康城东西南北各四十里（约一百三十平方千米），宫墙三重，南拥秦淮、北倚后湖、西临长江，苑囿主要分布于都城东北处，宫城北有华林园，覆舟山有乐游苑、华林园、天渊池等宫苑点缀其中。四周有石头城、西州城、东府城、白下城、南琅邪郡城等众多卫星城围绕并构成拱卫之势，成为中国城市建设史上的孤例。宣阳门至朱雀门的御道两侧布置官署府寺，居住里巷主要分布在御道两侧和秦淮河畔，城内外遍布佛寺五百余所。

建康城的建设遵循中国传统礼教制度，在中国都城建设史上具有承前启后的重要地位和作用，首开中轴对称布局的先例，形成了东亚都城特有的以中轴线为基准，主要建筑左右对称的布局和风格，其平面布局、建筑形制对后世影响深远，成为后世都城建设的范本，上承秦汉下启隋唐，并深刻影响到东亚各国。从南朝建康起，各代宫城基本呈南北长的矩形，宫前道路两侧布置官署，隋、唐、宋、金、元均如此。

衣冠南渡使汉民族在建康保存了华夏文化之正朔，被历代所传诵。以建康为代表的南朝文化，与西方的古罗马被称为人类古典文明的两大中心，在人类历史上产生了极其深远的影响。

投靠了北齐的谯、秦二州刺史徐嗣徽和南豫州刺史任约突然引北齐大军，趁虚偷袭建康。袭击并占领了建康石头城，冲在前面的游骑已到了台城宫阙之下。

幸亏霸先出发东征之前，令侯安都、徐度、杜棱留守建康，保卫京城。但兵力极其悬殊。京城安危，系于一发！

侯安都久经沙场，足智多谋。他令众军偃旗息鼓，向敌人示弱，同时告诫城中士兵道："凡登高窥探贼兵者一律处斩。(登陴窥贼者斩！)"

到天黑，徐嗣徽等人收兵回石头城，侯安都连夜做了充分的战斗准备，天快亮时（十月三十日），徐嗣徽等人又来进攻宫城门。敌军来到城下，还没布置好阵形，侯安都就率铁甲士卒三百人，大开东、西侧门出城，挥刀一阵乱砍。顿时血肉横飞，敌军四散溃逃。徐嗣徽、任约联军奔逃回到石头城，再也不敢逼近台城宫门了。

甲戌（二十七日）日，陈霸先率军刚刚抵达义兴，便接到齐军突袭京师的消息！

陈霸先心里当然很着急！但面临的问题是：陈霸先要回师保卫建康，就须速战速决，先解决义兴的叛乱。如果拖延日久，陷在此地，就难以救援京城。

陈霸先考虑义兴大多兵众是自己曾经的部属，双方打起来，死伤的都是亲朋好友，他们都是被侯景，北周、北齐等鲜卑胡人外族几番杀戮后幸存的同胞。侯景已把江南汉族杀得十室九空，整个士族阶层都覆灭了。我们再这样打杀同胞，与侯景之流何异？于是，陈霸先决定“不战而屈人之兵”，招降为宜。但招降之前，必须显示应有的军事实力，以示威慑。

十月二十九日，霸先率军攻破韦载建筑的水上防御栅栏工事。在保持大兵压境的势态下，陈霸先派韦载的族弟韦翙带霸先的书信去说服韦载投降。并出示梁敬帝的诏命，命韦载解散军队。只需说明三点：第一，诛灭王僧辩是迫不得已的正义之举。僧辩迎立齐国的代理人萧渊明做傀儡皇帝，使梁朝名存实亡。第二，王僧辩擅自废立君王，罪当灭九族。梁敬帝并没追究他的族人，已是非常仁德、宽容了。你们为僧辩而造反，是因私情而非公义。第三，义兴郡有很多是霸先的旧部，如果你不逼迫，估计你的部属大半会投奔霸先。真的打起来，死伤的都是亲朋好友，现在霸先大兵压境，已包围你们，如果你的军队内部一旦兵变，你的人头不保。如果投降，则仍官禄荣升。

韦载得信后，这才明白是非曲直，当即率部投降了。陈霸先对待他们很优厚，极力安抚他们。令韦翙为义兴太守，韦载所部将帅都根据他们的才能加以任用，把韦载安置在自己身边，视为亲信，有事让他参与谋议。

陈霸先此次东征，“不战而屈人之兵”，拔除了韦载修筑的水栅，迅速平息了义兴的叛乱，为霸先急援京都争取了时间。陈霸先二十七日率军到达义兴，二十九日韦载等人归降。不到两天的时间，就平息了叛乱。从这可以看出，陈霸先不仅是一个军事家，更是一个政治家。他具有远大的政治抱负和宽宏的胸襟。他能把敌人感化成为他的得力助手。无论是周文育、杜僧明、萧摩诃、杜棱（讨王僧辩前差点被弄死）、韦载（均为僧辩旧部）等等，都成为霸先纵横天下的得力助手。他安抚、收服战场上的敌将、战俘和降将，厚待他们，并引为心腹。这种博大的胸襟，真不是平常人能做到的。他的政治抱负和民族大义，决定了他的政治眼光和格局。他维护的不仅仅是一个偏安江南的小朝廷，而是护佑着汉族血脉和汉文明不被野蛮残暴的外族所摧残和毁灭。

徐嗣徽、任约率北齐精兵突袭建康，梁朝京师危在旦夕！

陈霸先沉着冷静，从容布置军队：派部将黄丛率兵前往截堵前来增援的齐军。命周文育率军去帮助陈蒨平定杜龛，又命宁远将军裴忌助援部将黄他，平定吴郡（今江苏苏州）。此前，霸先已令部将黄他，率军去讨伐“占据吴郡，反叛朝廷”的王僧智。因兵力不够，未能攻克。

裴忌字无畏，河东闻喜人。祖父裴髦，梁中散大夫。父裴之平，豪爽洒脱而颇有抱负，召补为文德主帅。梁普通年间众军北伐，以功封为费县侯。适逢衡州部民聚众劫掠，诏令以裴之平为假节、超武将军、都督衡州五郡征讨诸军事。裴之平赶到，立即全部荡平了，梁武帝大加赞赏。梁元帝承圣年间，累迁散骑常侍、右卫将军、晋陵太守。

裴忌少时聪明过人，颇有见识与度量，涉览历史典籍，为时人所称道。初仕为梁豫章王法曹参军。侯景之乱发，裴忌招集勇士，随陈霸先征讨，屡立战功，封为宁远将军。及至陈霸先诛杀王僧辩，僧辩弟王僧智举兵占据吴郡，霸先派黄他率兵攻打，王僧智出兵于西昌门迎战，黄他与之相持，未能攻克。

陈霸先对裴忌说：“三吴是我国腹地，一向号称富饶肥沃，即使是荒灾之余，仍能殷实繁盛，如今贼徒煽动纠合，人心动摇，除了你再没人能够平定了，你要好好地想个对策。”

裴忌受命增援后，就在他所率领的军中挑选精兵，全部轻装，跑步奔袭，从钱塘直向吴郡，竟然当天晚上就赶到了！

裴忌以声势压人，他们趁夜来到吴郡城下，兵众们擂起战鼓，大声呐喊。架起云梯，猛烈攻城。王僧智登城一看，夜色之下，四周火把闪动，把城池团团包围。王僧智以为是梁军的主力部队来了，大惊，急忙从后屋乘小舟，逃奔吴兴郡。裴忌很快占领了吴郡，陈霸先启奏敬帝任命裴忌为吴郡太守。

陈霸先调兵遣将之后，即令全军卸除铠甲，改穿便装，亲率主力日夜兼程，奔救建康……

第二十二章　北抗强齐护华汉

绍泰元年（555）十一月二日，北齐从南线“遣兵五千渡江”至采石，“据姑孰，以应徐嗣徽、任约”；北线则“遣安州刺史翠子崇、楚州刺史刘士荣、淮州刺史柳达摩将兵万人，于胡墅渡米三万石、马千匹，入石头”，对南梁王朝的京都建康进行“南北夹击”！

徐嗣徽、任约本想趁霸先率军东征而梁朝京城空虚之机，突袭建康。不料，首先遭到防守京城的老将侯安都的勇猛阻击。接着，陈霸先速战速决，降服了韦载，平息了义兴内乱。霸先冷静地调兵遣将之后，令全军将士，卸甲便装，日夜兼程，卷甲还都。

面对北齐来势汹汹的大军压境，陈霸先向韦载征询对策，韦载说：“齐军如果分兵先占据通往三吴的道路，然后在我们东边的边境攻城占地，那么大势已去，我们全完了。但是，现在齐军没有这样做，我们可以赶快在淮南一带沿着侯景过去留下的旧垒修筑新城堡，以便打通东边的运输道路。同时分出一支军队去断绝他们运粮的道路，这样，齐将的头颅，十天之内就送来了。”

不得不承认，韦载眼观全局，分析到位。提出此计，甚是恰当！陈霸先当机立断，连续走了三步棋，一气呵成：派侯安都率军在夜色的掩护下，突袭了齐军驻扎的胡墅，焚烧齐军的船舰一千余艘；仁威将军周铁虎切断了北齐运输补给的道路，活捉了他们的北徐州刺史张领州；让韦载在大航修筑侯景的故垒，派杜棱去守卫。

可以说，霸先这三步棋的一举成功，就决定了北齐的败局已定。尽管北齐在兵力上占据优势，但无粮之兵，溃败在即。齐军没有粮食吃，只能杀马煮食。马肉里又掺杂人肉，许多齐兵长疮生病，苦不堪言。

北齐皇帝高洋闻讯大怒！他知道陈霸先是不好对付的，但没想到陈霸先竟如此硬骨头！北齐接二连三派出重兵，疯狂攻击，一定要把南梁这个新生的小朝廷毁灭殆尽！

北齐军队在仓门和秦淮河之南修建了两座营栅，与梁兵对抗。北齐大都督萧轨带兵屯驻在长江北岸。徐嗣徽等人仗着北齐的兵力强大，前来攻击梁军冶城的营栅。

陈霸先亲率铁甲骑兵从建康城西明门冲出来，迎击徐嗣徽的北齐兵众。一场恶战，徐嗣徽等人大败。留下柳达摩等人守石头城。徐嗣徽、任约跑去采石矶，迎接北齐援兵。

陈霸先抓住这个难得的空隙，一边令徐度在冶城（建康城西南）建筑栅栏和城堡等防御工事，组织反攻石头城；一边派遣侯安都偷袭徐嗣徽的老巢秦郡。

侯安都袭击秦郡，攻破徐嗣徽的营栅，俘获了好几百人。又抄了他的家产，搜得他用的琵琶和养的鹰。极具讽刺意味的是，侯安都还派人把琵琶及鹰送给在江边接应北齐援军的徐嗣徽，传话给他："昨至老弟处得此，军前不需此物，因特送还。"

徐嗣徽大惊！心理防线顿失！——此为经典战例，被后世的无数军事家赞叹！

梁朝廷为配合军事斗争，想多争取一些支持梁朝廷的力量，也展开了政治攻势，稳定国内局势。梁敬帝擢升郢州刺史、宜丰侯萧循为太保，广州刺史、曲江侯萧勃为司空，同时征召他们前来京师供职。萧循接受太保的任命，但不肯入京，萧勃正在准备着阴谋叛乱，拒绝接受梁敬帝的命令。

陈霸先非常清楚当前的局势：必须从军事上战胜北齐敌对势力，才能争取国内割据势力的稳定。否则，那些地方势力会趁乱而起，割据称雄。破碎的河山，更加难收拾。

徐嗣徽从采石"引齐兵水、步万余人，还据石头"，与陈霸先再战。陈霸先猛攻石头城，终使北齐退出建康以北。北齐和州刺史乌丸远在采石听说北齐兵败，也"自南洲（即采石）奔还历阳"（《资治通鉴》卷166

“梁纪”绍泰元年）。但是，“齐之余军犹据采石，守备甚严”（《南史·侯安都传》）。

韦载继续带兵众在淮南筑垒，陈霸先使杜棱驻守，连结各部防守通道，建康各军，才没有隐患。霸先善于降将，因此非常有帮助。

陈霸先又派大将侯安都南攻采石矶，俘获北齐的兵众。北齐军队在仓门和秦淮河之南修建了两座营栅，与陈霸先所率领的梁军对抗。北齐大都督萧轨带兵屯驻在长江北岸。齐淮州刺史柳达摩渡过淮河，布军列阵。霸先率兵众猛烈进攻，纵火烧毁了齐军的栅寨。柳达摩所部的齐兵大败，被淮水淹死了很多的兵众。

徐嗣徽、任约再引齐兵，驻守在江宁浦口一带。陈霸先在冶城对面的水上把船只连在一起，建了一座浮桥，指挥众军全部渡过浮桥前进，去攻击齐军修在南边的两座营栅。石头城守军北齐将领柳达摩等，也渡秦淮河兴筑营阵。陈霸先督促士卒迅速发动攻击，放火焚烧栅栏，北齐军大败，争先恐后抢夺船只，互相推挤，淹死在秦淮河中的数以千计。霸先缴获北齐军队的全部船舰。

当天，徐嗣徽和任约带领北齐水师、步兵联合兵团一万多人，退回城去据守。陈霸先派兵来到江宁，占据了险要之地。徐嗣徽等人的水师、步兵都不敢前进，停顿在江宁浦的入江之处。陈霸先派侯安都带水军去袭击，打败了徐嗣徽。徐嗣徽等人乘上一艘小船逃走，陈霸先把徐嗣徽等军留下的辎重、武器全部缴获。

齐军的将领柳达摩来不及败逃，被围困在石头城。既无粮，又无汲水之道（水道又被截断），齐军又饥又渴，兵无斗志。史载：齐所据城中没有水喝，一合水值一升米，一升米昂贵到值一匹绢，或炒米食之。柳达摩谓其众曰：“顷在北，童谣云，‘石头捣两裆，捣青复捣黄’。侯景服青，已倒于此，今吾徒衣黄，岂谣言验邪。”

陈霸先令梁朝的水军、陆军各部，从四面一起围攻石头城。梁军筑土山、架云梯，勇猛向齐军发起进攻。从早到晚，轮番冲击，已攻下了齐军占领的东北小城。徐嗣徽又因家眷被侯安都所抓，便提议同梁朝议和。柳达摩也无计可施，迫不得已，派使者向陈霸先求和，唯一的要求是要陈霸先把亲子或侄子送到齐国作为人质。

陈霸先不同意，下令猛攻，要全歼围困在城内的齐军，生擒齐军主帅柳达摩。柳达摩只好听从徐嗣徽的建议，派人向梁敬帝送书，求和。

梁敬帝和群臣都知梁朝实力十分虚弱，而且建康粮道已被齐兵切道，京都米价飞涨，臣民恐慌无粮。于是，敬帝下诏，令霸先议和。

陈霸先从政治全局的角度也做了考虑：梁军拼死抵抗北齐的进攻，虽然赢了几场，但都是战术上的胜利，并没有扭转战场局势。装备精良的北齐大军已经渡过长江，大举入侵江南，又有叛军相助，占据战场优势。梁朝弹丸之地的建康，国力、兵力实在有限。加之军队兵马（特别是铁甲骑兵）的训练，需要战马数千，战刀数千，粮草、军资若干等还没完成。

梁朝君臣都愿意议和，答应强齐的条件，纷纷请求用陈霸先的侄子陈昙朗为人质。因为当时，霸先的独子陈昌被西魏押在长安。否则，充当人质的会是陈昌，而不是陈昙朗。

陈昙朗是霸先胞弟陈休先唯一的亲子。陈休先30多岁已战死在战场上。史书载："休先少倜傥有大志，梁简文之在东宫，深被知遇。太清中既纳侯景，有事北方，乃使休先召募得千余人，授文德主帅，顷之卒。高祖之有天下也，每称休先曰：'此弟若存，河、洛不足定也。'梁敬帝即位，追赠侍中、使持节、骠骑将军、南徐州刺史，封武康县公，邑一千户。"可见，陈休先也是非常厉害的人物。休先武艺好，有胆力，善于安抚军心。

陈休先战死后，独子陈昙朗，年少丧父很孤独，霸先怜爱，比其他人更宠爱他。侯景之乱平定后，霸先初任陈昙朗为著作佐郎。霸先渡江北伐，围攻广陵，宿预人东方光据乡举义旗，霸先便派陈昙朗和杜僧明从淮水入泗水接应。北齐援军甚众，昙朗与杜僧明筑垒抗御，不久奉命班师回朝，带宿预义军三万众渡江。霸先率军去诛杀王僧辩，留陈昙朗镇守京口。绍泰元年（555），任中书侍郎，代管南徐州。从这也看到，亲侄陈昙朗是霸先的得力助手。

但梁朝君臣都想休战议和。没有办法，陈霸先难于违背众议，只能忍痛派遣弟弟休先的儿子、他的亲侄陈昙朗前去北齐做人质。他对朝廷百官说："现在朝廷的各位贤人都想和北齐讲和，以获得休息。如果我违反众人的意见，大家会说我偏爱侄子陈昙朗，不顾念国家利益。现在我决定派侄子陈昙朗去，等于是把他扔在敌寇的巢穴！北齐人一向言而无信，我们答应讲和，齐人会认为我们势力微弱好欺负，肯定会背弃盟约再来进犯。北齐强盗如果再来进犯，各位可要拼死战斗呀！”

众臣纷纷表示道：“假如齐军背盟，我等定当同心协力奋战之，但现在建康虚弱，粮运难继，还是以和为好。”

陈霸先回到前线，担心侄儿陈昙朗不肯前往北齐做人质，于是亲自率领步兵骑兵往陈昙朗营地京口，同他一起到京城。霸先也流泪劝说侄儿以国家大义为重。霸先说一定整训军队，打败北齐，营救你安全回来。

陈霸先迫不得已，只好根据朝廷的决定，把陈昙朗和永嘉王萧庄、丹杨府尹王冲的儿子王珉充当人质，与北齐主帅柳达摩、萧轨在建康城外宰杀牲口，签“互不侵犯”盟约。并同意北齐所有将士一无所问罪责，任由他们返回北方。

签订盟约后，陈霸先率军从石头城南门出来，陈列士兵数万人，默默看着亲侄子陈昙朗，随同梁永嘉王萧庄，扣留在齐兵的队伍里，远去北方。陈霸先想着还有机会，把侄子他们安全撤回来。但他没想到，这是与侄子陈昙朗最后一别！

陈昙朗颇有才华，在陈霸先带兵外出征战时，留他驻守京口，各项政务、军务，陈昙朗能处理得非常妥当。陈霸先也很赞赏这位亲侄。谁也没想到，他此去北齐，就牺牲在高洋的刀下！这是后话。

建康军民屡遭战火，迫切希望和平。陈霸先此举，赢得了梁朝君臣和建康内外民众的一片赞扬声。但陈霸先内心是极其苦闷的。他深夜跪在亲弟陈休先的灵位前，泪水直流，喃喃自语：“胞弟，朝廷君臣都要议和，哥哥无能说服朝臣，侄子昙朗此去北齐做人质，哥实在对不起你！……我要整训铁骑，必横扫北齐，救回侄儿，一洗家国之耻！”

齐军将领柳达摩回到北齐后，齐主高洋认为战场优势在齐军的手里，柳达摩自作主张议和，放弃了石头城这个重要据点，高洋大怒，杀了柳达摩。再令仪同三司萧轨，调集大军，会合徐嗣徽、任约等部叛军，近期南下。可时令已是残冬，雨雪堵塞路途，不方便进军，北齐暂时休兵，缓期之后，将发起新一轮的猛攻，彻底掐死陈霸先为首的江南梁朝。

陈霸先也没闲着，抓紧时间处理江东乱局。江宁县令陈嗣、黄门侍郎黄朗占据姑孰谋反，陈霸先派侯安都等人出兵讨伐，平定了他们。砍下数千人头，聚成土丘。石头、采石、南州都被平定，收获的船只米粮马匹武器不可计数。

梁朝大赦天下。凡是与任约、徐嗣徽同谋的人，一概不予追究。陈霸先派从事中郎江旰去劝说徐嗣徽，让他回南方来。徐嗣徽反而把江旰抓起来送到了北齐。

震州（吴兴郡）刺史杜龛还占据吴兴，对抗梁庭。陈蒨、周文育把军队合并在一起，攻打杜龛。杜龛有勇而无谋，又爱喝酒，一天到晚总是醉醺醺的。周文育暗结杜龛的部将杜泰，作为内应，一面诱杜龛出战。杜龛约杜泰出城与陈蒨等人交战，两下交锋。杜泰按兵不动，杜龛独力难支，败回城中。杜泰便劝说杜龛投降，杜龛答应了。但是，他的妻子王氏说："陈霸先和我们王家结仇结得这么深，怎么可以向他求和！"于是，王氏拿出私财赏赐招募战士，把私财、首饰全都用来犒军，与陈蒨、周文育的梁军决一死战。杜龛的军士得了重赏，统是感激，情愿效死，开城出战，以一当十，梁军大败，陈蒨率军退到十里外下寨。

周文育诱使杜龛部将杜泰投降了陈蒨。杜龛嗜酒，每饮必醉，此次打了胜仗，便开心畅饮，整日里醉意醺醺。哪知杜泰打开城门，引梁军冲入城里。而杜龛还酒醉没醒，妻王氏急唤不应。王氏也顾不得他了，拿起剪刀，把长发剪掉，化装成秃头妇人，趁乱混了出去，到庙里做尼姑去了。陈蒨率军杀入府中，搜捕杜龛。见他鼾声如雷，还在梦中。陈蒨派人把他背出来，在项王寺前把他斩首了。王僧智和他的弟弟豫章太守王僧愔都从后门逃出，投奔北齐了。

东扬州刺史张彪为王僧辩党羽，一向被王僧辩所宠爱看重，所以不肯归附梁庭。二月庚戌（初五），陈蒨、周文育派轻装士兵奔袭会稽，张彪迎战，大败，逃入若邪山（今浙江省绍兴市南）。张彪在若邪山聚众起兵事。陈蒨派他的部将、吴兴人章昭达追击张彪。

张彪，不清楚是什么地方的人，他自己称是襄阳人，或许是左卫将军、衡州刺史兰钦的外弟。年少时就亡命在若邪山为盗，颇有部曲。临城公萧大连出掌东扬州，张彪率所部投奔，被任命为中兵参军，礼遇甚厚。后来，侯景叛乱，侯景的部将宋子仙攻下东扬州，张彪投降了宋子仙。

赵伯超兄子赵棱是侯景的山阴令，离职跟从张彪。后怀异心，算计张彪，请张彪以酒为盟，拿刀子披心出血自歃。张彪相信他了，也取刀刺血报之。刀锋刚到心脏，赵棱竟然以手按下，直入张彪的心脏。幸而刀斜，伤得不深。赵棱重新取刀，再刺张彪的头和脸面。张彪伤重顿绝。赵棱以为张彪死，就外出宣告张彪诸将，说："已杀张彪，欲与大家共求富贵。"张彪的心腹韩武不相信，进入室内查看，张彪已苏醒，细声说："我尚活，可与手。"于是韩武杀了赵棱。张彪没死，奉表投奔梁元帝。到侯景之乱平定，王僧辩对张彪的待遇甚厚，以张彪为东阳太守、安东将军。

贞阳侯萧渊明（萧明）践位，张彪为东扬州刺史，并给鼓吹。室富于财，昼夜乐声不息。剡令王怀之不从，张彪前去征讨。留长史谢岐居守。

陈霸先剿灭王僧辩，张彪不服从朝廷。陈蒨已剿灭杜龛，据守了震州（太湖地区），将征讨会稽（今浙江省绍兴市南），张彪派遣沈泰、吴宝真回到州城帮助谢岐守城。沈泰等人反而与谢岐一起迎陈蒨入城。张彪趁其未定，率兵入城。陈蒨只得离城，张彪又占据了城守。沈泰告诉陈蒨说："张彪的家口都在香岩寺，可前往收取。"

陈蒨立即前往，把张彪家人全部抓获。张彪的部将申进，秘密与沈泰相知，背叛张彪，张彪再次败走，不敢回城。张彪为了逃命，只好逃进深山。他身边的人相继背叛，张彪只好把身边的人全都打发走，只留下一条名黄苍的狗在张彪前后，未曾舍离。

陈蒨派章昭达领一千多兵众搜捕张彪，张彪正在睡觉，黄苍忽然狂吠不止。原来，章昭达的军队找到了张彪的藏身之处。黄苍不但叫醒了主人，还咬死了一个到近前抓捕张彪的人。面对众多敌人，张彪知道难逃一死，他跟妻子杨氏诀别："生死从此而别，若见沈泰、申进等为语曰，功名未立，犹望鬼道相逢。"后，张彪与弟张昆仑被章昭达斩首。

东阳郡（浙江省金华市）郡长留异，颇能识时务，归降了梁朝，并送来一批粮食给陈蒨。陈霸先任命留异为缙州（州政府东阳）刺史。留异是东阳长山人。世代都是望族。在乡里有号召力，常聚集一帮恶少，欺凌贫苦者，官吏们都视他为患。侯景作乱时，他引兵杀了与他有矛盾的东阳郡丞和他的妻子儿女。京城陷落，留异便追随临城公萧大连，被封为司马。留异生性残暴，没有远大谋略。留异在萧大连军中私树威福，众人都疾恨他。侯景部将宋子仙到浙江，留异投降于宋子仙，并为宋子仙做向导，去捉拿萧大连。侯景封留异为东阳太守，将其妻儿收为人质。

侯景行台刘神茂兴义军抗拒侯景，留异表面上赞同刘神茂，而暗地里却与侯景结盟。到刘神茂失败，被侯景所杀，唯独留异获免。侯景之乱平定后，王僧辩派留异慰劳东阳，留异却纠合乡人，保据点，设岩阻，手下人一时甚多，州郡都害怕他。荆州陷落，王僧辩以留异为东阳太守。陈霸先平定会稽，留异极言喻时务，转运粮食给陈蒨。因为他仍有一郡之权，拥兵在身。陈蒨也只能以抚慰为主。梁敬帝以留异有应接之功，任持节、通直散骑常侍、信武将军、缙州刺史，兼东阳太守，封永兴县侯，邑五百户。后又升任散骑常侍、信威将军，增邑三百户。陈霸先甚至把陈蒨的长女丰安公主许配给留异第三子贞臣。

江州刺史侯瑱原先是王僧辩的亲信，拥兵占据豫章和江州，不肯归附梁庭。陈霸先任命周文育为南豫州刺史，派他带兵去打湓城。派侯安都、周铁虎率领水军在梁山一带建立营栅，以防备江州刺史侯瑱。

侯瑱，字伯玉，巴西郡充国（今四川南充西北）人，早期跟随益州刺史鄱阳王萧范，参与平定侯景之乱，除南豫州刺史，镇于姑孰。承圣二年，任使持节、镇北将军，迁车骑将军、江州刺史，改封康乐县公，累官至侍中、司空。绍泰二年（556），梁敬帝晋升侯瑱为开府仪同三司，其他官衔不变。

侯瑱占据中游，兵力强盛。因他原是王僧辩的部将，虽然表面上表示臣服，但实际上没有入朝的意思。后来，侯瑱镇守豫章，与先前的豫章太守余孝顷发生冲突。侯瑱把妻子儿女留在豫章，委托堂弟侯奫（yūn）主持留守事务，他本人率全部兵马攻打余孝顷。从夏天到冬天，未能攻克。而留守在后方的侯奫与他的部将侯平产生矛盾。侯平率领所部兵马攻打侯奫，掳掠了侯瑱军府的妓妾和金玉，去投奔了陈霸先。侯瑱也失去了根本，军队溃散了。侯瑱单骑逃回豫章，豫章人不准他入城。侯瑱逃到湓城，投奔侯瑱的部将焦僧度。

焦僧度劝侯瑱投奔北齐，侯瑱认为陈霸先宽宏大量，一定能够宽容自己，于是去陈霸先的殿堂请罪，陈霸先恢复了他的爵位。这是后话。

总之，当时陈霸先全力应对北齐大军的攻势。得亏侄儿陈蒨，凭着他的军事才能，帮助陈霸先巩固了江南，稳定了后方。

霸先预料的不错！——毫无信义的北齐又撕毁盟约，举十万大军进犯南梁！

太平元年，556 年三月二十三日，北齐派仪同三司（宰相级、正二品）萧轨、库狄伏连、尧难宗、东方老等会同任约、徐嗣徽，集结大军十万，对南梁发动大规模攻击。

北齐皇帝高洋总是惦记着江南梁朝。他知道这个硬骨头的陈霸先不比服软的王僧辩好对付。王僧辩贪权得利，所以怕他，愿意梁朝当齐国的“藩国”，而陈霸先敢对北齐皇威说“不！”齐皇高洋知道梁庭初始的“臣服”只是缓兵之计，一旦梁朝经济实力恢复过来，就会把北齐打趴下。因此，北齐决不会给新生的梁朝恢复实力的机会，他要狠狠地掐死江南梁朝！

陈霸先也深深地知道：江南梁朝最大的威胁来自北齐。他时刻整军备战！

齐军从栅口（今安徽省无为县东南）出发，杀向梁山（今当涂附近长江南岸）。霸先闻报，急遣军前一位善于突击冲锋的主将黄丛率兵迎击，黄丛率兵善于突击敌军。兵众称他为“荡主”。黄丛率军赶赴梁山，仗着锐气，迎头痛击，杀死齐兵前队数百人，齐兵不觉惊骇，退到芜湖。齐军十万之众，被黄丛的锐气所骇，可想而知，齐军不久必会覆亡。

北齐萧轨、梁朝叛将徐嗣徽、任约，退到芜湖扎营，陈霸先派定州刺史沈泰等，前往增援侯安都，共同据守梁山抵御。随后，陈霸先前往梁山，视察慰劳各军，布置防御。

齐军将领徐嗣徽等人引兵从芜湖再攻建康。却因为梁山有梁朝将领侯安都、周铁虎、沈泰等立栅守备，防范甚严，徐嗣徽只好率北齐兵众，从陆路经丹阳（今安徽当涂县东小丹阳镇）向前进犯。侯安都率轻装备部队，袭击齐军司马恭据守的历阳（今安徽省和县），大破北齐军，俘虏万人。

萧轨与徐嗣徽、任约等人商议后，派使者送书信给陈霸先。说此次到梁朝，主要是奉齐主的命令来召回建成安公萧渊明，并不是要与南朝争胜负。只要放回萧渊明，我们齐军就退兵，望陈都督应允之。

陈霸先把书信给侯安都、杜棱等人一看，众将都说这是阴谋。如果北齐真的是要召回萧渊明，只派一个使者送封信来就行了，哪里还用率十万重兵来攻打我们？陈霸先点头，道："是的！肯定是个阴谋。不过，萧渊明留着也无用。"就答应放回萧渊明。

可是，萧渊明却不顺气！他登基不足五个月，就被赶下了台，本来就窝火。前几个月背上又长了个疽疮。现在又听说要把他送到北齐去，更是又惊吓又恼怒。一气之下，疽疮破裂，疽毒攻心，嚎叫几声就断气了。

霸先接到消息，只好派人向北齐大都督萧轨说明详情。可是，齐军却认为是梁朝不愿送还萧渊明，有意杀死他。萧渊明突然"暴病"而亡，怀疑是陈霸先根本不想让北齐再打"傀儡皇帝"这张牌了。

于是，齐军就气势汹汹地，挥师杀向京城建康……

第二十三章　驱外蛮建康大捷

齐军将领本来就是假借萧渊明而玩的一个诡计，却不料萧渊明背疮迸发而死。齐军以为陈霸先识破了他们的阴谋，不让北齐再打傀儡牌。恼羞成怒，气势汹汹地杀向京城建康。

齐军从芜湖（安徽省芜湖市）出动。进入丹阳县（安徽省当涂县东北小丹阳）。进抵秣陵故治（江苏省江宁县南秣陵乡）。陈霸先派周文育驻防方山（江宁县东南）、徐度驻防马牧场（江宁县西南秦淮河西畔）、杜棱驻防朱雀桥南，严阵以待。

齐军在秦淮河两岸，搭建木栅便桥，命士卒往南进发。夜晚就到了方山。徐嗣徽等把船舰停泊青墩（安徽省当涂县西南的青堆沙），一直排列到七矶（秦淮河入长江处），用以切断梁朝将领周文育的退路。

周文育擂动战鼓，率军呼喊着冲锋，攻击敌人。徐嗣徽夜里以守为主，引军后退。天亮后，周文育引军再战徐嗣徽齐军。徐嗣徽部将鲍砰非常勇猛，单乘一舰作为后卫，周文育也驾一小艇与他近战，纵身跳到鲍砰小舰上，一刀斩杀了鲍砰，还拖着小舰而回。徐嗣徽众军大为震骇！

徐嗣徽这才明白江南水军厉害，北齐军的优势在陆地上的骠骑兵。急忙把船舰留在芜湖，率军从丹阳上岸，弃水战而发动陆上攻击。齐军从方山，向建康城东南进发。齐军的侦察兵已出现在建康台城的城墙下了。京都震动，人心恐慌！梁敬帝亲率皇家禁卫军出宫，驻扎长乐寺，内外戒严。

陈霸先紧急命令梁山的守将侯安都、徐度立刻撤回建康，增援京师。又召周文育率部且战且退，收缩兵力，准备迎接空前激烈的建康大决战。

火速回援京都。

陈霸先知道，北齐将要掐死江南梁朝。这是一场真正的生死之战！

陈霸先在白城（江宁县东南秦淮河畔）抗御徐嗣徽等齐军的进攻，齐军列阵，对梁军对垒。正巧周文育也赶回了京城，两处合军。将要与北齐兵交战时，突然，西风大起，直吹向梁军阵地。风中裹挟着飞沙走石，梁军兵众眼睛都睁不开。

大风扑面而来，熟读兵书的霸先见状，急对周文育警告，道："古人云：用兵最忌逆风，收兵回营吧。"周文育说："事急，何拘古法？文育请战！"说着，周文育抽槊上马，奋勇前冲，带兵奋勇杀敌。

霸先也率军一起向前冲击，众兵见此情景，数千梁军一起呼喊着杀向齐军。说来也奇怪，此时风向也随之转吹齐军阵地。齐军被风吹得睁不开眼睛，霎时大败，死伤不可胜数。齐军败退到仓门、淮水以南，连营扎寨，抗拒梁军。

徐嗣徽分兵偷袭耕坛，被守将侯安都截住。侯安都只有十二骑，亲率勇士猛烈冲击，左冲右杀，无人敢当。齐军将领有一个名叫乞伏无劳的，独个打马来拦截冲锋的侯安都。他们两个交战不到三合，竟然被安都突展神威，伸长猿臂，一下就把乞伏无劳从马背上活擒了过去。齐兵大骇！又将齐将东方老刺下马来，正好贼军的骑兵赶到，救下东方老，使他免于一死。徐嗣徽忙退兵回营。

东方老，字安德，安德鬲县人氏。其家族世代寒微。东方老身长七尺，膂力过人。少年时粗犷无赖，结交轻险之徒，同做贼盗，成了乡里的祸害。北魏末年，战火四起，东方老投奔高昂的部队。义旗树起后，随从高昂征战讨伐，因军功授殿中将军。累迁平远将军，做了鲁阳太守。后拜南益州刺史，兼领宜阳太守，赐爵长乐县子。东方老做二郡太守，出入数年，境接群蛮，又与西魏敌国相邻。他攻城野战，身先士卒，多次以少制众，西魏人很是害怕他。高洋受东魏禅让称帝，封东方老为阳平县伯，迁南兖州刺史。后与萧轨等渡江攻南梁，战殁（文宣帝天保七年六月乙卯十二，556 年七月四日）。

北齐军队秘密出兵至蒋山（今紫金山）龙尾，斜奔莫府山北，抵达玄武湖西北，想从这里偷袭。贼军往北渡过蒋山，侯安都在龙尾（今紫金山东北）道上与齐将王敬实交战，派堂弟侯晓与军主张纂前行冲击敌阵。侯晓被齐军一枪刺下马来，张纂不幸战死。侯安都飞马救援，斩杀敌军骑兵十一人，救出侯晓，夺回张纂的尸体。齐军不敢进逼。

陈霸先从整个战局着想，谋算着如何打这场实力悬殊的战役？齐军可谓兵强马壮，而梁国力量有限，军粮筹措不易。粮草是关键！如果把敌军的粮食劫来，等同于我军得了双倍的粮食。既断了敌粮，又增添了自己的力量。

北齐军队进至莫府山（今江苏省南京市城西二十五里），陈霸先撤下杜泰的三千精兵，密令杜泰悄悄渡过长江，在瓜步洲袭击北齐行台部队，缴获战船一百余艘，粮食一万斛，悄悄运到台城，进行必要的储备。接着，陈霸先又派机动部队将领钱明率舰队从江乘（江苏省南京市东北）出击，截断北齐军粮食供应线，把北齐满载食米的船只全部俘获。这一来，北齐军队没有粮食吃，只好杀战马、驴子充饥。

第二天，齐军主力赶到，北齐军队翻越钟山，陈霸先与众军分头驻扎在乐游苑东边和覆舟山北边（覆舟山在玄武湖东南畔，乐游苑在覆舟山南麓），扼住北齐要害，切断了北齐军队的交通要道。

陈霸先的这两步十分厉害！令急欲增援南岸的齐军援兵大为受挫。这一天的战斗可谓是精彩之极！陈霸先以劣势兵力，四面出击，仍然大获全胜。陈霸先对战局的判断和把握，证明了他是足可以依靠的领袖人物。

北齐军队到达玄武湖西北，准备占据北边的郊祀高坛（南麓神坛），陈霸先令众军从覆舟向东移动，驻扎在坛北，与北齐军队摆开阵势。陈霸先命令侯安都带领步兵骑兵千余人，从白下（今江苏省南京市北）横击敌军腹背，齐军大败（六月丁未初四，556 年 6 月 26 日）。侯安都又率领自己的部属追到摄山（今江苏省南京市东北栖霞山），俘获和斩杀敌人的首级难以数计。因战功爵位晋升为侯爵，增加封邑五百户，赐给鼓吹一部。又进号为平南将军，改封西江县公。

北齐军队从遥远的北方过来，没有粮食吃，只得宰杀驴马充饥。齐军大都督萧轨大怒，指挥十万大军，把建康京城四面包围了。从地图上的标记可以很清楚地看到：建康城的南、北、东三面都被敌军围困。西面也无退路。建康的对外联络已经被切断。北齐的十万大军，兵力雄厚，士气正高。敌人兵力占据了绝对优势。

大战的阴霾再次笼罩建康。京城军民心中惶恐，传言不断。陈霸先为了让梁敬帝和建康城的文武官员认清北齐敌人的野心，同时坚定军心和民心，同仇敌忾抗击入侵的北齐，提议皇族宗亲和朝廷大臣，在大司马门外白虎阙下，祭告上天：齐人背信弃义，撕毁盟约，虽梁庭一忍再忍，送去人质，却还是杀我人民，占我领土，欲覆梁庭，灭汉种族，毁汉文明。霸先慷慨陈词，悲痛泪下！文武大臣和民众都深有所感，丢掉苟且退让的幻想，决死抗敌！无论兵将和臣民围观者都情绪高昂！

陈霸先上城楼观察敌军动态，见齐军的士气正高，兵力又占优势，便采取“避其锋芒，逐处应战，保存实力”的作战方针。以战术上的优势来弥补战略上的劣势，同时不断用游骑骚扰齐军的补给线。

陈霸先也算定了天时、地利，还有江南民众反对鲜卑齐人烧杀奸淫的反抗意志和民心。当周文育、侯安都等将领焦急地看着地图时，陈霸先却抬头看天，数着指头，轻松地说：“你们准备好雨具，梅雨快来了！”

果然，当天夜晚，大雨倾盆，雷震山冈，电闪风狂，暴风把树木拔起，平地水丈余。江南的梅雨季节终于发飙了！大雨连绵，数日不停，平地积水一丈有余。大雨使城外积水过膝。

围城的北齐军处在低洼地带，又都是北方人，显然不适应这样的天气，到处都湿漉漉水叽叽的，北方人很难在大雨瓢泼的环境中生火做饭，士兵只能吃生马肉、生驴肉等食物；即使生火做饭，也只能冒着绵绵雨水，把锅悬挂起来煮。主要的是，雨水浇得柴草湿湿的，不容易着火。浓烟熏得兵将们眼泪直流。齐军日夜生活在泥泞水浆之中，脚趾都泡溃烂了。这还不算，梁军时常来袭击，扰乱得齐军日夜不得休息，精神更是疲惫不堪。

可是，城内的梁军居在高处，无水患。守卫在宫城（台中）及潮沟（人工渠）以北，建筑完好，排水设施齐全，没有淹水，路面干燥。南梁军不淋雨，可以从容避雨、休息，恢复体力。梁军官兵夺得了敌军的粮食，吃得饱，睡得好。

一场绵绵梅雨，使得两军实力的天平，开始倾斜。在天时地利方面，陈霸先占了优势。

六月十一日，天气转晴，这也意味着，决战的时刻来了！

由于霪雨连绵，已死守建康一月有余的梁军，粮食也吃完了。外面的粮食也运不进来。建康一带人民东流西散，无法征收粮赋。稍稍放晴，陈霸先准备开战，向商人征调了一些麦子，做成麦饭分给军中士兵，但粮食太少，每人分得一小把，还不够塞牙缝。霸先很着急：马上要决战了，总不能让兵众饿着肚子去死战吧？

就在生死决战的紧要关头，陈蒨像天神一般地出现了！陈蒨率军带着三千斛米，一千只鸭子，赶到了建康城。《南史》《梁书》《陈书》《资治通鉴》都记录了此事。但这些粮食、鸭子是怎么来的呢？自一千五百年来众多史料都没有对此加以说明。据史学者龙耳东考证：原来，陈蒨平定杜龛后，带着东阳郡（浙江省金华市）郡长留异送的三千斛米，急忙率军乘船奔向建康。可是，建康城已被北齐军四面包围。陈蒨无法进城援助霸先的军队，于是下令军士探路。他自己率船队回旋在附近水域。

由于梅雨期间，大雨连绵，河水猛涨。在汪洋一片的河面上，偶现几处荒芜的沙滩。沙滩上，栖息着密密麻麻的野生的水鸭子。水军兵众们扯起捕鱼的网，抛向天空。水鸭子受到惊吓，扑腾腾地往天上飞起。哪知捕鱼的网凌空撒落，把刚要飞起的水鸭子捕了一个正着。这也是水军们特别喜欢的业余活动。不多时，这些捞鱼摸虾的能手，竟然也捕捉了上千只野鸭子。

晚上，负责探路的士兵回来，向陈蒨报告，建康城有一处排水的地下泄道，可以入城。若在平时，雨水量不大，下水道的排水量小，船无法行驶。而现在连日大雨，排水量猛增，正好可以行船。而且，齐军为了避雨，夜晚防守不严。陈蒨趁齐军避雨之机，急令水军连夜开船，从排水地道顺利入城。

陈蒨运来了大米和鸭子，陈霸先大喜过望，立即命令蒸米饭、煮鸭子。决战在即，不宜轮流用餐。数万兵众，碗筷一时之间难以筹齐。怎么办？此时正值夏季，荷叶满塘。士兵们用荷叶包米饭，饭上放几块鸭肉，津津有味吃饱了饭，抖擞精神，准备大战齐军。流传千年的“荷包饭”的典故，由此而来。

陈霸先和将领们商定的反攻策略是：先用骑兵冲垮敌军营栅，这叫“中间开花”，然后令吴明彻对敌军实施“斩头”战术，沈泰率骑兵配合侯安都对敌军实行“截尾”打击。同时，霸先亲率大军形成三面包围之势，将齐军赶到长江边挤踏、淹死。杜僧明、杜棱、徐度分别领军进攻江乘、摄山、钟山之敌，在运动战中歼灭敌人。

乙卯（十二日）拂晓，天还没亮，士兵们都坐在草席上用饭，等到天一亮，陈霸先就率领下属将士出兵莫府山南侧（今江苏省南京市城西二十五里），吴明彻、沈泰等各部军队首尾一同出击，放开兵马与敌大战，侯安都从白下领兵横击敌军阵后。他率数千名铁甲骑兵突击队，悄悄地出了建康门。侯安都的任务是冲乱敌军的阵地，制造混乱。为霸先的大军掩杀创造条件。侯安都回头看了看身后猛将萧摩诃，道：“将军骁勇有名，安都久仰，但百闻不如一见，今日之事……”萧摩诃朗声道：“今日使明公一见！”萧摩诃说着，即随着安都杀入敌阵。侯安都率千名骑兵向齐军阵营发起进攻。借着幕府山的地势，士气高昂的梁军骑兵犹如猛虎下山一般直扑齐军阵地。

齐兵本就又饥又饿，雨水泡烂了双脚，见他来势凶猛，急忙射箭，侯安都不肯退却，冒着箭雨向前，身上受了数箭，但不是致命伤，他还忍受得住。偏偏他的坐骑眼上中了一箭，马疼痛狂跃，将安都掀落地上。齐军一见侯安都坠马，争来擒捉。猛听得一声大吼，一彪飞马直向北齐军士冲来，北齐士兵纷纷避开。飞将军萧摩诃如天神一般杀到。齐人纷纷避退，萧摩诃救起侯安都。侯安都勇猛异常，翻身夺过敌马，挥刀就砍。齐军被这种气势所震慑，心惊胆战，纷纷披靡败退。

陈霸先见敌军阵营被侯安都铁骑军冲击得一片慌乱，乘机发动冲锋，令吴明彻、沈泰等众军头、尾齐举，一齐冲锋，指挥将士全面出击，猛打猛冲。梁军追杀败逃的北齐兵，一直追到临沂。被杀被俘的有几千人，互相蹂踏而死的人不可胜计。徐嗣徽坠马，徐嗣宗援兄，被梁军杀死。徐嗣彦被陈霸先的军众所擒。

陈霸先把生擒的徐嗣徽之弟徐嗣宗，斩首示众。北齐兵的军心大乱。侯安都又从白下城带领一支军队烧掉了北齐的战船，切断了北齐军的后路。

霸先率大军施展乘胜追击战术，使敌人没有喘气和组织反击的机会。令所有梁军全线追击！沿途擒获甚多。连齐大都督萧轨，也逃走不及，被梁军将领活捉。东方老、王敬宝、李希光等将帅共四十六人无舟渡江，均被绑俘。只有任约、王僧愔两个人跑得较快，捡了性命。

数以万计的败军逃到江边，后有追兵，前有天堑，争相逃命，船少人多，互相践踏而死，不计其数；又有用芦苇扎成筏子想渡江，但到江中心苇筏就被水冲散，士兵也纷纷落入水中沉溺，无以数计。尸体随江水流到京口一带，浮尸覆盖了水面，堆满了江岸。

北齐大败后，高洋气得暴跳如雷！他怎么也不服气，陈霸先以不足三万人的兵力，竟然打败了十多万兵强马壮的北齐军！高洋发誓要荡平南梁，可眼下惨败之后，又没那么多实力了。只好请求梁朝允许北齐赎回萧轨等俘虏。《陈书卷十四·列传第八》："齐果背约，复遣萧轨等随嗣徽渡江，高祖与战，大破之，虏萧轨、东方老等。齐人请割地并入马牛以赎之，高祖不许。及轨等诛，齐人亦害昙朗于晋阳，时年二十八。"北齐惨败，派使者向梁朝请求割让土地，并送马、牛以赎人。史料说陈霸先不答应。对于此点，有史学者认为：梁敬帝和朝臣们担心北齐将领"放虎归山"以后，还会不断地骚扰、入侵梁朝。特别是萧轨、东方老、王敬宝、李希光等人，数年来一直充当北齐侵扰南梁的急先锋，血腥屠杀江南民众，残酷摧毁江南经济和文明，对华夏民族犯有滔天大罪。梁敬帝和朝臣们想一绝后患，把他们全部斩杀。而陈霸先却想趁机换回在北齐做人质的侄子陈昙朗和永嘉王萧庄等人。但，北齐不允。高洋只是以割让土地和送马牛来赎回被俘将领，不以俘虏交换人质。

据史料记载：高洋刚登基几年还很有作为，但稳固政权后，就胡作非为。高洋去东山游玩欢宴，因为想起关、陇一带尚未平定，便把杯子往地上一摔，大发雷霆，马上把魏收叫到跟前，让他站着写下诏书，向远近四方宣告自己将要向西方采取军事行动。西魏人闻讯感到震动惊恐，于是经常也在筹划防止齐军越过陇地的办法。但实际上高洋这一计划并没有实行。有一天，高洋流着泪对群臣说：“黑獭不接受我的命令，怎么办呢？”都督刘桃枝回答说：“给我三千骑兵，我就到长安去把他擒拿归来。”高洋听了，便称赞他的勇气，赐给他一千匹帛。赵道德走上前说：“魏和齐是西方和东方并立的两个邻国，国势国力强弱是相均等的。你可以把那边的人擒拿归来，对方也可以把你这边的人擒拿过去。刘桃枝口吐狂言，虚妄欺君，应该处死，陛下怎么向他滥施奖赏？”高洋听了，说：“道德说得对。”收回给刘桃枝的绢帛赐给刘道德。

有一次，高洋骑着马欲从很高的陡岸跳到漳河里去，赵道德用力拉着马缰绳把他拽回来。高洋勃然大怒，要把赵道德处斩。赵道德说：“我为此而死心中没有什么怨恨，到了地下，我要向先帝启奏，把他这个儿子拼命酗酒，疯癫狂乱，不可教训的种种行为告诉他。”高洋听了沉默良久，就不杀赵道德了。后来，高洋对赵道德说：“我喝酒喝得过分了，必须狠狠打我一顿。”赵道德真的动手打他，高洋跑开了。赵道德追着高洋，边追边喊：“你是个什么人，竟做出这种不成体统的举动！”

典御史李集当面进谏，甚至把高洋比拟为夏桀、商纣。高洋下令把他捆起来放到流水中去，让他没入水里很久，再下令把他拽出水面，问他说：“你说，我比夏桀、商纣怎样？”李集回答说：“看来你还比不上他们呢！”高洋又下令把他没入水里，拽出来又问，这样折腾了多次，李集的回答一点也没变。高洋哈哈大笑说：“天下竟然有这样呆痴的家伙，我这才知道龙逄、比干还不算出色人物呢！”于是释放了他。过了一会儿，李集又被拉着进来见高洋，他似乎又想有所进谏，高洋下令带出去腰斩。高洋喜怒无常，想要杀人还是想要赦免，没有人能猜想得到。

在高洋这种淫威下，宫廷内外，大家都敢怒不敢言，心怀怨恨。但高洋对事物一向能够暗暗熟识，牢牢记忆，然后加以严格的裁决判断，所以群臣在他面前惶恐战栗，不敢为非作歹。高洋又能把政事委托给杨愔。杨愔善于统一掌握国家枢机的运行，使各个方面的政事都得到修整，所以当时的人都说高洋在上头昏头昏脑，但下面的政事却还算清明有序。杨愔颇有风度，仪表整饬，善于鉴识裁断，被朝野各方面人士所看重。

杨愔，字遵彦，小名秦王。幼时，嘴好像不能说话，而风度却深沉敏慧，出入各种场合，不曾嬉戏玩闹。六岁学习史书，十一岁读《诗经》《易经》，喜好《左氏春秋》。幼时丧母，曾到舅父源子恭家。舅父请他喝酒，问他读什么书，他回答说“读《诗经》。”舅父又问：“读到《渭阳》这一篇吗?”他便抽噎痛哭。舅父也唏嘘哀叹，便把酒席撤掉。舅父后来对他的父亲杨津说：“原来认为秦王不太聪明，从今以后，当刮目相看。”

杨愔一家四代同居，十分兴隆，上学的就有三十多人。学馆的前面有一株花红树，果实落在地上，其他孩子都争着去拾，杨愔却坐在那里不动。他的叔父杨暐正巧到学馆中，看见后十分惊奇，对老师说：“这孩子恬静裕如，有我们的家风。”他家院子里有一片竹林，便为杨愔在竹林边盖了一间房，让他单独住在里面，经常用铜盘端着饭给他送去。用这来督促其他孩子，说：“你们如果像遵彦那样谨慎，也可以在竹林旁给你们盖房子，用铜盘端肉让你们吃。”杨愔的从父兄长黄门侍郎杨昱对他特别器重，曾对别人说：“这孩子的童齿没有换掉，就已经是我家的龙文骏马；再有十年，他可以驰骋在千里之外。”杨昱与十多人赋诗，杨愔看了一遍便能背诵，没有一个地方错漏的。长大后，他能够口齿清楚地讲话，声音动听，风韵英俊颖悟，举止潇洒。人们见了，没有不敬佩和惊异的。有见识的人都说他前程远大。

正光年间，他跟随父亲杨津到并州。他的性格既恬淡，又喜好山水，便进入晋阳西边的悬瓮山读书。孝昌初年，杨津任定州刺史，杨愔也随父亲到职所。他因立有军功被封为羽林监，朝廷赐爵魏昌男，他没有接受。中山被杜洛周攻陷，他全家被囚禁。不久，杜洛周失败，又被葛荣拘禁。葛荣想把自己的女儿嫁给杨愔做妻子，又逼迫他任伪职，他借口有病，嘴里偷偷含上一大口牛血，当众吐出，装着声音喑哑，不能说话。葛荣信以为真，不再逼迫他。

永安初年，他回到洛阳，被封为通直散骑侍郎，年仅十八岁。元颢占据洛阳时，他的堂兄杨侃任北中郎将，镇守河梁。他正巧来到杨侃这里，两人夜晚一起来到黄河。杨侃虽奉命迎接孝庄帝渡河到北方避难，而实际上他却想偷偷南逃。杨愔劝阻了他，二人一起随孝庄帝到达建州。杨愔任通直散骑常侍。他看到世事动荡，很不平静，志在引退，便谢病辞职，与友人中直侍郎、河间人邢邵隐居在嵩山。

孝庄帝诛杀了尔朱荣，他的堂兄杨侃参与朝政的讨论和决策。朝廷任命他的父亲杨津为并州刺史、北道大行台，他随父亲来到任所。有一个叫杨宽的邯郸人，请求以大义跟随他们讨伐尔朱兆。杨愔请求父亲收留他。不久，孝庄帝驾崩，杨愔当时正想回京城洛阳，行至邯郸，到杨宽家，却被杨宽拿获，送给相州刺史刘诞，刘诞因杨愔出身于享有盛誉的大家，十分同情他，让长史慕容白泽制止了杨宽，派队主巩荣贵押送杨愔回洛阳。到了安阳亭，杨愔对巩荣贵说："我家数代都是国家的忠臣，竭诚为魏室效劳。家破国亡，才落到这种处境。我成了俘虏，还有什么面目面对君主的仇人！请给一条绳子让我自尽，你把我的头颅割下，还可以得到赏赐。"巩荣贵深被感动，便和他一起逃跑，杨愔投奔了高昂兄弟。

他奔逃数年，来到齐神武帝高欢驻扎的信都，便到辕门报名求见，幸蒙高欢接见。他赞扬高欢的功劳，陈述自己一家遭遇的灾难，言词哀痛悲切，涕泪横流。高欢听了动容改色，便任他为行台郎中。他随军向南攻打邺城，路经杨宽住的村庄，杨宽在他的马前叩头请罪。他说："人不讲恩义，大概也属常理。我不恨你，你不用害怕。"当时，邺城没有攻下，高欢命他写祭天的文章，刚把文章烧掉，邺城就被攻克，因此，他转任大行台右丞。当时，霸业初创，军国事务繁忙，文告檄文命令都出自他和崔㥄之手。

他的父兄都被尔朱氏杀害，因此，常常按礼守丧，吃的只有盐和米。由于过分悲哀，他形容消瘦。神武帝可怜他，常常开导宽慰。韩陵之战，他逢战先登，同僚们都惊奇感叹，说："他是一介儒生，现在变成了武士。

仁者必勇，看来不是虚论。”不久，上表请求解职，回家料理丧事。一门之内，被赠给太师、太傅、丞相、大将军封号的二人，赠给太尉、录尚书及尚书令的三人，仆射、尚书的五人，刺史、太守的二十多人。追赠荣誉之盛，古今都没有过。灵柩出发时，送丧的仪仗、卫队连绵二十多里，参加葬礼的近万人。这一天，正值深冬严寒，风大雪厚，他赤脚而行，哀号痛哭，看见的人无不悲痛。不久，他被朝廷征召回晋阳，仍担任原来的职务。

他的堂兄杨幼卿任岐州刺史，因直言进谏，违忤了圣旨而被诛杀。他听说后悲痛恐惧，由于哀伤刺激，疾病发作，赶快被送到雁门用温泉治疗。郭秀一直嫉妒他的才能，因而写信恐吓他说：高王想把你送到朝廷治罪，你赶快逃跑吧。他在水边丢下自己的衣帽，制造成投水自杀的假象，改名隐姓，自称叫刘士安，避入嵩山，与和尚昙谟征等人一起隐居。他又潜逃到光州，进而东入田横岛，以教书为业，海上的人们都叫他刘先生，太守王元景在暗中保护他。

神武帝高欢听说他还活着，派他的从兄杨宝猗带上书信慰问他，派光州刺史奚思业搜求访问，极有礼貌地将他送回。高欢见他归来十分高兴，封为太原公、开府司马，转任长史，又授予大行台右丞，封为华阴县侯，调任黄门侍郎，他娶了平民的女儿为妻。乾明元年（560）二月，他被齐孝昭帝诛杀，时年五十。

杨愔是一位贵家出身的公子，早年就有很高的声誉，风度仪表，光彩照人，被朝野称道。家庭遭难，只剩下两个弟弟，一个妹妹，以及兄长们的孙女几个人，他抚养幼孤，友慈温和，都出于仁爱宽厚之心。他为人重情义，轻财货，朝廷赐给他的东西，都分给了亲属。弟侄们十多人都跟着他生活，一起举火做饭。多次遭受困危，历尽艰辛，一饭的恩惠，他必定重重报答；攸关性命的仇恨，却不再计较。

他担任铨选官员的职务二十多年，把奖励提拔人才当成自己的责任。然取人多注重言谈和容貌，因而不断招致诽谤，认为他的用人，就好像穷人买瓜，单取大的，他听了也不以为然。他聪明强记，见了人半面就不会忘记。每次召请人，或者只称姓，或者只呼名，没有叫错的。后来有一个被选拔的人叫鲁漫汉的抱怨说：“因为自己长得猥琐，所以不被您认识。”杨愔说：“你曾在元子思的坊前骑一头秃尾巴草驴，看见我也没有下来，用一把竹编的方扇遮住面孔，我怎么不认识你?”鲁漫汉对他十分惊服。杨愔又跟他开玩笑说：“从人的名字可以看出他的大体，漫汉果然名不虚传。”他又让下属官吏喊人的名字，误把卢士深叫成士琛，卢士深自己出来纠正，他说：“卢郎温润爽朗，所以比成美玉。”

杨愔位居庙堂重职，综理国家机衡，千头万绪，却神情专一，从不松懈。天保五年（554）以后，朝廷失德，维持政务，匡救时局，全靠他一个人。每当天子临轩问政，公卿大臣拜授之后，他代替天子发号施令，宣读诏册，语气温和清晰，神态英俊勃发，群臣看了听了，没有不悚然感动的。自从身居高位，断绝了私人交往。他轻于财货，重视仁义，朝廷给他的赏赐，积累起来有好多万，他都分给亲友。箱子里只有数千册图书。太保、平原王高隆之与他比邻居住，他看见高家门前有几个富贵的胡人，便对左右的人说：“我的门前幸亏没有这些东西。”杨愔周密谨慎，常常觉得自己做的很不够。每听到诏命，脸上就失去正常的颜色。

文宣帝病情加重，因为常山、长广二王与文宣帝关系较近，很以文宣帝身后的事情为念。杨愔与尚书左仆射、平秦王高归彦、侍中燕子献、黄门侍郎郑子默受遗诏辅助朝政，并以为常山、长广二王威望较高，因而，他们对二王都存有猜忌之心。开初在晋阳，因要为文宣帝送殡，天子居丧的地方，朝臣议论让常山王住在东馆，想奏报的事先向他咨询决定，二十天后停止。仍想让常山王随文宣帝的棺木到邺地，留下长广王镇守晋阳。辅助幼主的执政们又生疑心，让两位王爷都到邺城。侍中燕子献献计，想让太皇太后住进北宫，朝政归她料理。另外，自从天保八年以来，赏赐的爵位太多太滥。这时，杨愔先上表请求解除开封王的封爵，所有跟着获取恩荣的都免去职务。因此，那些原来受宠邀恩的人失去了职务，都倾心于常山王和长广王。平秦王高归彦开始和杨愔等人同心同德，后来与他们产生分歧，把执政大臣们怀疑二王的情况都告诉了他们本人。可朱浑天和又常常说：“如果不诛杀二王，少主就不会安全。”宋钦道面奏少帝，说二王威权过重，应该赶快让他们离开朝廷。少帝不同意，说：“你可与执政大臣们商量这件事。”杨愔等人提议将二王调出京城任刺史，又认为少帝太仁慈，恐怕不可以这样启奏。便把奏章送给皇太后，详细叙述朝廷的安危。有一个叫李昌仪的宫人，是北豫州刺史高仲密的妻子，因受高仲密的株连被送入宫中，太后与李昌仪十分亲密。太后将奏章让李昌仪看了，李昌仪又秘密地报告给了太皇太后。杨愔等人又认为不可以让二王都离开京城，便奏请朝廷，让长广王任大司马、并州刺史，常山王为太师、录尚书事。

二王拜受职务，在尚书省大会群臣。杨愔等人准备一起赴宴，郑子默制止说：“事情难以估量，不可轻易前去。”杨愔说：“我们忠诚为国，哪有常山王拜受职务，不去赴宴庆贺的道理？何必忽然产生这样的顾虑？”长广王早晨在录尚书省的后室埋伏下数十名家丁，又与席上几个勋贵大臣相互通知，并且与他们相约：“劝酒到杨愔等人面前时，我各劝双杯，他们一定推辞，我第一声说：‘捉酒！’第二声说：‘捉酒！’第三声说：‘为什么还不捉？’你们就将他们拿下。”宴会上就照这样办了。杨愔大声说：“你们这些叛逆，想杀害忠良吗？我尊崇天子，削去诸侯，赤心报国，你们不应该这样对待我。”常山王想缓和这件事，长广王说：“不行！”于是，杨愔及可朱浑天和、宋钦道都遭到拳脚棍杖的殴打，个个血流满面，各被十多人挟持着。长广王等派薛孤延、康买在尚药局拿获了郑子默，子默叹道：“不听聪明人的话，落得这个下场，难道不是命运的安排吗？”

二王率高归彦、贺拔仁、斛律金拥着杨愔等急急忙忙来到云龙门。都督叱利骚不让他们进入，便派骑兵将他杀死。开府成休宁把守宫门，高归彦劝说他，才得进入。他们将杨愔等推到幼主面前。长广王及高归彦把守在朱华门外。太皇太后在昭阳殿接见他们，太后和少帝站在太皇太后旁边。常山王将头叩在砖地上，跪着行走几步说：“我与陛下都是亲骨肉，杨愔等人想专擅朝政，作威作福。自王公以下，一个个重足而立，屏气而息。权臣互为唇齿，造成了朝廷的混乱。如不早日除掉他们，必然成为宗社的祸害。我与长广王高湛等以国事为重，贺拔仁、斛律金等爱惜献皇帝开创的基业，一起抓获杨愔等人，带进宫中，没有敢杀戮。专擅的过失，罪该万死。”

少帝当时默然不语，领军刘桃枝一伙站在皇宫外的台阶上守卫，握着刀，怒气冲冲地向上看着，少帝不敢看他们。太皇太后命令他们放下武器，他们不答应。太皇太后大声喝道：“你们今天不要脑袋了！”他们才退下。太皇太后问杨愔在哪里，贺拔仁答：“他的一只眼珠已经被挖出来。”太皇太后悲怆地说道：“杨愔有什么错，留下来不好吗？”便大声对少帝说：“这些叛逆，想杀死我两个儿子。然后再杀我，为什么放纵他们？”少帝仍不说话。太皇太后又恼怒又悲忿，王公们也都哭泣。太皇太后对少帝说：“为什么不安慰你的叔父？”少帝才说：“以天子的地位在叔父面前我都不敢爱惜，难道还爱惜这些汉人吗？只希望给我一条性命，我自会下殿去，这些人任你随便发落。”便将杨愔等人斩首。长广王因为郑子默过去诋毁过自己，所以，先拔掉了他的舌头，砍断了他的双手。

太皇太后在杨愔埋葬时，哭着说：“杨郎忠贞而获罪。”用皇宫的金子为他做了一只眼珠，亲自给他安在眼睛里，说：“用这来表表我的心意。”常山王高演也后悔不应该杀死他。

杨愔死后，朝廷让中书令赵彦深代管朝廷机务。鸿胪少卿阳休之私下里对人说：“将要跋涉千里，却杀了千里马而换上一头跛腿驴。太可悲了。”

南梁的朝廷大臣被此次“建康保卫战”大捷冲昏了头脑，纷纷拒绝北齐提出的和解要求，他们认为：一、这些俘虏在江南血腥屠杀民众，犯下滔天大罪。不诛杀这些罪魁，难以平民愤，无以慰冤魂。二、有的北齐将领如徐嗣徽之弟等人，在战场上当即就斩其首级，以震慑敌军，涣散敌军斗志。北齐没能赎回所要的将领，高洋必会报复。三、北齐赎回这些杀人魔头，等于放虎归山。他们收集兵马又会再次杀向江南，报复军民。这仗永远打不完。

陈霸先却不同意都杀，只惩首恶。如果全杀了这些被俘的北齐将领，陈霸先担心在北齐充当人质的侄子陈昙朗和萧庄的安全。可朝廷大臣都说不用担心的，齐主高洋不是说了吗？不以俘虏换人质。俘虏与人质是两码事。还有的大臣直接劝霸先“以国家为重，不可因为亲侄而顾念私情”。群臣纷纭，令霸先有苦难言！——他的亲弟陈休先战死之后，就只有陈昙朗这一个独苗子。万一北齐又失信义……霸先不敢往下想。可朝廷大臣们的意见，也左右着梁敬帝的决策。于是，众大臣请旨，诏令陈霸先在菜市口把北齐将领萧轨及四十六个魔头斩首示众。这些残暴屠杀江南民众，奸淫掳掠的恶魔得到了可耻的下场！

齐主高洋听闻梁朝陈霸先把齐军重要将领全都斩首，顿时恼羞成怒！当即虐杀了押在齐国充当人质的陈霸先的侄子陈昙朗！

当时，梁朝与北齐断交，并不知陈昙朗已经被高洋杀害。直到霸先崩殂后，陈文帝天嘉二年（561），文皇帝陈蒨与北齐人和好，才知道陈昙朗已被害。陈蒨悲痛下诏曰：“追远慎终，先朝诏诰中多有所见。南康王陈昙朗，英明睿哲孝敬双亲，堪称国家之屏藩，到北齐为质，以解除国家之危难。国运昌盛了，君却未能返国，我常常想念，日夜不忘。北齐国使臣初到时，噩耗才传到，追思痛悼，在我是加倍地伤情，应该厚加追赐，以光大历朝惯例。可追赠为侍中、安东将军、开府仪同三司、南徐州刺史，谥号愍。”接着派兼郎中令随出访使江德藻、刘师知接陈昙朗灵柩，天嘉三年春，才返回京都。陈休先和其子陈昙朗一门悲壮，实在令人感叹！

此次建康大捷，是南梁军民屡遭北方野蛮欺负几十年来的第一次辉煌胜利！

梁敬帝授陈霸先为司徒，加中书监，封长城公，余官如故，他将各封赏有差。陈霸先以侯安都为首功，愿将徐州刺史兼职，让授安都。梁敬帝当然依议。又加授陈霸先为丞相，录尚书事，兼镇卫大将军扬州牧，封义兴公。陈霸先的威望大涨！

此次建康保卫战，对北齐是一次沉重的打击！狠狠地打击了北齐骄横、残暴、血腥碾压江南的嚣张气焰！基本摧毁了北齐的主要军事力量，从此以后，北齐军力不振，没敢再对南梁发动大的军事攻击。基本消除了北齐对江南梁朝最大的军事威胁！

第二十四章　平定萧勃稳南疆

建康保卫战后，北齐的建康京城军民、士绅们举行了空前盛大的欢庆活动！

然而，“建康大捷”后，朝中以熊昙朗为代表的军事将领，竟然以为自己军事强大了，有些膨胀了起来，鼓动梁敬帝乘胜讨伐西魏，对江陵的萧詧发动战争。

针对西魏以及西魏扶植的后梁萧詧的政权，当初，曾经以王僧辩、杜龛为代表的军事将领和许多朝中大臣都主张讨伐。因为，正是萧詧投靠西魏（后为北周）才导致了西魏发兵，攻陷了江陵，才使梁元帝国破身亡。梁敬帝当然特别赞成对西魏和后梁萧詧发动战争。但从实力上讲，无论是军事力量还是经济实力，确实又无法对西魏这样的强大对手发动讨伐之战。

经过多次讨论，最终认可了陈霸先的分析：我朝与西魏的战争，迟早会爆发。如果早一点爆发，我们的经济和军事力量明显不够。一旦失利，我们就会重演蹈陷江陵的悲剧。如果迟一点爆发，有利于我朝恢复经济，增加军力。因此，暂时让萧詧政权在江陵为我们挡住西魏的军事威胁，成为我们京都建康的屏障。我们要明白，我朝现在最大的军事威胁是北齐。他们一夜渡江，就可直抵京城建康。因此，目前，我朝的军事力量主要对抗北齐的入侵。同时稳定国内局势，加速恢复农业生产和经济发展。

可是，南梁的熊昙朗等军事将领，以此次“建康大捷”为契机，提议乘胜讨伐西魏。熊昙朗是什么人呢？据史料记载，熊昙朗，豫章南昌人。他是郡里的大姓人家。熊昙朗生性放荡不羁，体力过人。长得面容比较壮美。他趁侯景之乱，鼓动了一些年轻人占据了丰城县，建筑营寨，立起栅栏。一些土匪强盗大多来投奔他。

梁元帝任熊昙朗为巴山太守。江陵被西魏攻陷，熊昙朗仗着自己的兵力强盛，就去周边的县郡抢劫，把邻县的民众绑起来，令家人去赎回。他无恶不作的行为成了当时最大的祸患。后来，侯瑱镇守豫章，熊昙朗阳奉阴违，阴谋算计侯瑱。侯平背叛侯瑱就是熊昙朗的主使。后来，侯瑱败退，熊昙朗乘机抢夺了侯瑱的很多马匹器械和女子。

当时，在巴山拥兵立寨的还有陈定。熊昙朗骗陈定，说要把女儿嫁给陈定的儿子为妻。并挑拨说："周迪、余孝顷都不希望这桩婚事成功，你必须派强兵来迎娶。"于是，陈定派精锐的披甲将士三百人和土豪二十人去迎亲。结果，等陈定的人马到了后，熊昙朗却扣押起来，缴了他们的马匹武器还不罢休，还令陈定出高价钱，把人马赎回去。

梁朝为了安抚他，绍泰二年（556）仍授熊昙朗为游骑将军、持节、飙猛将军、桂州刺史、兼丰城令。历任宜新、豫章二郡太守。当王琳派李孝钦等人跟随余孝顷在临川攻打周迪时，熊昙朗率兵援助周迪，梁庭按功劳任命为持节、通直散骑常侍、宁远将军，封为永化县侯，封邑一千户，送给一部鼓吹。又因他抵御王琳之功，被朝廷任命为平西将军、开府仪同三司，其他职务不变。

当熊昙朗等人提议乘胜讨伐西魏之时，梁敬帝龙颜大悦！梁敬帝当然希望兴兵讨伐西魏以及西魏扶植的江陵伪政权萧詧。一来为父皇萧绎报仇，二来消灭了江陵的萧詧政权，也扩大了自己的领土。三来在诸侯称雄的乱世，也大扬了自己的威名。于是，梁敬帝同意了熊昙朗的建议，以熊昙朗为平西将军，准备领军讨伐西魏。

恰在这时，又发生了一件事，打乱了熊昙朗的如意算盘。先前，王琳派部将侯平攻击江陵的后梁政权，多次打败了萧詧的军队。侯平自以为有大功，不再受王琳的指挥。王琳派将领去讨伐侯平，反而战败。侯平杀了巴州协助防守的将领吕旬，把吕旬的部众收归自己指挥，投奔了江州的侯瑱，并与侯瑱结成了兄弟。王琳的军队势力越来越衰落了。

而侯瑱因为原先是王僧辩的部将，在王僧辩被陈霸先绞杀后，侯瑱占据中游，以自己的兵力强盛，不肯归附梁朝。

侯瑱，字伯玉，是巴西充国人。他家几代都是西蜀的豪强。当时有贼首张文萼等万多人。侯瑱之父讨贼战死。侯瑱替父报仇，斩了张文萼。萧范任他为将，多立战功。后被侯景所俘，为侯景作战。侯景败亡，侯瑱杀侯景的同党，投奔王僧辩。侯景也杀了侯瑱的妻子和弟弟。梁元帝任侯瑱为南兖州刺史、郫县侯。随王僧辩讨伐侯景，收复建康。追侯景于吴松江。因功授为南豫州刺史，镇守姑孰。但王僧辩被霸先诛后，侯瑱心有忌怕，便占据南豫州，不肯进朝。

早前，梁元帝萧绎曾任命余孝顷为豫章太守，到后来，侯瑱镇守豫章，余孝顷在新吴县另立了城堡栅栏，与侯瑱相对抗。侯瑱派他的堂弟侯奫留守豫章，侯瑱率大军进攻余孝顷，很久不能攻克，于是，构筑长墙包围余孝顷。

侯瑱的结拜兄弟侯平，与留守城池的侯奫不和。熊昙朗外表上表示服从，暗地里却企图取代侯瑱。在熊昙朗的支持和煽动下，侯平突袭并杀死侯瑱堂弟侯奫，纵兵抢劫了侯瑱的妓妾和金玉财宝后，放火烧了侯瑱的老巢豫章郡城。然后逃到建康，投奔了霸先。

侯瑱的部众闻讯，惊吓溃散。熊昙朗获得了侯瑱的许多马匹兵器及子女。侯瑱只得放弃对余孝顷的围攻，逃奔湓城，投靠他的将领焦僧度。而焦僧度劝侯瑱去投奔北齐。正巧，碰上陈霸先的记录官（记室）济阳（江苏省盱眙县南）人蔡景历，劝说侯瑱到建康，投奔霸先。

蔡景历，字茂世，济阳考城人。年少时，就英姿俊爽，孝敬父母。家贫好学，善写文章，书法草隶甚佳。后寓居京口。霸先、僧辩平定侯景之乱后，镇守京口，慕名相请，授任征北府中记室参军，不久总领记室。霸先担心儿子陈昌年纪轻，接人待物有违礼教，蔡景历辅佐陈昌。霸先令蔡景历草拟声讨王僧辩的檄文，蔡景历一挥而就，文辞情真意切。甚为感人，蔡景历长期跟随霸先，为从事中郎，掌记室职务不变。绍泰元年（555），梁敬帝升任蔡景历为给事黄门侍郎，兼掌相府记室。霸先每有征战，总令将士于战火中，收集图书典籍交付蔡景历掌管，并建立藏书楼。

因此，蔡景历以霸先的德才及远志，说服侯瑱。侯瑱早在平定侯景之乱时，就认识陈霸先，也知霸先有大器量，能够容纳自己，便到建康，向朝廷请罪，听侯霸先的处分。但他还不知道侯平已经先一步投奔了霸先。

而此时，陈霸先正在启奏梁敬帝授侯平官职。忽闻侯瑱到来，即刻放下手中的纸笔，迎接侯瑱。当初与王僧辩共讨侯景时，霸先与侯瑱就有接触，深知他是将才。深为喜欢！

陈霸先在侯瑱与侯平两者之间作了权衡，最后，杀了背恩的侯平，为侯瑱报了仇。启奏梁敬帝，授侯瑱为司空。派侯安都镇守长江上游，平定南中各郡。陈霸先从此收服了侯瑱这员大将。侯瑱不仅在陈霸先生前忠心耿耿，而且在陈霸先驾崩之后，仍效忠于陈霸先的继承人，东征西讨，稳定朝政。

熊昙朗在侯瑱这件事上，阴谋玩火，挑拨是非，煽动侯平叛乱的真相也揭露了出来。梁敬帝也就打消了听从熊昙朗率军讨伐强敌西魏的建议。

随后，梁敬帝和陈霸先及朝中大臣开始了稳定国内局面，平定内乱、收复失地、兴修水利、鼓励农桑、发展经济。如此，就会触动一些军事割据势力的利益。当时国内各郡县的豪强、将领，只要有兵就称王。忽降忽叛，反复无常。梁庭国力弱小，不宜常年兴兵。尽量以安抚为主。休养生息，和平相处。

闽中的四大姓贵族之一的陈宝应，是晋安侯官人。他的父亲陈羽，很有才干，是郡中的英雄豪杰。但陈宝应这个却反复无常，诡计很多。梁朝晋安一带，屡次背叛朝廷，杀害郡守。其实都是陈羽在幕后操作的。他先煽动人们造反，后又领着官兵来镇压，靠这样他逐渐总揽了全郡的兵权。

侯景之乱时，晋安太守、宾化侯萧云把郡守的职位让给陈羽。陈羽年岁已高，只管郡中日常事务。令陈宝应统兵。当时东部一带闹饥荒，会稽更厉害，十有七八都被饿死。贫民只有卖儿卖女卖自己。只有晋安衣食丰足，兵力强盛。

陈宝应乘机率兵从海道攻占了临安、永嘉和会稽、余姚、诸暨等郡，又运一些粮食，与他们这些郡做生意，换来了不少玉帛和子女。那些有能力的人，搭上关系的人，都投奔陈宝应到晋安。晋安更加资产富足，兵强马壮。侯景被平定后，元帝萧绎任命陈羽为晋安太守。到霸先辅政时，陈羽请求辞职，告老还乡，把郡守传给儿子陈宝应。霸先同意了。于绍泰元年（555）陈宝应任壮武将军、晋安太守，不久升任员外散骑常侍。后来，陈宝应与留异阴谋反叛，战败被擒，斩首。这是后话。

临川（江西省南城县）郡人周续，也趁侯景之乱，在本郡聚众起兵。临川太守、始兴郡（广东省韶关市）人王毅，把太守让给周续。周续部将都是本郡的强宗豪族，多数骄傲蛮横；周续予以制裁，各将领心怀怨恨，联合起来诛杀周续。

周续族人周迪，英勇无比，大家推举他继任领袖。周迪出身卑贱寒微，恐怕郡人不服，而同郡人周敷家世烜赫，名望尊贵，周迪采取低姿态结交周敷，周敷对周迪也十分谨慎恭敬。

周敷，字仲远，临川人。家为郡内豪族。周敷身材矮小，瘦小得简直连衣服都挂不住了，但他果敢有胆力，超过同辈人。他性情豪爽，轻钱财重义气，乡里任性少年都顺从他。

侯景之乱时，乡人周续以讨贼为名聚集徒众，梁内史始兴王萧毅把辖郡交给他，周续部众想以暴力抢掠萧毅，周敷便拥护萧毅，亲自率部下护行，送到豫章。当时观宁侯萧永、长乐侯萧基、丰城侯萧泰逃难，到处流浪，听说周敷诚实讲义气，都去投靠他。周敷同情他们处境危险，屈身服侍，敬重相待，救助十分丰厚，且护送他们西上。

不久周续部下将帅争权，反叛，杀死了周续，投降周迪。周迪门第寒微，怕失人心，倚着周敷同族的威望，交往甚密。凭借周敷的信任和支持，周迪部队不断发展壮大。周敷驻临川故郡（新郡治在南城），周迪据临川工塘（今金溪石门乡公塘），并在疏山设有屯兵所和训练场。

承圣元年（552），侯景之乱平息。梁元帝授任周敷为使持节、通直散骑常侍、信武将军、宁州刺史，封为西丰县侯，食邑一千户。授周迪壮武将军、高州（今广东阳江县西）刺史，封临汝（今临川市）县侯，食邑五百户。太平元年（556），周迪被授予使持节、散骑常侍、信威将军、衡州刺史（今广东英德市西北之浛光），领临川内史。

当时的民众觉得耕地种田太辛苦，不如聚众抢劫来得快且轻松。于是聚在一起当强盗。只有周迪带着部众垦荒耕田。不久，周迪所辖民众衣食丰盈有余。周迪施政也很清正公平，向民众征收的赋税，都按时交纳。但其他的郡都衣食困难，还要靠周迪援助。

周迪的为人很朴实，保持着农民的本色，不炫耀权势，不端架子，平常日子都赤着双脚，虽然门外卫士戒备森严，内院歌女舞女罗列，但周迪却做自己的事情。比如手搓麻绳、刀劈竹节，好像旁边没有别人一样。周迪天生的口舌木讷，不善于说话，但忠厚诚实，临川的民众对他都很信赖和依靠他。

但是，周迪为人格局太小，心胸狭窄。后因嫉妒周敷，背义杀了周敷。当时，王琳盘踞上游，余孝顷与王琳同党李孝钦等人围攻周迪，周敷派大队人马援助周迪。周迪活捉余孝顷等人，周敷功劳居多。

熊昙朗杀死周文育后，占据豫章，率万余兵众偷袭周敷，抄小道至城下，周敷与之交战，大败之，追杀五十余里，熊昙朗单骑脱逃，周敷尽收其军需器械。熊昙朗逃至巴山郡，收集余部，周敷便与周迪、黄法氍等人出兵围攻，熊昙朗被杀。

王琳之乱平定，授官散骑常侍、平西将军、豫章太守。那时南江土豪都顾恋本土，私自设置令长，不受召，朝廷来不及征讨，只是笼络他们，只有周敷率先入朝。天嘉二年（561），周敷至朝廷，晋号安西将军，给鼓吹一部，赐女乐一部，诏令他回守豫章。

周迪认为周敷一向不如他，而今高于自己位居显贵，很不服气，便参与留异、陈宝应的反叛，起兵响应，并派其弟周方兴率兵袭击周敷。周敷与之交战，大破之，又率部随吴明彻攻打周迪，破之，活捉其弟周方兴及诸将领。诏命周敷任安西将军、临川太守，其他官职不变。不久，又任为使持节，都督南豫，北江二州诸军事，镇南将军，南豫州刺史，增加食邑五百户，常侍、鼓吹不变。

到陈文帝天嘉五年，周迪又纠集余部，回袭东兴。文帝陈蒨派都督章昭达征讨周迪，周敷又从军。部众到了定川县，与周迪相对抗。周迪欺骗周敷说：“我从前与你同心协力，亲如兄弟，怎么会想法害你？如今我愿服罪回朝，与弟披露心襟，请你先挺身而出共立盟誓。”周敷答应了他，刚刚登坛，被周迪杀害，时年三十五岁。

梁庭在稳定国内局势的努力中，遇到最大的军事割据挑战，就是岭南的萧勃以及湘州的王琳这两股势力。

向来阳奉阴违的萧勃暗地抓紧了反叛朝廷的进程。太平二年（557）二月，梁朝的曲江侯萧勃在广州起兵造反了！萧勃从广州越过大庾岭，驻军南康，派将领欧阳頠、傅泰和他的侄子萧孜为前锋，到达豫章，分别屯驻险要处，南江州刺史余孝顷起兵响应萧勃。

萧勃，是南梁兰陵（今江苏武进西北）人。梁武帝堂侄。封定州刺史，封曲江乡侯。梁太清三年（549）因广州刺史元景仲投靠叛贼侯景，西江督护陈霸先联合王怀明等人起兵，平定广州。迎萧勃镇广州。

按理说，萧勃应该感激陈霸先才是，可萧勃私心特重，不顾亲叔父梁武帝被侯景围攻之死活，他意欲割据岭南，专制一方。因此派人到陈霸先军中，以种种借口劝其放弃北伐。还派亲信勾结南康（今江西赣州）土豪蔡路养，占据郡城，与萧勃狼狈为奸，半路上阻挡霸先北上讨伐侯景。陈霸先拒绝了萧勃的要求，派使节到江陵，请求接受湘东王萧绎（梁元帝）的节制。简文帝大宝元年（550），陈霸先出兵北伐，抵达大庾岭，击溃蔡路养所部，蔡路养本人狼狈逃跑。收战将萧摩诃，一起北上平定了侯景之乱。辅佐萧绎登上帝位。

江陵被西魏攻陷后，陈霸先辅佐萧绎之子萧方智即位。东征西讨，平定国内割据势力的叛乱；北拒强齐，率领梁朝将士们同仇敌忾，取得了建康保卫战的大捷。维护了梁朝的江山社稷。萧勃对外对内都无半点功劳于梁朝江山，而是趁梁朝与北齐对抗之机，在广州作乱。打着为梁朝讨逆陈霸先的旗号，何其荒谬可笑？

当初，梁元帝萧绎在位时，广州刺史曲江侯萧勃认为自己的官职不是梁元帝所授予的，内心很不安稳，梁元帝萧绎也怀疑他。萧勃向上请求朝见元帝。五月，乙巳（二十日），元帝任命王琳为广州刺史，萧勃为晋州刺史。又把始兴郡（广东省韶关市）升为东衡州，调欧阳頠为郢州（武汉市）刺史。欧阳頠准备去上任之时，却与萧勃发生了冲突。——当时，萧勃为免和王琳（调任广州府）发生冲突，就派部将孙荡为广州监守。萧勃率领部队，移驻始兴。欧阳頠另驻一个城池，不理会萧勃，关闭城门自守。萧勃大怒，派兵袭击欧阳頠，攻入城中，把欧阳頠的资财、兵马、军械全收缴了。把欧阳頠关押起来。不久，又放出欧阳頠，好言抚慰。令欧阳頠听命，联盟为臂膀，相互支援。要欧阳頠盟誓，才放欧阳頠回始兴。到江陵被西魏攻陷，元帝萧绎死了，欧阳頠也没到郢州（武汉市）去上任，被萧勃胁迫着留在本地。

后来，梁敬帝上位，授萧勃为太尉。萧勃虽派遣使者入朝贺谢，但仍然怀不臣之心，图谋自立为帝。太平二年，梁敬帝进陈霸先为丞相，萧勃自以为把反叛的事务都准备好了，这就开始广发檄文，声称讨逆陈霸先，兵发广州，以欧阳頠为前锋、从子萧孜部将傅泰为副将，直指建康。

萧勃又发檄文给南江州刺史余孝顷，令他引兵会合。余孝顷响应萧勃，出兵豫章，扎营石头津。欧阳頠出兵到南康，驻军在苦竹滩，傅泰结寨于蹠口城，声势浩大。

梁朝收到警报，霸先筹划周密：一方面，派周文育率大军南下，平定萧勃；另一方面，令徐度率水军北上，阻止齐军趁机扰乱。

梁朝领军将军徐度，奉霸先“以攻代守”之令，为了防止北齐趁机南下，干扰南方平定萧勃的战事，即率水军从东关（安徽省含山县西南）出发，抵达合肥（安徽省合肥市），纵火烧毁北齐船舰三千艘。以吓阻北齐。

徐度，字孝节，安陆人。世代住在京师。梁朝始兴内史萧介到了郡里，徐度跟着他，带领士卒，征讨各个山洞，以骁勇而闻名。陈霸先征讨交趾，用隆重的礼节招揽他，徐度才表示归顺。侯景作乱之时，陈霸先平定广州，削平了侯景，打垮了李迁仕，这些计策谋划大多出于徐度。兼带统领士兵，每次战斗都有功劳。回到白茅湾，梁元帝萧绎任命他为宁朔将军、合州刺史。侯景之乱平息以后，对他前前后后的战功计写入册，加任通直散骑常侍，封广德县侯，食邑五百户。又升任为散骑常侍。

陈霸先镇京口时，任命他为信武将军、兰陵太守。陈霸先遣子陈昌往荆州，徐度率领所部随同。江陵失陷后，徐度从小路向东潜回。陈霸先平定王僧辩时，徐度与侯安都率领水军。

绍泰元年，陈霸先东征时，徐度奉命护卫梁敬帝萧方智至京口（今江苏镇江），派徐度统率宿卫部队，并且主持留守府事务。

徐嗣徽、任约等来犯，陈霸先与梁敬帝回到都城。这时北齐贼寇已经占据石头城，市集上的平民百姓，都集中在南路，距离朝廷禁省很远，都害怕被贼寇骚扰，陈霸先就派徐度率兵在冶城寺镇守，构筑城垒将百姓隔离开来。贼寇倾尽全力进攻，没能攻下来。紧接着陈霸先也前来救援，打败了任约等人。

绍泰二年，徐嗣徽等又勾引齐寇渡江南侵，徐度随从各路军兵在北郊坛打败了他们。因有战功被任命为信威将军、郢州刺史，兼领吴兴太守。不久升任镇右将军、领军将军、徐州缘江诸军事、镇北将军、南徐州刺史，赏给鼓吹乐一部。

徐度是陈霸先的得力干将，战功卓越。他不仅是在陈霸先活着的时候，忠心耿耿；而且在陈霸先驾崩后，他依然尽心尽力，成为顾命大臣，辅佐陈朝，屡立大功。

周文育奉命平定萧勃叛乱。他率军开进南方却正苦于缺少船只。探得余孝顷在上牢一带有船只，周文育就派军主焦僧度去袭击他，把船只全部抢了回来，于是溯江而上，在豫章修建起营寨栅栏。

萧勃经过大庾岭，欧阳頠为前锋。巴山太守熊昙朗，假装响应欧阳頠，说是一起攻打黄法氍。暗中却已通知高州刺史黄法氍，希望一起打败欧阳頠。并说："事情成功后给我马匹器械。"欧阳頠不防有诈，到出兵打的时候，熊昙朗又欺骗欧阳頠说："余孝顷打算突袭我，要分出奇兵留下，马匹器械太少，恐怕无济于事。"欧阳頠于是送去三百件铠甲援助他。

然后，欧阳頠就一起与熊昙朗率军到了高州城下。熊昙朗与黄法氍战不下数合，假装败退。冲乱了欧阳頠的后军。黄法氍乘势掩杀过来，猛烈追击欧阳頠。欧阳頠这才知道中了熊昙朗的计，慌忙丢弃军械，引兵败溃。熊昙朗趁机夺取了欧阳頠的马匹器械，饱载而归。

周文育率领的梁朝军队南下时，所带的粮食吃光了，诸将想退兵，周文育不允许。周文育派人走小路到衡州，给临川内史周迪送去一封信借粮，说明此次平乱的利害，与他相约结为兄弟。周迪得到信很高兴，答应送粮食给周文育。周文育得到粮食后，并不进军，反而分头派遣老弱人员乘坐旧船顺流而下，又烧掉在豫章的营寨栅栏，假装成好像已经逃跑了的样子。余孝顷远远望见这种情况，不禁大喜，推测肯定是周文育的南下军队没粮食了，准备逃跑了。守卫便松懈下来。

据史料记载：余孝顷，南北朝时期南梁新吴（今江西奉新县）洞主，南川豪酋。太清三年（549）被湘东王萧绎任命为豫章太守。太宝二年（551），侯景遣部将于庆攻打余孝顷不克。六月，余孝顷派兄子领兵救援鄱阳，将于庆驱走，太平元年（556），梁遣兵攻打“外示臣节、未肯入朝”的豫州刺史侯瑱，当时侯瑱兵力很强，孝顷不肯依附他，退兵新吴立城栅自守，遭到侯瑱的全力进攻，但自夏至冬，侯瑱都未能取胜。

太平二年（557）二月，梁萧勃起兵广州叛乱，余孝顷举兵响应，遣其弟孝劢守郡城而身出豫章据于石头。萧勃则命其侄萧孜将兵与孝顷会合，又派傅泰占领墌口城，结成犄角封锁赣江，拒梁朝将领周文育。后来，萧勃兵败被杀，萧孜投降，余孝顷奔归新吴，筑城栅拒守。这是后话。

当时，负责平定萧勃叛乱的周文育，趁敌松懈，突然从小路日夜兼程，占据了敌人的芊韶（江西省丰城市东北）。芊韶的上游是欧阳頠、萧孜的军队，下游有傅泰、余孝顷的军营。周文育恰恰揳入敌军的两者中间，修筑城垒工事，大宴将士。欧阳頠等将领见此情况，大惊失色。

欧阳頠率军退回泥溪（江西省新干县南），周文育派严威将军周铁虎等人率军追击欧阳頠。周铁虎引兵追上，持长槊刺欧阳頠马。欧阳頠不得已，回马与周铁虎战，不到十合，只听得铁虎猛喝一声，挥起长槊，欧阳頠避之不已，落下马来。被梁军活擒了去，送入文育大寨。

欧阳頠被活捉之后，周铁虎押他来见周文育。他们都是老朋友了，再次相见，很是难堪。欧阳頠说是被萧勃所逼迫，并非真心反霸先。周文育于是亲手解开欧阳頠的绑索。然后，周文育故意大张旗鼓，铠甲耀眼，在船上设宴招待欧阳頠。

周文育派他的部将丁法洪进攻傅泰，傅泰战不几合，败逃。丁法洪驱马追上，手到擒来。萧孜、余孝顷闻讯，吓得魂飞魄散，赶紧逃跑了。

萧勃在南康，听到欧阳頠等人兵败的消息，军中顿时人心惊慌。当时德州刺史陈法武，前衡州刺史谭世远，接萧勃的檄文，正准备率兵前去助攻，却突然听到萧勃兵败的消息，乐得倒戈了事。一哄而入，杀死了萧勃。

萧勃此人私心太重，又无才略，更无大局观念。这种小人，真是死的太晚了。而萧勃的部将兰凯不服，又袭杀谭世远，谭世远的军中主帅夏侯明彻又杀了兰凯，拿着萧勃的首级向梁军主将周文育投降。

周文育将萧勃的脑袋传首建康，并槛送欧阳頠、傅泰等人到建康。丞相陈霸先与欧阳頠有旧交情，不但释放了他，还给予他优厚的待遇。据史料记载：欧阳頠，长沙临湘人。是本郡豪族。祖父欧阳景达，在梁代任本州侍中。父亲欧阳僧宝，任屯骑校尉。

欧阳頠年轻时正直，有思辨能力，因为非常信守言行而在岭表很闻名。父亲死后因悲痛而消瘦了很多。累积的家产全部让给各位兄长。州郡多次征召也不去，在麓山寺旁边居住，专攻学业，对经史懂得很多。三十岁时，他哥哥逼迫他入仕，离家出任信武府中兵参军，后又迁任平西邵陵王中兵参军事。

梁朝左卫将军兰钦是年轻人，和欧阳頠友善，所以欧阳頠经常跟随兰钦征讨。兰钦治理衡州，又被授职为清远太守。兰钦向南征讨夷獠，生擒陈文彻，俘获的人和物不可胜计，奉献的大铜鼓，是各代都没有的，欧阳頠也有一份功劳。被任命为天门太守，讨伐蛮时辅佐有功。刺史庐陵王萧续非常赞赏他，揽为宾客。

兰钦征讨交州，又劝欧阳頠同行。兰钦越过岭南时，因病去世，欧阳頠被授为临贺内史，启奏请求送兰钦遗体回都城，然后到任。当时，湘州、衡州交界的五十多个洞不臣服，诏令衡州刺史韦粲讨伐他们，韦粲派欧阳頠为都督，全部都平定消灭。韦粲启奏梁武帝，声称欧阳頠真诚能干，梁武帝于是下诏嘉奖，又任越武将军，征讨广州、衡州的山贼。

侯景叛乱，韦粲自作主张回都征讨侯景，用欧阳頠督管衡州。京城陷落后，岭南互相吞并，兰钦的弟弟前任高州刺史兰裕攻打始兴内史萧绍基，夺取了他的辖郡。兰裕因为他哥哥和欧阳頠有交情，派人招揽他，欧阳頠没有顺从。他对使者说：“高州兄弟显赫，是国家的恩惠，如今应该奔赴危难援救京都，怎么能为自己专横夺权。”欧阳頠严词拒绝了兰裕。兰裕派兵攻打欧阳頠，陈霸先救援，兰裕战败，陈霸先任命王怀明为衡州刺史，调欧阳頠为始兴内史。

陈霸先讨伐蔡路养、李迁仕时，欧阳頠越过岭来援助高祖。蔡路养等被平定，欧阳頠立有战功，梁元帝秉承皇帝旨意以始兴郡为东衡州，任命欧阳頠为持节、通直散骑常侍、都督东衡州诸军事、云麾将军、东衡州刺史，封为新丰县伯，食邑四百户。

侯景被平定，元帝萧绎遍问朝廷官吏：“如今天下刚刚安定，极须良才，你们都推荐自己所知道的。”群臣没有人应答。元帝说：“我已经得到一个。”侍中王褒进谏说：“不知是谁？”元帝说：“欧阳頠正有济世救民之才，恐怕萧广州不肯把他送来。”于是又任命他为武州刺史。不久又任命为郢州刺史，想命令他出岭，萧勃却把他留住，不接受任命。不久又任命他为使持节、散骑常侍、都督衡州诸军事、忠武将军、衡州刺史，晋封为始兴县侯。

当时萧勃居于广州，兵强位重，梁元帝对他很担忧，派王琳任代理刺史。王琳已到小桂岭，萧勃派部将孙蟠督管州务，自己率领手下全部人马到达始兴，避开王琳的兵锋。欧阳頠另外占据一城，不去谒见萧勃，关闭城门，筑起高墙，也不出战。萧勃生气，派兵袭击欧阳頠，缴获了他的全部财物和马匹器械。不久赦免了他，让他回到原地复职，又和他结盟。

荆州陷落，欧阳頠归顺萧勃。萧勃越岭到南康时，以欧阳頠为前军都督，驻扎在豫章的苦竹滩，周文育打败了他，活捉后送到陈霸先处，霸先释放了他，并热情接待欧阳頠。

萧勃死后，岭南骚乱，欧阳頠在南疆很有声威，又加上与高祖有交情，于是任命欧阳頠为使持节、通直散骑常侍、都督衡州诸军事、安南将军、衡州刺史，封为始兴县侯。欧阳頠尚未到达岭南，欧阳頠的儿子欧阳纥就已攻克平定了始兴。欧阳頠到达岭南时，都慑服归顺，又进入广州，全部占有越地。被任命为都督广州、交州、越州、成州、定州、明州、新州、高州、合州、罗州、爱州、建州、德州、宜州、黄州、利州、安州、石州、双州等十九州诸军事，镇南将军，平越中郎将，广州刺史，持节、常侍、侯等职衔都不变。

王琳占据中间地区，欧阳頠从海道和东岭进献出使没有中断。永定三年（559）晋升为散骑常侍，增任都督衡州诸军事，以原号就任开府仪同三司。世祖继位，晋号征南将军，改封为阳山郡公，食邑一千五百户，送给一部鼓吹。

先前，交州刺史袁昙缓秘密把五百两黄金寄放在欧阳頠处，吩咐他拿一百两还给合浦太守龚翔为，四百两交给他的儿子袁智矩，其他的人都不知道。欧阳頠不久被萧勃打败，财物全被没收，唯有袁氏寄放的黄金还在。袁昙缓不久也死了，此时欧阳頠仍然守信交还他人，当时的人都慨叹佩服。可见他信守诺言之一斑。

当时欧阳頠的大弟欧阳盛任交州刺史，二弟欧阳邃任衡州刺史，合门显贵，名振南疆。又有很多别人送的铜鼓、牲畜，进献的珍奇之物，前后累积，对部队和国家很有帮助。欧阳頠在天嘉四年（563）去世，时年六十六岁。追任为侍中、车骑大将军、司空、广州刺史，谥号穆。其子欧阳纥袭封。这是后话。

萧勃原来的记室参军李宝藏，拥戴淮安侯萧任，继续据守广州。萧孜、余孝顷还占据着石头津，修筑了两座城池，两人各据守一个，造了很多船舰，夹着江水两边摆开营阵。余贼不除，终成祸患。陈霸先派平南将军侯安都增援平西将军周文育，共同出兵攻打残贼。

侯安都偷偷派部队前进，于夜晚突入敌军阵地，乘黑夜烧掉了萧孜、余孝顷的兵船。周文育率领水军、侯安都率领陆军步兵，协同大举进攻。在强大的攻势下，迫不得已，萧孜出城投降，余孝顷逃回新吴，周文育等人带兵回朝。随后，余孝顷也向梁庭投降了。

梁朝丞相陈霸先考虑到欧阳頠在南方一带有很高的声望，于是任命欧阳頠为衡州刺史（东衡州·州府广东省韶关市），派他去讨伐岭南（南岭以南）的叛乱。欧阳頠还没有抵达衡州（东衡州）任所，他的儿子欧阳纥已经攻克了始兴。欧阳頠抵达岭南后，岭南诸郡都投降了。欧阳頠随即收复了广州，岭南全部均已平定。陈霸先善于用人，稳定了岭南社会，维护了南中国的疆域。

第二十五章　孚众望受禅称帝

平定萧勃之后，余孝顷逃到新吴，也派使者到梁朝丞相府，向陈霸先乞求投降。

可不久，余孝顷又投靠王琳。王琳占据长江中游，本来就割据一方，不肯接受朝廷征召。他在武昌一带大力修造舟舰，准备顺江而下，起兵侵犯梁境。

当初，梁元帝萧绎不放心手握兵权的王琳，把他调任广州刺史。后江陵被西魏攻破，王琳率军奔救。刚到长沙，就听到元帝殉难，王琳的家属，也被西魏军掳去长安。王琳不禁涕泪交流，痛哭不已。于是，为元帝发丧，三军缟素。并派遣部将侯平，率水军乘舟，从水路攻击后梁占据的江陵。侯平率水军攻破后梁军队，连战连捷，兵威大振。于是，侯平也想独立自专，不再接受王琳的命令。王琳恼怒，派兵讨伐侯平。侯平率军投奔了江州刺史侯瑱。

王琳把所有精锐，都已全部给侯平带去攻打后梁。谁知侯平竟然背叛了。王琳的军势大减。不得已，王琳派使者带着表示归顺的表章去到北齐，并献上驯服了的大象。又因为妻、子都被西魏抓到长安去了，王琳又派人向西魏归顺投诚，索求他的妻子儿女。西魏太师宇文泰同意送还王琳的妻、子。任命王琳为大将军，封长沙郡公。

宇文泰的先祖源出南匈奴，后融入鲜卑族中，号宇文部。后为鲜卑慕容皝所灭，其余部乃仕于慕容氏诸燕。及后燕为北魏击败，乃归北魏，不久被徙居武川（今内蒙古武川县），遂世居守之。据传说，宇文泰的远祖出自炎帝。炎帝被黄帝所灭之后，子孙们远逃到北方的荒野之地。后来有一位名叫葛乌兔的人，勇猛而又多智谋，鲜卑人便奉他作为部族首领，总管十二个部落，世代相传作为大人。到后代有位孙子名叫普回，他因外出打猎时得到三只玉玺，上面刻有“皇帝玺”的文字，普回认为是天意让自己当皇帝，所以觉得十分惊奇。鲜卑的习惯称天子为“宇文”，所以他把国号叫作宇文，并以此作为家族的姓氏。普回的儿子莫那，从阴山南迁，开始时居住在辽西，称为献侯，是北魏的属国，世代和亲。从莫那传九代至侯归豆，被慕容皝所灭。侯归豆的儿子陵在燕国任职，拜为驸马都尉，封玄菟公。当慕容宝败亡后，他归顺魏国，任都牧主，封爵安定侯。天兴初年，魏国迁徙国中豪杰之士到代都，宇文陵也依照规定迁居到武川，并成为这个郡县的人。宇文陵生儿子系，系生韬，韬生宇文泰的父亲宇文肱。他们都以勇武有谋略而著称。

宇文肱讲义气而有才干。正光末年，沃野镇人破六韩拔陵叛乱，他所封的伪王卫可瞶气势最盛，宇文肱便纠合了乡里的众人一起，斩杀了卫可瞶，卫的部下也都败散了。宇文肱后来加入鲜于修礼队伍中，被定州军所击败，战死在阵上。武成初年，追谥号为“德皇帝”。

宇文泰是宇文肱的小儿子，母亲为王氏。起初怀孕到五个月时，王氏晚上梦见自己抱儿子升天，可是还没有到天上就停止了。醒来以后，她告诉了宇文肱。宇文肱高兴地说：“虽然没有到天上，也是显贵到极点了。”皇帝出生时有一团黑气就像大盖罩一样，罩在他的身上。长成以后，身长八尺，方额而又宽广，长有一部很美的髯须，发长至地，手垂过膝盖，背上有黑记，屈曲如同龙盘绕的形状。面色有紫光，人们望见后都十分敬畏他。

他从小很有气度，不做一般人所从事的活计，看轻钱财，好施于人，以结交贤士大夫当作要紧事情。他跟随父亲在鲜于修礼的军队里。当葛荣杀鲜于修礼时，宇文泰十八岁。葛荣委任他为将军。但宇文泰观察后认为葛荣难成大事，就和几位哥哥商量准备离开他。可是他们还没有行动，正好葛荣灭亡，他们便随着尔朱荣迁至晋阳。尔朱荣很嫉妒宇文氏兄弟都是英雄好汉，便假托别的过错而打算杀掉宇文泰的三哥洛生。宇文泰认为这是自己家里的冤情，便自己前去找尔朱荣说理，他慷慨陈词，使尔朱荣也受了感动，赦免了洛生，此后对宇文泰也格外敬重。

宇文泰起初以统军职务跟着尔朱荣四处征讨，后来作为别将跟从贺拔岳到洛阳讨伐北海王颢。孝庄皇帝重新登基后，以功封宇文泰为宁都子。后来他又随贺拔岳入关，讨平了万俟丑奴，代行原州刺史。当时关中、陇中一带贼寇作乱，宇文泰用恩惠和信义来安抚百姓，百姓都十分高兴，他们说："要是早遇到宇文泰使君，我们怎么会跟从叛逆作乱呢？"宇文泰曾经带着几个骑士一起到野外去，忽然听见传来箫鼓的乐声，他便问跟从的众人，可是他们都没有听到，他心里觉得很奇怪。

普泰二年（532），尔朱天光向东出兵抵抗齐神武帝的进攻，留他的弟弟尔朱显寿坐镇长安，召秦州刺史侯莫陈悦东下合兵进击。贺拔岳知道尔朱天光这次出兵必败，想留侯莫陈悦来京共同对付尔朱显寿，但想不出什么好的计策。宇文泰对贺拔岳说："如今尔朱天光军队离此较近，侯莫陈悦恐怕还不会对他怀有贰心。如果把这件事直接告诉他，只怕会引起他的惊恐不安。不过侯莫陈悦虽说是主将，并不能真正控制住他的军队，如果先说服他部下的众将，这些人必定愿意留下来。这时侯莫陈悦前进的话必定误了尔朱天光规定的期限，后退的话又怕军心变故，如果乘此时再劝说侯莫陈悦，事情一定能办妥。"贺拔岳听后十分高兴，当即让宇文泰到侯莫陈悦的军中劝说众人。侯莫陈悦便和贺拔岳一起偷袭长安。宇文泰带领轻骑兵作为先锋，直追到华阴，抓住了尔朱显寿。当贺拔岳任关西大行台时，宇文泰被封为左丞，兼领贺拔岳府中司马，无论大小事情，都由他来决定。

北齐神武皇帝除掉尔朱氏，便专权独霸朝政。宇文泰请求前去看看情况。到了并州后，神武帝觉得宇文泰不是寻常人，他说："这小子眉目长得不寻常。"便准备留下他。宇文泰装出一副十分忠诚的样子，同时又拜托神武帝身边的亲信们替他苦苦哀求，让他回去回报使命。得到允许后当即动身，加倍赶路。可是他动身走了一天以后，神武帝就后悔了，他派出上等的驿马日行千里，一直追到潼关，未能赶上，只得回去了。宇文泰回来后，对贺拔岳说："高欢岂是当臣子的，只是叛逆的计谋还未实行罢了，他害怕你们兄弟而已。侯莫陈悦原本就是个平庸之才，高欢并不担心他。不过只要早做准备，击败高欢也不难。如今费也头统率精锐骑兵不下一万人，夏州刺史解拔弥俄突掌握三千多人的常胜军，他们和灵州刺史曹泥等人都自恃离京城路远而偏僻，常怀有别种想法。河西的流人纥豆陵伊利等，拥有众多人口，物产丰富，没有接受朝廷管辖。如今我们把军队移向陇地，占据要害地点，向他们显耀军威，同时又以德感化，就能够收服他们的兵马，壮大我军。再西和氐、羌，北抚沙漠与边塞之众，然后回军长安，安定与辅佐魏朝，这正是当年齐桓公晋文公所做的大事啊!”贺拔岳听后，十分高兴。他又派遣宇文泰回朝奏请诸事，秘密地陈说计划。魏帝听从了他们的计谋，并加封宇文泰为武卫将军，然后回到贺拔岳的军中回报。于是，贺拔岳将军队往西带到平凉。

贺拔岳觉得夏州四邻都是贼寇们占领的地方，需要一位有才干的刺史来治理和镇守，众人都推举宇文泰。贺拔岳说：“宇文左丞是我的左右手，怎么能够离开呢?”他想了些日子，也没有更合适的人，便听从了大家的建议，上表请求委派宇文泰出任夏州刺史。宇文泰到夏州以后，纥豆陵伊利等望风归附，可是曹泥仍然和齐神武帝相通往。

北魏永熙三年（534）正月，贺拔岳准备攻打曹泥，他派都督赵贵到夏州和宇文泰商量。宇文泰说：“曹泥占据孤城，又是偏远地区，不足忧虑。侯莫陈悦贪得无厌又不讲信誉，应当考虑先除掉他。”可是贺拔岳不听，便跟侯莫陈悦一起出兵攻打曹泥。二月间，军队来到河曲这个地方时，贺拔岳果然被侯莫陈悦所害。贺拔岳的部众散归平凉，只有大都督赵贵统率的部众收贺拔岳的尸体回营。这时三军不知该归谁统领，各将领觉得都督寇洛年纪最大，便推举他出来主持军务。寇洛向来没有雄才大略，他的命令没有人执行，便请求让位。于是赵贵便对着众将竭力称赞宇文泰英姿焕发而又有雄才大略，如果向他告知贺拔岳的丧事，他一定会赶来参加，大家便乘势拥戴他主持军务，这样就大事办妥了。众将都称赞是好办法。于是，派赫连达疾驰赶往夏州告诉宇文泰。当时夏州的官员和民众都哭泣起来，请求宇文泰暂时留在夏州，观望事态的发展变化。宇文泰说：“难于得到和容易失去的东西便是时机，当天就作出决定就是当机立断。如今不早些前去，只怕众心离散。”都督弥姐元进企图给侯莫陈悦当内应，暗中杀掉宇文泰。事情被觉察后，将他处斩。

宇文泰便领着部下，轻骑飞奔来平凉。当时齐神武帝也派了长史侯景前来招降贺拔岳的部众，当宇文泰到达安定时，正好在驿站里遇见了侯景。宇文泰正在吃饭，见侯景后，把嘴里的饭吐出，命令部下立即上马起程，他对侯景说："贺拔公虽已身死，宇文泰却还在，你来想干什么？"侯景大惊失色，说道："我不过是一支箭，随人射到哪里罢了。"于是，他转身回去了。宇文泰到达平凉后，对着贺拔岳的尸体放声大哭，十分伤心。将士们都又悲又喜，说道："宇文公到了，我们不用担忧了。"

齐神武帝又派侯景和常侍张华原、义宁太守王基前来犒劳宇文泰，宇文泰不肯接受。他因为和王基有旧交情，想把王基留下来，同时也把侯景留下，可是两人都不肯屈从，他便让两人都回去。当时斛斯椿正在宇文泰的身边，他对宇文泰说："侯景可是人中的俊杰啊！为什么放了他？"宇文泰也心中后悔，派驿马追赶，未能赶上。王基也逃回，他告诉神武帝，说宇文泰确实是英雄豪杰，请在他的军心未定的情况下消灭他。神武帝说："您没见到贺拔岳和侯莫陈悦的下场吗？我自当用计策拱手轻取他。"可是后来在沙苑失败，神武帝十分追悔。

这时，魏帝正准备消灭齐神武帝，听说贺拔岳被害，便派武卫将军元毗传旨慰问贺拔岳的军队，同时把军队调回洛阳。元毗到平凉后，众将已公推宇文泰主持军务。魏帝下令追回侯莫陈悦的军队，可是侯莫陈悦已经归附齐神武帝，不肯接受魏帝的命令。宇文泰说："侯莫陈悦陷害忠良之士，又不肯接受朝廷的诏令，这是国家的大贼。"于是下令各部戒严，准备讨伐侯莫陈悦。

当元毗还朝时，宇文泰上表给魏帝，说明高欢正拥兵河东，侯莫陈悦又据守水洛，部队首尾受敌夹制，请求暂缓回军京城。宇文泰这时正一心一意想讨伐侯莫陈悦，又还不清楚朝廷的想法，而且部众也还未到齐，所以上表托辞。于是他和元毗以及众将宰杀牲畜，对天盟誓，共同辅佐朝廷。

起先，当贺拔岳的军队驻守河曲时，有一位军吏独自外出行走，遇到一位老人对他说："贺拔氏虽然掌管众军，最终一无所成，应当有位宇文氏从东北而来，此后一定大为兴盛。"说完就不见了。到这时老人的话才应验。

魏帝便下诏任宇文泰为大都督，立即统率贺拔岳的军队。宇文泰便送信给侯莫陈悦，责备他杀害贺拔岳的罪过，又告诉他要立即回朝，侯莫陈悦却假传一份诏书给秦州刺史万俟普拨，命令他增援自己。万俟普拨看到这份诏书后产生怀疑，便把它封好交给宇文泰，宇文泰立即上表奏明朝廷。魏帝便向宇文泰询问安定秦、陇一带的计谋。宇文泰请魏帝召回侯莫陈悦，授给他朝廷的内官，并且封给他瓜州、凉州一个地方的藩王的爵号，否则，还是要引起他的猜疑。

三月，宇文泰进军到达原州，所有军队都已到齐。他便向大家说明了准备讨伐侯莫陈悦的意图，士卒们无不满怀愤怒。四月，军队到达上陇。宇文泰留下哥哥的儿子宇文导为都督，镇守原州。宇文泰军纪严明，对民众秋毫无犯，老百姓都十分高兴。当军队走出木峡关时，天降大雪，平地雪厚二尺。宇文泰深知侯莫陈悦为人胆小而且多疑，便命令部队以加倍的速度急行军，日夜兼程，出其不意。侯莫陈悦果然怀疑自己身边的将领对他不忠，弄得部下人人惶惶不安，众叛亲离。当听说宇文泰的大军将到达时，侯莫陈悦退保略阳，留下一万人坚守水洛。宇文泰到后，大军团团围住水洛城，守城将军出降。宇文泰随即带领几百轻骑兵赶往略阳，以接近侯莫陈悦的军队。侯莫陈悦的部下都劝告他退守上邽。当时南秦州刺史李弼也在侯莫陈悦的军中，他乘人不备时派使者前往宇文泰军中，请求充当内应。当夜侯莫陈悦出军时，军中自惊而大溃败，许多将领和兵卒都前来宇文泰军中投降。宇文泰乘机出兵奋击，大破侯莫陈悦军。侯莫陈悦跟他的子弟以及帐中几十骑人马逃走。宇文泰便命令原州都督宇文导追赶侯莫陈悦，在牵屯山把他斩首，然后将首级传送洛阳。宇文泰到达上邽时，只见侯莫陈悦的府中财宝堆积如山，他都拿出来奖赏兵士们，自己没有拿一点。他的随从们偷拿出一只银瓮归营，宇文泰知道后把有关人员加以治罪，同时将里面的东西剖开分赏将士们，大家都非常高兴。

齐神武帝得知关陇获胜的消息，便派使者来到宇文泰军中，打算深相交结。宇文泰拒绝来使，并把神武帝送来的书信封好上奏朝廷。这时，神武帝已心怀叵测，所以魏帝十分倚仗宇文泰，他仍然要求宇文泰领兵稍向东进。宇文泰便命令大都督梁御率领步骑兵五千人，准备镇守黄河、渭河汇合的地方，打算进一步攻取河东。魏帝加封宇文泰为侍中、骠骑大将军、开府仪同三司、关西大都督、略阳县公，依照规矩加以封拜，使持节照旧。

这时魏帝正打算攻打北齐神武帝，便又派人来要求发兵。宇文泰便命令前秦州刺史骆超为大都督，率领轻骑兵一千人前往洛阳。魏帝又加封宇文泰为尚书左仆射、关西大行台，其余官衔如故。宇文泰便传檄文到各方镇，历数齐神武高欢之罪。宇文泰对大家说：“高欢虽智谋不足而奸诈有余，如今他声言西征，其实意在进入洛阳。我要让寇洛带一万多名马步兵从泾州向东，王罴带领军队一万，先占领华州。高欢如果西来，王罴足以和他对抗；如果他敢于进犯洛阳，寇洛立即出兵袭击汾州和晋州。我立即领兵直到京城，让高欢进有内顾之忧，退有被蹑制的顾虑，大事一举可定，这是上策。”众人都认为很好。

七月，宇文泰带领军队从高平出发，他的前军已经到达弘农。这时，高欢的部队逼近京都洛阳。魏武帝亲自统率六军屯守河桥，命令左卫元斌之、领军斛斯椿镇守武牢关。宇文泰对旁边的人说：“高欢几天之内行军八九百里，这是通晓兵法的人所忌讳的事，正应该乘机袭击他。而皇上是万乘之尊，不能渡河决战，正在沿岸防守。黄河长达万里，防御困难，只要有一处渡过，就大势已去。”他当即让大都督赵贵作为别道行台，从蒲坂渡河，直攻并州；派遣大都督李贤领精锐骑兵一千奔赴洛阳。可是，由于元斌之和斛斯椿争权夺利，防守不严，魏武帝只得轻骑入关。宇文泰安排仪仗队和卫队前来迎接，在东阳驿拜见魏孝武帝，并脱下帽子流着泪向魏帝谢罪。

于是，宇文泰奉魏帝定都长安，开辟荒地，建立朝廷。从此，军队和国家要务，都由宇文泰作决定。仍加封宇文泰为大将军、雍州刺史，兼尚书令，晋封为略阳郡公，又另设立两位尚书，随时处置有关事务，除去尚书仆射官职，其余照旧。起初，魏孝武帝在洛阳时，已经答应把冯翊长公主嫁给宇文泰，但还未成亲而魏帝西迁长安。到这时下诏成亲，宇文泰被封为驸马都尉。八月，齐神武帝攻克潼关，入侵华阴。宇文泰领着众军驻守霸上严阵以待。但高欢只是留下部将薛瑾防守潼关，带军队退回洛阳。宇文泰便进军潼关，斩了薛瑾，俘虏了士兵七千人。回兵长安时，他被封为丞相。

大统元年（535）正月初二，魏文帝晋升宇文泰为都督中外诸军、录尚书事、大行台，改封安定郡王。宇文泰坚决辞去王爵和录尚书事，魏文帝答应了，便改封他为安定郡公。当东魏将领司马子如进犯潼关时，宇文泰领兵屯守霸上。司马子如回军从蒲津进攻华州，被刺史王罴打退。

三年（537）正月，东魏进犯龙门，屯兵在蒲坂，建造三座浮桥渡河。又派将军窦泰往潼关，高昂围洛州。宇文泰出军广阳，他召集众将说："敌人从三个方向牵制我军，又建造桥梁，显示一定要渡河，目的是拖住我军，让窦泰得以顺利西进。况且高欢起兵以来，窦泰每次都当先锋，部下大多是精兵，屡次获胜必定骄傲。如今突袭就一定能打败他，打败窦泰，那么高欢就会不战而退了。"众将都说："敌人就在近处，舍近而袭远，如果有失误，就后悔不及了。"宇文泰说："高欢前次再攻潼关时，我军不过在霸上防御。如今他大军前来，一定认为我们也只是防守而已。他又正是得意的时候，有轻视我们的想法，乘此机会出兵，有什么攻不下的？敌人虽然在造桥，却未能立即渡河。在五天时间里，我一定能战胜窦泰。"十三日，宇文泰回军长安，声称将出兵陇右。十四日，谒见魏文帝后立即暗地把军队带到小关。窦泰突然听说西魏军队到达，还没来得及列阵，宇文泰便带兵猛攻，把窦泰的军队全部俘虏，斩了窦泰，将首级传到长安。高昂听到消息，便烧掉辎重物品慌忙撤退。高欢也撤下浮桥退军。宇文泰这才回军长安。

宇文泰知人善任，从谏如流，崇尚儒术，善于处理政事，他的恩德和信誉都为众人所深知。他能够驾驭英雄豪杰，凡是见到他的人，都愿意为他效命。沙苑之战时所俘虏的敌军，他释放后加以重用，在河桥之战中，把他们作为战士，他们都死力作战。众将出征时，他都教给作战方略，无不克敌制胜。他生性朴素，不喜欢虚假浮夸，常常以反对当时习俗提倡复古作为自己的初衷。

王琳又请求归还元帝萧绎及太子萧元良的棺木，也得到了宇文泰的允许。王琳迎葬元帝父子，并奏报梁朝梁敬帝，仍然称臣。王琳一人投靠北齐、西魏和南梁，三个地方都称臣。这好比是狡兔三窟，太觉聪明。

七月丙子（初三，556 年 7 月 25 日），梁朝诏令授高祖陈霸先中书监、司徒、扬州刺史，进爵位为长城公，采邑增加到五千户，侍中、使持节、都督中外诸军事、将军、尚书令、班剑、鼓吹、甲仗都如故，并赐给油幢皂轮车。

不久，太府卿何凯、新州刺史华志分别献上一块玉玺。陈霸先上表，送进宫中。梁敬帝诏令归还给霸先。当天诏令霸先以安吉、武康二县作为食邑，共五千户。

梁朝于九月壬寅（初一，556 年 10 月 19 日），改换年号为太平元年，实行大赦。孝顺父母、敬爱兄长、努力耕田者赐给爵位一等，才能特别突出、行为优异者由地方奏闻。遭受饥饿、灾难而流亡、迁徙的，强令回归原籍。

梁朝廷进新除司徒陈霸先为丞相、录尚书事、镇卫大将军、扬州牧，封为义兴郡公。中权将军王冲即本号开府仪同三司。吏部尚书王通为尚书右仆射。庚申（十九，556 年 11 月 6 日），诏令追赠陈霸先先父陈文赞为侍中、光禄大夫；加金章紫绶，封为义兴郡公，谥号为恭。

王琳得到了北齐、西魏的支持，积聚了力量，就开始向南梁进攻了。八月己酉（初七，556 年 8 月 27 日），鄱阳王萧循在江夏去世，他弟弟丰城侯萧泰管理郢州的政事。王琳派兖州刺史吴藏攻打江夏（琳署藏领兖州耳），结果，王琳兵败，吴藏身死。

王琳不服气，于甲子（廿三，556 年 11 月 10 日），王琳派水军袭击江夏。双方攻守相持，八天之后，到冬季十月壬申（初一，556 年 11 月 18 日），丰城侯萧泰献出州城向王琳投降。萧泰无法，就近逃奔北齐。北齐任命他为永州刺史（南方以零陵郡为永州。齐以泰为永州刺史，未知此永州置于何地），并下诏征召王琳为司空（此齐诏也），王琳推辞不去，留下他的部将潘纯陀监守郢州，自己回长沙去了。西魏把他的妻子儿子送回了。

557 年正月，辛丑（初一），周公宇文觉继了天王正位。

宇文觉，字陀罗尼，武乡郡武乡县（今陕西省大荔县）人。大统八年（542），宇文觉出生于同州。其父是西魏权臣宇文泰，大统三年（537）由西魏文帝元宝炬任命为柱国大将军、都督中外诸军事，为西魏军队的实际统帅；其母为北魏孝武帝元修之妹冯翊公主（元皇后）。宇文觉七岁（《周书》记为九岁）时，被封为略阳郡公。当时有善面相者史元华为其相面，私下告诉他的父母："这位公子有至贵之相，但可悲的是他不长命。"宇文觉不到十五岁时，便娶了西魏文帝元宝炬的第五女。西魏恭帝三年（556）三月，宇文觉以嫡子被宇文泰立为世子；四月，拜为大将军。宇文泰原想取代元氏政权自立为帝，不料十一月在北巡途中病死。宇文泰侄子宇文护（宇文泰长兄宇文颢第三子）因从小追随宇文泰，既为之管理家族，又随军转战，东征西讨，功绩不小，得到宇文泰的信任和器重。宇文泰临死前，因为宇文觉还小，于是他委托宇文护辅政宇文觉执掌政权。宇文泰死后，拓跋廓封宇文觉为太师、大冢宰、袭封安定公；不久，又封宇文觉为周公。

西魏恭帝四年（557），掌握西魏大权的宇文护阴谋进行禅代，逼西魏恭帝拓跋廓把皇位禅让给宇文觉。西魏恭帝亲自临朝，派遣民部中大夫、济北迪将皇帝的印玺奉上。宇文觉力辞不受。公卿百官前去进行劝进，于是宇文觉同意即位。当日，西魏恭帝于大司马府逊位。北周孝闵帝元年正月初一日（557年2月15日），在宇文护的扶持下，宇文觉受禅即位，自称天王，国号"周"，史称"北周"，是为北周的开始。追尊宇文泰为文王，母元氏为王后。立妃元胡摩为王后。

宇文觉登基后，以大司徒、赵郡公李弼为太师，大宗伯、南阳公赵贵为太傅、大冢宰，大司马、河内公独孤信为太保、大宗伯，柱国、中山公护为大司马。不久，进封太师李弼为赵国公，太傅赵贵为楚国公，太保独孤信为卫国公，大司寇于谨为燕国公，大司空侯莫陈崇为梁国公，大司马、中山公宇文护为晋国公。宇文觉称天王后，宇文护就任大冢宰（大丞相），军政大权实际上全部掌握在他手中。

宇文觉点燃篝火，禀告上苍，在朝廷外的大门前接受文武百官的朝拜。追奠天王的父亲文公宇文泰为文王，母亲为文后。大赦天下。封退位的西魏恭帝为宋公。新朝体现五行中的木德，以表示继承西魏的水德，实行古代夏朝的历法，服装的颜色以黑色为上。任命李弼为太师，赵贵为太傅、大冢宰，独孤信为太保、大宗伯，中山公宇文护为大司马。

周王宇文觉任命王琳为司空、骠骑大将军，任命尚书右仆射王通为左仆射。

正月，王琳带领十万甲兵东下，抵达湓城，驻扎在白水浦。他任命北江州刺史鲁悉达为镇北将军，陈霸先怕鲁悉达跟王琳联手，任命鲁悉达为征西将军，双方都给鲁悉达送去乐队和歌女舞伎。鲁悉达对两边的委任和礼物都接受下来，行动上却拖延观望，两边的官位都不去就任。

王琳想带兵东下进攻建康，而鲁悉达的部队控制着长江中流，不准王琳经过。王琳派使者去劝说引诱，鲁悉达到最后也不服从。王琳向北齐求援，而且请求迎纳作为人质滞留在北齐的梁朝永嘉王萧庄，来主持梁室的祭祀。王琳也学起了“玩政治”，他也打出“政治牌”来作为号召群雄的令箭。

北齐先前立的傀儡皇帝萧渊明，被硬骨头的陈霸先废除了。正在江南寻找傀儡代理人的时候，王琳这一要求，正中北齐“想把势力延伸到江南”之下怀。北齐认为这有利于牵制陈霸先，制造陈朝与王琳之间的矛盾。于是派兵护送萧庄回到江南，并册拜王琳为梁朝丞相、都督中外诸军、录尚书事。

作为政治交换和取得信任，王琳派侄子王叔宝率所统辖十个州刺史的子弟，前往邺城作为人质。同月，王琳拥戴萧庄在郢州即位，改年号为天启。在这皇帝林立的年代，武昌一带，又多了一位萧梁幼帝。萧庄任命王琳为侍中、使持节、大将军、中书监，改封为安成郡公，其余官职都依照北齐的册命。总管“梁”朝的军国大事。当下传檄，讨伐南梁和陈霸先。

六月十一日，陈霸先命开府仪同三司侯安都为西道都督、周文育为南道都督，率水军二万人，在武昌（湖北省鄂州市）会师，联合进击，讨伐王琳。

太平二年（557）八月二十八日，梁敬帝擢升丞相陈霸先为太傅，加赐帝王诛杀时专用的黄钺、殊礼，奏事时只称官衔，不称名字。不久，又提升他为相国，总领朝政，封为陈公，赏赐九锡，在采邑陈国之内，设置百官。

冬季，十月戊辰，梁敬帝晋封陈公陈霸先的祖爵为王，以扬州之会稽、临海、永嘉、建安，南徐州之晋陵、信义，江州之浔阳、豫章、安成、庐陵并前为二十郡，益封陈国。其相国、扬州牧、镇卫大将军并如故。又命陈王冕十有二旒，建天子旌旗，出警入跸，乘金根车，驾六马，备五时副车，置旄头云罕，乐舞《八佾》，设钟虡宫县。王妃、王子、王女爵命之号，陈台百官，一依旧典。

霸先再三谦让，满朝群臣坚持向陈霸先请求。杜棱、蔡景历、姚察等大臣忧心忡忡地劝霸先：外有强敌北齐、西魏环伺；内有佞臣鼓动幼主，还有江陵萧詧、湘州王琳等人割据。最近发生的一连串的事变，你应该警醒！你虽忠心耿耿，但也有可能会死于奸小之手。你死虽小，却毁了大好河山，江南民众又遭生灵涂炭啊！

霸先一愣！半天无语……是啊！虽说北齐被打趴了，但其心不死。又扶持王琳立萧庄为小皇帝，虎视眈眈要灭我南梁；西魏在江陵也扶持着萧詧政权，宇文氏对南梁一直保持着威胁。虽然文武大臣里深明大义的人占大多数；但也很多出身于草寇、盗贼、武夫……和不少的野心家，更有不少的小人、嫉妒者。霸先在前线南征北战，朝廷内部却勾心斗角，谄媚陷害者，不乏其人。霸先在很多方面，是不能自主的。比如送人质。本来柳摩诃已困在石头城，再坚持攻城，霸先有把握生擒齐将。但梁敬帝和朝中大臣相信齐人会恪守盟约而同意讲和。结果呢？霸先忍痛把已殉国了的亲弟陈休先的一根独苗子送到齐国充当人质。如果霸先的独子陈昌不被西魏押到长安，那么被迫充当北齐人质的必是陈昌。

比如建康保卫战，打趴了北齐大军。被胜利冲昏头脑的梁敬帝和朝中大臣，立即要把齐军将领萧轨、东方老、王敬宝、李希光、裴英起、刘归义、徐嗣彦、傅野猪全部斩首。霸先提议只杀首恶，其余的战俘用以交换人质。但朝中大臣直指霸先有私心，想用齐军俘虏换回亲侄子陈昙朗。其实，就换回人质，也不错！但个别大臣鼓动年幼的梁敬帝下旨，硬是把所有俘虏的齐军将领全部斩首。结果，激怒了北齐皇帝高洋，把人质陈昙朗

（时年 28 岁）虐杀（当时已与北齐断交，霸先仍不知亲侄已遇害）。

霸先纵横征战，他不怕面对枪林箭雨，他怕的是背后佞臣鼓动幼主萧方智，前次突然诏令熊昙朗分权领军，未经筹谋就轻率地攻打西魏宇文觉。本来西魏窥视南梁许久，这下找到由头，大兵顿起，差点惹下灭国大祸……更可怕的是，幼主无知，听信奸臣巧言，哪天突然下道圣旨，要我脑袋。我死虽微，若北齐、西魏乘势而来，祸害家国百姓，断绝华夏文明薪火……则事大矣！

杜棱、蔡景历、徐度等人直言："陈公你若继续畏缩迂腐之俗，愚忠于萧氏，不当机立断，釜底抽薪的话，最终，您也逃不出与萧梁皇朝共同覆亡的下场。这对江南民众来说，将是又一场浩劫！汉族正统和汉文明势必被北朝所覆灭啊！"

杜棱更加直言："萧氏当政，宗室骨肉相残，早令天下失望久矣。更兼侯景之乱，北齐、西魏南侵，萧氏鲜有人奋力抗拒。先是梁武帝引狼入室，导致侯景反叛，历时三年多。刚平息不久，梁元帝又引狼入室，导致西魏轻取成都，进逼江陵。当今社会，对萧氏政权已无有热情。改弦更张，创立新朝，挽回民心，鼓舞新气，在所必行！"所以，陈霸先称帝，实际上是受命于危难之际，攘臂于无望之时，既是民情所需，也为时局所迫！

在杜棱、徐度、蔡景历等众多大臣的劝说下，霸先考虑再三，于是同意受禅称帝了。而敬帝萧方智看到祖父梁武帝、父亲梁元帝，还有许多走马灯似换过的小皇帝，都没落个善终。他并不愿意担惊受怕地承担这份苦差事！他愿意轻闲自在地过无忧无虑的日子。于是，当大臣们去劝说后，萧方智很乐意丢下这份他无力扛起的重担！

十月初六，梁帝禅位于陈，诏曰："不同运数更换，几多朝代相互替代，圣贤之人，能治理乾坤，保护国民，弘扬传统。他们改变旧朝，建立新朝，历代都遵循这一准则……相国陈王，秉承神意，天地合德，日月同光，拯救社稷于横流，扶助百姓于涂炭，东除叛逆，北歼獯丑，雄威遍布四海，仁义覆盖万国，重新伸张崩坏、灭绝的礼乐，纳儒揽武，大功可与舜、禹媲美。朕虽然平庸不才，昏昧于古昔，无所作为，为时已久，却不敢忘记列代的遗典，人与神的最大愿望啊。今日就逊位别宫，禅位于陈，一切都依照唐、虞、宋、齐旧事。”

随后，梁帝给陈霸先封策说：“咨尔陈王：自古以来，为拯救社稷，为匡救百姓，禅位于贤，已有旧例，尧、舜已成先例，宋、齐又弘扬此事。我梁高祖应运而出，治国安邦，光大祖宗，圣名远扬，但后来时运不济，五胡荐食，西都陷落，百姓遭殃，皇位欲坠。只有陈王才是圣明神贤，天时地利人和，挺身而出，举义军勤王，电扫番禺，云撒彭蠡，铲除顽凶，安定我京都。又多次出兵，剿灭四起的叛贼，才能调理百端，天下尊崇，远近臣服。何况彗星长横天空，已显示除旧布新之兆，太阳被食尽，确实代表更姓的征兆。皇王并非属于一族，往日木德已尽，而传皇位于我梁朝，如今敬从人与神的愿望，传帝位于你陈王，你要合理执掌皇权，依照前世典制，不负普天之下臣民的厚望！祭祀上天，适时接受大礼，永固皇帝洪业，岂不更加昌盛吗！”

接着，梁帝又送玺书说：“君子自己显示明德，达人不违背先天，所以进退都顺利，动静大吉。朕少德，无所作为，所以举荐圣贤，皇王本非一族，人谋重要，委屈自身以顺应万物之心。……只有陈王雄才大略，用武勇谋，平叛有方，远近臣服，用文贤哲，礼顺乐章，天下归服。今派使持节兼太保侍中尚书左仆射平乐亭侯王通，兼太尉司徒左长史王锡敬奉皇帝玺绶给陈王。受物之礼，全部依照唐、虞旧事。希望陈王和后继者，能抚育百姓，光大帝业，以遵从昊天美善的命令！”

当天，梁帝下了禅位诏书后，如释重负，就要求移别宫，逊位给霸先。陈霸先派中书舍人刘师知带宣猛将军沈恪指挥士兵入皇宫，护送梁敬帝到别宫居住。沈恪推门拜见陈霸先，叩头请罪，说：“我亲自侍奉过萧氏，今日不忍心看他离开宫殿。我宁愿接受处死，也决不能接受这种任命！”沈恪是霸先的同乡好友，陈霸先赞扬了他的一片忠主之心，不再让他为难，而是另换统领骁领骑兵的荡主王僧志去代替他。

霸先受禅后，当时正在筹备登基的仪式。负责礼制的官员沈文阿却弃官逃回了武康。陈武帝这一下恼火了，派人去追杀他。沈文阿字国卫，吴兴武康人。史载“文阿性情刚强，颇有体力”“研究《三礼》《三传》”。侯景攻陷建康后，沈文阿与张嵊一起据守吴兴郡，与贼兵对抗。张嵊败亡后，沈文阿逃到山野中躲避。侯景派兵追捕，沈文阿走投无路，竟投绳于树上自缢。恰好碰到亲近之人奔来营救，从树上摔落下来，折断了左臂。

霸先平定侯景之乱后，因为沈文阿是同乡，又是沈恪的族人，就授沈文阿任原乡县令。后又调到京城建康兼任步兵校尉，兼掌仪礼。自从侯景作乱以来，朝廷礼制混乱。沈文阿之父沈峻，曾在梁武帝时掌管朝仪，留下了一些遗稿。沈文阿根据这些遗稿，斟酌裁减撰述，由他创立和恢复了朝廷礼制。

朝廷筹备登基典仪，正在需要仪式礼制的时候，沈文阿竟然弃官逃跑，明显是对抗陈武帝，蔑视朝廷。这不是死罪，还能活命吗？

当时，沈文阿的族人沈恪正好在武康当郡守。沈恪将沈文阿反绑束颈，请使者送到武帝面前，请求宽缓沈文阿的死刑。沈恪是陈霸先的吴兴郡同乡，侯景之乱时，他曾招集宗族子弟赴援建康，后来投靠陈霸先建功立业。

吴兴沈氏，是东晋南朝时期江南地区的一个重要家族，其虽既非中原南渡之高门大族，也算不上是江南土著的甲第豪门，但却涌现出许许多多名重一时、才智超群甚至左右政坛的杰出人物。从东汉到南朝500年间，吴兴沈氏子孙蕃衍，人才辈出。尤其是在南北分裂、社会动荡的东晋及南朝时期，沈氏宗族中更涌现出了一批杰出人物。据宋左文质《吴兴统记》引《沈氏先贤传》称：沈氏“子孙见史者一百五十八人，三十八人有正传，一百二十人附焉”。其中不乏对时政影响举足轻重者，吴兴沈氏也由此从一个地方强宗逐渐演变为对政坛颇具影响的南朝名门。

自陈朝初创直至陈后主时，沈氏历任内外要职。陈虽是南朝版图最小、国力最弱的一朝，但却是沈氏宗族最显赫的一朝，沈家出了两个皇后，有五人尚公主。史称：陈后主“昵近群小，皆委之以衡轴”。中书舍人沈客卿专掌军国要务，“以裒刻为功，自取身荣，又存国计”。御史中丞沈观是陈文帝沈皇后的内侄，“奸佞谄惑”。隋灭陈后，将沈客卿等五“佞人”，“并戮之于前阙”；将沈观等四“罪人”“流亡远裔”，以谢陈地百姓。至此吴兴沈氏也开始走下坡路，其长盛不衰的势头暂告一段落。

陈武帝看了老乡沈恪的信，又看了看沈文阿那一副狼狈样子，宽容地笑道：“你真是迂腐的读书人啊，我看你还要做出什么呢？”陈武帝说完，挥挥手，令人松绑，放了沈文阿。

557 年冬十月初十乙亥，霸先在南郊，祭告上天，举行登基仪式。

真是顺天应人，果然有灵验！在举行登基仪式之前，大雾弥漫，昼夜昏暗，到了登基即位这一天，雾散云开，天清日朗，一派清新。有见识的人，都因这天象就知霸先是应天命而有帝位。

祭祀仪式礼毕，皇帝霸先乘车马回宫，抵达太极前殿。颁诏大赦天下，改换年号为永定。国号“陈”，史称陈武帝。中国历史上朝代名和皇帝的姓氏重合，仅此一家。

随后，陈武帝下诏“封萧方智为江阴王，梁太后为太妃，皇后为妃。在江阴郡建国，全食一郡，行梁正朔，车旗服色，一如既往逊帝的待遇。”“赐吏民爵二级，文武百官二等。鳏寡孤独不能自己养活自己者，每人赐谷五斛。所欠税租和旧债，都不再收取。那些触犯乡里公正的评论，贪污受贿，奸淫偷盗之人，准允洗心革面，改过自新。长期服刑和奉敕囚禁者，特加赦免。逃离职守的官吏，永不准再做官并勾销其功劳，全部依照旧典。”

其实，霸先内心是苦闷和无奈的！朝中大臣们把他推向这个位置，当时国力弱小，时局动荡不安，今天不知明天的事，陈帝国建立之时，被西魏扶持的萧詧政权在江陵、被北齐扶持的萧庄政权在湘州。西魏、北齐把势力渗透到了江南，进逼南梁的生存空间。中国版图上，四国并立：南梁帝国、陈帝国、北齐帝国、北周帝国，再加上江陵萧詧政权和湘州萧庄政权，你争我杀。在这四分五裂的情况下，霸先真的是无心去争这个帝位。更何况，他的儿子陈昌仍被扣押在西魏。他连儿子生死都不知，他要这个帝位有何意义？

但杜棱、蔡景历、徐度等忠心大臣们一再劝谏陈霸先：不要顾虑个人长短，子嗣私虑。而要挑起天下兴亡的重任！于危急存亡之秋，庇护江南华夏汉民遗族和华夏汉文明的薪火传承，您就是华夏的功臣！您今日的无奈和苦闷，历史会知道的！

正如后世的唐代史学家姚思廉所说的，梁朝多次惨遭横祸，颓势已无可挽回，“敬皇高让，将同释负焉”，梁帝退位，陈霸先等于挑起了一副沉重的担子。为中华民族立下了不可磨灭的功勋！

常言道："民心就是天心。"从古代流传至今的民间传说，也可以看得出民间百姓对于陈霸先受禅称帝的态度——

据当地传说：这一年，梁敬帝被北周军兵打得大败，无可奈何，只得到处张贴皇榜招兵买马。陈霸先看到皇榜，就投了军。这天，梁皇帝亲自手拿江山旗号，率领八百万人马在白虎山上同北周兵大战，打了三日三夜，打的是天昏地暗，人仰马翻，血流成河。

梁皇帝自己也身中一箭，摔下马来，他手中的江山旗也倒了。梁军一看江山旗倒了，吓得不敢再往上冲了。梁皇睁开眼睛一看，知道事情不妙，江山就要灭了，就说："谁能替我拿江山旗冲上山头，谁就是'代皇'！"梁皇说完，先后有三个大将拿起江山旗号往山上冲，但冲不了几步，都被周军乱箭射下马来。

紧要关头，陈霸先拿起江山旗号，大吼一声往上冲，一路见箭就挡，见将就杀，杀出了一条血路。梁军一见此情景，顿时军威大振，勇猛百倍，呼啸着杀上山头，大获全胜。

因为梁皇死前说过，谁能拿江山旗冲上山头，谁就是"代皇"。从此，陈霸先做了南朝的皇帝。

这个流传了一千多年的民间传说，恰恰说明了陈霸先在民间百姓们心中的地位。陈霸先受禅称帝，完全不同于其他帝王之间的篡夺、王朝之间的推翻重建。陈霸先却是"受命于危难、振臂于无望"之中，被迫挑起这副重担！

著名的历史学家吕思勉在研究了中国历代帝王传承之后，赞叹地说："从来人君得国者，无如陈武帝之正者。"

正如史学家评价的：陈霸先在国力弱小，四邻强敌之中；在华夏文化倍受摧残的时刻，霸先以自己的硬骨头，顽强地抵抗外族的屠杀和侵略，捍卫着汉家衣冠，守护着"华夏历史最珍贵最脆弱的东西——汉文明。他所给予南中国的太平，或许不是最繁荣，却是最艰苦。""陈朝抵御外来侵略的历史，兵荒马乱中树起的一座丰碑。"

陈朝任命给事黄门侍郎蔡景历为秘书监，兼中书通事舍人。对梁朝政治、军事、人事官吏、财税等体制进行了一些改革。这个时期国家政事都由中书省决定，中书省设置二十一个局，其职能分头与尚书省各曹相当，总揽国家军政大要，各部尚书只是听受命令而已。

陈武帝诏令选贤举能，设置删定郎。负责修治、确定国家的政治、军事、民生、财税及货币等法令。此前，陈朝基本沿袭了梁朝的制度，朝政令都由中书省决定，中书省设置二十一个局，其职能分别与尚书省各曹相当，总揽国家军政大权，各部尚书受命执行。

陈朝用法律、制度来保障和发展农桑经贸，恢复被侯景之乱摧毁的江南经济、文化的繁荣，使民众安居乐业。

第二十六章　迎佛牙提振民心

陈武帝驾临钟山，祭祀蒋帝庙。

十月十五日，为提振人心，重聚世族民意，陈武帝下诏，从杜姥宅中，请出佛牙。陈武帝亲自去石阙前迎接、顶礼膜拜。高僧“集四部设无遮大会”，仪式隆重，盛况空前。

陈武帝非常清楚目前的形势：南中国境内，民众对萧氏旧朝皇室宗族贪赃枉法、相互残杀早已失望。那些割据一方的军事集团王琳等人，以及许多草莽平民崛起的豪强，多筑营立寨，各据一方，为所欲为。比如巴山太守熊昙朗在南昌、衡州刺史周迪在临川、东阳太守留异、晋安太守陈宝应等人都是拥兵自重，不服朝廷的号令。境外，西魏、北齐强敌环伺，虎视眈眈。陈武帝要外抗强敌、内平乱贼，首先就需要社会稳定。而提振民心，就成为当务之急！

陈武帝借佛牙重现于世，大张旗鼓地进行宣传。旨在聚集民意，支持新生陈朝政权的力量，增强民众重建家园的信心。不再像以前，刚建的家园又毁在外族入侵和豪强纷争之中。

陈武帝诏谕全国，说要在杜姥宅举办一次无遮大会（佛教法会），要在这次大会上亲自礼拜佛牙。杜姥宅原是晋成帝皇后杜氏之母裴氏的故宅，因为裴氏是个寿星，所以杜姥宅在当时是家喻户晓的。陈霸先选择了这样一个场合来开无遮大会和礼拜佛牙，是希望陈朝能得到佛祖的保佑、天长地久！社会稳定，生活安宁。

这颗佛牙，来历非常神奇：南朝宋齐间的一位高僧法献从西域的于阗国得来的。法献是西海延水（今青海海晏）人，幼年时期就到建康钟山的定林上寺出家为僧。在当时，从印度、西域东来的传法僧和从中国去往西域、印度的求法僧很多，法献也想去西方求佛取经。元徽三年（475），他从建康出发，经四川、甘肃过新疆来到了西部的于阗，因为于阗的西部一带发生了战争，交通断绝，再向前走的希望已经没有了。法献只好在于阗停留下来，学习佛经。在此期间，他结识了一位高僧，高僧临终以前，把自己珍藏了一辈子的宝物——一颗货真价实的佛牙赠给了法献。高僧去世后不久，于阗国内忽然间都在传播一个小道消息。说是高僧有一颗佛牙，但是去世后却不见了。法献一听到这个消息，吓得赶忙动身返回内地。回到定林上寺后，他把这颗佛牙放在一个长三寸、宽一寸的铜匣子内。在此后的几十年间，虽然佛教界的许多高僧都听说法献身边有一件宝物，但谁也不清楚到底是件什么东西。因为法献直到去世以前，只对他的好友——灵根寺的法颖和尚说过这件事。

建武四年（497），法献圆寂，被安葬在钟山的南边。法献的所有遗物包括一枚佛牙、十五颗舍利子、两部经文等都被定林上寺的僧人们集中保存在大雄宝殿的阁楼上。

可是，在梁武帝普通三年（522）正月的夜晚，忽有数人执仗，夜叩山门，称临川（梁武帝弟萧宏）殿下奴叛，有人告发躲藏在佛牙阁上，坚持要搜查。寺僧无奈，只好打开佛牙阁，主帅径直走到佛牙案前，打开函匣，取出佛牙，作礼三拜，用绵手巾盛牙，绕山东而去，不测所在。

原来，当初佛牙被劫后，辗转数年，落入摄山庆云寺沙门慧兴的手中，慧兴死前，把佛牙交给弟子慧志保存。江陵被西魏攻破后，慧志寻找到镇守京口的陈霸先，并亲手把佛牙密送给陈霸先。霸先不负重望，入朝辅政后，把佛牙密藏在建康杜姥宅中。

陈武帝登基，从南掖门外杜姥宅里请出佛牙，设无遮大会，亲自礼拜。人们听说真的佛牙要出世了，到陈霸先礼拜佛牙这一天，在杜姥宅前后挤的是人山人海、水泄不通，人们都想一睹为快。当供奉佛牙的铜匣子出现时，陈霸先带头跪在地上施行大礼叩拜，参加无遮大会的僧俗众人也黑鸦鸦地跪了一大片……

那个时代的民众，信奉“君权神授”。佛牙在失窃、隐匿了三十六年之后，到陈武帝即帝位时，又重现世间，岂不令南方社会各阶层为之欢欣鼓舞？全民为之振奋！事实证明了，陈霸先礼拜佛牙和召开无遮大会，适应了社会各阶层崇佛的风尚，以此来提振人心，稳定社会，确实起到很大的作用。

陈武帝迎拜佛牙，完全不同于梁武帝的佞佛之举。萧衍大修佛寺，“南朝四百八十寺，多少楼台烟雨中”，太过劳民伤财。梁武帝不但大肆建庙，甚至四次“舍身”到同泰寺出家。南朝四百八十寺，指的就是梁武帝时期的盛况，据说当年：“都下佛寺五百余所，穷极宏丽。僧尼十余万，资产丰沃。”由此史料记载：佛寺五百余所，比四百八十寺，还要多！

唐代诗人杜牧对梁武帝这种行为持批判态度，他在《杭州新造南亭子记》中说：“梁武帝明智勇武，创为梁国者，舍身为僧奴，至国灭饿死不闻悟。况下辈，固惑之。”其意思是说，梁武帝萧衍那么明智勇武的一个人，创立了梁国，却因为笃信佛教舍身做佛的奴隶，竟然搞得国家灭亡，而自己被囚禁活活饿死也不醒悟。何况地位卑下的普通老百姓，他们本来就知识水平不高，岂不是更加糊涂了吗？

而陈武帝“迎佛牙”主要是从政治上考虑，要振奋和凝聚南方社会各阶层人民齐心协力共建家园的力量。有了佛牙圣物的保佑，南方民众信心倍增，社会焕发新采。

十月十六日，陈武帝追尊皇考陈文赞为景皇帝，庙号太祖。皇妣董氏为安皇后。追立前夫人钱氏为昭皇后，世子陈克立为孝怀太子，夫人章氏（章要儿）立为皇后。

十一月初一，陈武帝立其兄的儿子陈蒨为临川王，陈顼为始兴王，其弟陈休先的儿子陈昙朗当时已被北齐皇帝高洋报复杀死了，但由于齐、梁两国已断交，陈武帝还不知道，仍立陈昙朗为康王。希望贤侄在北齐健康平安。

高洋是高欢的次子，高澄的弟弟。

东魏天平三年（536），高澄自请入东魏朝廷辅政，并加领左右京畿大都督。朝臣们虽听说高澄年轻老成，有风度、有见识，但总觉得他是个少年，心里并不服气。当看到他驾驭全局，有胆略、有气魄，在朝堂上做宰相时听断如流，处理问题及时妥切，不由得个个心悦诚服。元象元年

（538），高澄兼任吏部尚书。

在侯景之乱的过程中，高澄一直密切关注南梁局势，并且于武定六年（548）秋派尚书辛术前往两淮之地，趁火打劫，侵吞了大片梁国土地。两淮之地多处州郡因不堪侯景袭扰，纷纷转投东魏。不到一年时间，东魏借着侯景之乱从中渔利，共得了二十三个州，并攻陷淮南重镇寿阳，将疆域从淮河以北一直拓展到长江沿线。

武定七年（549）四月，高澄以大将军的身份兼相国，封齐王，并加殊礼，即赞拜不名、入朝不趋、剑履上殿。作为人臣而言，其权位几乎已臻顶峰，高澄遂与亲信们开始密商正式夺取元氏政权。八月，从颍川前线凯旋班师后的高澄正与亲信大臣们在北城东柏堂内密谋禅代东魏之事，兰京假装入内送食，趁机察看情况。高澄认为他行动鬼祟，对他产生了怀疑，令他退下，并对在座的人说道："我昨夜梦见这个奴才用刀砍我，看来我得处死他。"兰京在外面偷听到这句话，更下定了先下手为强的决心。于是藏刀于盘底，再度送食。高澄怒道："我没有下令，你怎么一再进来？"兰京大喝一声："我来杀你！"随即朝床上扑来。杨愔最先逃脱，崔季舒躲进厕所里，陈元康以身体遮挡高澄，被刺成重伤。高澄从床上跃下时崴伤了脚无法逃走，只得钻入大床底下躲避。兰京的六名同党随即赶来，将前来营救高澄的两名侍卫长砍得一死一伤。众人一齐掀开大床，将高澄杀死。兰京和同党虽然旋即被闻讯赶来的高洋斩杀，但高澄却早已身亡，年仅二十九岁。

高澄遇刺身亡，高洋遂趁机继续执掌朝政，被魏帝封为丞相、齐王。高洋于武定八年（550）五月，到达邺城后，就派司空潘乐、侍中张亮、黄门侍郎赵彦深等人去见东魏的皇帝孝静帝，要他遵循天意，仿效尧舜，禅位给齐王高洋。然后由杨愔把早已拟好的禅位制书递了上去。孝静帝含泪在制书上签了名，又与嫔妃告别之后，即被赶出皇宫。高洋遂登基称帝，年号天保，国号齐。史称北齐。

文宣帝高洋在位初期，励精图治，厉行改革，劝农兴学，编制齐律。其时，重用杨愔等相才，删削律令，并省州郡县，减少冗官，严禁贪污，注意肃清吏治；前后筑北齐长城四千里，置边镇二十五所，屡次击败柔然、突厥、契丹，出击萧梁，拓地至淮南。征伐四克，威振戎夏。投杯而西人震恐，负甲而北胡惊慌。但高洋执政后期以功业自矜，纵欲酗酒，残暴滥杀，大兴土木，赏罚无度。

北齐皇帝如此残忍奢杀，北齐朝廷也上行下效。司法部门审问囚犯，无不实施严酷行刑。有的把铁犁的犁耳烧红，让囚犯站在上面；有的把车轴烧红，让囚犯用手臂从中间的孔中穿过去。囚犯既受不了这些苦刑，往往都会屈打成招，受诬屈服。

北齐朝廷任用的汉人官吏，还是有所不同。比如三公郎中武强人苏琼，在朝廷内外，多年历任各种官职，所到之处都以宽和平缓作为治理的法则。当时赵州和清河地区，经常有人告发一些谋反者，前后多次都交给苏琼推问检查，这些诬告的事，往往都是捕风捉影的，最后都得到申明昭雪。

尚书崔昂曾经对苏琼说：“你如果想建立功名，那就应当重新想想别的办法；像你这样多次为谋反的逆贼洗刷罪名，那你的身家性命就太不值钱了!”

苏琼严肃地说：“我所洗刷的是被冤枉的人，从来也没有纵容、逃脱真正的谋反逆贼。”崔昂听了非常惭愧。

高洋施政，从来不受国家法典约束。他对临漳令稽晔、舍人李文思非常恼火，把他们赐给臣下当奴仆。中书侍郎彭城人郑颐有意设下圈套，陷害祠部尚书王昕。故意对王昕说：“自古以来，没有朝廷士大夫当奴仆的。”

王昕却回了一句：“商朝的箕子不就当了纣王的奴隶吗?”郑颐立即把这话拿去报告给高洋，说：“王元景把陛下比成纣王。”

高洋自此对王昕怀恨在心。过了不久，高洋与朝廷大臣们设宴畅饮，王昕借口有病没有去参加，高洋派骑兵去抓他。骑兵去了一看，王昕正坐在那儿晃着腿吟诗哩。于是，高洋命令把他抓来斩首于宫殿前，尸体被扔入漳河水。

高洋不仅对大臣们如此，对太子也不客气。太子高殷，自幼温和从容，性格开朗，礼贤下士，笃志好学，关心留意时政，很有美名。高洋却嫌太子“得了汉人的秉性气质，一点都不像我”，想把他废了。

一次，高洋登上金凤台召见太子，让太子亲手用刀杀一个囚犯。太子心怀怜悯，面有难色，试了好几回，砍不断囚犯的头。高洋勃然大怒，亲自动手用马鞭去鞭击他。太子从此受惊吓，说话结巴，神志不清。

高洋趁着宴会酒酣时，多次说：“太子性格懦弱，社稷大事很重要，怕他承当不了，看样子最后还是应当传位给常山王高演。”

太子少傅魏收对丞相杨愔说：“太子，是国家的根本，不可以轻易动摇他。皇上喝了三杯酒后，老是说要传位给常山王，以致让臣下惑乱疑虑，怀有二心。如果真的实有其事，就应当果断地实行。这种传位给谁的话可不是闹着玩的，老这样说恐怕会徒然使国家不安定。”杨愔把魏收的话转告高洋，高洋才停止这样说了。

北齐高洋在北边修筑长城，在南边兴兵帮助北齐扶持的傀儡萧庄，支持王琳攻打陈朝。士兵因此死亡的共有几十万人。他还动工修筑台阁宫殿，赏赐臣下也凭一时的高兴，毫无节度，造成内府仓库的积蓄全都耗光了。

于是，高洋就下令减少文武百官的俸禄，撤销对军人平常的粮食、衣物、军饷等供给，把省、州、郡、县、镇、戍的职官予以合并，想用这种办法来节省费用。结果，可想而知，朝廷上下，怨声载道。

北齐国主高洋到北城，趁便到地牢去看永安简平王高浚，上党刚肃王高涣。高洋站在地牢边放声唱歌，命令囚犯高浚、高涣应和。高浚、高涣惶惶然，又恐怖又悲伤，不知不觉声音颤抖起来。高洋听了不禁也悲伤起来，为之流泪，准备赦免他们。但长广王高湛平素与高浚有矛盾，见状进言说：“猛虎怎么能放出洞穴？”高洋听了默不作声。高浚等人听了，就叫着高湛的小名说：“步落稽呀，皇天看到你今天的作为了！”

高洋也因为高浚与高涣都有雄才大略，恐怕留下他们将来是个祸害，于是自己抽剑刺向高涣，又让壮士刘桃枝朝囚笼乱刺。刘桃枝的槊每次刺去，高浚、高涣就用手拽住折断它，同时呼天抢地地号哭着。于是，随从们用点着的柴禾往里乱扔，把高浚、高涣活活烧死在地牢，再填上泥土石块。

高浚有什么罪呢？他是因言获罪。高浚为人豪爽慷慨，力气很大，善于骑马射箭，被文襄帝高澄所钟爱。文宣帝高洋性情怯懦，每次参见文襄帝，有时紧张得流鼻涕。高浚常责怪文宣帝左右的人说：“为何不给我二哥擦鼻子？”因此，被文宣帝高洋衔恨。他多次升迁，官至中书监、兼侍中。出任青州刺史，很爱好打猎，为人聪明严肃宽厚，上下对他既敬畏又喜欢。天保初年，被封爵为王。

高洋嗜酒如命，高浚对亲近的人说：“二哥过去对事情不甚明白；登基以来，见解大有长进。现在因嗜酒败坏道德，朝臣没有人敢劝阻的。敌人还没有被消灭，我很为他担忧。想骑马到邺城当面进谏，不知他是否听从我的意见？”有人听到了，秘密报告给高洋，又遭到衔恨。天保八年（557），高浚到邺都朝拜，与高洋一起到东山游玩。文宣帝高洋光着身子作乐，并与妇女在一起，又爱做狐狸掉尾巴的游戏。高浚劝他，说这不是国家的君主所应该做的，文宣帝高洋很不高兴。

高浚叫左右的人退下，私下找来丞相杨愔（字遵彦），责备他不进谏。文宣帝高洋当时不想让大臣与各位藩王联系，杨愔害怕，把高浚召见他的事奏报给文宣帝，高洋大为愤怒，说：“我对这个小人从来就难于忍受！”便罢去酒宴，回到宫中。高浚不久回到青州，又上书恳切劝谏。文宣帝高洋下诏征调高浚进京，高浚畏惧祸患，以有病辞谢不朝。高洋恼怒，派人飞驰青州，将高浚收押。青州的男女老幼哭泣着为他送行的有数千人。到京城后，高洋令人用铁笼将他关押，与上党王高涣都被放置在北城的地牢里，吃饭和大小便都在一起。

而高涣呢？更是冤得离谱！上党刚肃王高涣的母亲韩氏，是高欢朋友韩轨的妹妹，也是高欢的初恋。高欢曾向韩氏求婚，韩家的母亲嫌弃高欢穷，棒打鸳鸯散。韩氏另嫁他人。高欢失恋之后，却被富家女娄昭君倒追，娶得白富美。多年后，高欢发迹，韩氏正巧做了寡妇，又和高欢鸳梦重温，生下高涣，高涣姿容雄俊，洒脱不拘。孩童时就十分自信长大后能领兵打仗。天保六年，高涣率军护送梁王萧渊明返回江南，攻破东关，斩杀梁朝将领裴之横等人，于是威名大振。

早些年，术士称亡高氏者为黑衣。从此之后，神武帝高欢每次出行，都不想见沙门，是因为沙门身穿黑色的衣服。后来，文宣帝高洋驾临晋阳，向近臣询问神武的忌讳，说：“什么东西最黑?”随从回答：“漆最黑。”

高洋帝认为这正好与涣是第七子的“七”吻合，就下令库真都督破六韩伯升前往邺城召高涣。走到紫陌桥，高涣杀死伯升后逃跑，渡过黄河，被当地人捉住，解送到高洋那里。文宣帝把他装在铁笼里，和永安王高浚一起放进了地牢，关了一年多，同高浚一块被处死，死时只有二十六岁。后来被挖出来，皮肤头发都脱落光了，尸体的颜色和木炭一样，远近的人们看到了，都为之痛哭愤恨不已。高洋因为仪同三司刘郁捷动手杀了高浚，就把高浚的妃子陆氏赐给他；因为冯文洛杀了高涣，就把高涣的妃子李氏赐给他。刘郁捷、冯文洛这两个人都是皇帝家的旧家奴。

北齐国主高洋还在当东魏宰相的时候，胶州刺史定阳文肃侯杜弼当长史，高洋将要接受禅让时，杜弼曾进谏劝阻他。高洋问他：“治理国家应该任用什么样的人?”

杜弼回答说：“鲜卑族不过是些驾车骑马的流浪汉，如果要说治理国家，还是应当用中原的汉人。”

高洋认为这话是讥笑自己不能治国，对杜弼记恨在心。后来，高德政管理政事时，杜弼不服他的气，曾经当着众人的面驳斥高德政。高德政多次在高洋面前指责杜弼的短处，杜弼自恃是旧臣，并不怀疑高德政会在高洋面前进谗言害自己。到了夏季，高洋乘着酒酣，把杜弼的罪过都积累起来清算，派使者到州里去把杜弼斩首。不久，高洋后悔了，派驿使去追回成命，可已经来不及了。

八月，北齐高洋因为嗜酒病重，不能进食，自己知道不能活多久了，便对李后说：“人生必有一死，我对死没有什么可惜的。只是怜悯太子正道年纪还小，恐怕有人会夺他的皇位!”又对常山王高演说：“要夺皇位，也只好由你去，但千万不要杀害我儿。”

尚书令开封王杨愔、领军大将军平秦王高归彦、侍中广汉人燕子献、黄门侍郎郑颐都接受遗诏承担辅政的责任。冬季，十月，甲午（初十），北齐高洋去世。癸卯（十九日），为其发丧，群臣们都做出号哭的样子，但没有人流泪。只有杨愔涕泪俱下，呜咽不止。太子高殷即皇帝位，大赦天下。

当时，在南中国境外，是西魏、北齐强国环伺。或突袭江南，抢劫奸淫；或大兵顿起，攻城略地，严重威胁着华夏江南的生存空间！

而南中国境内，西魏已扶持了傀儡政权萧詧的后梁。其他豪强割据比如熊昙朗在豫章，周迪在临川，留异在东阳，陈宝应在晋安，这些人互相连结，互相呼应，闽中土豪的首领往往建立营寨，拥兵自重，不服朝廷的号令。

熊昙朗、周迪、陈宝应前文都有介绍，此处只说一下留异。留异（486—564），东阳长山（今浙江金华）人，世为东阳郡著姓，雄豪乡里。留异善于自处，说话含蓄，是乡里的豪杰。常聚集一帮恶少，欺凌贫苦者，官吏们都视他为患。

梁朝时留异是蟹浦戍主，历任晋安、安固二县的县令。侯景之乱时，留异回到乡里，招募士兵，东阳郡丞与留异有矛盾，留异便引兵杀了东阳郡丞和他的妻子儿女。太守沈巡去援助台城，让郡给留异，留异派他哥哥的儿子留超监知郡事，自己率兵随沈巡出郡都。

京城陷落，留异便追随临城公萧大连，萧大连封他为司马，委以军事之任。留异生性残暴，没有远大谋略，督责萧大连军主时对左右私树威福，众人都疾恨他。正逢侯景部下将军宋子仙渡浙江，留异奔还乡里，不久即率众投降于宋子仙。这时萧大连也前往东阳的信安岭，想要到鄱阳，留异于是做宋子仙向导，命令捉拿萧大连。侯景封留异为东阳太守，将其妻儿收为人质。

侯景行台刘神茂兴义军抗拒侯景，留异表面上赞同刘神茂，而暗地里却与侯景结盟。到刘神茂败北，被侯景所杀，唯独留异获免。侯景之乱平定后，王僧辩派留异慰劳东阳，留异仍然纠合乡人，保据点设岩阻，手下人一时甚多，州郡都害怕他。

梁元帝封留异为信安令。荆州陷落，王僧辩以留异为东阳太守。陈霸先平定会稽，将东阳郡分为东阳、信安二郡，以二郡地立缙州。绍泰二年，留异以“应接之功”，除持节、通直散骑常侍、信武将军、缙州刺史，领东阳太守，封永兴县侯，邑五百户。同年，迁散骑常侍、信威将军，增邑三百户，其余如故。另以陈蒨长女丰安公主配给其第三子贞臣。陈霸先称帝后，鉴于异据东阳、私署守宰的割据情况，乃任章昭达为长山令，居其心腹。陈永定二年（558），留异被征为使持节、散骑常侍、都督南徐州诸军事、平北将军、南徐州刺史，采取拖延的办法，仍在东阳。

世祖陈蒨即位，只得暂时承认异在东阳的权力，下诏改授都督缙州诸军事、安南将军、缙州刺史，领东阳太守。留异多次派长史王澌为使入朝，王澌常向留异诉说朝廷虚弱，留异都十分相信，他虽然外表上表示臣子的礼节，内心却始终怀着异端，他与王琳从鄱阳信安岭暗通信使。王琳又派使者到东阳，暂任辅助守令之官。

王琳失败，陈世祖派左卫将军沈恪代留异为郡守，实际上是以兵袭击。留异出下淮抵抗，沈恪与之战，沈恪败北，退还到钱塘。留异奏表表示歉意。同时派兵戍下淮，以防备沈恪沿浙江进攻。这时陈朝众军正在湘、郢作战，陈世祖便下诏书慰谕留异，暂时笼络他，留异也知道朝廷终究要讨伐自己，便派兵守下淮和建德，以备水路。

湘州平定，陈世祖就下诏讨伐留异，说：过去四罪难以宽宏，大妫所以不赦，九黎乱德，少昊所以必定要诛杀。自古以来的皇帝，并不贪征伐，“苟为时蠹，事非获已”。叛逆之贼留异，天数应亡灭，他修缮甲士完成聚集之举，由来已久。他进则辞谢群龙，自跃于千里，退则迟疑不定，始终持有异心。中期他密契于番禺，既然恢弘天网，朝廷便赐他以名爵，并给以与国戚联姻，他此时倘有望怀音，尚能改过。王琳窃据中流后，留异翻相接应，别引南川岭路，专为东道主人，结附凶顽，唯以祸乱为乐。妖氛驱散平定后，他气沮丧心孤独，有类惊弓之鸟、穷谋之兽。虽又遣家人入朝作人质，子阳之态转盛；侍子返回朝廷，他的隗嚣之心又炽烈起来。朕心怀容忍安抚之意，并不计较那些毛病和罪慝，襟怀宽广，敦促劝谕殷勤。然而他却蜂目更彰，猛禽之声不改，并置军江口，严守下淮，显然意在反叛，不可宽容回避。况且缙邦丰饶富裕，稽南殷实旷远，永久割除王赋，长期堵塞国民，即使有竹箭良材，也与京城皇车无望，萑蒲小盗，共同肆虐贪残，想他们不过是些遗民，兼容他们的感慨与叹息。西戎屈膝投降，自归重关，秦国顺依风势，均输归侵犯之地，三面边境都已太平，四方土地都已平静，唯独这个小妖，应予清除。可派遣使持节、都督南徐州诸军事、征北将军、司空、南徐州刺史桂阳郡开国公安都前往擒捉杀戮，罪恶只在留异一人身上，其他人不必过问。

留异本以为官军从钱塘江而上，然而侯安都却从会稽、诸暨陆道袭击之。留异闻说官军已到，大为惊恐，弃郡逃奔到桃支岭（今属缙云县），在岭口立下栅栏固守。

第二年春天，侯安都大破留异栅栏，留异和他的第二子留忠臣逃到晋安郡（今福建福州），往依女婿、郡守陈宝应处。侯安都俘虏了留异部下男女数千人。留异割据东阳郡的局面才告结束。天嘉五年，陈朝军队击败割据晋安的陈宝应被平定，同时捉到留异押送京都，在建康斩首示众，他的子侄及同党无论年龄大小全部杀死，唯有第三个儿子留贞臣因娶公主为妻而获幸免。从此，自东汉末年以来称雄东阳郡的长山留氏也就此衰落。这是后话。

再说这个陈宝应。《陈书》有传云：陈宝应，福建侯官（今福州）人，生年不详。世代为闽中四姓贵族。父亲陈羽，有才干，是郡中的英雄豪杰。陈宝应性情反复无常，多变化与狡诈。梁代晋安多次反叛，连续杀死郡中守将，陈羽起初都蛊惑参与其事，后又任官军向导打败叛军，因此全郡的兵权都归于陈羽一人之手。

侯景之乱时，晋安太守、宾化侯萧云把辖郡让给陈羽，陈羽年岁已高，只管郡中事务，命令陈宝应统兵。当时东部一带饥荒，会稽尤其严重，死者达十分之七八，平民男女，都自己出售自己，只有晋安丰饶。陈宝应从海道进犯临安、永嘉和会稽、余姚、诸暨，又运去粮食和他们做生意，换来不少玉帛和子女，那些有能力搭上船的人，也都投奔他回到晋安，因此资产富足，兵力强盛。侯景被平定，梁元帝萧绎以陈羽为晋安太守。

陈霸先辅佐朝政时，陈羽告老辞职，请求把太守之职传给陈宝应，霸先同意了。绍泰元年（555），陈宝应任壮武将军、晋安太守，不久升任员外散骑常侍。后，受封为侯官县侯，封邑五百户。当时东西两边的山岭道路，被寇贼占据隔断，陈宝应从海道去到会稽纳贡。陈霸先受禅称帝后，任命陈宝应为持节、散骑常侍、信武将军、闽中刺史，兼会稽太守。世祖陈蒨即位，晋陈宝应为宣毅将军，又晋升他父亲为光禄大夫，还令宗正记载他家世系，编为皇族宗室，并派使者排列他的子女，不论大小都加官晋爵。可是，陈宝应对这样的恩宠，竟然还不满足，对朝廷怀有二心。

陈宝应娶留异之女为妻，侯安都讨伐留异时，陈宝应派兵援助留异，又资助周迪兵马粮草，进犯临川。朝廷令都督章昭达讨伐周迪，并在东兴、南城战败周迪。世祖陈蒨命令章昭达统率众军，经建安南道越岭，又命令益州刺史兼信义太守余孝顷统率会稽、东阳、临海、永嘉各军从东路会合，来讨伐陈宝应，并诏令宗正绝断陈宝应的户籍。因此，尚书下符，告晋安士民百姓：往日隗嚣远在陇西聚众抗拒，东汉没有拖延对它的诛灭，辽东叛变，魏朝人展远大谋略一举平乱，至于说到无诸乃是受汉策封的重臣，有扈乃夏之同姓。肇难时均被诛灭。前者纳吴陈书王刘濞之子为质招致横海之师，后者违背夏启的命令，以致有《甘誓》所称之征讨。何况那些不与宗盟相联，姓名不纪于庸器，又明显犯有像周代管叔、蔡叔、武庚之类的叛逆之罪，像舜时共工、驩兜、三苗、鲧那样深重的罪孽？

案闽寇陈宝应父子，乃夷族，陈氏旁支，原本奉上不诚。梁丧乱期间，闽地被隔断，父亲陈羽既然是当地豪侠之士，煽动蛮族一隅，扎起椎状发式，箕踞而坐，自立为大帅，没有教养，所资助的都是邪恶谄媚之人，放纵如蜂如豺之心，很快辞官。毒辣之气焰随即收敛，以至于网漏吞舟之鱼，没有得到惩治，年复一年，逍遥法外。自从我朝得东南之王气，兴建大业，天下之民如众星拱月般拥戴，爬山涉水，不辞辛劳前来归附，陈宝应父子尽管已经归顺，但擅自割据沃土，很少朝贡。朝廷宽宏大量，宠信有加，初掌临郡，加以受之皇室之荣，裂土封邑，假以藩国隆盛。封赐户牖，建邑栎阳，其家族乘华车者十人，得保旧地封为侯爵。又因盛汉统治天下之后，有施恩于娄敬，编为宗室之举，隆周每当朝会，便以同姓之滕侯为长，于是皇帝册封，恩泽普施，大小官职，授及婴孩。

将他从幽谷中擢升高位，无人可比，然而他包藏祸心，胆敢行叛逆之举，与留异相勾结，与周迪互为表里，结为姻亲，歃血为盟，自以为唇齿相依，在山谷中对抗朝廷，已颇有时日。等到朝廷骑兵防阻山林，平关秦望以西，水陆并进，攻克汇泽之南川，他竟敢举兵，助凶孽，举国同仇，意欲尽歼叛贼。每每想到罪恶只在于贼首，怜悯受驱迫之人，凡有所俘获，都勒令释放。再派中使，颁达诏令，皇恩浩荡，一概准允改过。留异既已铤而走险，周迪又逃脱刑法，欺骗地方官吏，作为他们的屏障，对朝廷使者横加凌辱。又扣留应上交的赋税，劫掠四民，在境内挨家挨户搜括资财，将所有的贫民百姓，都掳为奴隶。叛贼互相煽动，纠合聚集，飘扬过海，抢掠峡口，侵扰岭峤，偷袭述城，掳掠吏民，焚烧官署寺院，是可忍孰不可忍？

今派沙州刺史俞文礒，明威将军程文季，假节、宣猛将军前监临海郡陈思庆，前军将军徐智远，明毅将军、宜黄县开国侯陈慧纪，开远将军、新任晋安太守赵象，持节、通直散骑常侍、壮武将军、定州刺史、康乐县开国侯林冯，假节、信威将军、都督东讨诸军事、益州刺史余孝顷，率领二万羽林军，战舰盖海，乘跨沧波，扫荡叛贼巢穴。要像孙权治兵濡须以拒曹军那样，斩蛟中流，命冯夷而鸣鼓，鼋鼍为驾，辗方壶而建旗。

义安太守张绍宾，忠诚恳切，多次派他求军，南康内史裴忌，新任轻车将军刘峰，东衡州刺史钱道戢，都即遣参加打仗，与张绍宾同行。

已故司空欧阳公，往日曾上奏表，请求下令讨伐，虽远隔千里而与朝廷意见不谋而合，好比伏波之论兵，遗留之诚愿长逝，同于子颜之不赦。征南薨谢，上策无忘，周南余恨，嗣子不忝。广州刺史欧阳纥，声势浩大，水陆大军，二万人分途进发，水军以扼长鲸之勇，陆军以掣封……之威，率广州、衡州之师，来会六军。

潼州刺史李月者，明州刺史戴晃，新州刺史区白兽，壮武将军……行师，陈留太守张遂，前安成内史阙慎，前庐陵太守陆子隆，前豫宁太守任蛮奴，巴山太守黄法慈，戎昭将军、湘东公世子徐敬成，吴州刺史鲁广达，前吴州刺史、遂兴县开国侯陈详，使持节、都督征讨诸军事、散骑常侍、护军将军章昭达，率领缇骑五千，组甲二万，直渡邵武，驻扎晋安。勒马徐行，高扬战旗，对叛军形成犄角之势，以制止叛军逃遁。

前宣城太守钱肃、临川太守骆牙、太子左卫率孙诩、浔阳太守莫景隆、豫章太守刘广德，都随机镇防阻敌，布置在路上。使持节、散骑常侍、镇南将军、开府仪同三司、江州刺史、新建县开国侯黄法……在中流戒严，作为后援部队。兵器所指，只追究元恶和留异父子罪责。其党羽主帅，虽然在叛军中任职，背离我朝，但若能翻然改变意愿，相机为朝廷立功效力，不论以前如何，都加以奖赏擢升。建、晋两地吏民百姓，久被驱迫者，大军将明加抚慰，都准允安居乐业，流寓失乡者，准允回到本土。其他立功立事者，都分别给予奖赏。若执迷不悟，仍从叛军作恶者，兵器所指，一律不予赦免。

且说章昭达打败周迪后，越过东兴岭，在建安驻扎，余孝顷又从海道袭击晋安。陈宝应占据建安的湖边，抵御王师，水陆两路都筑起栅栏。章昭达修筑深沟高垒工事，不和他交战，只是命令军士砍伐树木建筏。不多久，水大，乘流放出，冲击敌水栅，又水陆两路追进，陈宝应军溃败。陈宝应只身逃入山草中，走投无路而被擒获，和他的子弟二十人一起被押送到京都，斩于建康市。这是后话。

当时，陈朝新建立不久，陈霸先为稳定社会起见，对各路强豪，以安抚为主。

陈武帝派给事黄门侍郎萧乾去安抚、笼络那些各据一方的豪强。用祸福利害关系，晓谕他们。同时也探清豪强的虚实。

萧乾字思惕，兰陵人。其祖父萧嶷，为齐丞相豫章文献王。父亲萧子范，任梁秘书监。

萧乾仪容典雅举止正派，性情淡泊随和，擅长隶书，受益于叔父萧子云之法。九岁时，召补为国子《周易》生，梁司空袁昂当时为祭酒，很敬赏他。十五岁时，举明经。初任东中郎湘东王法曹参军，迁太子舍人。建安侯萧正立出镇南豫州，又板授录事参军。累迁至中军宣城王中录事咨议参军。侯景乱平，高祖镇守南徐州，荐引萧乾为贞威将军、司空从事中郎。迁中书侍郎、太子家令。

萧乾出发前，高祖对他说：“建、晋一带倚恃地势高险，便于为非作歹，方今天下初定，难以马上出兵。西汉初年陆贾出使南越，赵他归顺，萧何奉刘邦之命出使，淮南王黥布叛楚投臣，回想起他们的高风亮节，仿佛就在眼前。何况卿举止典雅，才能比他们高，应尽力建勉功名，不用烦劳军旅。”

萧乾是豫章王萧嶷的孙子，在士族中颇受尊重。萧乾不辞辛苦，不避危险，四处奔走慰抚，向这些豪强们“晓示祸福”，总算使各地豪强、割据称雄的将领表示接受朝廷的号令，服从朝廷的法度。并各自向陈朝写奏章表示“效忠”。因萧乾“宣慰有功”，陈武帝任命他为贞威将军、建安太守，镇抚远近。

萧乾很有气节。霸先驾崩后，萧乾仍忠贞陈朝。天嘉二年（561），留异谋反，陈宝应援助他兵士，又资助周迪兵粮，寇掠临川，接着逼攻建安。萧乾独自前往郡城，手下没有士兵，无法守住城池，于是放弃城池以躲避陈宝应。当时闽中守将宰守，都受到陈宝应的胁迫，接受他安排的官职，萧乾独独不接受。避到荒郊野外，不与外人接触。等到陈宝应之乱平定，才出来到都督章昭达那里，昭达听说后，写好奏折如实上报朝廷。世祖陈蒨知道了，很是赞许萧乾的这种行为，破格提拔他为五兵尚书。萧乾在光大元年（567）去世，朝廷赠谥号为静子。这是后话。

陈武帝的安抚政策，只是鉴于南中国连年战乱，民生多艰。他尽量地让社会稳定，使民众休养生息，恢复江南的经济发展。

“非军旅急务，不轻调发”，能安抚的尽量安抚。陈武帝以平生之力，外抗强敌；内平乱贼，尽力维护着南中国的稳定和繁荣。

第二十七章　定江南讨伐王琳

当时，整个南中国，已是四分五裂。

东魏（北齐代之）的势力渗透到江南，占据了淮南地区；西魏（北周代之）的势力渗透到西南，占据了雍州和巴蜀。西魏扶植的后梁萧詧占据了荆州；北齐、西魏支持的王琳集团，占据了湘州，其他的地方豪强熊昙朗、周迪、留异、陈宝应等小军阀数不胜数，割据江南。

王琳在北齐、西魏两大强国敌对势力的支持下，屡次攻打南梁城池。北齐（550—577），是中国南北朝时期的北朝割据政权，由东魏权臣高欢次子高洋所建，建都邺城。

东魏是从北魏分裂而来。北魏末年，北魏王朝的名将贺拔岳以两千疲惫之卒，横扫了三秦之地的叛乱劲敌。在尔朱家族覆灭后，贺拔岳拥兵关陇，与高欢并为两大军事集团首领，二人互相忌惮。最终，贺拔岳被暗中投靠高欢的侯莫陈悦杀害。贺拔岳之死朝野震动。

北魏孝武帝赠他侍中、太傅、录尚书事、都督关中二十州诸军事、大将军、雍州刺史。谥曰武壮。贺拔岳的部下宇文泰收其尸葬于雍州北石安原，随后拥立宇文泰为统帅，击败侯莫陈悦，成了关陇的主人。

北魏孝武帝讨伐高欢，失败后逃奔关中。高欢乘机率军攻占洛阳，控制了北魏朝政，于 532 年立元修为帝，即孝武帝。534 年，高欢所立的北魏孝武帝元修不愿做傀儡皇帝，被迫投奔关陇军阀宇文泰。宇文泰收容了他。投奔宇文泰的孝武帝元修因与宇文泰有隙，被宇文泰毒死，由宇文泰拥立魏孝文帝的孙子南阳王元宝炬为帝，即魏文昭帝。国号“大魏”，与高欢所掌控的东魏、南梁对立，建都长安（今西安汉长安城遗址），政权实由宇文泰掌握。这就是历史上的西魏政权。

同年，高欢另立年仅十一岁的元善见做了皇帝，即孝静帝，并迁都于邺（今河南安阳北至河北临漳南），这就是东魏政权。东魏权臣高欢死后，长子高澄继专魏政，将篡未篡之时，被家奴刺杀。其弟高洋袭位，废掉东魏的傀儡皇帝孝静帝，于550年（庚午年五月戊午日）即帝位。国号齐，建元天保，建都邺（河北省临漳县邺城镇），史称北齐。

北齐继承了东魏所控制的地盘，占有今黄河下游流域的河北、河南、山东、山西以及苏北、皖北的广阔地区。同时与其并存的王朝有西魏、北周（取代西魏）、梁、陈（取代梁，但只占有前者部分领土）等。北齐天保三年（552）以后，北击库莫奚、东北逐契丹、西北破柔然，西平山胡（属匈奴族），南取淮南，势力一直延伸到长江边，这时北齐的国力达到鼎盛。

北齐太后娄昭君野蛮而保守，一意维护鲜卑族的落后统治方式，残杀汉族大臣，导致北齐的改制修补无法进行。大家都往往着眼于北齐文宣帝高洋的荒唐残暴，却不知高洋被柔然人称为英雄天子，高洋统治时期，北齐有皇帝昏庸、国家政治清明的说法，乃至于北周宇文泰都一直避让着高洋。为何如此？因为高洋用汉人，以汉人的方式治国。但这与其母娄昭君产生了巨大的矛盾。高洋一死，娄昭君就说：岂能让汉人婢子（高洋皇后为汉人）骑在我鲜卑贵人头上。于是大力推高演上位，高演死后又推幼子高湛。娄昭君把握大权后，第一个就是杀治国的汉臣，一意维护鲜卑的落后统治。

北齐武成帝昏庸好色，北齐国力大衰，不久去世，由后主高纬继立。高纬同其父一样昏庸好色，国政混乱，还诛杀名将斛律光。之后北齐被陈攻下淮南，并在577年亡于北周。

北周政权，是取代西魏政权而来的。西魏是中国南北朝时期由北魏分裂出来的割据政权。说西魏之前我们先理清楚魏晋南北朝，它是几个朝代统称的复合词，虽然只有五个字，但其中所包括的朝代或国家，可以多达几十个。“魏”指的是三国里的曹魏。由于曹操挟天子而令诸侯，曹丕继位后受汉室禅让，所以“魏”为正统，然而持续时间过短，而且继少帝曹芳被废之后，曹魏完全处于司马家的挟持状态。而“晋”主要指的是三国灭亡后，由司马氏所建立的西晋王朝，与后来割据在南方维持半壁江山的东晋王朝。

东晋末期，由于边吏残酷虐待胡人，使得胡汉矛盾越来越大。这就是有名的“五胡乱华”。五胡乱华的“五胡”，是指匈奴、鲜卑、羯、氐、羌。其中，出身鲜卑的拓跋氏最终建立了北魏。

新建国的北魏还是落后的奴隶制式的国家，在实力上无法与其他的政权尤其是后燕相比。于是，拓跋珪采取了先攻取河北、山西等肥沃之地，同时迁都到山西晋城，促进鲜卑的汉化。然后，奖励耕织，并仿汉制设立官职和宫廷制度。经过一段时间的休养，北魏国力大盛。

到了孝武帝时期，北魏走向衰落，孝武帝成了名存实亡的傀儡，为摆脱控制，他出走到长安投奔与高欢始终明争暗斗的宇文泰。而高欢则改立闵帝，同时迁都于邺，史称东魏，后来高欢毒死闵帝。另一方面，宇文泰也定都长安，几乎就在高欢毒死闵帝的同时，宇文泰也毒死了孝武帝，建立西魏。在整个西魏统治时期，一直都由权臣宇文泰控制着政权，在他努力下，任用苏绰等人改革，采用和北攻南策，使西魏进一步强盛。甚至攻入南梁的成都，夺取南朝西川荆雍地盘。在北方经济逐渐恢复，且在三次战役中大败东魏大军，奠定北周（代之于西魏）统一中国北方和隋朝统一中国的基础。

西魏恭帝三年（556）宇文泰死，由嫡长子宇文觉承袭为安定郡公、太师、大冢宰。诸子幼小，宇文护掌管国家大政。宇文护是内蒙古武川人，宇文泰之侄。宇文护是西魏、北周历史上一位重要人物，是宇文氏政权由西魏过渡到北周至关重要的一环。宇文护在旧日与宇文泰并肩的大将于谨的支持下统理军国大事，为大司马，封晋国公。557 年，他以宇文泰嗣子宇文觉幼弱，想乘宇文泰的权势和影响尚存时早日夺取政权，因迫使西魏恭帝（名元廓）禅位于周。宇文觉称周天王，建立北周。

同年，周天王授宇文护为大司马，封晋国公。宇文觉也是少年坚毅刚决，不满宇文护的专权。赵贵、独孤信对宇文护不服。他们一起鼓励宇文觉除掉宇文护。于是宇文觉招了一批武士，经常在皇宫后园演习如何擒拿宇文护；他又与大臣商量，决定于某一天开宫廷宴会时，抓住宇文护杀掉。谁知他们的阴谋还来不及实施，就有人向宇文护告密了，反被宇文护先发制人，杀赵贵（满门抄斩），罢了独孤信的官，后来独孤信也被赐死。559年，宇文觉被废黜（后被毒死）。宇文护拥立宇文泰另一个儿子宇文毓，是为周明帝。

在宇文护看来，周明帝宇文毓温文儒雅，就立他为帝。而宇文毓却并不如宇文护所想象的那般懦弱无能，他在处理事务中逐渐显露出自己的聪明才智和才干。他周围逐渐集聚起一批老臣元勋。他致力于发展经济，在百姓中也威望日高。为了试探一下，宇文护假惺惺地搞了一次“归政于帝”的举动，把除了军权以外的所有权力都交还给皇帝。谁知周明帝宇文毓毫不客气地照单全收，并把自己的名号正式改为皇帝（在此以前，北周的最高统治者不称皇帝而叫天王）。周明帝的这些举动，引起宇文护的疑惧和不安。于是，560年，宇文护指使一个御厨，在周明帝的食物里下了毒药，毒死了明帝。

尔后，宇文护又立宇文泰四子宇文邕为帝，是为周武帝，实际大权仍由宇文护掌握。宇文护虽性宽和而不识大体，委任非人而久专权柄，又素无戎略，两次伐齐都大败而归。诸子贪残，僚属恣纵，蠹政害民。宇文邕与弟卫王宇文直策划，于建德元年（572）诛杀宇文护，重夺政权。

王琳作为北齐、北周两大敌国的代理人，使强大敌国的势力渗透到南中国，成为威胁梁朝的最后一个强劲对手。梁朝的郢州（治所今湖北武昌）也刚刚被王琳乘乱攻占了。陈霸先向来都不愿轻易调发军队兴兵作战。他采用“先礼后兵”之策，遣使征王琳入梁朝，并许以司空之位。

但王琳得到北齐、北周两大敌国的支持，其实力也渐渐雄厚，野心越发蓬勃。他只崇尚武力，不在乎什么梁朝“司空”的虚职。他不仅不接受梁敬帝的诏命，反而大造舟舰，随时准备东下，与陈霸先一决雌雄。

王琳打着忠于梁朝的旗号，却一边投向西魏，要求归还他的老婆孩子；一边也到梁朝称臣。还派使者到北齐奉表称臣，要求北齐送萧庄回湘州，立萧庄为帝。王琳的所做所为，已充分证明了他就是一个十足的投机军阀而已。

北齐高洋派兵护送萧庄回去，并拜王琳为梁丞相、都督中外诸军、录尚书事。又派中书舍人辛悫、游诠之等带上玉玺文书到江南表彰他们的功劳，自王琳以下都有赏赐。王琳派遣他哥哥的儿子王叔宝率他势力范围内十州刺史的子弟到北齐都城邺城为质，并拥立萧庄在郢州篡梁为帝。萧庄委任王琳为侍中、使持节、大将军、中书监，改封为安成郡公，其他官职都承继以前梁朝的任命。

至此，在北齐先前扶植的萧渊明为梁朝的傀儡皇帝被覆亡后，北齐又成功地扶植了萧庄为梁朝的傀儡皇帝。与西魏扶植的萧詧为后梁傀儡皇帝，并存于南中国版图。成为西魏、北齐渗透南中国的帮凶势力。王琳甘当北齐、西魏的家奴，为害南中国数年之久，直到最后被陈朝大将吴明彻所剿灭。

在萧梁内部倾轧中，王琳为萧绎立下不少功劳，王琳果敢强劲，赏罚公正，轻财好士，赏赐全给部下，士兵们对王琳也是誓死效忠。有这样一支战斗力强悍的军队，王琳一出手就擒获侯景的大将宋子仙。

平侯景之乱王琳和王僧辩的女婿杜龛功推第一，他们恃功放纵士兵烧杀抢掠，比强盗还强盗。王僧辩无法禁止，又怕闹出大事，于是上书萧绎请求诛杀王琳，至于杜龛纵兵奸淫抢劫火烧宫殿的罪行，王僧辩却刻意包庇。王琳当然不服气，亲赴江陵向萧绎请罪。

萧绎却把王琳投入监狱。王琳手下长史陆纳和士兵不接受命令，扣押黄罗汉，虐杀张载，要求释放王琳。王僧辩讨伐陆纳，久难攻克。当时益州的萧纪东下要进攻江陵，江陵人心惶惶。萧绎只好把戴着枷锁的王琳送到王僧辩处，当时陆纳等正在和王僧辩交战，王僧辩把王琳放在楼车上让城里的叛军看，陆纳等人扔下武器，全军痛声哭泣，请求放王琳进城，然后投降。王琳官复原职后被派去抵抗萧纪。萧纪被平定后，萧绎猜忌心又起，把王琳打发到岭南去了。

王琳非常郁闷地跟好友李膺说："我受皇帝提携，总想着报效国家。现在刚刚太平就把我放到岭南，万一国家突遇情况，怎么能得到我的帮助？皇帝猜忌我，我王琳有多大的愿望啊，还能跟他争皇位吗？为什么不让我做雍州刺史，镇守武宁。我驻兵屯田，做国家的屏障，一旦有情况能第一时间就可反应。假如远在岭南，相去万里，一旦国家有变，那该怎么办！我不是不愿去岭南，这是为国家考虑啊。”

果然不出王琳所料，西魏进攻江陵，王琳紧赶慢赶才到长沙，江陵就已经陷落。萧绎被杀，梁王萧詧称帝，是为西梁。王琳派侯平进攻西梁，并传檄四方讨伐西梁，被推举为盟主。侯平打了几次胜仗后，不听王琳指挥。王琳大怒，引兵讨伐侯平。却不料，被侯平打得大败。王琳只好败退长沙。

日渐衰落的王琳，四处投机钻营。既向西魏称臣请回萧绎的梓宫和自己的妻小；又向南梁（萧渊明）称臣；还向北齐称臣，进献大象，请求送还萧庄，立为梁主。

萧庄（548—577），梁元帝萧绎长孙，武烈太子萧方等之子，其祖父梁元帝在做湘东王时，萧庄的父亲萧方等被封为湘东世子。梁元帝继位后，追谥其子萧方等为武烈世子；封孙子萧庄为永嘉王。

承圣三年（554），西魏攻陷江陵、杀害梁元帝，萧庄当时年仅七岁，逃匿于民家之中。之后被王琳发现，将他护送回建康（今江苏南京）。承圣四年（555），萧庄的九叔梁敬帝萧方智正式登基称帝，将萧庄作为人质送往北齐。

太平二年（557），陈霸先废黜萧方智，自立为帝，建立南朝陈政权，王琳等人要求北齐送还萧庄，并使其接替南朝梁皇帝，于是萧庄从盆城南渡长江回到湘州。同年二月，萧庄在郢州被王琳拥立为南朝梁皇帝，年号天启，设置百官，王琳总管其军国大事。其势力范围在长江中上游地区。天启三年（560），当王琳与南朝陈将领侯瑱在芜湖交战时，北周便发兵攻打郢州，结果王琳兵败，与萧庄逃亡北齐。北齐武平元年（570），北齐皇帝高纬授任萧庄为特进、开府仪同三司，封为梁王，并允诺帮他复兴南朝梁。承光元年（577），北周灭亡北齐，萧庄在邺城怨愤而终。终年二十九岁，谥号烈宗。这是后话。

且说当时，以王琳为代表的萧庄政权，与陈霸先的南朝陈政权持续交战。陈霸先仍想以“不战而屈人之兵”，以梁朝的名义招降王琳。他却大造战舰准备攻打陈霸先。

陈霸先只好派平西将军周文育、平南将军侯安都两员大将征讨王琳。

王琳部将樊猛见来敌气势壮盛，弃城而逃，侯安都顺利进抵武昌，周文育自豫章出发，到达武昌与侯安都会合。

永定二年四月乙丑，江阴王萧方智病死在他的封国，陈武帝非常悲痛，追谥萧方智为“梁敬帝”。

萧方智（543—558年5月5日），字慧相，南梁第八位皇帝，梁元帝萧绎第九子，母为夏贤妃。太清三年（549），萧方智受封兴梁侯。梁元帝即位后，拜平南将军、江州刺史，封晋安王。

承圣三年（554）十一月，西魏攻陷江陵，萧方智的父亲梁元帝萧绎、四哥愍怀太子萧方矩遇害。太尉、扬州刺史王僧辩和司空、南徐州刺史陈霸先遂拥立萧方智为梁王、太宰，承制行事，奉迎萧方智返回京师建康（今江苏南京）。承圣四年（555）二月初二日，萧方智从寻阳入居朝堂，任命王僧辩为中书监、录尚书、骠骑将军、都督中外诸军事，加陈霸先班剑三十人；任命豫州刺史侯瑱为江州刺史，仪同三司，湘州刺史萧循为太尉、仪同三司，广州刺史萧勃为司徒，镇东将军张彪为郢州刺史。

承圣四年（555）三月，北齐派遣上党王高涣遣送贞阳侯萧渊明（梁武帝之侄，萧方智堂叔）来做南梁皇帝，成为北齐所支持的傀儡。到达东关时，南梁派吴兴太守裴之横阻挡高涣入关。在与高涣作战中，裴之横战败而死。王僧辩率军驻扎在姑孰。王僧辩屈服于北齐的军事压力，同意迎立萧渊明，从采石渡江，抵达京师，王僧辩被迫拥立萧渊明为帝，以萧方智为皇太子，改年号为天成。

九月二十七日，陈霸先为民族大义，举兵袭杀王僧辩，废黜萧渊明，拥立萧方智为帝，立其子萧文华为皇太子。承圣四年（555）九月二十九日，萧方智正式登基，改年号为绍泰，是为梁敬帝。

太平二年（557）十月，萧方智禅位于陈霸先，南梁灭亡，陈霸先封萧方智为江阴王。永定二年（558）三月己丑日，萧方智病逝，年十六岁。

陈武帝下诏太宰吊祭，司空监护丧事。以梁武林侯萧咨子季卿嗣为江阴王。江阴国传至陈末，陈后主对江阴国也是照顾有加。这是后话。

隋、唐编著的《南史》《梁书》《陈书》均载萧方智（梁敬帝）病死，并无陈武帝害死萧方智之说。但，自从宋代编著的《资治通鉴》以后，就有说是陈武帝害死了萧方智。此乃宋人臆断之！

以霸先善用降将，宽厚仁德，从不乱杀无辜的一贯作风，绝对不会派人去杀害一位对自己毫无威胁的萧方智。如果真有此事，必有动手执行此事的人，以及时间、地点。可是1500年来，历代史学者从未发现是何人、何时、在何地，执行了杀害手无寸铁的江阴王萧方智这件事！

对待禅位后的萧方智，陈武帝并没有像前代帝王一样置之死地。以陈霸先的宽厚仁德，他是始终善待萧方智的。正如霸先依靠战俘、降将杜僧明、周文育、萧摩诃、韦载、欧阳頠、周铁虎、程灵洗、侯瑱、徐陵、杜棱……南征北战纵横天下一样。霸先以海纳百川的胸襟，以德服众，大胆信任，人尽其才。以厚实的品德，收服这些战俘和降将忠心效力。不仅在霸先的生前从不辜负霸先的期望；甚至在霸先死后，仍忠心效力于新兴的陈朝。

正如他对待妻子章要儿一样，侯景收捕霸先家属，把他的妻子章要儿，儿子陈昌，侄子陈蒨、陈顼都关押在建康。直到霸先率军讨平侯景，克复建康之后，才与妻子重逢。但，霸先从不怀疑或问及侯景及羯人对亲人的伤害。他的胸中海纳百川，方在兵荒马乱的时局中，收拾一片破碎的河山，成就一番帝业！

且说侯安都进抵武昌，王琳的部将樊猛弃城逃跑了，周文育从豫章出发去与侯安都会合。这时，侯安都听到陈武帝接受禅让的消息，叹息说：“我们这回一定失败，因为师出无名，不能服众了。”

当时侯安都、周文育两个将领一起前进，相互之间没有统摄和被统摄的关系，部下相互争执，逐渐不相和睦。

军队进到郢州时，王琳的部将潘纯陀在城里远远地放箭射向梁军。侯安都大怒，指挥军队冲击，并包围了郢州。郢州还没来得及打下来，王琳的大军已经抵达汉口，侯安都只得撤掉郢州之围，带领全部军队奔沌口，准备迎战王琳，留下沈泰的一支部队守卫汉曲。

侯安都途中遇到大风，不能前进。王琳据守东岸，侯安都据守西岸，两军相持了好几天，才交战，侯安都等人大败。侯安都、周文育及其部将徐敬成、周铁虎、程灵洗都被王琳所擒获，沈泰带着他那一支军队逃跑回来了。王琳乘胜率军顺江东下，驻军于盆城（今江西瑞昌）。

王琳召见被俘的周文育、侯安都诸将，和他们说话，诸将都垂首无言，只有周铁虎言辞强硬、不肯屈服，王琳就杀了他。

周铁虎，也是一位传奇人物。史书这样记载：周铁虎，不知是何处人，梁朝时南渡到此。语音粗野，体力过人，擅长骑马用槊，侍奉梁朝河东王萧誉，以勇敢闻名，萧誉任命他为府中兵参军。萧誉任广州刺史，以周铁虎为兴宁令。萧誉迁理湘州事务，又以周铁虎为临蒸令。侯景叛乱时，元帝在荆州派大儿子萧方等代替萧誉，并且用军队统治。萧誉抗战，大获全胜，萧方等死去，周铁虎功劳最大，萧誉很器重他。王僧辩讨伐萧誉，在战场上擒获周铁虎，王僧辩下令把他放在鼎中煮死，周铁虎呼喊说："侯景尚未消灭，为什么杀壮士？"王僧辩认为他的话不平常，于是饶恕了他，把他的部下也归还给他。

侯景西去后，周铁虎随王僧辩打败任约，俘获宋子仙，每次打仗都立有战功。梁元帝萧绎秉承皇帝旨意任命他为仁威将军、潼州刺史，封他为沌阳县子，食邑三百户。又跟随王僧辩攻克平定京都，降服谢答仁，在湘州平定陆纳。承圣二年（553），按照前后的战功，晋爵为侯，增封食邑至五百户。又任散骑常侍，兼任信义太守，将军职务不变。陈霸先翦除王僧辩后，周铁虎率领所部归附陈霸先，因而恢复了他原来的职务。

徐嗣徽带引北齐渡江，周铁虎在板桥浦打败敌水军，缴获了敌人的全部器械和船只。又攻打历阳，袭击北齐的步兵军营，全都攻克。徐嗣徽被平定后，绍泰二年（556），周铁虎迁任散骑常侍、严威将军、太子左卫率，不久，跟随周文育在南江抵御萧勃，一直担任前军。周文育又命令周铁虎为偏军，在苦竹滩袭击萧勃的前军欧阳頠。

后来，跟随周文育向西征讨王琳，在沌口战败，周铁虎和周文育、侯安都全被王琳擒获。王琳引见将领们，与他们说话，只有周铁虎言词声调不示屈服，所以王琳把周文育等人全部饶恕，只有周铁虎被害，时年四十九岁。

陈霸先听说后，下诏说："天地间最为宝贵的，是活着，人最重要的是生命。至于献出生命以保持节气，效忠皇命报答恩惠，追怀往昔，信用更重要。朝臣周铁虎勇猛顽强，北讨南征，竭尽全力效忠。虽被俘，仍能怒视敌人，忠贞无比。应追任为侍中，护军将军，青州、冀州二州刺史，加封食邑一千户，并送给一部鼓吹，侯衔不变。”

天嘉五年（564），世祖陈蒨又下诏说：“汉、魏各朝，对功臣猛将都予以表彰，所以功烈才得以长存，世代也因此不朽。周铁虎臣节鲜明，被俘入敌垒，也能正色于敌庭，临死不屈，可钦可敬。应该厚葬追悼，可配享高祖庙庭。”其子周瑜袭封。这是后话。

且说王琳俘获了周文育、侯安都等人后，下令把周文育、侯安都等人关押起来，用一根长长的锁链把他们全部系在一起，关在自己所坐的大船的底舱里，命令亲信宦官王子晋看管监视。王琳把在湘州的军府移到郢城，又派他的将领樊猛袭击占据了江州。

陈武帝听了战报，闻知周文育、侯安都等重要将领被俘，甚是吃惊！

他分析战况，知是逆风所致，反而放下心来。即令陈朝司空侯瑱和领军将军徐度率师前锋部队去讨伐王琳。初十，诏令临川王陈蒨西讨，以舟师五万从京师出发，陈武帝亲自到冶城寺送行。陈武帝拟亲率大军，一鼓作气，荡平王琳所部。

王琳进军盆城，行到白水浦。被王琳所俘的陈朝将领周文育、侯安都、徐敬成等人，对监管他们的王琳亲信王子晋策反。并答应给王子晋丰厚的财物。王子晋假装要钓鱼，就乘小船靠近大船垂钓。夜里，把周文育等人用小船载上岸，藏入深草丛中。王琳当时已睡着，毫未觉察。周文育、侯安都等人得以步行回去，投奔陈朝的军队。

周文育、侯安都、徐敬成等人回到建康，向陈武帝请罪自劾。陈武帝急忙接见了他们，好言宽慰。说这不是你们的错！你们作战英勇顽强，只是天时不济，遇到逆风。一起宽宥了他们的兵败之罪。过几天，恢复了他们原来的官职。王子晋跟随到了建康，受到朝廷特酬重赏。

王琳一觉睡醒，俘虏不见了，连王子晋也找不到了。料知是王子晋放走了他们，王琳懊悔不已。于是，迁移湘州军府到郢城。因陈朝江州刺史侯瑱见侯安都大败被俘，侯瑱就慌忙逃回京都建康了。这让王琳白捡了个大便宜。王琳令部将樊猛率兵袭击了江州，又重新占据了江州府。

陈霸先派司空侯瑱与领军将军徐度率领水师作为先锋前往讨伐王琳。陈武帝在大军压境的情况下，再派吏部尚书谢哲去宣谕王琳，抚慰劝降。

几天后，谢哲从王琳处回朝复命，说：王琳请求回到湘州去。陈武帝心想既然王琳表示顺服，也就不再讨伐了。于是，下诏追回出征的军队。癸未（十七日），众军从大雷回来。陈霸先平素一向都是“非军旅急务，不轻调发”，他的本意是尽量减少兵战杀戮，可这恰恰给了王琳以喘息的机会。

王琳企图东下攻陈霸先，因鲁悉达控制长江中游，王琳担心祸患自己，多次遣使诱降，鲁悉达始终不从。鲁悉达，字志通，扶风人。其祖父鲁斐，为齐通直散骑常侍、安远将军、衡州刺史，爵为阳塘侯。父亲鲁益之，为梁云麾将军，新蔡、义阳二郡太守。鲁悉达幼以行孝出名，初任梁南平嗣王中兵参军。侯景之乱时，鲁悉达纠集乡里人，保守新蔡，耕种田地蓄积谷物。当时兵荒马乱而闹饥荒，京都和上川饿死者十有八九，残存者皆携老带幼投靠他。鲁悉达分给他们粮物，救活了很多人，又在新蔡建房舍让他们安居。招抚晋熙等五郡，派其弟鲁广达率兵随王僧辩征讨侯景。侯景之乱平定后，梁元帝授任他为持节、仁威将军、散骑常侍、北江州刺史。

梁敬帝即位，王琳盘踞上游，留异、余孝顷、周迪等人各处齐起，陈霸先派鲁悉达安抚五郡，甚得民心，士卒皆乐意为他效劳。王琳授任鲁悉达为镇北将军，霸先也派赵知礼授他为征西将军、江州刺史，各送鼓吹一部。鲁悉达两边都接受，但皆不就任。安西将军沈泰秘密地率军偷袭他，未能攻克。北齐派行台慕容绍宗率众三万攻打郁口诸镇，鲁悉达与之交战，大败北齐军，慕容绍宗仅仅逃得性命。

王琳不能东下，又拿鲁悉达没奈何，便与北齐勾结，互相呼应，北齐派清河王高岳援助他。两军相持一年多，恰恰鲁悉达的偏将梅天养等有罪，害怕鲁悉达惩治，就暗中勾引齐军，攻入了城内。鲁悉达不得已，率领数千军队渡过长江，归顺了陈武帝。陈霸先见到鲁悉达，非常高兴，就问：“为何这么晚才来归附我呢？”

鲁悉达说：“我在您的上流驻守着，情愿做您的番属屏障，陛下授予我官爵，对我的恩情是厚重到了顶点的，沈泰对我的袭击，其威慑也是深刻的。然而我之所以自己来归顺陛下，确实是因为陛下豁达大度，就像汉高祖一样。”

陈霸先叹道：“您在上游做我们的屏障，这话说得对呀。”于是加授鲁悉达为平南将军、散骑常侍、北江州刺史的职位，封为彭泽县侯。

陈武帝既然扛起了这份重担，他就用尽心血，收拾这破碎的汉家河山。

由于战事连连，江苏、湖南、湖北、浙江、安徽等地遭受北齐、西魏胡人、鲜卑人等无数次屠杀，造成大量的人口死亡。千里沃野，田园荒芜。水库、水渠也在战争中垮塌。陈武帝诏令从广东、广西大量迁移民众来江南耕种田地，劝农劝桑。奖励生产，减免头一两年的税收。陈武帝抽出一部士兵兴修水利，清理水库、水渠淤泥，沟通水道。一时间，原本山河破碎的江南大地生机初现。

陈武帝雄心勃勃，要结束华夏版图上的小国林立、战乱纷争的局面。

第二十八章　守华夏彪炳千秋

陈朝的建立，把北方分裂、战乱和残暴势力阻挡在长江以北。寒门子弟通过军功和文学诗歌、艺术等才能，也能跻身于社会上层，从而打破了自东汉、两晋、南朝宋、齐、梁朝的士族豪门的垄断。陈朝建立前至隋大一统之后，这个时期的思想和生产力得到极大的释放，给南方社会带来了飞跃的发展。

陈朝的水利修建，促进了农业生产。太湖南岸的吴兴塘，可以“灌田二千余顷”。又疏通支流河道，既能防洪防涝，又可浇灌田地。还围湖造田，就是拦湖筑坝，围成大片的肥沃农田，称之为“湖田”。这种湖田特别肥沃，产量甚高。江南出现“良畴美柘，畦畎相望，连宇高甍，阡陌如绣”的景象，成为南陈的文人墨客、诗人、画家们抒写情怀的绝佳素材。岭南“少战乱，水稻三熟，瓜果丰盛”，史载：“江南之为国盛矣……地广野丰，民勤本业（农业生产），一方成稔，则数郡忘饥。”

此时的西魏，也被周朝（史称北周）所取代。

永定元年（557）正月，辛丑（初一），周公宇文觉即了天王正位，点燃篝火，禀告上苍，在朝廷外的大门前接受文武百官的朝拜。追奠天王的父亲宇文泰为文王，母亲为文后。大赦天下。封退位的西魏恭帝为宋公。新朝体现五行中的木德，以表示继承西魏的水德，实行古代夏朝的历法，服装的颜色以黑色为上。任命李弼为太师，赵贵为太傅、大冢宰，独孤信为太保、大宗伯，中山公宇文护为大司马。周王宇文觉任命王琳为司空、骠骑大将军，任命尚书右仆射王通为左仆射。

王琳在北周、北齐的支持下，引兵东下，进犯南陈。

衡州刺史周迪想占据南川，召集他所管理的八个郡的太守，商量结盟。周迪对他们宣称将要去保卫京城建康。此事传到建康，陈朝为防范周迪假借保卫京城的名义，图谋叛乱。中书省就派人去向周迪传达制止的命令。并且强调守卫建康的军队甚多。要调动军队是由朝廷中书省军机处决定的，地方郡守还是负责守卫各郡县。陈武帝对周迪加以厚抚，因此，周迪师出无名，就按兵不动。

周迪是临川南城人。幼时居于山谷，四肢有力，能挽强弓，以射猎为业。侯景叛乱时，周迪的族人周续在临川起兵，梁始兴王萧毅把辖郡让给周续，周迪招募乡人跟从周续的军队，每次战斗必定勇夺第一。周续部下的头领，都是郡中的豪族，稍有骄横的行为，周续便约束禁止，这些首领对他都有怨恨，便一同杀了周续，推举周迪为主，周迪于是据有了临川之地，在工塘筑城。周文育讨伐萧勃时，周迪按兵保境，观望成败。周文育派长史陆山才游说周迪，周迪便拿出大量粮饷，来资助周文育。平定萧勃后，周迪因功加封振远将军，改任江州刺史。

这时，余孝顷对王琳道："周迪等郡守都依附了金陵（建康），偷窥机会出兵攻打你。如果你率大军东下去进攻建康，周迪他们必是你的后患，不如先平定南川。然后再引兵东行，攻克建康。孝顷愿招集旧部，跟随您效力。"

王琳倚仗北周、北齐的援助，遣李孝钦、樊猛、刘广德等带八千人马到临川，与余孝顷会合。余孝顷总督樊猛、李孝钦、刘广德三将，共领兵二万进驻临川故郡工塘。并以洛城（今金溪浒湾洛城）为中心的八个乡镇用树木筑起栅栏围逼周迪，同时谋攻黄法氍所部。余孝顷先向周迪征粮，周迪惶恐急于请和，愿送粮饷。樊猛等将想接受和好的盟约收兵回去，但余孝顷希望出兵能夺到更多的利益，不许樊猛等退去，树起栅栏围住他们。因此，樊猛与余孝顷开始不和。

余孝顷得寸进尺，还不肯退军。周迪向陈武帝求援。陈霸先急令高州刺史黄法氍，吴兴太守沈恪，宁州刺史周敷合兵前去救援周迪。

据史料记载：黄法氍，字仲昭，巴山新建人。年轻时精壮敏捷有胆力，一天能步行三百里，可跳三丈远。很熟悉文书章奏，精通登记的文簿，在郡中出入，被乡里人畏惧。侯景之乱时，他在乡里聚集人马。太守贺诩去到江州，黄法氍代理郡中事务。

陈霸先率军越过南岭去援救建康，李迁仕在半路作梗，霸先命令周文育在西昌驻扎，黄法氍派兵援助周文育。当时黄法氍出管新淦县，侯景派行台于庆抵达豫章，于庆分兵袭击新淦，黄法氍抵抗，打败敌人。霸先也派周文育进军讨伐于庆，周文育怀疑于庆兵力强盛，不敢前进，黄法氍带领人马和他会合，共同进军攻克笙屯，俘获大批敌人。

梁元帝秉承皇帝旨意任命他为超猛将军、交州刺史，兼任新淦县令，封为巴山县子，食邑三百户。承圣三年（554），任他为明威将军、游骑将军，晋爵为侯，食邑五百户。梁敬帝即位，改封为新建县侯，食邑和以前一样。太平元年（556），从江州分出四个郡设置高州，以黄法氍为使持节、散骑常侍、都督高州诸军事、信武将军、高州刺史，在巴山镇守。萧勃派欧阳頠攻打黄法氍，黄法氍和欧阳頠交战，打败了他。

永定二年（558），王琳派李孝钦、樊猛、余孝顷攻打周迪，并图谋攻击黄法氍，黄法氍率军援助周迪，活捉了余孝顷等三员大将。晋号为宣毅将军，增加食邑至一千户，送给一部鼓吹。又因为抵抗王琳有功，被授职为平南将军、开府仪同三司。熊昙朗在金口反叛，杀害了周文育，黄法氍和周迪一起讨伐平定了他。

霸先病逝后，世祖即位后，黄法氍晋号为安南将军。天嘉二年（561），周迪反叛，黄法氍率军和都督吴明彻会合，在工塘讨伐周迪。周迪被平定，黄法氍的功劳居多。征召为使持节、散骑常侍、都督南徐州诸军事、镇北大将军、南徐州刺史，仪同、鼓吹都不变。没有受职，不久又改任都督江州、吴州诸军事，镇南大将军，江州刺史。六年，征召为中卫大将军。

太建五年（573），陈朝大举北伐，都督吴明彻出到秦郡，黄法氍为都督，出到历阳。北齐派历阳王率领五万步兵骑兵前来援救，在小岘筑城，黄法氍派左卫将军樊毅分率军在大岘御敌，大败北齐军，俘获了全部人马器械。于是造拍车和步舰，竖起拍车逼向历阳。历阳人窘迫，请求投降，黄法氍于是减缓了攻势，历阳人却又坚守，黄法氍生气，亲自率领士兵攻城，放拍石击打城楼和矮墙。当时又下起大雨，城崩塌，攻克，把守城士兵全部杀掉。进军合肥，敌人看见他的旗帜就投降，黄法氍下令将士不能掠夺，亲自抚慰，并且和他们结盟，把他们全部放回北方。按照功劳升任侍中，改封为义阳郡公，食邑二千户。同年，迁任都督合州、霍州诸军事，征西大将军，合州刺史，增加食邑五百户。

太建八年十月去世，黄法氍时年五十九岁，追任为侍中、中权大将军、司空，谥号威。其子黄玩袭封。

且说周敷分兵扼守江口，截断水路。余孝顷的属将刘广德进军，顺流先下，被周敷一战而擒住。黄法氍率兵与周敷等会合，与余孝顷、李孝钦、周迪等人交战，打败了他们，弃舟逃窜。周迪率兵众追击，生擒余孝顷、李孝钦等三将，绑送建康。余孝顷的属将樊猛逃回湘州。周迪以功加封平南将军。余孝顷被俘后，归顺了陈朝政权，先后被任命为陈益州刺史和南豫州刺史。

当时，余孝顷的儿子余公飏，弟弟孝励、孝猷仍然据守新吴县旧营栅不投降。陈武帝令周文育、周迪、黄法氍一起讨伐余公飏。豫章太守熊昙朗带兵去与他们会合，这样共有一万军队。周文育驻扎在金口，余公飏假装投降，密谋着要在周文育受降时抓住他。周文育察觉到这一密谋，见余公飏来营请降时，说话词不达意，神色闪烁，料他有诈。当即喝令左右把他缚住。囚送建康。

余孝励忙向王琳告急，王琳派部将曹庆率兵去援助。曹庆令偏将常众爱，前去攻打周文育，曹庆亲率兵众袭击周迪和安南将军吴明彻。周迪仓猝逆战，被打败了。周文育刚刚进军驻扎在三陂，与常众爱列营相拒，还没交战，分出胜负。

周文育占据三陂的时候，有流星坠下地来，响声如雷，地陷下一丈见方，当中有碎炭几斗。又镇中忽然听见小孩子的啼哭声，全镇都大惊，细听哭声来自地下，军队挖掘之后，找到一具棺材，长三尺，周文育感到很厌恶。这时周迪战败的消息传来，周文育率军退守金口。

熊昙朗因周迪、周文育兵败，就谋划杀害周文育以接应常众爱。监军孙白象知道了这一密谋，就劝周文育要先动手，但周文育不听。周文育说："不行。我的旧兵人少，客军人多，如果杀了昙朗，人心都会惊慌，立即就会败亡了，不如推心坦诚安抚他。”

周迪战败后，扔下船逃跑了，不知去向。过几天，周文育才得到周迪的信，求分兵援助。周文育想请熊昙朗派兵去救援，就亲自带着周迪的信去熊昙朗军营里，想让他看了，当面商议分兵援助的事。熊昙朗却想谋杀周文育正愁没有机会，偏周文育亲自来送死，熊昙朗不禁喜出望外，马上命令壮士埋伏在军帐后，自己出帐相迎。待周文育入营帐内坐定，只讲了几句话，熊昙朗就传了一个暗号，埋伏在帐后的壮士一齐杀出，刀剑乱杀，周文育前后受敌，无可奔避。当即身首两分了。熊昙朗杀死周文育，以周文育的首级号令周的军队，威胁周文育的部队顺服，然后率军进据新淦城，攻袭周敷的部队。

周文育是很早就跟随陈武帝南征北战的重要军事将领，屡建大功，威震天下！没想到英勇盖世的周文育，竟然被一个土豪所害。可悲可叹！

知人善任的陈霸先曾经规劝过周文育。据说，陈霸先有一次和手下大将杜僧明、周文育、侯安都等人在一起饮酒，三人都争着夸耀自己的功劳。陈霸先对他们说，你们都是良将，却各有不足。杜公志大才疏，对下属过于亲近，对上级骄横无礼；周侯您交友不慎，不考虑对象，身处危险之中，对人却没有猜疑和防范；侯郎行事傲慢放纵不知收敛。这都非全身之道啊！

陈霸先的这三员大将中，除杜僧明病死在江陵外，周文育和侯安都的命运都不幸被他说中。——周文育因过于轻信别人而死于下属之手，侯安都因为居功自傲而被陈蒨诛杀。

且说熊昙朗谋杀了周文育，威胁周文育的队伍去攻打周敷。当时，周敷侦悉了熊昙朗的阴谋，悲愤万分！当下激励将士严阵以待。当熊昙朗率军到来的时候，周敷纵兵痛击。更加上周文育的旧部众，都是被熊昙朗胁迫的，于是乘势阵前倒戈，个个愤恨，勇敢追杀。熊昙朗抵敌不住，好不容易杀出重围，只剩得一人一骑，奔回巴山。熊昙朗这种做法，人神共愤，巴山村民袭杀熊昙朗，以他首级示众。

陈主霸先还不知周文育死讯，特地派侯安都率兵接应。侯安都率兵众快到豫章，才知周文育被害。侯安都悲愤难忍，大哭一场。痛惜这位长期共同征战的老战友。

侯安都只得含悲引军退回。途遇王琳部将周炅、周协往南走。侯安都哪里忍得？当即发令，拦住他们一顿痛打，抓获周炅、周协，囚送建康。又凑巧碰上余孝励之弟余孝猷，也率部下四千众去投奔王琳。侯安都毫不犹豫，立即率兵勇猛冲锋，东截西杀。余孝猷败退不及，不得已，投降侯安都。

侯安都一连得胜，胆气更壮！鼓着一腔怒气和失去战友周文育的悲愤之气，率军进攻王琳部将常众爱。常众爱哪见过如此不要命的猛烈打法？抵挡不住，四散败逃。曹庆闻讯也慌忙逃跑。常众爱逃进庐山，被庐山民众杀死，送首级来营。侯安都传首建康，引军回南皖。侯安都仗着一股“哀兵必胜”之气，在江州一带多次击败王琳所部，逐步扭转了战局。

陈武帝知周文育被害，极其震惊！犹如痛失自已的臂膀，几度悲痛昏厥！即日为他举行哀礼，追赠为侍中、司空，谥为忠愍。

陈武帝痛惜周文育被害，下诏讨伐，道：“熊昙朗叛逆，罪不容诛，分派大军，前去讨伐，旨在铲除罪酋，以显扬刑宪。”陈武帝征临川王陈蒨去皖口设置城栅，派钱道戢把守。陈蒨征南川兵，江州刺史周迪、高州刺史黄法氍沿江设防，追剿熊昙朗，同时防备王琳。

周文育是陈霸先最倚重的爱将之一，周文育被害的消息，对陈霸先的打击很大，他早已透支的身体终于再也支撑不住了——他病倒了。

陈武帝由于操劳太累，又痛失周文育，十二日就开始觉得身体不舒服了。陈武帝自幼习文练武，身体强健。成年后南征北战，纵横疆场。风里来，雨里去，偶有头痛脑热，练练功，逼出体内寒气，也就了然无恙。而此次，因长期共同战斗的周文育被害，陈武帝感到太过突然，太过伤心，痛惜之情，如失臂膀。

陈霸先对属下的感情，是非常真挚的。周文育当初是陈霸先的敌人，自从周文育归附到陈霸先的旗下之后，陈霸先真心待之，引为军中主将。周文育跟随陈霸先东征西讨、南征北战，屡立战功。周文育的被害，使陈霸先承受了莫大的打击，伤心欲绝，身体的免疫系统被撕开了一个窟窿，冰冷的海水持续涌入，身体的巨轮开始迅速下沉……

南陈朝廷派兼太宰、尚书左仆射王通“以病祭告太庙”，祈求保佑陈武帝快点恢复健康。又派兼太宰、中书令谢哲祭告于大社、南北郊。《陈书》记载：十六日，高祖病略为好转。已故司空周文育的灵柩从建昌运到京城。十七日，陈武帝身着素服在东堂哭悼，悲痛之极。十八日，陈武帝去听狱讼。当天晚上，火星出现在天尊位。陈武帝病情又加重。二十一日，陈武帝崩于璇玑殿，时年五十七岁。遗诏追临川王陈蒨入朝继位。

从史料中可以看到：陈武帝从十二日生病，到二十一日驾崩，前后仅只九天的时间。在他生命的最后九天内，霸先还强撑病体为周文育发丧，还强撑病体去听狱讼。他勤政如此，积劳成疾。当天晚上，天象不利，火星出现在天尊位。陈武帝病情加重。太医慌了神，愁着用药，又无力回天。

朝中突然遇到大丧，内无嫡嗣，外有强敌，老成宿将，又多在外镇边。形势极其危险！陈皇后章要儿和中领军杜棱典宿卫兵，与中书侍郎蔡景历商议，秘不发丧，火速征召陈蒨入朝。章皇后的意思是：让陈蒨暂时主持朝政，再想办法把儿子陈昌从北周救回来。当时天气炎热，尸体必须赶快进棺材，但做棺材的动作太大，章皇后为了稳定人心，不做棺材，用蜂蜡浸泡尸体。史载：“时天暑，须治梓宫，恐斤斧之声闻于外，乃以蜡为秘器，文书诏敕，依旧宣行。”蔡景历亲自和宦官、宫人一起秘密地用蜡来制作装殓尸体的器具。当时天气很热，必须做一个较大的棺材，因为担心斧头砍削木头的声音传出宫外，就用蜡做成一装尸的棺材。朝廷的一应文书诏敕，仍然按平时的样子宣布颁行。

陈武帝生活极其节俭，克勤自律。《资治通鉴》记载陈武帝：“上临戎制胜，英谋独运，而为政务崇宽简，非军旅急务，不轻调发。性俭素，常膳不过数品，私宴用瓦器、蚌盘，肴核充事而已；后宫无金翠之饰，不设女乐。”在历代帝王中，像陈武帝这样生活如此俭仆，不喜声色犬马的君主，真不多见！

陈武帝的婚姻很简单。他的原配钱氏是结发的贫贱之妻，她在陈霸先贫寒时，同甘共苦，相濡以沫。钱氏为霸先生三子，可惜都夭折了。可怜的钱氏没等到霸先发迹就病故了。后来，霸先再娶章要儿，于537年生一子，即陈昌——这是陈武帝唯一长大成人的儿子。

可是，陈昌的命运极其坎坷。刚开始，陈昌母子还能随着霸先东征西战，而辗转岭南。后来，陈武帝任为交州（今越南河内）司马，领武平（今越南永安附近）太守，率军去讨伐交州土豪李贲起兵作乱（自称越帝），霸先便派人把陈昌母子送回老家吴兴郡了。可谁知，侯景叛乱，霸先率军讨伐侯景。而侯景竟然令部将在吴兴郡搜捕了霸先的妻章要儿、儿子陈昌、侄子陈蒨等家属，关押在建康。

后来，霸先平定侯景之乱，克复建康。一家人终于团聚。霸先奉令镇守京口。陈昌被元帝诏到江陵，封为长城国世子、吴兴太守。不料，西魏攻陷了江陵，把陈武帝的儿子陈昌、侄儿陈顼都押送到长安，成了异国囚徒。

557年，西魏和南梁相继被禅位——西魏恭帝禅位给宇文觉，史称北周。南梁敬帝禅位于陈武帝，史称陈朝。陈武帝多次请北周放还陈昌。但，北周虚以委蛇，一直不肯放人。直到559年六月，陈武帝病危，盼儿不归。诚可叹也！

高祖（陈霸先）从广州南征交趾，吩咐章皇后（章要儿）和衡阳王萧昌一起跟随世祖（陈蒨）从海路回到长城。侯景之乱时，高祖去到豫章，章皇后被侯景囚禁。侯景之乱平定后，高祖被封为长城县公，章皇后被授为夫人。等到高祖登基，永定元年（557），被立为皇后。追封皇后的父亲景明为特进、金紫光禄大夫，加戴金质图章紫色丝带，授皇后的母亲苏氏为安吉县君。二年，安吉君去世，与皇后的父亲合葬于吴兴。次年，追封皇后的父亲为广德县侯，食邑五百户，谥号温。高祖驾崩，章皇后和中书舍人蔡景历商定计谋，秘不发丧，征召世祖继承皇位，此事在《蔡景历传》和《侯安都传》中有记载。世祖即位，尊奉她为皇太后，寝宫赐名慈训。废帝即位，尊奉她为太皇太后。光大二年（568），她下令废除废帝贬为临海王，命令高宗继位。太建元年（569），尊奉她为皇太后。二年三月十三日，死于紫极殿，时年六十五岁。遗令为丧事所需要的一切都从简，大家如果赠送祭品，不能杀生，不用牲畜祭祀。同年四月，群臣上奏谥号为宣太后，合葬于万安陵。

一千五百多年来，在吴兴民间，仍流传着陈霸先的爱情传说，这些传说，充满着同情和悲催——

据说当时，长城县的下箬寺，气势非凡，香火特别旺盛。湖州城里有位钱员外的夫人和女儿钱飞英，每年的正月十五都要乘着船到下箬寺来烧香。

钱夫人四十开外，面孔胖胖的，走起路来慢吞吞，为人很和善；钱小姐年方二八，长得白白嫩嫩，身材苗条，见了人羞羞答答，实在叫人动心。钱夫人和钱小姐来的次数多了，下箬寺的和尚同她们熟悉了，一个老和尚就同钱夫人开起玩笑，说："老夫人，你年年带这位小姐来进香，这位小姐又长得如此标致，我倒想帮她做个媒了。"

钱夫人知道老和尚是开玩笑，应道："大师傅想把我家小姐许给哪位公子啊?"

老和尚指着正在操场上练武的陈霸先，说："这个小伙子你看怎么样?"钱夫人说："他不就是陈霸先么，我认得，相貌长得不错，听说武功也好，可惜他是个和尚啊。"

老和尚一听钱夫人对陈霸先挺有好感，忙说："只要你们喜欢，霸先他可以还俗不当和尚。"钱夫人看看老师傅认真起来了，就讲："老师傅，你也许有所不知，我们钱家是江南有名的大户人家，陈霸先如果真的有心要娶我家小姐，他即使还了俗，起码也要做个大臣，这样才同我们钱家般配呀，你说是不是?"

老和尚说："霸先他聪明伶俐，武艺高强，我看他以后必成大器，到时候老夫人可不能说话不算数啊。"钱夫人听了哈哈大笑："算数，算数。"

钱夫人和钱小姐走了以后，老和尚把这件事讲给陈霸先听，陈霸先心里直痒痒，但嘴上只好笑笑。

其实钱小姐也已经看中了陈霸先，觉得他魁伟不俗，气度不凡。加上钱夫人把老和尚做媒的笑话和女儿一讲，钱小姐就更加坐也不是，立也不是，得了相思病，回家后天天打开钱家楼的窗户朝长兴方向观望。后来，竟然相思成疾而亡。

至今，在陈霸先的故乡，还有一座飞英塔。据传说这座飞英塔，是陈武帝陈霸先为他心爱的钱飞英姑娘建造的。这也是一段曲折动人的爱情故事!

陈霸先是湖州长兴人。他出身贫苦，从小是孤儿。长兴人喜习武，陈霸先从小也随大人练武，他勤学苦练，习得一身好武艺，且长得人高体壮，虎背熊腰。在他 15 岁那年，堂姐被邻村的一个纨绔子弟强抢去，陈霸先黑夜潜入纨绔子弟家门，将他杀死，然后连夜出逃。

陈霸先翻山越岭，逃到湖州。当时湖州城中有一家姓钱的员外，家富百万，正在建造府第，工程浩大，工匠数百，民工数千，陈霸先给钱员外家做小工。陈霸先身高体壮，力大无穷，别的小工两人抬一根木头，他一只胳膊挽一根，一人两根木头；别的小工挑砖 50 块，他能挑 200 块，干活很卖力。

钱员外已年过半百，家有一女，名飞英，不仅美貌，且赋诗抚琴，手工女红，件件皆能，年岁与陈霸先同庚。她有时也到建房工地上玩耍，一日见到陈霸先一人挽两根长木，行走如飞，不觉惊叹；又见陈霸先年轻英俊，顿生爱慕之情。有次又凑巧相遇，飞英小姐对陈霸先说："你身手不凡，当求出人头地，希望你先学习兵法，将来有所作为。"

陈霸先表示家贫无力读书，只能做工以维持生活。飞英小姐极为同情，表示愿意教陈霸先读书识字，陈霸先拱手相谢。于是相约，每晚在后花园读书识字。

飞英祖父原是武官，位至总兵，家有些兵书，飞英也偷来让陈霸先学习。陈霸先如饥似渴，如此三载，从未间歇。其间，二人互倾恋心，私订终身。

飞英小姐已长成十八岁的大姑娘，钱员外准备择婿入赘。飞英小姐向父亲禀告与陈霸先已订终身之事。

百万富翁，招个小工的女婿，钱员外的脸面往哪儿搁？为了斩断女儿的恋情，向知县密告陈霸先偷窃。知县受贿，将陈霸先收入监牢。陈霸先怒火满腔，越狱而逃，半夜进钱家，擒住钱员外。飞英小姐前来求情，她说家父就是有许多不是之处，究竟是父亲，望饶他一命，并希陈霸先快离开此处，学业已有所成，速去从军，若有出人头地之日，前来娶亲，她一定老死相等。

陈霸先依了飞英小姐，一揖道别，说：陈霸先决不辜负小姐的期望，出人头地之日，必定前来娶亲。

陈霸先投军，英勇善战，屡建巨功，官拜大将军，最后登上帝位。他立即命钦差，火速前往湖州，迎娶飞英小姐。谁知钦差回京禀报，飞英小姐早已谢世。

原来，陈霸先一离开湖州，钱员外再三相逼飞英小姐另择婚配。飞英小姐表示非陈霸先不嫁，父女反目。然而，陈霸先一去多年，音讯全无，飞英小姐相思成疾，卧床数年，在“陈郎，陈郎”的呼唤声中，闭上了眼睛。

陈霸先听闻后，伤心落泪。即着白衣素服，亲临湖州，为飞英小姐吊唁三日。感念飞英小姐的恩情，特造塔以表世代纪念。为区别佛塔之塔，特造内外二塔，其塔名“飞英”。

虽然经过一千五百年来的历史风霜，长兴民间还流传着很多关于陈霸先的传说故事，这些传说故事，都承载着华夏族人对陈霸先的深切怀念！更是华夏民族丰富的人文精神和历史遗产。

陈霸先被史学家誉为“六朝第一英主”。所谓“六朝”，即东吴、东晋、南朝的宋、齐、梁、陈这六个朝代。六朝承汉启唐，创造了极其辉煌灿烂的“六朝文明”，在科技、文学、艺术等诸方面均达到了空前的繁荣，中国南方得到巨大发展，开创了中华文明新的历史纪元。陈霸先的功业、人品、英明、果断，无疑堪称“第一英主”。他给人印象最深刻的就是“豁达大度”和“知人善任”，他有容忍下属指责的雅量，侯安都、周文育等人都曾对他厉声呵斥，他却毫不在意，还马上认错。正是因为他的大度，曾经的敌人侯瑱、鲁悉达、周铁虎、程灵洗等将领都自愿归顺于他，并对他忠心耿耿。

历代史学家都称赞陈霸先为民族英雄！在“国家危难之际，百姓无望之时”，是陈霸先横空出世，“挽狂澜于既倒，扶大厦之将倾”，挡住了来自北齐的疯狂进攻，为汉人保住了最后一块自己的国土，把异族统治整个中国的时间推迟了七百多年（元朝1271—1368年是首次少数民族建立的大一统王朝）。陈朝，在四邻强敌的夹缝中顽强地守住了华夏经济最繁荣的地区，为隋唐大一统留下了最丰厚的遗产。作为缔造者，陈霸先，他给予南中国的汉文明，不是最繁荣的盛世，却是最艰苦的守卫！

明末清初的思想家王夫之的说法最为典型："陈高非忠于萧氏，而保中国之遗民，延数十年以待隋之一统，则功亦伟矣哉！"

第二十九章　挽危局君臣协力

陈武帝驾崩之时，陈蒨正领兵驻扎在南皖（今安徽省怀宁县西长江口）。

侯安都出外征战，率军返还，经过南皖，去看望陈蒨。他们正在聊天时，忽有飞马急驰而来，报称主上晏驾，请临川王火速回京都！——陈蒨顿时惊愕！立即与侯安都一起赶赴建康。

朝中突然遇到大丧，内无嫡嗣，外有强敌，老成宿将，又多在外镇边。朝中只有中领军杜棱典宿卫兵，与中书侍郎蔡景历。侯安都入宫与他们商议怎么办？

当时，南陈的内忧外患太严重了！外有强敌环伺，北方两个强邻——北齐、西魏（北周所代）虎视眈眈，侵略者的铁蹄随时都有可能践踏和侵吞江南。整个南中国四分五裂，既有西魏扶持的萧詧伪政权，又有北齐扶持的萧庄伪政权，对江南进行势力渗透。只有南陈政权，才是唯一的华夏汉家子弟自己艰难坚守的正统王朝。

可是，陈武帝猝然驾崩，唯一的皇位继承人陈昌（陈武帝的亲子）却被押在西魏（北周），而且了无归期。如果南陈朝廷的帝位长期空悬，随时会引发不测！——或是外敌压境，或是内生变乱，甚至会有割据的军阀、豪强乘机争抢帝位。如果此时找北周讨要送还陈昌，必被北周趁机漫天要价、大做文章，甚至北周乘机兴兵南下，致使国破家亡！那“永嘉之乱，衣冠南渡”的历史悲剧又将重演。更严重的是：一旦失去了南陈之地，“衣冠”再无“南渡”之处了。在南中国的版图上，汉家子弟退无可退，再无庇护之所了。华夏族人和华夏文明也将毁灭殆尽。

这些共同的危机，弥漫在整个南陈精英人士和朝中大臣的心头！幸亏陈朝大臣们深明大义，共同应对这突然降临的危机！陈霸先平生的宽容大度、知人善任和光辉人格，不仅使陈朝将领们在陈武帝生前忠心耿耿，而且也充分表现在陈霸先驾崩之后，南陈的精英人士们仍忠心耿耿于陈朝，共同应对和化解危机！

陈蒨回朝，进入中书省。杜棱等大臣启请他即位，陈蒨坚决推辞，不敢担当。侯安都进来，对陈蒨道："今日继承大统，除了临川王还有谁？您应当顾全大局，不要拘守小节！"

陈蒨因为考虑到陈昌仍在世，坚决推辞。侯安都率几位大臣登殿，召集百官，请章皇后下令，立临川王陈蒨为嗣君，百官面面相觑，不敢发言。——因为，陈武帝霸先有子陈昌，虽然被北周俘虏，但人尚在世。所以，东宫一直虚位，没立储君。今若立陈蒨，对不起先帝霸先，以后也无法面对陈昌！皇后章要儿也想把帝位留给儿子陈昌，所以迟迟不肯颁布懿旨。

国不可一日无主。更何况外有北周、北齐强敌环伺；内有王琳、熊昙朗、留异、陈宝应等豪强、军阀窥视。中领军杜棱、蔡景历等大臣，当即面谒章皇后，请立临川王陈蒨为帝。章皇后也只得允从，后来，见陈蒨再三推让，章要儿又顾念亲子陈昌，也就犹豫不决，未肯下懿旨。

当下恼了侯安都，他正色厉声道："今四方未定，何暇及远？临川王（陈蒨）有功天下，须共立之。今日之事，后应者斩！"说着，拔剑出鞘。百官统有惧色，开始齐声赞成。

侯安都随即入宫晋见章皇后，请皇后出玉玺。章皇后只好将玺绶拿出来，侯安都又亲手解开陈蒨的头发，推他站到皇位继承人站的位置上，并令人把陈武帝的棺材迁到太极殿西阶，隆重为陈武帝发丧。章皇后这才下了命令，让陈蒨继承皇帝位。再令中书舍人代草皇后懿旨，立即颁发全国。陈蒨即日登基，是为陈文帝。颁布了大赦天下令。秋季，七月，丙辰（初一），尊奉皇后为皇太后。辛酉（初六），任命侯瑱为太尉，侯安都为司空。

南陈的精英们，熟知"永嘉之乱，衣冠南渡"的历史悲剧。甚至，他们很多人就是"衣冠南渡"的后裔。历史的教训，实在惨痛！"永嘉之乱”致使中国再次走向分裂。晋都南迁建康（今江苏省南京市）建立东晋政权，史称“衣冠南渡”。中国北部进入五胡十六国，战乱不休。

南陈的精英们深知，陈武帝驾崩后的国内外形势，极其恶劣。“永嘉之乱，衣冠南渡”的历史悲剧不能重演。他们知道南中国版图的南陈之地不能再有闪失。否则，不仅他们将“退”无可退，而且会成为历史的罪人！在这关键的时刻，他们作出了英明的抉择，共同应对了危机！

事后证明：侯安都的做法非常及时、非常正确！他的举动或许有些莽撞，但事急从权，解决南陈所面临的威胁才是最重要的。陈霸先刚刚驾崩，正是陈朝最为衰弱之时，南陈精英们必须抱团取暖，团结起来共抗外敌、同御内贼。对陈霸先的忠心耿耿，表现在这关键时刻，就是维护陈霸先毕生坚守的华夏汉文明的正统王朝，得以继续延续、发扬光大！

二十九日，大行皇帝迁殡于太极殿西阶。秋八月初十，群臣上谥曰武皇帝，庙号高祖。十二日，陈武帝霸先被安葬于万安陵（江苏省江宁县东南方山西北）。

陈武帝（陈霸先）以自身彪炳千古的贤明人格、宽厚仁德，使周文育、杜僧明、萧摩诃、侯瑱等大批战俘和降将，真心实意地归服，跟随陈武帝东征西讨，平定天下。他以自己的一副硬骨头，扛起既倒的南中国大厦，奋起抵抗外族的残暴屠杀和侵略，捍卫着华夏汉族血脉和汉文明在江南延续，为华夏民族作出了伟大的历史贡献！

长期与南梁、南陈作对的王琳，闻知陈武帝去世，认为是摧毁南陈的大好时机。

王琳令少府卿吴郡人孙为郢州刺史总揽留守事宜，他亲率军所营在濡须口，向陈朝发起总攻击。北齐的扬州道行台慕容俨率领部众逼近长江，为其声援。

十一月乙卯（初二）日，王琳进犯陈境大雷地区。陈文帝诏令侯瑱、侯安都和仪同徐度带兵去抵抗。安州刺史吴明彻乘夜袭击湓城，王琳派巴陵太守任忠进攻吴明彻，把吴明彻打得大败，吴明彻只逃出了一条命。王琳乘胜引兵东下，直逼陈朝。

王琳的军队抵达栅口，侯瑱督率各路兵马屯驻于芜湖，两军相持一百多天。春季，东关一带的水位涨高了一些，船舰可以通航。王琳率领他在合肥、巢湖的部众，乘着兵船，沿江排列而下，舳舻首尾相连，军势强大。

侯瑱向虎槛洲进军，王琳也派出兵船排列在长江西面，隔着虎槛洲停泊下来。第二天，两军交战，王琳军略处下风，王琳的军队稍稍退却，退到长江西岸以自保。到晚上，刮起一阵东北风，泊在长江西岸的王琳水军遭了殃，战船互相碰撞，一些战船被撞坏，不少战船的缆绳被刮断。把他的舟舰全刮坏了，搁浅在沙滩上，浪很大，回不了江岸。夜里有流星坠入敌人营垒中。到天亮时，风才平静下来，王琳到江边，只见许多船只已是遍体鳞伤。王琳的水军费了好大的力气才将损坏的船拖到港口，对战船进行修理。王琳水军用鹿角围在岸上，收拾船只，不敢再出战。侯瑱等人见王琳的水军无法出战，便率领船队退守芜湖。

王琳出兵攻打陈朝时，留下孙瑒镇守郢州，北周（原西魏）听到王琳东下进犯陈朝的消息，乘机派都督荆、襄等五十二州诸军事及荆州刺史史宁带兵数万人乘虚袭击郢州，占据上游地区。孙瑒环绕城墙设防线而固守。

侯瑱得知后，知道王琳难以维持很久，便把军队收回据守湖边，等待对方自败。

王琳听到北周将领史宁包围了郢州的消息焦急万分！郢州是王琳的老巢，王琳担心自己军心不稳，众人溃散，于是，他要抓紧时间攻下建康，尽早回师援救郢州。王琳急率水师东下，直到离芜湖十里地才停泊下来，军中敲击木柝报时示警的声音，一直传到陈朝军队里。

第二天，北齐赶紧派兵援救王琳。北齐仪同三司刘伯球带兵一万多人帮助王琳水战，行台慕容恃德的儿子慕容子会带领两千名铁骑屯驻在芜湖西岸，声援王琳。王琳有了北齐援兵，胆气立壮。

丙申（十四日），侯瑱下令军队一早就做饭，在寝席上用饭，船停在芜湖的洲尾严阵以待王琳军队进犯。当时西南风刮得又急又猛，王琳暗叫“天助我也”，率军径直向建康进发。侯瑱见王琳没有跟自己交战便直逼建康，心中暗喜：只要前面有军队拦截，自己的水军从后面发起进攻，王琳军受到前后夹攻，必败无疑。侯瑱等人慢慢地从芜湖出来，跟在王琳兵船后头。王琳见侯瑱的水军尾随而来，命令水军掉转船头与侯瑱决战。他求胜心切，下令扔出火把焚烧侯瑱的船队。结果西南风反而被侯瑱利用了。王琳让士兵扔火炬去烧陈朝军队的兵船，因为逆风，反而烧了自己的兵船。王琳的船队乱了套，官兵们一个个忙着救火；王琳自己也傻眼了。侯瑱命令士兵把战船前后的拍竿拿出来拍击王琳的兵船，又用牛皮蒙着有冲击力的小船去撞他的军舰，并用熔化的铁水泼洒过去。定州刺史章昭达乘坐平虏大舰从江中进击，王琳军队大败，军士溺水而死的有十分之二三，其余的都扔下船逃上岸，被陈朝军队拦住，砍杀得几乎一个都不剩了。

北齐的援军在西岸，见王琳水军大败，霎时乱成一团，只顾逃命，闯入一片芦苇泥潭之中。北齐的步军自相践踏，全陷入了芦荻泥泞之中；北齐的骑兵也乱成一团，战马陷进泥潭里去了，骑兵们只好跳下马背逃生，逃脱泥潭的只有十分之二三而已。

陈朝军队抓获了刘伯球、慕容子会，杀死和俘虏敌军数以万计。王琳的军队和北齐军的军用物资和兵器也全被陈朝军队缴获了。

王琳乘坐舴艋小船冲出战场逃跑，抵达湓城，想把散失流离的军士收拢来，但再也没有人愿意归附他，王琳百般无奈，只得带着妻妾和十几个随从投奔了北齐。

当北周的军队刚到郢州之时，郢州助防张世贵策动外城的军民去接应北周军队，共失踪军民三千多人。北周人堆起土山，架起长梯，日夜不停地攻城，并乘风纵火，烧掉了郢州内城南面的五十多座楼。王琳属将孙瑒守城的士兵不足一千人，但他能亲自安抚慰劳士兵，为士兵散酒送食物，士卒们都愿为他死战。北周人攻城不下，便授予孙瑒柱国、郢州刺史之职，封为万户郡公，以诱降他。孙瑒假装答应归顺，以为缓兵之计，而暗地里抓紧修整防御工事，一天之内就修整完备，于是又接着抵抗固守。不久，北周人听说王琳兵败，陈朝的大军就要过来了，于是就解围走了。孙瑒把将士官佐们集合在一块，对他们说："我和王琳一起扶助梁室（萧庄），也够勤劳辛苦的了；现在时局发展成这样，难道不是天命吗？"于是就派使者带上表章，表示愿以长江中游之地来归降陈朝。陈文帝授孙瑒为使持节、散骑常侍、安南将军、湘州刺史，封爵定襄县侯。

开战之前，王琳派侍中袁泌、御史中丞刘仲威去做永嘉王萧庄的侍卫，到王琳兵败之时，萧庄左右的人也都逃散了。袁泌用轻舟把萧庄、护卫萧庄的御史中丞刘仲威等一行人送到北齐边境，才拜辞而回。之后，袁泌就投降了陈朝。樊猛和他的哥哥樊毅也带着部众前来投降陈朝。

当初王琳兵船东下，攻打陈朝时，陈文帝下令征召南川的军队抵抗，江州刺史周迪、高州刺史黄法氍率领水军赶赴前线，准备迎敌。熊昙朗却占据豫章城池，排开军舰，堵塞了周迪等人向王琳军队的进攻路线。周迪等人与周敷一起把熊昙朗包围起来。

王琳兵败后，熊昙朗的部众人心涣散。周迪乘势攻下了豫章城，俘虏男女人口一万多人。熊昙朗逃入村庄之中，村民把他杀了。丁巳（初六），熊昙朗的首级被传送到建康。熊昙朗罪大恶极，其家族全部被斩。此举虽为周文育报了仇，但仍不能弥补周文育被害而造成的损失。

戊戌（十六日），陈文帝下诏，说："不论是有身份的士族文官，还是将帅士兵，凡是陷进王琳一党里的，回来了都赦免其罪，按照他们的才能予以选拔任命。"

此前，西魏（后禅代，史称北周）一直拖着不肯放陈昌、陈顼堂兄弟俩人，就是想看陈朝的热闹。寻找离间和吞并南陈的可趁之机。

没想到南陈出人意料地迅速完成了接班人的权力继承，国内军心民心极其稳定。北周（此前的西魏）哪肯就此甘心？又用了一个离间计！——释放陈昌回国，给南陈制造内斗和混乱。而湘州的王琳也趁着南陈国丧之期大举进攻。北齐趁势派兵援助王琳，想趁机捞点便宜，顺便报前两次被陈霸先击败的仇。

可是，没有想到，陈文帝在侯安都的指点下，调兵遣将，很快把来势汹汹的王琳打得一败涂地，狼狈逃窜到北齐。

听说陈昌要回来了，很多南陈的大臣，尤其是陈武帝当年忠心耿耿的老臣，都想尽忠报霸先，拥戴霸先子陈昌为帝。毕竟，"陈昌才是正牌的陈朝继承人呀！"

陈昌，字敬业，为陈霸先第六子。梁太清末年，霸先南征李贲，命妻章要儿携子陈昌随沈恪回吴兴。霸先东讨侯景时，陈昌与章要儿、陈蒨等家属都被侯景囚禁。侯景之乱平定后，梁元帝拜官长城国世子、吴兴太守，时年十六岁。

陈昌容貌伟岸俊美，神态清秀，性情聪雅善辩，熟谙治政之道。霸先派陈郡谢哲、济阳蔡景历辅佐陈昌治理辖郡，又派吴郡杜之伟跟陈昌讲授经书，陈昌读书过目成诵，明晰义理。不久，与霸先一起去荆州，梁元帝授任昌为员外散骑常侍。西魏攻陷江陵（荆州）后，陈昌与堂兄陈顼一起被押到西魏长安。

陈霸先即位，多次派使臣去接陈顼和陈昌回国。北周人虽然口头上答应，但实际上没有兑现。等到陈武帝驾崩后，西魏才放他们回朝。那时王琳占据了长江中流，挑起攻击陈朝的战端，通往建康的路受阻，陈昌只好暂时客居在安陆。等侯瑱、侯安都、徐度、章昭达等人打败王琳之后，天嘉元年（560）二月，陈昌才得以从安陆出发，经鲁山，准备渡江时，写了一封信给陈文帝陈蒨。陈昌没有清醒地看到一个事实：南陈已经有了新皇帝陈蒨，而且，陈蒨刚在不久之前的战争中大获全胜。正因为陈蒨打败了王琳，并夺回湘州之后，陈昌才回到自己的国家。陈蒨的政治、军事才能得到了朝臣的普遍认可。而陈昌却自认为自己是先帝（陈霸先）唯一的儿子，比陈蒨更有资格继承皇位。所以在写给陈蒨的信中，对陈蒨的言辞颇为傲慢不逊。陈文帝看了很不高兴。

看了陈昌的这封信，反而令陈文帝深深地忧虑了！他不仅忧虑自己的帝位受到了空前的挑战；更忧虑的是，以陈昌毫无政治、军事历练的人来承继大统，武帝霸先和自己辛苦打下的江山，能否经得起北周、北齐的摧残和打击？

而且，从北齐扶持萧渊明、萧庄和西魏扶持萧詧这些傀儡政权，把势力渗透到南中国的情形来看，陈蒨更深层地考虑到陈昌常年在北周，是否有受到北周的挟持而扶植“傀儡”政权的危险？

从陈昌的这封信，陈蒨看出他的浅薄和轻率——毫无政治经验的陈昌，又无军队可以依靠，竟然还不客气地给陈文帝陈蒨写信，暗示陈蒨赶快让位。陈昌虽然诗文俱佳，博学多才，但无论是陈昌的政治资历，还是军事才能，实在是比不上久经沙场和官场的陈蒨。

陈文帝思之再三，召见侯安都商量。他神情坦然地说：“太子将至，须别求一藩为归老之地。”侯安都却明确地表态说：“自古岂有被代天子！臣愚，不敢奉诏。”然后，侯安都主动要求去迎接陈昌。

当时巴陵王萧禮等人率百官上奏表，请求陈文帝封陈昌为使持节、散骑常侍、都督湘州诸军事、骠骑将军、湘州刺史，封为衡阳郡王。食邑五千户，加给皂轮三望车，后部鼓吹一部，班剑二十人。陈文帝立即下诏曰：“可。”三月，陈昌到达陈朝的辖境，陈文帝下诏命主书舍人沿路迎接。随后，陈蒨诏授陈昌为骠骑将军、湘州牧，封他为衡阳王。

侯安都迎接陈昌渡江。丙子（二十五日），陈昌渡长江时，船到江中，陈昌落水而亡。

史学家认为：陈昌的溺亡，侯安都有很大的嫌疑。侯安都是陈霸先的老部下，也是建立南陈的大功臣，他不允许有人破坏这个国家。虽然陈昌是陈霸先唯一的儿子，但陈昌的存在已经威胁到了南陈的稳定，所以陈昌必须死。正因为侯安都忠于陈霸先，就必定忠于陈霸先所建立的南陈；所以，侯安都必须干掉陈霸先唯一的儿子，多么讽刺的现实。除非，陈昌有大智慧，隐世遁去。但，历史没有假设。

陈昌的灵柩运到京城建康，陈文帝痛哭致丧。并追赠陈昌为“侍中、假黄钺、都督中外诸军事、太宰、扬州刺史。给东园温明秘器，九旒銮辂，黄屋左纛，武贲班剑百人，辒车京车，前后部羽葆鼓吹。送葬之礼节，一律依照汉东平宪王、齐豫章文献王旧例。”极尽哀荣！因陈昌无子，文帝以自己的第七子陈伯信继其后嗣。

后来，陈文帝进爵侯安都为清远郡公。同年，改封桂阳郡公。侯安都的父亲侯文捍担任始兴内史，死于任上。陈文帝迎接他的母亲回建康，他母亲坚决要求留在乡里。为此，朝廷在始兴设置东衡州，任命侯安都的堂弟侯晓为东衡州刺史，侯安都的儿子侯秘才九岁，陈文帝便任命他为始兴内史，并让他在乡下侍奉祖母。

但因侯安都居功而骄，常有欺君、谋逆之嫌，被陈文帝诏令杀之。或有人推测：以陈文帝陈蒨终身处事恪守的品德，当初决无害死陈昌之意，顶多会另行安置，至少为武帝霸先留下一脉根苗。侯安都却擅揣圣意，溺死陈昌以为邀功。

王琳逃往北齐之后，时刻想着借齐兵进攻陈朝。齐尚书卢潜认为时机未到，不可轻举妄动。陈文帝派人送书信到寿阳，想与北齐和好亲近。卢潜把信呈奏了北齐，仍然启请武成帝允许息兵，武成帝同意了，派散骑常侍崔瞻来陈朝聘问，并把南康愍王陈昙朗的遗体送还给陈朝。

陈昙朗的遗体运回建康后，陈文帝率领朝臣进行了隆重的安葬。陈昙朗，为陈霸先母弟忠壮王陈休先之子。其父陈休先少时卓异不凡有大志，梁简文帝在东宫时，深被赏识。太清年间接纳降将侯景后，北方有乱，便令陈休先招募数千人，授为文德主帅，不久，为梁朝战死。梁敬帝即位，追赠为侍中、使持节、骠骑将军、南徐州刺史，封为武康县公，食邑一千户。霸先得天下后，常称道休先，说："此弟若活着，中原不愁不能平定。"高祖受禅称帝，追赠为侍中、车骑大将军、司徒，封为南康郡王，食邑二千户，谥号忠壮。

陈昙朗少年时丧父，尤为高祖钟爱，受宠超过高祖诸子。他胆量勇力双全，善于安抚人心。侯景之乱平定后，陈昙朗初任著作佐郎。高祖渡江北伐，围攻广陵，宿预人东方光据乡举义旗，高祖便派昙朗和杜僧明从淮水入泗水接应。北齐援军甚众，昙朗与僧明筑垒抗御，不久奉命班师回朝，带宿预义军三万家渡江至陈。高祖诛杀王僧辩，留昙朗镇守京口，主管府内事务。绍泰元年（555），任中书侍郎，代管南徐州。

绍泰二年，徐嗣徽、任约率北齐军寇掠京都，不久讲和，北齐要求以高祖子侄为人质。当时，梁朝境内四方州郡多未归附，京都财物空虚，粮草不继。满朝文武都愿同北齐讲和。陈霸先很为难，但又不想违众议，便对朝臣说："我辅佐朝政不得力，导致蛮夷一齐骚乱华夏之朝，没有能力戡乱，又怎么能逃脱责任。现在诸位贤臣，都想休战，与北齐和好，让边境安宁，我若违众议，必定说我怜惜子侄，现我决定派昙朗去北齐为人质。不过北齐人不守信用，常伺隙而动，认为我朝虚弱，必当违背和约。如齐寇来犯，诸君应该背水一战。"霸先担心侄子陈昙朗惧怕去做人质，也许取东道出逃，他便亲自率步骑赴京口接昙朗，带他回京师，接着让他入北齐为人质。

后来，北齐果然背约，再派萧轨等人随徐嗣徽渡江。陈霸先与北齐交战，大破之，俘获萧轨、东方老等人。北齐人要求割地和给马牛牲畜赎回萧轨、东方老等俘虏，高祖没答应。等到萧轨等人被杀后，齐人也杀陈昙朗于晋阳，时年二十八岁。那时已与北齐断交，不知道陈昙朗已被害。陈霸先即位，还袭封陈昙朗为南康郡王，继奉忠壮王之祀，礼数俸禄一概同皇子。

天嘉二年（561），陈文帝派人与北齐和好，才知道陈昙朗已被害死。世祖诏曰：“追远慎终，先朝诏诰中多有所见。南康王陈昙朗，英明睿哲孝敬双亲，堪称国家之屏藩，到北齐为质，以解除国家之危难。国运昌盛了，君却未能返国，我常常想念，日夜不忘。北齐国使臣初到时，噩耗才传到，追思痛悼，在我是加倍地伤情，应该厚加追赐，以光大历朝惯例。可追赠为侍中、安东将军、开府仪同三司、南徐州刺史，谥号愍。”

接着，陈文帝派兼郎中令随出访使江德藻、刘师知接昙朗灵柩，三年春，陈昙朗的遗体才返回京都。陈休先、陈昙朗父子英勇为梁朝尽忠捐躯，诚为可敬可叹！

陈霸先创立的南陈，在继承人陈蒨的领导下，先后剿灭陈朝的劲敌王琳和割据豪强的熊昙朗、周迪、留异、陈宝应等人，迅速稳定了国内政局，安定了社会秩序。

陈文帝处事英明果断，体察百姓之艰，致力恢复经济，改善民生。陈文帝被历代史学家称为：“陈蒨是南朝历代皇帝中难得一见的有为之君。”陈文帝与南陈的精英们一起励精图治，整顿吏治，注重农桑，兴修水利，使江南经济得到恢复和发展。史称“天嘉之治”。

陈朝君臣协力自强，政治清明，百姓富裕，国势比较强盛。陈文帝勤于政务，克己自律。仅用几年的时间，就把陈朝版图恢复到东汉末年三国时期孙吴鼎盛时的规模。

第三十章　承先启后延华夏

南陈地处江南以及岭南等地，与北周、北齐以长江、黄河的天险为依仗，形成东、西、南一个大“T”字形的自然格局。类似于东汉末年的三国鼎立的局势。上天顾念华夏汉族和华夏文明，使陈朝成为南朝中最富强的朝代。而且，陈朝虽然只有33年，却一连出现了三位好皇帝——陈霸先被史学家赞誉为“六朝第一英主”（东吴、东晋、南朝宋、齐、梁、陈，合称六朝），和两位明君——文帝（陈蒨）和宣帝（陈顼），使华夏汉人的传统文化得到完整的保留和延续。

在陈朝短暂的年代里，连续出了一位英主和两位明君，实为历朝罕见。

出身寒门的南陈武帝陈霸先，上位后仍不忘本，继续勤政克俭，反对奢靡。使整个社会风气都为之简朴，国力得到快速的恢复。可惜，他在位仅21个月便撒手人寰。他没完成的统一大业，也就落在了“陈氏宗亲”的后人肩上。他唯一健在的儿子陈昌却被西魏押在长安，在外有强敌，内无嗣子的危机状况下，他的侄子陈蒨被朝中重臣侯安都等人推上了帝位。史称陈文帝。

陈文帝不负重望，迅速扭转了陈朝面临的危机，击溃了湘郢王琳、临川周迪、建安陈宝应等地的叛乱，并阻止了北周军沿长江的顺流而下。

梁末，南中国大乱，导致群雄割据。南方的豪强乘机起兵，割据州郡，无视陈廷的诏命，对陈朝在江南的统治构成严重威胁。当时，割据势力有湘州王琳、东阳留异、建安陈宝应、临川周迪、豫章熊昙朗等。陈朝刚立国，面临北方北周、北齐的严重威胁，对这些割据势力只能尽量施以怀柔、笼络，正式任命其为所据州郡的长官。

陈文帝平定了盘踞湘、郢的王琳，解除了陈的一个大隐患。王琳本是梁元帝任命的湘州刺史，江陵陷落后，他成为长江中游一带萧梁残余势力的盟主，并与北齐相勾结。他立梁元帝年仅七岁的孙子萧庄为帝，准备与北齐一同东下进攻建康。陈文帝在击败王琳和北齐的联军之后，陈收复了江、郢二州，消除了后方隐患。

随后，陈文帝进军巴丘（今湖南岳阳），截断江路。北周军队在陈军采用封锁政策所造成的饥饿威胁下，只得迅速撤退。陈文帝在这次战役中，又获致空前大捷。

陈文帝处事稳健，使江东政权初步稳定下来，以后广州刺史欧阳頠、桂州刺史淳于量又先后归附。长江以南统一在陈朝政权之下了。564 年，章昭达先后击败周迪、陈宝应、留异诸军，南陈才算真正意义上获得了统一。

在平定外患的同时，陈文帝还注重内部“吏治”的制度建设。陈顼因为是陈文帝的弟弟而显赫，势力压倒在朝在野的一切人，直兵鲍僧睿依仗陈顼的势力横行不法，御史中丞徐陵上奏章弹劾他。徐陵与南台官属一起将奏章送入陈文帝宫内。陈文帝见徐陵上奏时冠冕严整、表情严肃，陈文帝也为之严正坐直。徐陵上奏弹劾时，陈顼正在殿上，仰头观看陈文帝，惊慌得脸上流汗变色。徐陵叫殿中御史领陈顼下殿。陈文帝为此免掉陈顼侍中、中书监之职，朝廷之上为之肃然。

陈文帝注重发展农业生产，实行过“土断”政策。他大力兴修水利。南陈文帝曾修建长达 120 多华里的水渠，并引浙江绍兴“鉴湖”之水灌溉农田，使江南陈朝逐渐富强。侯景乱梁，江南生产遭受严重的破坏，商品交换与货币混乱不堪，阻碍了经济流通。天嘉五年（564），陈文帝铸五铢钱，促进了市场流通，有利于经济发展。陈文帝对促进江南的发展和维护社会的稳定做出了卓越的贡献。

天康元年（566），陈文帝病重，尚书仆射到仲举、五兵尚书孔奂与安成王陈顼、吏部尚书袁枢、中书舍人刘师知入宫侍奉医药。当时太子陈伯宗年幼柔弱，陈文帝惧怕他难以守住皇位，对陈顼说：“我想效仿当年吴太伯传位于其弟。”

陈顼伏在地上痛哭流涕，坚决推辞不受。孔奂对陈文帝说："安成王是您的兄弟，必定会效仿周公辅政。他若有废立之心，臣等虽然愚钝，也不敢听命啊。"

天康元年四月二十七日（566 年 5 月 31 日），陈文帝陈蒨去世，遗诏皇太子陈伯宗继承帝位。时年四十五岁，陈朝谥号文皇帝，庙号世祖，葬于永宁陵。

唐代史学家李寿南赞之："文帝起自布衣，知百姓疾苦，国家资用，务从俭约。妙识真伪，下不容奸。一夜内刺闺取外事分判者，前后相续。每鸡人伺漏传签于殿中者，令投签于阶石上，铿然有声，云：'吾虽得眠，亦令惊觉。'其自强若此云。"

陈文帝勤于政务，克己自律。仅用几年的时间，就把陈朝版图恢复到孙吴时期的规模。陈文帝处事英明果断，体察百姓之艰，致力恢复经济，改善民生。他于战乱之中，创造了"天嘉之治"的奇迹。他是中国历史上难得的明君之一。

陈文帝之后的陈宣帝（陈顼），也是中国历史上少有的明君。他实现了两代先帝都没能完成的目标——光复江淮故土。陈顼建立了陈朝肇基以来的最大功勋。陈顼在位期间，兴修水利，开垦荒地，鼓励农业生产，社会经济得到了一定的恢复与发展。

陈顼在陈文帝驾崩后，地位和权势越来越大。史载：陈顼，字绍世，乳名师利，陈霸先兄陈谈先第二子。陈文帝（陈蒨）之弟。生于梁大通二年（528）七月初六日，出生时有红光遍布堂室。年少时宽厚大度，富于才略。成年后，容貌俊美，身高八尺三寸，垂手过膝。有勇力，擅长骑射。

陈霸先在平定侯景之乱后，镇守京口。梁元帝征召霸先的子侄到江陵，梁元帝任陈顼为直阁将军、中书侍郎。当时有马军统领李总与陈顼有旧交，常常一道游玩共处。陈顼曾在夜里醉酒，未灭灯而睡。李总外出，而归，见床上陈顼身体乃是一条大龙。李总惊恐无比，拔腿就跑，躲到别屋去了。

西魏攻陷江陵，杀梁元帝，并把陈昌、陈顼掠至长安。陈文帝即位后，陈顼于天嘉三年从北周回国，授侍中、中书监、中卫将军，置佐史。不久授使持节，都督扬、南徐、东扬、南豫、北江五州诸军事，扬州刺史，晋号骠骑将军。仍封为安成王。

陈文帝驾崩后，刘师知为中书舍人，与陈顼、尚书仆射到仲举同受陈文帝遗诏辅政。刘师知，沛国相人。世代为寒族，祖父刘奚之，为齐晋安王咨议参军、淮南太守，刘奚之善于治政，齐武帝亲手写诏多次褒赏他。父亲刘景彦，为梁尚书左丞、司农卿。

刘师知好学，有当世之才。他博览典籍，工于写文章，通晓仪礼，朝廷掌故，大多详悉，在梁朝刘师知任王府参军。绍泰初年，陈高祖武帝辅佐朝政，任刘师知为中书舍人，掌管诏诰。那时战乱之后，礼仪大多散失，陈高祖任丞相以及加九锡连同受禅，所有的礼节制度都由刘师知制定。陈高祖受天命即位，刘师知仍任舍人。刘师知天性随便，与周围的人多不合，虽职位不曾升迁，然而委任甚重，他的诤言劝谏，皆大有裨益。

天嘉元年（560），因事免职。当初，陈世祖敕令刘师知撰《起居注》，他从永定二年（558）秋到天嘉元年（560）冬，共写了十卷，又起用为中书舍人，再掌诏诰。天康元年（566）世祖病，刘师知与尚书仆射到仲举等人入侍医药。陈世祖崩，预先受遗诏。刘师知感到陈顼势大难以控制，心里十分忌惮，与尚书左丞王暹等谋划将陈顼调出京城。多位朝臣十分犹豫，都不敢首先提及此事。东宫通事舍人殷不佞，一贯以维护名望气节为己任，加上在东宫任职，是皇帝亲自任命的，于是赶到尚书省假传圣旨对陈顼说："现在天下无事，安成王可以回自己的东府管理州务。"

陈顼正准备离开尚书省，中记室毛喜赶来见他，说："陈朝据有天下为时还很短，国家接连遇到大丧事，上下都感到担忧害怕。太后经过深思熟虑，才叫您进尚书省共同兴举各种事功，殷不佞所说的，一定不是太后的意思。社稷的重任在身，希望您能三思，必须另行向朝廷奏报，不要使邪恶之徒的阴谋得逞。现在离开尚书省就会受到别人的牵制束缚，比如像曹爽那样，只愿当个富家翁，这怎能如愿！"

陈顼派毛喜和领军将军吴明彻商议，吴明彻说："继位的国君正在居丧，日常纷繁的政务很多还没有着手。殿下亲如周公、召公，应当辅助皇上安定国家，希望殿下留在尚书省，不必疑虑。”

陈顼于是假装生病，请刘师知来，留住他进行谈话，同时派毛喜先向太后禀告。太后说：“现在伯宗皇帝年幼，政事都委托给二郎陈顼。殷不佞所说的不是我的意思。”毛喜又去向陈废帝说这件事。陈废帝说：“这是刘师知他们自己的所作所为，朕并不知道。”毛喜回来报告给陈顼。陈顼把刘师知囚禁起来，亲自进宫见太后和皇帝，极力陈述刘师知的罪行，自己起草了诏命请皇帝御批，把刘师知交给廷尉，当天夜里，在牢狱中把他赐死。任命到仲举为金紫光禄大夫。

到仲举字德言，彭城武原人。祖父到坦，齐中书侍郎。父到洽，梁侍中。仲举没有什么学业可言，然而为人处事刚强正直。初官著作佐郎、太子舍人、王府主簿。出任为长城令，为政号称廉明公正。文帝居于乡里，曾到到仲举处，时值天阴下雨，仲举独坐于斋内，听见城外有箫鼓声，不一会文帝到了，仲举十分惊奇，便着意结交依托。文帝又曾因饮酒过度夜里睡在仲举帐中，忽然间有五色神光照于屋内，从此仲举专心侍奉，更为恭谨。侯景之乱发，仲举依附于文帝。等到侯景乱平，文帝为吴兴郡守，以仲举为郡丞，与颍川人庾持同为文帝宾客。文帝为宣毅将军，以仲举为长史，不久兼任山阴县令。文帝继位，授为侍中，参掌选事。天嘉元年（560），暂摄都官尚书，封宝安县侯，食邑五百户。天嘉三年任都官尚书。同年，迁任尚书右仆射、丹阳尹，参掌均如故。不久改封建昌县侯。仲举既然没什么学识，处理朝廷典章并非他的特长，铨选辟吏、引荐任用之事的处理，均出自袁枢。仲举生性随便，不干涉事务，与朝臣不曾过分亲近，只是聚敛财物、饮酒取乐而已。天嘉六年，任职期满，解去丹阳尹职。

这时期，陈文帝（陈蒨）长年卧病，不亲自处理政务，尚书省中大事，都让到仲举自己断决。天康元年（566）迁任侍中、尚书仆射，参掌职如故。文帝病重，入内侍候医药。等到文帝崩，高宗（陈顼）受遗诏为尚书令入辅，仲举与左丞王暹、中书舍人刘师知、殷不佞等，借口朝廷之人望有所归依，使派殷不佞矫诏宣旨遣送陈顼还东府。

事发，王暹、殷不佞一同交送有关部门治罪。殷不佞是殷不害的弟弟，少年时对父母很孝顺，陈顼平素很看重他，所以唯独他没有被处死，只是被罢官而已。王暹被处死。从此以后国家大政都归于陈顼。

右卫将军会稽人韩子高，镇守幕府，在建康的诸多将帅中，部下的兵马最为强盛。韩子高，会稽山阴人。家世原本寒微，侯景之乱时，子高寄居于京师。侯景之乱平定，陈文帝（陈蒨）出守吴兴，韩子高年十六，与陈文帝交好，容貌美丽，看上去像个妇人一般。在淮渚想要搭军队之车乘还乡，陈文帝见了，问他说："你能侍奉我吗？"子高应允。子高原名蛮子，文帝为他改名子高。韩子高生性恭敬谨慎，尽心尽力地侍奉，常常带着刀为陈文帝防身，也常为陈文帝端盘子送酒食。陈文帝性子急，韩子高总能领悟其意旨。年长后，学会了一些骑射之术，处事勇敢果决，希望做个将帅之人。待到平定了杜龛，陈文帝配给他士卒。文帝十分宠幸他，不曾让他离开身边。文帝曾经梦见骑马登山，道路险恶，几乎要坠下山去，得子高之推扶而得以继续攀登。

陈文帝讨伐张彪时，沈泰等先降，陈文帝占据了州城，周文育镇守北郭香岩寺，张彪自剡县乘夜回军偷袭城池，陈文帝从北门逃出，事起仓促，又值黄昏昏暗，军人纷纷扰扰，周文育也不知陈文帝在哪里，只有韩子高在身边，陈文帝便派韩子高从乱军中前往见周文育，复命酬答，在昏暗中又赶去慰劳众军。陈文帝稍稍拢合一些游散之兵，又由韩子高引导进入周文育军营中，因此一道建立了寨栅。次日，与张彪作战，张彪之部将申缙又来投降，张彪便逃奔松山，浙东平定。陈文帝于是将手下之兵马多配给韩子高，韩子高也轻掷钱财礼贤下士，归附他的人很多。

陈文帝继位，任韩子高为右军将军。天嘉元年（560），封为文招县子，食邑三百户。王琳到栅口时，韩子高在台内值宿。等到平定了王琳，韩子高所统之兵更多了，将士依附于他的，韩子高都尽力加以提拔，陈文帝也都加以任用。天嘉二年，韩子高迁员外散骑常侍、壮武将军、成州刺史。及至征讨留异，韩子高随侯安都屯于桃支岭岩下。当时韩子高兵强马壮，装备精良，另外统率一营人马，单马冲入敌阵，伤了左颈，头上发髻也被削掉一半。留异乱平，韩子高任假节、贞毅将军、东阳太守。天嘉五年（564），章昭达等从临川征讨晋安，韩子高从安泉岭出发与章昭达会师于建安，在诸将中人马号称最为强盛。晋安乱平，韩子高以功迁任通直散骑常侍，晋爵为伯，增加邑户连同旧邑共四百户。天嘉六年（565），征辟为右卫将军，至京师，镇守领军府。陈文帝病重，入内侍奉医药。废帝即位，韩子高迁为散骑常侍，右卫如故，移屯于新安寺。

韩子高曾经和到仲举共谋。毛喜请陈顼选派士兵马匹给韩子高，并赐给他铁和木炭，供他修治兵器盔甲。陈顼感到惊讶说："韩子高参预谋反，正要把他抓起来，为什么反倒这样？"毛喜说："先帝的山陵刚修建完毕，边境的盗寇还很多，韩子高受前朝的委用，号称凭倚之材。如果抓他，恐怕不能斩杀，或许变成祸患。应当对他推心置腹安抚诱导，使他不产生怀疑，等到有机会再对付他，只要一个壮士的力量就够了。"陈顼非常同意。

毛喜，字伯武，毛喜年少时好学，善写草书隶书。陈武帝一向赏识他。等到陈武帝镇守京口，命令毛喜和侄陈顼前往江陵，且敕令陈顼有事向毛喜请教。等到梁元帝即位，以陈顼担任领直，毛喜任尚书功论侍郎。后，西魏攻陷江陵，毛喜和陈顼一同押往长安。陈文帝即位后，毛喜从北周回来，进献两国和好的策略，陈朝于是派周弘正等人前去通问致意。等陈顼回国后，又派毛喜出使周，请求释放家属。周冢宰宇文护握住毛喜的手说："能结成两国友好关系的，是你啊。"继而迎接柳皇后和后主回国。

陈文帝曾对陈顼说："我的每个儿子都用'伯'作为名字，你的每个儿子应用'叔'作为名号。"陈顼拿这事询问毛喜，毛喜立即列举杜叔英、虞叔卿等二十多位古代名人贤士上报，陈文帝阅后称好。陈文帝驾崩，废帝年幼无知，陈顼录尚书辅佐政事，仆射到仲举等人假托太后的命令，遣送陈顼回东府，当时群臣心存疑虑恐惧，但没有谁敢置一词。毛喜立即驱马入朝，对陈顼说："今天所下的命令，一定不是太后的意思，事关国家兴亡，望三思而行。"陈顼最终听从了毛喜的计策。

陈顼即位后，授任毛喜给事黄门侍郎，兼佐中书舍人，主管军队和国家的机密。陈宣帝陈顼计议北侵，敕令毛喜撰写军中制度十三条，下诏颁布天下，因文字太多不予录载。毛喜为母亲服丧而离职，诏封毛喜的母亲庾氏为东昌国太夫人，派遣员外散骑常侍杜缅绘制她的墓田图，皇上亲自和杜缅依照图画给予指点，毛喜就是如此被重视。

陈朝军队夺得淮南之地后，毛喜陈述安定边境的策略，宣帝陈顼采纳了，当天就实行。宣帝又想出兵彭、汴，询问毛喜，毛喜认为“淮左新近平定，边民还没有安定，很难和它争锋，不如安定边民守卫边境，这是长久的计策”。陈宣帝不听从。结果吴明彻（派去攻打的将领）被周俘获。自从吴明彻失败后，陈宣帝深深后悔没听毛喜的话，对袁宪说：“不听毛喜的计策，导致到这个地步，是我的过错啊。”

至德元年（583），陈后主授予毛喜永嘉内史。毛喜到达郡城后，不受俸禄，政治宽弘清明，官吏百姓全都安居乐业。遭遇丰州刺史章大宝起兵谋反，永嘉郡与丰州接壤，但一向没有防备，毛喜于是修筑城壕，修理器械，又派兵增援建安。贼人平定之后，陈宣帝授任毛喜南安内史。祯明元年，征入朝廷任光禄大夫，领左骁骑将军，在入京途中去世。

到仲举被免职后回到住所，心里很不平静。他的儿子到郁，娶陈文帝的妹妹信义长公主为妻，授南康内史的官职。因遇国丧，他没有赴任。韩子高自己也感到有危险，请求离京镇守衡、广等州；到郁坐小轿，蒙上妇女的衣服，到韩子高那里去商议策划。恰巧前上虞令陆昉和韩子高军队的主将检举到郁谋反。陈顼在尚书省，召集在位的文武大臣们商议立皇太子的事。清晨，到仲举、韩子高到尚书省，都被抓起来，连同到郁一并押送廷尉，皇帝诏令在狱中赐死，他们的余党一个也不追问。

光大二年（568）正月，陈顼晋位太傅，兼司徒，给予特别礼遇，可不解剑不脱履上殿，增加邑户连同旧邑共三千户，其余一并如故。十一月二十三日，慈训太后下令废废帝为临海王，以陈顼入继大统。太建元年（569）春正月初四，陈顼即皇帝位于太极前殿。史称陈宣帝。

陈宣帝亲身经历了西魏攻陷江陵、自己与陈昌被掠至长安、颠沛流离的生活。他深知百姓疾苦，饱尝国破家亡之痛。他决心北伐，开荒拓土。570 年，在当时还没有一个皇帝封女子为主将的情况下，陈宣帝命令冼夫人以及她的儿子冯仆带领军队渡海南下，追击叛军，经过非常艰难的战争之后，冼夫人最终取得了胜利，平定了南疆。

573 年，陈宣帝决定令十万大军渡过长江，讨伐北齐。北齐就在长江以北，与陈朝国都南京只隔一条大江，实在太不安全。所以陈宣帝必然要伐齐的，先不考虑灭齐，至少也要夺回淮南。自古定都南京者，其防御战略都是守江必先守淮。没有淮河防线，长江防线根本守不住。没有淮南地区，长江无险可守。

淮南地区有三座对南朝来说非常重要的军事重镇。淮河南岸是寿阳（安徽省淮南市寿县），淮河与长江之间是合肥，长江以北是广陵（江苏省扬州市）。陈朝如果能收复淮南，布兵于此三重镇，至少建康京城就可以高枕无忧了。

再者，陈宣帝看出：北周已取得对北齐的战略优势，或许用不了几年，北周就将灭齐。北周灭齐后，下一步肯定是要大举进攻陈朝。如果周兵在江北的瓜步、广陵布兵，京都建康哪还有安全可言？所以陈宣帝要抢先一步行动，绝不能坐视这千载难逢的机会从指缝中溜走。而且北周为了分散北齐的兵力，也希望陈顼能出兵伐齐。

北周与陈朝的合作，类似于三国蜀汉与东吴的结盟合作。蜀使邓芝说得清清楚楚：吴、蜀灭魏之后，会进行战争，而不是孙权所说的二主并治，没有这个可能。周、陈也是如此，双方本就是竞争关系，只不过暂时为了一个共同的目标走到一起。灭齐之后，周与陈是肯定要大打出手的，这也为后来的历史所证明。

陈顼已经做出伐齐的决定，虽有很多大臣劝谏，意见不一，只有吴明彻坚决支持，但陈顼北伐的意志极为坚决。陈宣帝让大臣们推选主帅。多数大臣认为中权将军淳于量位高权重，应为主帅。但尚书左仆射徐陵却认为："吴明彻的家乡在淮左，知道当地的风俗；而统军、谋略的才能，当今也没有超过他的人。"都官尚书裴忌也同意以吴明彻为帅。好在大将吴明彻支持皇帝的北伐，而且家在江北的吴明彻熟悉江北的情况，因此，吴明彻被选为北伐军主将。

陈太建五年（573）三月，吴明彻率十万陈军渡过长江，正式开始了对北齐淮南地区的进攻。陈朝在周、齐、陈三国并立的格局中，实力最弱。陈顼能拿出十万之众，几乎是掏家底了。

陈宣帝即命吴明彻都督征讨诸军事，并诏加侍中、赐女乐一部，与裴忌领兵十万大军，北击北齐。陈朝经过陈霸先、陈蒨两代人的艰苦努力，才有了如今十万大军的规模。陈朝浩浩荡荡的第一次北伐，就此掀开了序幕！

吴明彻率十万大军从京都建康出发，沿江的城镇，相继归降。当陈朝大军来到秦郡时，齐国的大将军尉破胡领兵增援。吴明彻攻秦郡（治今南京六合），都督黄法氍攻历阳（今安徽和县）。四月，黄法氍部将复广达于大岘（今安徽含山东北）击破北齐军，吴明彻部将程文季率敢死队，拔掉州前水障木栅，进围秦州。北齐遣军援救历阳，为黄法氍所败，又以尉破胡、长孙洪略援救秦州。吴明彻使猛将萧摩诃击斩北齐军前队善射者西域胡及大力者十余人，北齐军大败，斩获不可胜计，尉破胡逃走，长孙洪略战死。王琳单骑突围，幸免逃脱。王琳逃到彭城，齐国令他就地到寿阳去，并准许他招募军队，以抵抗陈朝。五月，黄法氍攻克历阳，尽杀守城士兵后进军合肥，合肥望旗请降。秦州也投降了。陈军顺利攻克淮南重镇寿阳，从而实现了陈顼“守江必先守淮”的战略。

因为秦郡是吴明彻的故乡，所以陈宣帝传旨送来太牢的祭祀礼品，让他祭拜祖先祠堂和上坟。各种文武仪仗十分兴盛，使乡里人都以此为荣。

接着，吴明彻又进军并攻占仁州，朝廷任命吴明彻为征北大将军，晋封南平郡公。吴明彻率大军再进逼寿阳，齐国派王琳前来抵御防守，吴明彻趁天黑进攻，到半夜击溃了齐军。齐兵后退，占据相国城和金城。

王琳自从攻击陈朝，被陈文帝令侯瑱、侯安都、徐度等将领打败后，逃到北齐。他在寿阳与行台尚书卢潜产生了嫌隙，相互之间总是争执不已。齐帝召王琳还邺城，任命他为沧州刺史。后来又任他为特进、侍中。王琳所住的房子屋脊无故破裂剥落，出来几升红色的蛆，落地后蠕动，变成血水。又有龙从他门外的池中跃出，生出云雾，白昼昏暗。

这时，陈将吴明彻攻打北齐，齐帝派领军将军尉破胡等出兵救援秦州，并令王琳等参与谋划。王琳对自己的亲信说：“如今太岁在东南，岁星居于牛斗的位置，太白已经升高，这些天象都对客军有利，我们将有丧败。”又对破胡说：“吴兵势头很猛，要用长远之计来胜它，要谨慎不要轻易出战。”破胡不听。与陈军战，大败。王琳单骑突围，幸免逃脱。逃回到彭城，齐国令他就地到寿阳去，并准许他招募军队。又晋封他为巴陵郡王。

陈朝吴明彻命令在军中增修攻城器具，又拦住肥水灌城，城中苦于水湿，许多人得了肠胃病，手脚都浮肿，死去的有十之六七。齐国派大将皮景和率领几十万军队来救援，到离寿春三十里的地方，止步，不敢前行。

陈朝诸将都问：“牢固的城池还没有攻克，敌人强大的救援部队就在附近，不知道您用什么计谋破敌?”吴明彻胸有成竹地说：“兵贵神速，而对方结营不敢前进，自挫锋芒，我知道他不敢和我们作战，这还不是很清楚的吗?”于是，吴明彻亲自穿上甲胄，在城四面猛烈进攻，城内非常惊慌，陈军昼夜攻打，城内水气侵袭，人人浑身肿胀，死者和重病人互相枕藉。从七月攻城到十月，城陷，生擒王琳、王贵显、扶风王可朱浑孝裕、尚书卢潜等人。齐援军的统领皮景和惊慌害怕而逃跑，吴明彻缴获了他的全部驮马和辎重。

王琳被擒后，吴明彻本想保全他。而吴明彻的部下将领多是王琳的旧将，争相来向王琳表示问候，并送给王琳财物用品，百姓都哭泣着跟随他不肯离去。吴明彻怕生变乱，果断地将王琳在城东北二十里杀死，时年四十八岁。很多人为他痛哭，声如雷震。有一个老头儿带着酒肉前来号哭，以酒洒地祭奠他，并把他的血收起来带走了。吴明彻把王琳的首级传送到建康，陈朝将王琳的脑袋悬挂在街市上示众。这个为害南中国多年的北齐、北周的傀儡代理人王琳，终于结束了他投机钻营的一生。

陈宣帝下诏，说：“寿春是古都会，有淮河、汝水环绕，地势险要，控制黄河、洛水，地理位置重要。重臣吴明彻，图谋宏伟，一举攻克。他远大的谋略压倒当世。往日夷族在这里驻扎，营造天子基业，乌烟瘴气。如今一举扫平，恢复我疆土，功勋卓著，应任都督豫州、合州、建州、光州、朔州、北徐州六州诸军事、车骑大将军、豫州刺史，增封食邑至三千五百户，其他职衔不变。”

陈宣帝派谒者萧淳风，去寿阳册封吴明彻，在城南设坛，二十万将士列旗击鼓，操戈披甲，吴明彻登坛接受册封，礼仪极为隆重，将士们无不欢呼雀跃。

陈宣帝（陈顼）执政十四年，为陈朝执政最久的皇帝。他力排众议发动北伐，先后攻克历阳、六合等地，合肥也望风而降；陈顼建立了陈朝肇基以来的最大功勋。陈顼在位期间，兴修水利，开垦荒地，鼓励农业生产，社会经济得到了一定的恢复与发展。

但是陈宣帝在形势刚有所好转之际，便屡次发动北伐。577 年，北周灭了北齐后，又想进攻陈朝。陈宣帝命吴明彻带兵再次北伐。最后吴明彻打了败仗，最后走投无路，吴明彻被北周兵俘虏。吴明彻气恨交加，不久，因为忧愤加重病情，死于长安，时年六十七岁。陈朝褒奖和赞赏吴明彻一生的功劳，追封吴明彻为邵陵县开国侯。

陈朝的再次北伐，被北周大败（吕梁之战），先前收复的土地也全部沦陷。吕梁之战后四年（582），陈宣帝（陈顼）在忧愤中驾崩，终年五十三岁。虽然陈朝一度攻占的淮、泗之地，最后又被北周夺走。但总的来说，陈顼在位期间，国家比较安定，政治也较为清明。

而陈宣帝的儿子陈叔宝就不称职了。可以说，陈叔宝是一个诗文骚客，是一位优秀的文人，他把聚众饮酒吟诗当作正业，而把皇帝职务当作副业。“梁陈诸帝经常召集诸王及大臣们论诗作赋”，极大地推进了汉文化的发展。陈霸先建立陈朝后，更推崇文学，引用文人做官。汉文明（包括政治、经济、思想、学术、经学、技术、绘画等文化领域）得到前所未有的复兴。汉—魏—晋—宋—齐—梁—陈，这整整八百年间，虽然政权在不断更替，但华夏民族的文化基因一直传到南陈。

历代史家经过研究，认为：“陈朝，在中国文化与文学史上算是蓬勃发展的时期之一。”“在最黑暗的时刻，陈朝顽强地保留了汉文化的火种”，陈朝三十三年间，完整地保护了江南的汉文化，《陈朝五帝与陈朝兴亡》中说“涌现了以谢灵运、徐陵等为代表的一批山水诗人，以陈后主、陈叔齐、陈叔达、张丽华和孔范等为代表的一批宫体诗人，以姚察、姚思廉、陆琼、顾野王等为主的一批史学家。”“还有如张僧繇、陆探微、戴逵等一批江左画家或书画评论家，有寓居吴兴之王羲之七世孙僧智永、丁觇，善得王羲之书法之技的陈文帝陈蒨，善大工草隶的文帝之子陈伯茂以及沈君理等一批书法名家，有经学家昙缔，造诣颇深的沈重、礼学大师潘微和太学博士沈德威等一批在全国都有影响的经学大师。佛教人物有天目山高僧慧集，与陈文帝、陈宣帝关系颇深的吴兴大僧慧巨，遍游三吴讲宣经教的慧基大师等一批佛教高僧等，也为陈朝及江南文化和文学艺术的繁荣添光溢彩。”

陈霸先奋勇抵抗野蛮外族的残暴屠杀和摧残，保住了江南华夏血脉和华夏汉文化，维护社会稳定，凝聚人心，陈朝成为华夏汉文明最后的传承者。到隋朝皇帝杨坚（杨坚乃东汉太尉杨震之后）统一江南时，历史让陈朝成为汉族正统的华夏文明的最后交接者。如果陈朝在杨坚称帝之前被灭，那华夏文明和华夏汉族就会被野蛮残暴的外族屠杀、摧毁殆尽！到杨坚建立隋朝，北方鲜卑政权落入了汉族人的手中，北方政权步入了人类文明的发展轨道，陈朝也完成了它的历史使命——汉文化的交接。隋朝南、北一统之后，汉文明才得以保留并在南、北文化交融中，获得了新的生命，极大地丰富了华夏文明。

正如范文澜在《中国通史》中所说：“隋唐文化继承南朝，隋唐经济也依仗南方，数全国财富，‘扬一益二’，就是长江流域开发的结果。到唐中期，韩愈说‘当今赋出天下而江南居十九’，长江流域地位更见重要。”又说：“中国古文化极盛时期，首推汉唐两朝，南朝却是继汉开唐的转化时期。唐朝文化上的成就，大体是南朝文化的更高发展。”范文澜还说：“西晋灭亡后，黄河流域在少数族统治下，长期遭受严重的破坏，汉族在长江流域建立本族政权，抵抗少数族的南来蹂躏，这是有利于民众的事业，不能看作分裂和割据。”陈朝保护了“汉家衣冠”不至断灭，继承和发扬了史学、文学、艺术、科技等华夏文明成果，上承两汉魏晋宋齐，下启隋唐，为后世的唐诗、宋词的辉煌奠定了厚重的文化基础。

附录　陈武帝大事纪年

503 年（梁天监二年癸未）　陈霸先出生在吴兴长城下若里村。身长七尺五寸，日角龙颜，垂手过膝。其先祖陈达为长城令，喜欢长城山水，定居于此，曾经对亲友道："此地山川秀丽，当有王者兴，二百年后，我子孙必钟斯运。"霸先少时，曾游学义兴，宿于许氏学馆。晚上梦见天空撕开几丈宽的口子，四个身穿大红衣服的人，从天上合手捧着太阳来到他跟前，令他张口吞下太阳，惊觉梦醒时，霸先的肚子里还是热乎乎的。

535 年（梁大同初年）　宗室新喻侯萧映任吴兴（今浙江湖州）太守。霸先为传令吏。曾谓僚佐曰："此人方将远大。"

540 年（大同六年）　萧映任广州刺史，陈霸先随任直兵参军。萧映令陈霸先招集军士达到千人，萧映命陈霸先驻守宋隆郡。陈霸先所部安化二县并不服从南梁的管辖，陈霸先率兵平定。陈霸先被任命为西江督护、高要郡守。

544 年（大同十年）　广州爆发兵乱，萧映被围。陈霸先率三千精兵，一战解围，杜僧明、周文育归降。受到梁武帝瞩目。授霸先直阁将军，封新安子，邑三百户，遣画工图陈霸先容貌而观之。

544 年（大同十年）冬　萧映在广州病亡。

545 年（大同十一年）　陈霸先为萧映送丧还都，至大庾岭，诏陈霸先为交州司马，领武平太守，与新任交州刺史杨孱南讨李贲。

陈霸先返回广州，召聚将士，备办军资。

545 年（大同十一年）　12 月陈霸先与杨孱等征讨大军于抵达交州。杨孱见霸先整军，赞："能克贼者，必陈司武也。"于是把平叛方略委托给陈霸先。此时，定州刺史萧勃暗中收买引诱他们，劝杨瞟不要南征。杨瞟把各路将领召集起来询问对策，陈霸先说："交趾叛离，过错在皇族，结果导致几个州叛上作乱。现在正值庄稼成熟之际，定州方面回过来想只顾眼前利益，不顾国家大计。您奉命讨伐叛孽，本来应该不顾生死，全力以赴，怎么能害怕皇族而轻视国家之害呢？现在假如因害怕皇族而让大家灰心丧气，又何必来交州讨伐叛军，问罪之师，如果回去，就会遭到指责了。"于是催促士兵振奋前进。

545 年（大同十一年） 六月大军进入交州，李贲的数万部众在苏历江口岸扎起栅栏城抵抗官军。杨瞟举荐陈霸先为前锋，兵锋所向，无不攻陷，李贲逃到了典澈湖。叛贼在屈獠界设置营寨，大造船舰，阻挡在典澈湖中。梁军十分害怕，停在湖口不敢进兵。陈霸先对将领们说："我们的军队已经耗时良多，将士疲劳，长时间相持，这恐怕不是好办法。况且孤军无援，进入了敌军腹地，如果一次不能取胜，又怎能保全自己。如今不如接着李贲多次迁移逃跑，人心没有稳固，当地夷民拼凑而成一军，很容易摧垮，如果此时不去战胜他们，此后将找不到这么好的时机了。"当天夜里江水涨起了七丈，大水进入了湖中。陈霸先率领所部兵马，趁水涨之机抢先进攻，众军击鼓与叫喊声成为一片，李贲叛军大溃。

547 年（太清元年） 李贲逃窜进入屈獠的洞中，屈獠斩杀李贲，传首京师。李贲之兄李天宝逃入九真，与盗匪首领李绍隆聚集剩余的二万兵马，杀南朝梁德州刺史陈文戒，进围爱州，陈霸先再次率军平定叛军。梁武帝加封陈霸先振远将军、西江督护、高要太守、督七郡诸军事。

548 年（太清二年）八月 东魏降将侯景举兵反梁，侯景之乱爆发。陈霸先将要率兵赴援，广州刺史元景仲暗地里心怀异志，想要对陈霸先不利。陈霸先知道元景仲的图谋，与成州刺史王怀明、行台选郎殷外臣等秘密商议实行戒严。

549 年（太清三年）七月 陈霸先在南海召集兵马，快马传檄以讨伐元景仲。元景仲兵败被缢杀，陈霸先迎宗室萧勃到广州镇守。

当时临贺内史欧阳頠在衡州，兰裕、兰京礼煽动始兴等十郡一起举兵攻打欧阳頠，欧阳頠难以抵挡，遂向萧勃请援。萧勃令陈霸先率兵前往救援，陈霸先擒拿了兰裕、兰京礼等众人。

549年（太清三年）十一月 陈霸先派杜僧明、胡颖率领二千人驻扎在岭上，并以厚礼结交始兴的豪杰一起聚义旗，侯安都、张偲等率千余人归附陈霸先。

镇守广州的萧勃听说陈霸先起兵讨伐侯景，派钟休悦前去劝说陈霸先。萧勃无意讨伐，陈霸先只好遣使往江陵，投到梁武帝第七子、湘东王萧绎帐下，受其节制。

550年（大宝元年）正月 陈霸先率领大军从始兴出发，抵达大庾岭，击败奉萧勃之命在南野（今江西南康）拦截的蔡路养，收降将萧摩诃。乘胜进驻南康。陈霸先被萧绎授为明威将军、交州刺史，封南野县伯。

550年（大宝元年）六月 陈霸先修缮崎头古城，据守。高州刺史李迁仕占据大皋，派他的主帅杜平虏率领一千人进入赣石、鱼梁，陈霸先命令周文育率兵打跑了杜平虏部，李迁仕逃到宁都。萧绎任陈霸先为通直散骑常侍、使持节、信威将军、豫州刺史，兼任豫章内史，改封为长城县侯。不久又任命为散骑常侍、使持节、都督六郡诸军事、军师将军、南江州刺史，其他职衔不变。当时，宁都人刘蔼等资助李迁仕船舰、武器，打算袭击南康，陈霸先派杜僧明等率领二万人马占据白口，筑城防守。与李迁仕也筑城对峙。

551年（大宝二年）三月 杜僧明等攻下敌城，活捉了李迁仕，送到南康，陈霸先下令处死。萧绎命令陈霸先出兵平定了江州，任命陈霸先为江州刺史，其他职衔不变。

551年（大宝二年）六月 陈霸先从南康出发。南康、赣石一带从前有二十四滩，滩上巨石林立，行船的人都认为难走。陈霸先出发时，江水猛涨数丈高，三百里路段巨石全被淹没。

陈霸先率军进驻西昌，有龙见于水滨，高五丈许，五采鲜耀，军民观者数万人。

551年（大宝二年）八月 王僧辩率军驻扎在湓城，陈霸先率杜僧明等部共三万人拟与萧绎部下都督王僧辩会师。由于当时陈霸先名声在王僧辩之上，故王僧辩心存畏忌。王僧辩等西路各军正好缺粮，情势不妙，陈霸先已贮有军粮五十万石，陈霸先迅速馈送三十万石给西路各军，打消了王僧辩的顾忌，也在西路各军中赢得了威信。

适逢侯景废简文帝，立豫章嗣王萧栋为帝，陈霸先派兼长史沈衮奉表到江陵劝萧绎登基。

551 年（大宝二年）十一月　萧绎任命陈霸先为使持节，都督会稽、东阳、新安、临海、永嘉五郡诸军事，平东将军，东扬州刺史，兼会稽太守、豫章内史，其他职衔全都不变。改封长城县侯。不久之后又加授散骑常侍、使持节、都督六郡诸军事、军师将军、南江州刺史。

552 年（大宝三年）正月　陈霸先南路征讨大军从豫章（今江西南昌）出发，这时已有甲士三万人，强弩五千张，舟舰二千艘，水陆俱下，另有前军五千由骁将杜僧明统领，已抵达湓口（鄱阳湖入长江口）。

552 年（大宝三年）二月　陈霸先率军到达桑落洲，派中记室参军江元礼把此事奏知江陵萧绎，秉承皇帝旨意加授予陈霸先一部鼓吹。

王僧辩等西路大军又从寻阳起行，在白茅湾（今安徽怀宁）与陈霸先会师。王僧辩与陈霸先登坛设誓，缔结盟约。

征讨大军沿路攻克芜湖、姑孰（今安徽当涂），侯景的守城将领张黑弃城逃跑。

552 年（大宝三年）三月　陈霸先和各路人马攻克姑熟，又进军到蔡洲。侯景登上石头城察看，神情沮丧，对身边的人说：“此军上有紫气，不易可当。”于是用小船装上石头，沉在水底堵住淮河口，沿淮河筑城，从石头城到青溪的十多里地段，楼与城墙相接。将领们均无良策，王僧辩派杜崱向陈霸先问计，陈霸先说：“前柳仲礼数十万兵隔水而坐，韦粲之在青溪，竟不渡岸，贼乃登高望之，表里俱尽，肆其凶虐，覆我王师。今围石头，须渡北岸。诸将若不能当锋，请先往立栅。”陈霸先就在石头城西面横在田中扎起栅栏，各路人马扎起八座依次相连的栅城，一直通到城东北面。叛军害怕通往西州的道路被切断，也在东北果林扎起五座栅城拦住大路。侯景率领一万多人，战马八百多匹，结成阵式前进。陈霸先说：“军志有之，善用兵者，如常山之蛇，首尾相应。今我师既众，贼徒甚寡，应分贼兵势，以弱制强，何故聚其锋锐，令必死于我?”于是命令各路将领在各处布置兵力。叛军直接冲击王僧志，王稍稍退缩，陈霸先派徐度带领二千弓箭手拉开堵在后面，叛军于是退却。陈霸先与王琳、杜龛等人趁机用铁甲骑兵全力反攻，叛军退守栅城。侯景的仪同卢辉略打开石头城北门前来投降。荡主戴冕、曹宣等攻占了果林的一座栅城，其余四城也被大军攻占。叛军反攻，拼死作战，又把栅城全部夺回。陈霸先气愤之极，亲自率军攻打，士兵们越过栅栏冲进去，叛军又四散逃走。侯景和一百多名骑兵弃槊操刀，在阵中左右冲杀，阵不动，侯景的人马大败，向北逃窜，一直被追到西明门。侯景逃到皇宫门前楼下，不敢进禁城，派心腹之将携带他的两个儿子逃走。后，侯景被杀。羯人灭族。

陈霸先率军从广陵出来阻截，碰到侯景的部将郭元建投奔北齐。陈霸先收降了他的三千人后返回，王僧辩启奏萧绎同意陈霸先镇守京口。

552 年（大宝三年）五月　北齐令辛述率七万兵围梁朝的秦郡，守将严超达拼死抵抗。

陈霸先派徐度率援军助严超达守城。北齐七万之师，填沟壑，堆土山，挖地道，攻势很猛。陈霸先亲自率一万人来解严超达之围，他派兵四面出击，攻打北齐军，弓箭乱射，北齐平秦王被流矢射中身亡，杀敌几百人，北齐收兵退走。

陈霸先凯旋南归，派记室参军刘本仁到江陵告捷。

552 年（大宝三年）七月　广陵侨民朱盛、张象潜合兵一处袭击北齐刺史温仲邕，北齐遣使来告知此事，陈霸先率兵马渡过长江来接应。适逢北齐使者来南朝梁，请求南朝梁割让广陵，王僧辩同意了此事，将此事告知陈霸先，于是陈霸先率军返回南徐州，江北之人跟随陈霸先军队南下的有一万余口。

湘东王萧绎授陈霸先使持节、散骑常侍、都督南徐州诸军事、征北大将军、开府仪同三司、南徐州刺史等职务。

王僧辩率大军去湘州（今湖北红安县）征讨陆纳之时，湘东王萧绎命陈霸先代为镇守扬州。

552 年（大宝三年）十一月　湘东王萧绎即帝位于江陵，改元承圣元年。史称梁元帝。

湘州平定之后，王僧辩回朝，陈霸先还镇京口。

554 年（承圣三年）三月 梁元帝进陈霸先为司空。

554 年（承圣三年）十一月 西魏破江陵，梁元帝萧绎被杀。

王僧辩与陈霸先商定，以晋安王萧方智为梁王、太宰，秉承皇帝旨意，又派遣长史谢哲奉表劝进。

554 年（承圣三年）十二月 晋安王萧方智自寻阳而来，入居朝堂，给陈霸先班剑二十人。

555 年（承圣四年）五月 王僧辩为北齐军势所慑，屈事北齐，迎立北齐扶植的贞阳侯萧渊明为梁帝，以萧方智为太子，陈霸先苦劝不可立北齐傀儡，致梁朝名存实亡，南冠文明亦覆灭。往返数四，僧辩竟不从。陈霸先愤懑不已，对亲信说："武皇虽然是开国元勋，英明远达四方，至于报仇雪耻，救国于危难，只有孝元帝罢了，他功业卓著，超过前代的皇帝。我和王僧辩都受他重托，他的话才说不久，声音未了，怎么才过一天就有了不同的打算呢？继位之王是梁陈霸先的孙子、元皇的儿子，海内关注，天下归心，难道有什么罪过，无故遭致废黜，求助于外族，封王立帝都不按朝纲，观察这种情形，也就清楚不过了。"于是，陈霸先密制几千件长袍，贮集锦缎彩帛和金银，准备赏赐之用。

555 年（承圣四年）七月二十六日 王僧辩被迫拥立萧渊明为帝。

555 年（承圣四年）九月二十五日 陈霸先预防后患，先派侄陈蒨率五名精兵回吴兴长城，招兵以防杜龛。派周文育率十名精兵到义兴，招兵以备韦载、王僧志等人反叛。

然后，召集徐度、侯安都、周文育等人商议此事，又部列将士，分赏金银锦帛，部队水陆并进。当晚从南徐州出发讨伐王僧辩。

555 年（承圣四年）九月二十七日 陈霸先的步兵来到石头前，派勇士从城北越入。这时王僧辩才接管事务，在外虽拥有军队，但此时却无济于事。一会儿，勇士从内杀出，王僧辩急忙逃跑，与他的第三子王颁相遇，二人一起出楼，身边还有几十人，拼死苦战。陈霸先的大部队不久赶到，王僧辩寡不敌众，跑上城南门楼，陈霸先借风纵火焚烧，王僧辩被逼活捉。当晚绞杀王僧辩父子。

555 年（承圣四年）十月二日 萧方智正式登基，改年号为绍泰，是为梁敬帝。

555 年（承圣四年）十月五日 诏令高祖为侍中、大都督中外诸军事、车骑将军、扬州南徐州二州刺史，持节、司空、班剑、鼓吹全部不变。又诏令高祖可携带一百名武装卫士出入宫殿。

555 年（绍泰元年）十月 震州刺史杜龛（王僧辩女婿）占据吴兴，和义兴太守韦载（王僧辩亲信）共同起兵反叛。高祖命令周文育率军去义兴攻打韦载，杜龛派他的堂弟杜北叟带兵阻击，杜北叟战败回到义兴。

555 年（绍泰元年）十月二十四日 高祖奏请亲自向东讨伐，留高州刺史侯安都、石州刺史杜棱留守都城。

555 年（绍泰元年）十月二十七日 陈霸先率东征大军进入义兴。

555 年（绍泰元年）十月二十九日 陈霸先率军攻克叛军水栅。秦州刺史徐嗣徽据守其城以便进入北齐，又要求南豫州刺史任约和他共同起兵接应杜龛、韦载，北齐提供军粮。徐嗣徽等人认为都城守军空虚，带领五千精兵忽然出现在城楼下，侯安都带领五百骁勇将士出城迎战，徐嗣徽等退守石头。

555 年（绍泰元年）十月三十日 韦载与杜北叟向高祖投降，高祖抚慰他们，并把他们释放了。由于徐嗣徽进寇都城，高祖于是带兵返回都城，命令周文育带兵讨伐杜龛。

谯（今安徽和县）、秦（今江苏六合）二州刺史徐嗣徽举州投降北齐，乘陈霸先东讨义兴之机，暗中与豫州刺史任约密谋以精兵五千袭京师建康，占据石头城。

北齐军徐嗣徽等人认为都城守军空虚，进抵宫城楼下，侯安都领骁勇五百人出城迎战，徐嗣徽等退据石头。

陈霸先派人去说服韦载及北叟来降，霸先抚慰并释放他们。

555 年（绍泰元年）十月三十日 陈霸先令全军卸甲轻装，奔救京都。命周文育进讨杜龛，以救长城。又命裴忌助黄他攻吴郡（今江苏苏州），王僧智弃城逃吴兴。

555 年（绍泰元年）十一月二日 北齐派五千人渡过淮河占据姑孰城。陈霸先命令合州刺史徐度在冶城寺扎起栅栏，向南延伸到淮河的小绿洲。北齐又派安州刺史翟子崇、楚州刺史刘仕荣、淮州刺史柳达摩率领一万人，在胡墅渡运军粮三万石、战马一千匹，进入石头城。

555 年（绍泰元年）十一月六日 陈霸先派侯安都率水军夜袭胡墅，烧毁北齐千多艘船，周铁武率水军截断了北齐的运输线，活捉了北齐的北徐州刺史张领州，缴获船运米几千石。又派韦载在大航筑城，派杜棱据守。北齐又在仓门水南扎起二道栅栏抵御梁军。

555 年（绍泰元年）十一月二十七日 徐嗣徽等进攻冶城栅，陈霸先率领铁骑兵和精锐的披甲士兵，从西明门出发袭击敌军，敌军大败而逃。徐嗣徽留下柳达摩等人守城，自己带领亲属心腹，去到南州、采石，迎接北齐援军。

555 年（绍泰元年）十二月七日 陈霸先派侯安都率领水军，到秦州袭击徐嗣徽家小，俘虏了几百人。侯安都把俘获的琵琶和鹰送还，徐大惊！

梁军把船舰连接起来堵住淮河口，截断敌军水路。陈霸先攻克北齐军石头，水南二栅，柳达摩等人渡过淮水布阵，大败北齐兵马。

555 年（绍泰元年）十二月十日 在此之前，月亮从十一月初九消失，本月初九才在东方出现。

陈霸先命令把全军分成纵队，向着冶城立航渡兵，攻打敌人水南的二道栅栏防线。柳达摩等渡过淮河布下阵式，陈霸先督促将士猛攻，火烧栅栏，硝烟弥漫，敌军败退，抢船时挤成一团，淹死了一千人以上。当时百姓在淮河两岸观看，呼喊声惊天动地。将士乘胜掩杀，个个以一当百，缴获了敌军的所有船舰，敌人胆战心惊。当天，徐嗣徽、任约等人带领北齐的水兵步兵共一万多人，返回据守石头，陈霸先派兵去江宁，占住险要地形以截断敌军道路。敌水兵步兵都不敢前进，停扎在江宁的浦口，陈霸先派侯安都击败了敌军，徐嗣徽等人乘一艘大船逃跑了，梁军缴获了敌军全部的军需品。

555 年（绍泰元年）十二月十三日 梁朝官军从四面攻打齐军，从辰时到酉时，攻占城东北面的小城，到夜晚战斗仍未停止。

555 年（绍泰元年）十二月十四日　陈霸先围攻石头城，断其汲水道路，城中无水，北齐将领柳达摩派侯子钦、刘仕荣等为使者去向陈霸先求和，提出以霸先侄子陈昙朗为人质（因霸先子被西魏押在长安）。霸先未肯。徐转求敬帝，帝令霸先议和。

于是在城门外宰牲畜结盟为约，柳达摩部将士概不追究，任其选择去向。

555 年（绍泰元年）十二月十五日　陈霸先出石头南门，陈兵数万，霸先侄陈昙朗、宗室萧庄充当人质，随北齐人往北。

徐嗣徽、任约随柳达摩奔北齐。陈霸先随即遣将攻占姑孰。

555 年（绍泰元年）十二月十六日　北齐的和州长史乌丸远从南州跑回历阳。江宁县令陈嗣、黄门侍郎曹朗占据姑孰反叛，陈霸先派侯安都、徐度等讨伐平定了他们，杀了几千人，集中到都城示众。石头、采石、南州全被平定，缴获的战马、器械、船只、粮食，不计其数。

556 年（绍泰二年）正月初七　陈霸先派陈蒨、周文育攻克吴兴（今属浙江），王僧智等逃奔北齐。朝廷令诛杀杜龛、从弟杜北叟、司马沈孝敦。

556 年（绍泰二年）二月　陈蒨、周文育轻兵袭击并攻克会稽（今浙江绍兴），斩扬州刺史张彪。至此，除江州刺史侯瑱占据江州、豫章外，王僧辩余部都被平定。

556 年（绍泰二年）二月十四日　陈霸先派侯安都、周铁武带船舰在江州防备，仍驻扎在梁山扎栅栏。

556 年（绍泰二年）二月十八日　梁敬帝诏令司空陈霸先若有军机大事，可以骑马出入都城。

556 年（绍泰二年）二月二十二日　前宁远石城公外兵参军王位在石头沙堆偶然得到四枚玉玺，陈霸先上表送到朝廷。

556 年（绍泰二年）三月二十三日　北齐派水军仪同萧轨、厍狄伏连、尧难宗、东方老、侍中裴英起、东广州刺史独孤辟恶、洛州刺史李希光，协同任约、徐嗣徽等，率十万大军从栅口而出，杀奔梁山。

陈霸先部将帐内荡主黄丛迎战，打败了敌人，烧了敌人前军的船舰，北齐军驻守芜湖。

陈霸先派定州刺史沈泰、吴郡太守裴忌随侯安都一起据守梁山抵御敌军。周文育攻湓城，未克，召之还。

从去年冬天到现在，钟山、梅岗、南涧和京口、江宁县境内连降大雨，有的地方达好几升，雨点像围棋子那么大，陈霸先上表奏告朝廷。

556 年（绍泰二年）四月三日 陈霸先到梁山军营巡视慰问。

556 年（绍泰二年）四月二十一日 侯安都率领轻装士兵在历阳袭击北齐行台司马恭，把司马恭打得大败，俘虏了上万人。

556 年（绍泰二年）五月 北齐人召见建安公萧渊明，假装要答应退兵。

陈霸先准备船只要送萧渊明去。

556 年（绍泰二年）五月九日 萧渊明背上痈疽发作，死去。

556 年（绍泰二年）五月十日 北齐召萧渊明不得，怒，率军从芜湖出发。

556 年（绍泰二年）五月十六日 北齐军队侵入丹杨县。

556 年（绍泰二年）五月二十二日 齐军到达秣陵旧治所。陈霸先派周文育屯军方山，徐度驻军马牧，杜棱屯军大航南面，以防御北齐兵。

556 年（绍泰二年）五月二十五日 陈霸先率领皇族王侯和朝臣将帅，在大司马门外面的白虎楼下杀牲畜祭告苍天，告北齐违背盟约，他陈辞慷慨激昂，提起胞弟战死后仅独苗子陈昙朗（包括永嘉王萧庄）被当人质送去北齐，仍未换回和平，感慨愧对胞弟灵位，涕泪满面！前来祭告的人都被他感染，围观的士兵情绪激昂！

556 年（绍泰二年）五月二十七日 北齐军在秣陵旧县城跨海河筑桥扎栅，运送兵马过淮河。当晚到达方山。北齐军从方山开到儿塘，流动突袭的骑兵到了朝廷禁省。

侯安都、周文育、徐度等分别带兵回到都城。

周文育、侯安都驻军白土岗，两军旗鼓都清晰可见，都城震奋。

陈霸先悄悄撤回三千精兵配给沈泰，渡过长江袭击北齐的赵彦深于瓜步，缴获一百多艘船舰，陈粮一万斛。

当天，皇帝聚集羽林禁兵，在长乐寺扎营。

556年（绍泰二年六月甲辰）初一　北齐军又秘密进到钟山龙尾。侯安都与北齐王敬宝在龙尾交战，军中首领张纂在战斗中阵亡。

556年（绍泰二年六月丁未）初四　北齐军抵达幕府山，陈霸先派别将钱明率领水军兵发江乘，截击北齐军队的粮食运输船队，把他们的船队装运的大米全部缴获。北齐军队没有粮食吃，只好杀战马、驴子充饥。

556年（绍泰二年六月庚戌）初七　北齐军队翻越钟山，陈霸先与众军分头驻扎在乐游苑东边和覆舟山北边，切断北齐军队的交通要道。

556年（绍泰二年六月壬子）初九　北齐军行进到玄武湖西北的莫府山南面，准备占据北边的郊祀高坛。陈霸先率梁军从覆舟东移，驻扎在郊坛以北，和北齐军对峙。当晚，电闪雷鸣，大雨倾盆，狂风把树连根拔起，平地积水一丈多深，北齐军日夜都在泥中坐站，把炊器吊起来做饭。但是梁军所处和皇城和潮沟的北路一带却还干燥，梁军常能轮班休整。

当时四方通往都城的道路都堵塞隔断了，粮食也运不进来，建康一带人民东流西散，无法征收粮赋。

556年（绍泰二年六月甲寅）十一日　天才稍稍放晴，陈霸先准备开战，向商人征收一些麦子，做成麦饭分给军中士兵，士兵们都已经又饿又疲劳了。正好这时陈送来大米三千斛，鸭子一千只。陈霸先下令蒸米饭煮鸭子，士兵们个个用荷叶包米饭，饭上盖上几片鸭肉。梁军精神振奋。

556年（绍泰二年六月乙卯）十二日　天还没亮，士兵们都坐在草席上用饭，天亮，陈霸先就率领下属将士兵发幕府山。侯安都对他的部将萧摩诃说："你一向英勇善战，远近闻名，这回可是千闻不如一见，就看你的了。"萧摩诃回答说："今天就让您看看！"等到交战时，侯安都不慎从马上摔下来了，北齐将士围了上来，萧摩诃单枪匹马，大呼猛进，直向北齐军士冲来，北齐士兵纷纷避开，侯安都这才保住了生命。

陈霸先与吴明彻、沈泰等众军头尾一齐冲锋，指挥将士全面出击，猛打猛冲，侯安都又从白下带领一支军队切断了北齐军的后路，北齐军队大败，被杀被俘的有几千人，互相蹂踏而死的人不可胜计，徐嗣徽之弟徐嗣宗被活捉，杀头示众。梁军追杀败逃齐兵，一直追到临沂。

梁朝在江乘、摄山、钟山等地的军队也相继获胜，俘虏了北齐萧轨、东方老、王敬宝等将帅共四十六人。

北齐士兵有逃窜到长江边的，用芦苇扎成筏子想渡江，但到江中心苇筏就被水冲散，士兵也纷纷落入水中，尸体随江水流到京口一带，浮尸复盖了水面，堆满了江岸。只有任约、王僧智两个人生还。

556年（绍泰二年六月丁巳）十四日 梁朝众军从南州出发，烧掉了北齐的战船。

556年（绍泰二年六月戊午）十五日 梁朝大赦天下。

556年（绍泰二年六月己未）十六日 解除戒严。军士们用赏赐所得的战俘去换酒喝，一名战俘只能买得够一次大醉的酒。

556年（绍泰二年六月庚申）十七日 把被俘的北齐将领萧轨等人全杀了，北齐方面闻讯，也杀了陈昙朗作为报复。

陈霸先奏请敬帝解除自己的南徐州刺史，让给战功第一的侯安都。

556年（绍泰二年七月丙子）初三 梁朝任命陈霸先为中书监、司徒、扬州刺史，加进长城公爵位，其他官职、封号保持原样。

侯瑱献江州投靠梁朝。

派侯安都镇守长江上游，平定南部、中部各郡。

557年（太平二年二月庚午）初一 曲江侯萧勃在广州起兵叛乱。萧勃派欧阳頠和他的部将傅泰、萧孜（萧勃侄子）为前头部队。南江州刺史余孝顷举兵响应。梁朝诏令平西将军周文育率军征讨萧勃。

557年（太平二年二月戊子）十九日 为阻止北齐南下，干扰讨伐萧勃的战事，霸先派领军将军徐度从东关出发侵入北齐，抵达合肥，烧毁北齐船只三千艘。

557年（太平二年二月癸巳）二十四日 周文育派严威将军周铁虎等人率军袭击欧阳頠，活捉了他。周文育把兵甲大量地陈列出来，与欧阳頠坐在船上饮酒。

船只巡行到口城下，周的部将丁法洪活捉了傅泰。萧孜、余孝顷闻讯而逃。

557 年（太平二年三月庚子）初一　周文育送欧阳、傅泰到建康去。丞相陈霸先与欧阳頠有旧谊，考虑到欧阳頠在岭南声望高，不但释放了他，还任命他为衡州刺史，派他征讨岭南。

557 年（太平二年三月甲寅）十五日　曲江侯萧勃在南康，听到欧阳頠等人兵败的消息，军中顿时人心惊慌。德州刺史陈法武，前衡州刺史谭世远攻打萧勃，并杀死了萧勃。

557 年（太平二年三月戊戌）三十日　侯安都悄悄派部队乘夜烧掉叛军的兵船，周文育率领水军，侯安都率领步军大举进攻，萧孜出城投降，余孝顷逃回新吴，周文育等人带兵回朝。

欧阳还没抵达岭南，他的儿子欧阳纥已攻下始兴。欧阳抵达岭南后，岭南诸郡都降，于是就攻占了广州，岭南从此全部平定了。

557 年（太平二年六月戊寅）十一日　陈霸先任命开府仪同三司侯安都为西道都督，周文育为南道都督，率领水师二万人会师于武昌，对王琳发动进攻。先前，陈霸先立萧方智为帝后，湘、郢二州刺史王琳不服，不受梁庭的征召，王琳大力修造舟舰，准备进攻梁朝。

557 年（太平二年八月甲午）二十八日　梁朝提升丞相陈霸先为太傅，加赐黄钺、殊礼，进见赞拜时不用称名。

557 年（太平二年九月辛丑）初五　梁庭又提升丞相霸先为相国，总领朝政，封为陈公，备九锡，陈国设置百官。

557 年（太平二年十月戊辰）初三　梁朝给陈公陈霸先进爵为王。以扬州之会稽、临海、永嘉、建安，南徐州之晋陵、信义，江州之寻阳、豫章、安成、庐陵并前为二十郡，益封陈国。其相国、扬州牧、镇卫大将军并如故。又命陈王冕十有二旒，建天子旌旗，出警入跸，乘金根车，驾六马，备五时副车，置旄头云罕，乐舞《八佾》，设钟虡宫县。王妃、王子、王女爵命之号，陈台百官，一依旧典。

557 年（太平二年十月辛未）初六　梁敬帝把皇位禅让给了陈王。当天，梁帝在别宫逊位，陈霸先再三谦让不肯接受，群臣坚持请求，霸先乃许。

557 年（永定元年冬十月乙亥）初十　陈霸先在南郊即皇帝位。此前大雾弥漫，昼夜昏暗。

到即位这天，竟然雾散云开，一派清新，有识者知霸先顺应天命而有帝位之。祭祀礼毕，皇帝车马回宫，抵达太极前殿。下诏改元永定，国号陈，史称陈武帝。封梁敬帝为江阴王。梁太后为太妃，皇后为妃。

557 年（永定元年冬十月庚辰）十五日 武帝从杜姥宅请出佛牙，设无遮大会，举办佛事，武帝亲自出来到宫阙前顶礼膜拜。

557 年（永定元年冬十月辛巳）十六日 陈武帝追尊皇考陈文为景皇帝，庙号太祖。皇妣董氏为安皇后。追立前夫人钱氏为昭皇后，世子陈克立为孝怀太子，夫人章氏立为皇后。章后是乌程人。

陈朝设置删定郎，负责修订法律条令。

557 年（永定元年冬十一月丙申）初一 陈武帝立其兄的儿子陈为临川王，陈顼为始兴王，其弟的儿子陈昙朗已经死去，但武帝还不知道，立他为康王。

558 年（永定二年正月辛丑）初七 陈武帝去南郊祭天，大赦天下。

558 年（永定二年正月乙巳）十一日 陈武帝去北郊祭地。

558 年（永定二年四月乙丑）初三 江阴王萧方智病逝。陈武帝立梁朝武林侯萧谘的儿子萧季卿为江阴王。

558 年（永定二年六月己巳）初七 陈武帝下诏命令司空侯瑱与领军将军徐度率领水师为前头部队去讨伐王琳。

558 年（永定二年秋七月戊戌）初七 陈武帝驾临石头，送侯瑱等出师。

558 年（永定二年七月甲辰）十三日 陈武帝派吏部尚书谢哲去宣谕王琳。

558 年（永定二年八月辛未）初十 陈武帝下诏派临川王陈出兵向西讨伐，共有水军五万人从建康出发，陈武帝亲临冶城寺为陈送行。

谢哲从王琳处回朝复命，王琳请求回到湘州去，陈朝下诏追回出征的军队。

558 年（永定二年八月癸未）十七日 众军从大雷回来。

559 年（永定三年闰四月丁酉）十一日 陈朝派镇北将军徐度带兵在

南皖口修城。

559 年（永定三年五月乙酉）二十九日 周文育得到周迪的信，他带着周迪的信给熊昙朗看，熊昙朗预先的埋伏刀斧手齐上，杀了周文育并吞并了他的部众，乘势占了新淦城。熊昙朗又带兵一万人去袭击周敷，周敷把他打败了，熊昙朗单人匹马逃奔巴山。

559 年（永定三年六月）初三 仪同侯安都在左里打败常众爱，擒获王琳堂弟王袭等三十余人，常众爱逃走。后，常众爱被庐山百姓所杀，传首京师。

559 年（永定三年六月）初九 侯大军凯旋而归。征临川王陈蒨去皖口设置城栅，派钱道戢把守。

559 年（永定三年六月丁酉）十二日 陈武帝身体不适。派兼太宰、尚书左仆射王通以病祭告太庙，兼太宰、中书令谢哲祭告于大社、南北郊。

559 年（永定三年六月）十六日 陈武帝病略为好转。已故司空周文育的灵柩从建昌运到。

559 年（永定三年六月）十七日 陈武帝身着素服在东堂哭悼周文育，悲痛之极。

559 年（永定三年六月）十八日 陈武帝去听狱讼。当天晚上，火星出现在天尊位。陈武帝病情又加重。

559 年（永定三年六月丙午）二十一日 陈武帝病逝于璇玑殿，时年五十七岁。遗诏追临川王陈蒨入朝继位。

上（皇上，即陈武帝）临戎制胜，英谋独运，而为政务崇宽简，非军旅急务，不轻调发。性俭素，常膳不过数品，私宴用瓦器、蚌盘，肴核充事而已；后宫无金翠之饰，不设女乐。

时皇子昌（陈昌）在长安，内无嫡嗣，外有强敌，宿将皆将兵在外，朝无重臣，唯中领军杜棱典宿卫兵在建康。章皇后召棱及中书侍郎蔡景历入禁中定议，秘不发丧，急召临川王于南皖。景历亲与宦者、宫人密营敛具。时天暑，须治梓宫，恐斤斧之声闻于外，乃以蜡为秘器，文书诏敕，依旧宣行。

559年（永定三年）六月二十九日 临川王陈蒨到建康，入朝住在中书省。侯安都与各位大臣商量，决定拥戴临川王继承皇帝位，临川王表示谦让不敢接受。皇后因为皇子陈昌还活着的缘故，也不肯下这个命令，大臣们议论纷纷，犹豫着不能做出决定。侯安都说："今四方未定，何暇及远！临川王有大功于天下，须共立之。今日之事，后应者斩!"于是手执剑柄走上宫殿，要求皇后拿出玉玺，又亲手解开陈蒨头发，推他站到继承人的位置上，并把棺材迁到太极殿西阶，隆重地为陈武帝发丧。皇后这才下了命令，让陈继承皇帝位，当天，陈蒨即帝位，颁令大赦天下。

559年（永定三年）七月初一 尊奉皇后为皇太后。

559年（永定三年）七月初六 任命侯为太尉，侯安都为司空。

559年（永定三年）八月 群臣上谥号曰武皇帝，庙号高祖。陈朝葬陈武帝于万安陵。

【附录】历代名人对陈武帝的评价

姚察："高祖英略大度，应变无方，盖汉高、魏武之亚矣。及西都荡覆，诚贯天人。王僧辩阙伊尹之才，空结桐宫之愤，贞阳假秦兵之送，不思穆嬴之泣。高祖乃蹈玄机而抚末运，乘势隙而拯横流，王迹所基，始自于此，何至戡黎升陑之捷而已焉。故于慎徽时序之世，变声改物之辰，兆庶归以讴歌，炎灵去如释负，方之前代，何其美乎！"

姚思廉："高祖智以绥物，武以宁乱，英谋独运，人皆莫及，故能征伐四克，静难夷凶。至升大麓之日，居阿衡之任，恒崇宽政，爱育为本。有须发调军储，皆出于事不可息。加以俭素自率，常膳不过数品，私飨曲宴，皆瓦器蚌盘，肴核庶羞，裁令充足而已，不为虚费。初平侯景，及立绍泰，子女玉帛，皆班将士。其充闱房者，衣不重彩，饰无金翠，哥钟女乐，不列于前。及乎践祚，弥厉恭俭。故隆功茂德，光有天下焉。"

魏徵："高祖拔起垄亩，有雄桀之姿。始佐下藩，奋英奇之略。魏王之延汉鼎祚，宋武之反晋乘舆，懋绩鸿勋，无以尚也。决机百胜，成此三分，方诸鼎峙之雄，足以无惭权、备矣。"

李延寿："帝雄武多英略，性甚仁爱。及居阿衡，恒崇宽简。雅尚俭素，常膳不过数品。私飨曲宴，皆瓦器蚌盘，肴核庶羞，裁令充足，不为虚费。初平侯景及立敬帝，子女玉帛皆班将士，其充闱房者，衣不重彩，饰无金翠，声乐不列于前。践祚之后，弥厉恭俭。故隆功茂德，光于江左云。"

虞世南："武帝以奇才远略，怀匡复之志，龙跃海隅，豹变岭表，埽重氛于绛阙，复帝坐于紫微，西抗周师，北夷齐寇，宏谟长算，动无遗策。亮开业之令主，拨乱之雄才，比宋祖则不及，方齐高为优矣。"

朱敬则："武帝身长七尺，垂手过膝，盖姚襄、刘备之俦也。惟宽以容物，明以知人，旷荡不羁，雄勇盖世，声振岭表，功济日南。"

王锴："陈武倜傥，雄杰过人。穷究兵书，耽玩史籍。"

司马光："上临戎制胜，英谋独运，而为政务崇宽简，非军旅急务，不轻调发。性俭素，常膳不过数品，私宴用瓦器、蚌盘，肴核充事而已；

后宫无金翠之饰，不设女乐。”

归有光：“恭俭勤劳，志度弘远，江左诸帝，号为最贤。赫然陈祖，大业光灿。寂寞沛乡，吾兹感叹。”

吕思勉：“从来人君得国者，无如陈武帝之正者。”

卞孝萱：“陈霸先是南朝难得的英主。他从一个村官成长为将军，又由将军黄袍加身，承担下了一片支离破碎的江山。可以说他和他所建立起来的陈朝虽然短暂却非常重要，而陈霸先本人堪称南朝的第一英主。”

参考文献

1.（唐）李大师、李延寿：《南史》，现代教育出版社 2012 年 5 月第 1 版。

2.（唐）李大师、李延寿：《北史》，汉语大词典出版社 2004 年 8 月第 1 版。

3.（唐）姚思廉：《梁书》，中华书局 1973 年 5 月第 1 版。

4.（唐）姚思廉：《陈书》，上海古籍出版社 1986 年 12 月第 1 版。

5.（宋）司马光：《资治通鉴》，岳麓书社 2006 年 1 月第 3 版。

6. 卞孝萱：《陈武帝“汉高、魏武之亚”“无惭于权、备”驳论》，南京大学出版社 2006 年版。

7. 卞孝萱：《陈王朝与天台宗——为“帝乡佛国”作》，《南京晓庄学院学报》2006 年第 3 期。

8. 澄澄：《南陈：文化巅峰，南朝绝响》，《东方文化周刊》2018 年第 10 期。

9. 李天石：《六朝文化概论》（合著），南京出版社 2004 年版。

10. 李天石、来琳玲：《南朝文化》，南京出版社 2005 年版。

11. 李建国：《南冠之思与南冠之诗——以陈亡入隋文人群体及创作为中心》。

12. 余方德：《陈朝五帝与陈朝兴亡》，浙江人民出版社 2013 年版。

13.《从南陈政权的建立看南方人兴起的历史成因》，《山东教育学院学报》2005 年第 5 期。